Spiegel und Maske

Konstruktionen biographischer Wahrheit

Herausgegeben von Bernhard Fetz
und Hannes Schweiger

Paul Zsolnay Verlag

Die Reihe *Profile* wird unterstützt von:
Bundeskanzleramt, Wien
Magistrat der Stadt Wien – Kultur

Die Arbeit am vorliegenden Band erfolgte mit Unterstützung der Ludwig Boltzmann Gesellschaft im Rahmen der Forschungen des Ludwig Boltzmann Instituts für Geschichte und Theorie der Biographie.

Ludwig Boltzmann Institut
Geschichte und Theorie der Biographie
Ein Institut der Ludwig Boltzmann Gesellschaft GmbH

Wir danken der Österreichischen Gesellschaft für Literatur für die freundliche Unterstützung bei der Realisierung dieses Projektes.

Bildnachweise:
S. 97 Billy Rose Theatre Division, The New York Public Library for the Performing Arts, Astor, Lenox and Tilden Foundations; S. 107 © Bettmann/CORBIS; S. 131 mit freundlicher Genehmigung von Waltraud Schiffels; S. 139 mit freundlicher Genehmigung von Kate Bornstein und Scott Turner Schofield; S. 163 © Schule für Dichtung/Gertraud Obermarzoner; S. 171 © Universal Edition; S. 199 mit freundlicher Genehmigung von Tereza Culianu-Petrescu; S. 229 © ringl+pit (Grete Stern und Ellen Auerbach), mit freundlicher Genehmigung des Stadtarchivs Ingolstadt; S. 233 Bayerischer Rundfunk; S. 245 © Stefan Moses.

ISBN-10: 3-552-05386-7
ISBN-13: 978-3-552-05386-1

9. Jg. 2006, Band 13 der Reihe
Diese Buchreihe kann zur Fortsetzung über den Buchhandel bezogen werden.
Herausgeber: Österreichisches Literaturarchiv der Österreichischen Nationalbibliothek
© Paul Zsolnay Verlag, Wien
Gestaltung und Produktion: Gabi Adebisi-Schuster und Thomas Kussin für buero8, Wien
Covergestaltung: Thomas Kussin unter Verwendung eines Fotos von Peggy Guggenheim, Foto: André Kertész © Estate of André Kertész
Druck und Bindung: Friedrich Pustet, Regensburg
Printed in Germany

Inhaltsverzeichnis

I. RE/KONSTRUKTIONEN BIOGRAPHISCHER ‚WAHRHEITEN'

Bernhard Fetz: Schreiben wie die Götter.
Über Wahrheit und Lüge im Biographischen 7

László F. Földényi: Exemplum und Memento.
Die Biographie als Mittel der Darstellung 21

Sigrid Weigel: Hinterlassenschaften, Archiv, Biographie.
Am Beispiel von Susan Taubes 33

Karl Wagner: Glanz und Elend der Biographik 49

II. AUTO/BIOGRAPHIE

Hermione Lee: Literarische Biographien
und widerspenstige Autobiographinnen und Autobiographen 63

Manfred Mittermayer: „Der Wahrheitsgehalt der Lüge".
Thomas Bernhards autobiographische Inszenierungen 79

Richard Freadman: Masken, Lügen, biographische ‚Wahrheit'.
Lillian Hellman und das Genre des *life writing* 95

III. GENDER-ERZÄHLUNGEN

Caitríona Ní Dhúill: Am Beispiel der Brontës.
Gender-Entwürfe im biographischen Kontext 113

Annette Runte: Biographie als Pathographie.
Lebens- und Fallgeschichten zum Geschlechtswechsel 128

IV. LITERARISCHE MASKIERUNGEN

Ann Jefferson: Die Konstruktion von Literatur aus dem
Geist der Biographie. Marcel Schwobs *Vies imaginaires* 145

Wilhelm W. Hemecker: Anton Weberns Tod.
Eine Metabiographie von Gert Jonke 160

Hannes Schweiger: Identitäten mit Bindestrich.
Biographien von MigrantInnen 175

V. SELBSTSTILISIERUNGEN UND BIOGRAPHISCHE PROJEKTIONEN

Wolfgang Kreutzer: „Ich verstand ihn viel besser, als ich ihn nicht verstand".
Ioan Petru Culianu als Biograph Mircea Eliades 191

Esther Marian: „Ich möchte nur, daß unterbliebe, was zur
Minderung meines Ansehens beitragen könnte". Ernst Jünger und
seine Biographen Karl O. Paetel und Armin Mohler 207

Hiltrud Häntzschel: „Es kam aber eine böse Zeit".
Lebensläufe aus dem Dritten Reich und ihre späteren Erzählungen:
Marieluise Fleißer – Irmgard Keun – Wolfgang Koeppen 226

Deborah Holmes: Der Fall Silone.
Biographische Duelle in den Massenmedien 248

AutorInnenverzeichnis 265

**Re/Konstruktionen
biographischer ‚Wahrheiten'**

Schreiben wie die Götter
Über Wahrheit und Lüge im Biographischen

Von Bernhard Fetz

In Imre Kertész' Roman *Liquidation* aus dem Jahre 2003, der von der Liquidation eines Lebens durch Selbstmord, von der Liquidation eines autobiographischen Romans durch Verbrennen und von der Liquidation einer Lebensmöglichkeit durch Auschwitz handelt – in diesem mit Ambivalenzen, mit Projektionen, mit verdoppelten Identitäten kunstvoll operierenden Roman sagt die Erzählerfigur Keserü, der sich auf einer zum Scheitern verurteilten Suche nach der biographischen Wahrheit des verehrten Schriftstellers B. befindet: „Die Menschen leben wie die Würmer, aber sie schreiben wie die Götter." (L, 107)

Besser könnte man die Fragwürdigkeit des Biographischen kaum ins Bild setzen, besser aber auch den großartigen Anspruch der Biographie kaum auf den Punkt bringen. Denn dieses Bonmot suggeriert *auch* die Verwandlung diskontinuierlicher, ereignisloser, durchschnittlicher, moralisch verwerflicher, lückenhafter, tragischer oder tragikomischer individueller Lebensverläufe in mehr oder weniger glanzvolle biographische Illusionen: Wenn wir auch leben wie die Würmer, so macht unser Schreiben Götter aus uns.

Die Transzendierung von Lebensspuren im Akt des Schreibens trifft beide Seiten des biographischen Prozesses: einmal das biographische Objekt (bezeichnenderweise sprechen wir im Englischen vom „biographical subject"), das durch autobiographische Schriften, durch Briefe oder durch die schriftlichen (auch visuellen, akustischen etc.) Zeugnisse anderer in die Überlieferung eingegangen ist; zum anderen die Biographen, die aus den Fragmenten fremden Lebens erst Lebenserzählungen machen. Denn erst die biographische Erzählung bringt die überlieferten Quellen, die sich entweder durch ein Zuwenig, wie etwa im Falle der biographischen Spuren Shakespeares, oder durch ein Zuviel an Material, wie im Falle der meisten modernen Biographien, auszeichnen, in einen Zusammenhang. All die Kritik an der Biographie als bloßes Surrogat für Fremd- und Selbsterkenntnis, als Illusion mit ideologischen Nebenwirkungen, als Katalog von Stereotypen des Individuellen und Schicksalhaften, denen jedes Individuelle und Schicksalhafte längst ausgetrieben wurde, hat die Theorie der Biographie an den Punkt gebracht, an dem sie sowohl der Überlieferung als auch dem Akt des Schreibens misstraut.

Anders als etwa Johann Gottfried Herders biographische Sendbriefe in die deutsche Provinz, die das Weiterleben der Taten und der Schriften großer historischer Persönlichkeiten in der Gegenwart Ende des 18. Jahrhunderts sichern wollten, beansprucht die moderne Biographik kaum mehr, Organon von Humanität zu sein. Dabei hat sich ein Gedanke, der Herder mit Letzterer verbindet, lediglich verschoben, wenn diese Verschiebung auch von grundlegender Natur ist. Herder war davon überzeugt, dass „jede konkrete Gestalt des geglückten Menschseins [...] hinter dem, was der Mensch sein könnte", zurückbleibt. (Vgl. Kommentar in Herder 1991, 828) Biographisches Schreiben ist für Herder die Entfaltung in der Geschichte unausgeschöpfter und verhinderter Lebensmöglichkeiten mit dem Ziel, die Einheit des ganzen Menschen und die zuallererst geistige Einheit der deutschen Nation zu befördern. In solcher Funktionsbestimmung verwandelt die Biographie „das Nekrologium in ein *Athanasium,* in ein *Mnemeion*"; sie verhilft den Toten zu Unsterblichkeit und Erinnerung: „[S]*ie sind nicht gestorben*, unsre Wohltäter und Freunde: denn ihre Seelen, ihre Verdienste ums Menschengeschlecht, ihr Andenken lebet." (Fünfter Humanitätsbrief; ebd., 26) Dieser utopische, auf das Gemeinwesen zielende Anspruch biographischen Schreibens ist zu einem individuell therapeutischen geworden. Geschriebene Leben wurden zusehends zu Ersatzhandlungen und Projektionsflächen von Biographen und Lesern. Dass ihn das Leben des Schriftstellers B. aus seiner eigenen Lebenskrise herausholen könnte, ist auch die Hoffnung des Verlagslektors Keserü (deutsch: der Bittere) in *Liquidation*: „Nach einer gewissen Zeit ertappte ich mich plötzlich dabei, daß ich von seinen Worten schmarotzte. Daß ich mich an ihm orientierte, daß ich wissen mußte, was er dachte, was er tat, woran er arbeitete." (L, 49)

Keserü betreibt eine Art kryptobiographisches Projekt. Das Erkennen des Anderen, man kann B. als Keserüs besseres Selbst verstehen, hat therapeutische und erkenntnistheoretische Implikationen. Wo B.s Schicksal zu groß für eine Auto/biographie ist, erscheint Keserüs ereignisloser Alltag zu gering für eine solche. In den Nachlasspapieren B.s lesend, taucht Keserü an einem Frühjahrstag des Jahres 1999 „in eine Vergangenheit" ab, „die ihn, den Nichtjuden, den Nichtschreiber, immer noch zu beherrschen scheint: eine durch Bé definierte Vergangenheit". (Hartwig 2003) B. wurde 1944 in Auschwitz geboren, er ist 15 Jahre jünger als Imre Kertész' Alter Egos im *Roman eines Schicksallosen* oder in der großen Auschwitzmeditation und -reflexion *Kaddisch für ein nicht geborenes Kind*. Die in seinen Oberschenkel eingebrannte KZ-Nummer – Säuglingen wurde die Nummer auf den Oberschenkel tätowiert – bezeichnet eine Wunde, die sich nicht mehr schließt. B. begeht schließlich Selbstmord. Keserü ist diesem fremden Schicksal ausgeliefert, seine Lebensenergie zehrt parasitär von B.s verneinender Existenz. Welche Konsequenzen der Holocaust für die Biographie und die Konstruktion biographischer Mythen besitzt, ist kaum angemessen zu bewerten: Kertész' berühmter *Roman eines Schicksallosen* erzählt die Geburt eines Bewusstseins unter dem Zeichen von Auschwitz. Kertész insistiert darauf, dass wir die Erfahrung absoluter Negativität zur kollektiven Grunderfahrung, zum negativen Mythos unserer westlichen Kultur machen müssen. Hieß der Mythos des 19. Jahrhunderts „Humanität" und „Freiheit", dann muss jener des 20. Jahrhunderts „Auschwitz" heißen: „Unsere moderne Mythologie beginnt mit einem gigantischen Negativum: Gott erschuf die Welt, der Mensch erschuf Auschwitz." (Kertész 2003, 139) Das heißt, humanistische biographische Projekte, wie sie in der deutschen Tradition mit dem Namen Herder verbunden sind, müssen aus dieser Perspektive eine radikale Umwertung erfahren. *Liquidation* zeichnet das individuelle Scheitern des Schriftstellers B. und seines Lektors Keserü an diesem ungeheuerlichen kollektiven Anspruch nach (wobei das totalitäre Regime in Ungarn nach 1945 und der Bruch von 1989 ebenfalls eine entscheidende Rolle spielen); doch durch die literarische Bearbeitung seiner auto/biographischen Masken, durch die Veröffentlichung seiner Texte löst der Autor Kertész den Anspruch ein: Der Roman *Liquidation* ist die fortgesetzte Arbeit am negativen Mythos Auschwitz.

Keserüs Diktum über Würmer und Götter eröffnet ganz nebenbei auch eine Diskussion über eine Ethik des Schreibens. Diese kann sich auf eine von Friedrich Nietzsche ausgehende große Tradition berufen. Denn wenn wir die Fähigkeit besitzen, zu schreiben wie die Götter, schreiben wir dann schön, außerordentlich, extravagant in einem nur ästhetischen – oder schreiben wir auch gut in einem moralischen Sinne? Beschönigen wir unsere jämmerliche kreatürliche Existenz in der ästhetischen Bearbeitung nur und verbergen sie hinter einer Maske aus schönem Schein oder halten wir ihr den Spiegel der Wahrheit vor? Spiegel und Maske sind dem Akt des Schreibens eingeschrieben und wir kommen aus dem Dilemma, figuriert von Wahrheit und Lüge, Schönheit und Moral, nicht heraus. Es ist das biographische Dilemma schlechthin.

Wenn wir über Wahrheit und Lüge im biographischen Kontext sprechen, dann liefert Friedrich Nietzsches *Ueber Wahrheit und Lüge im aussermoralischen*

Sinne von 1873 die zentralen Fragen für die Diskussion: Warum lügen Menschen? Woher rührt der Wahrheitssinn? Inwiefern ist Sprache Ausdruck dieses Wahrheitssinnes?

Nietzsches Wahrheitsbegriff hat mehrere Modifikationen erfahren und wurde in der Forschung kontroversiell diskutiert. (Vgl. Babich 1994, passim; besonders Kap. 6, „Towards Perspectival Aesthetics of Truth", 227–260) Nietzsches Argument im Text von 1873 ist ein anthropologisches: Wollen wir nicht leben wie die Würmer, das heißt, wollen wir uns als schwächere Individuen im „Kampf um die Existenz" durchsetzen, dann stellt sich die Frage nach der Wahl der Mittel. Da wir im Gegensatz zu den stärkeren Tieren über keine spitzen Hörner und kein Raubtiergebiss verfügen, die uns die Wahrheit im direkten Zugriff liefern könnten, bleibt nur der „Intellekt":

> Der Intellekt, als ein Mittel zur Erhaltung des Individuums, entfaltet seine Hauptkräfte in der Verstellung […] Im Menschen kommt diese Verstellungskunst auf ihren Gipfel: hier ist die Täuschung, das Schmeicheln, Lügen und Trügen, das Hinter-dem-Rücken-Reden, das Repräsentiren, das im erborgten Glanze leben, das Maskirtsein, die verhüllende Convention, das Bühnenspiel vor Anderen und vor sich selbst […] so sehr die Regel und das Gesetz, dass fast nichts unbegreiflicher ist, als wie unter den Menschen ein ehrlicher und reiner Trieb zur Wahrheit aufkommen konnte. (KSA, Bd. 1, 876)

Dass Menschen trotzdem einen Wahrheitstrieb entwickeln, ist weniger dem Impuls geschuldet, der Lüge an sich entgegenzutreten, als vielmehr den Folgen der Lüge. Wo die Wahrheit angenehm ist, nehmen wir sie gerne an, wo sie, „reine folgenlose Erkenntnis" ist (ebd., 878), ist sie uns egal, wo sie zerstörerisch ist, bekämpfen wir sie. „Was ist also Wahrheit?", fragt Nietzsche, der bekanntlich schreiben konnte wie ein Gott. Als Antwort schreibt er nicht nur den Biographen die folgenden folgenreichen Sätze ins Stammbuch:

> Ein bewegliches Heer von Metaphern, Metonymien, Anthropomorphismen kurz eine Summe von menschlichen Relationen, die, poetisch und rhetorisch gesteigert, übertragen, geschmückt wurden, und die nach langem Gebrauch einem Volke fest, canonisch und verbindlich dünken: die Wahrheiten sind Illusionen, von denen man vergessen hat, dass sie welche sind, Metaphern, die abgenutzt und sinnlich kraftlos geworden sind […]. (Ebd., 880f.)

Die Abwehr einer romantisch-rousseauistischen Vorstellung von einem authentischen Leben avant la lettre ist nicht nur unter Literaturwissenschaftlern längst kurrente Münze. Wiederum ist Nietzsche ein Gewährsmann. Seine Wissenschaftskritik setzt in der *Fröhlichen Wissenschaft* auf die Kunst:

> Hätten wir nicht die Künste gut geheissen und diese Art von Cultus des Unwahren erfunden: so wäre die Einsicht in die allgemeine Unwahrheit und Verlogenheit, die uns jetzt durch die Wissenschaft gegeben wird – die Einsicht in den Wahn und Irrthum als in eine Bedingung des erkennenden und empfindenden Daseins – gar nicht auszuhalten. (KSA, Bd. 3, 464)

Der janusköpfige Begriff einer biographischen Wahrheit ist spätestens seit Nietzsches Destruktionen und Dekonstruktionen ambivalent besetzt, wobei schon die Metapher einer Besetzung mit der Konnotation einer territorialen Inbesitznahme des Wahrheitsbegriffes die Differenz markiert: Die *gute* Wahrheit lässt sich eben nicht auf einen Begriff bringen, sie ist ein relationales Gebilde, sie entsteht zwischen den Verfassern/Erzählern einer Biographie, ihren Objekten und den Leserinnen und Lesern jeweils neu; sie ist zwar ein Effekt der rhetorischen Verfasstheit von Texten, dabei jedoch immer auch auf der Flucht vor dem beweglichen Heer von Metaphern, das sie einholen möchte. Der Kampf um die Wahrheit ist mit Nietzsche ein Kampf der lebendigen, der anschaulichen Metaphern der ersten Eindrücke gegen die Starrheit der konventionalisierten Metaphern. (Vgl. KSA, Bd. 1, 881f.) Wahrheit in diesem Sinne ist subversiv. Sie greift überkommene Vorstellungskomplexe an und löst sie auf; sie untergräbt das Fundament einer der mächtigsten biographischen Metaphern: jener des Monuments und des Denkmals. (Auch Herders biographische Essays wollten großen Männern der Geschichte Denkmäler setzen, allerdings lebendige Denkmäler, die fortwirkendes Leben bezeugen sollten.) Diese gute Wahrheit ist vor allem in der Kunst beheimatet und kann sich auf den Adel des „creative fact" berufen (vgl. Virginia Woolfs Essay „Die Kunst der Biographie"; Woolf 1997, 183), darauf, dass die Imagination der Dichter die Fakten zu einer höheren Art von Wahrheit transformiert. Der Dichter, und wenn wir den Biographen zum Dichter adeln, auch dieser, befreit die Fakten aus der Zwangsjacke ihres historischen Gebundenseins und gibt ihnen die Gnade einer späteren Wiedergeburt unter ganz anderen Umständen als den ursprünglichen.

Damit ist auch schon die *schlechte* Wahrheit auf den Begriff gebracht: Sie ist unbeweglich, weil sie Wahn und Irrtum dogmatisch ausschließt und als Erkenntnismöglichkeit nicht zulässt.

Wahrheit in *Ueber Wahrheit und Lüge im aussermoralischen Sinne* wird von Nietzsche als sprachlich reglementierte Konvention verstanden. Das „Ding an sich" – wir können einsetzen, die ‚biographische Wahrheit' – ist auch dem „Sprachbildner ganz unfasslich [...] Er bezeichnet nur die Relationen der Dinge zu den Menschen und nimmt zu deren Ausdrucke die kühnsten Metaphern zu Hülfe." (KSA, Bd. 1, 879)

Ira Bruce Nadel, einer der profiliertesten Vertreter einer Theorie der Biographie, insistiert auf dem fiktiven Charakter jeglichen biographischen Schreibens: „A biography is a verbal artefact of narrative discourse." (Nadel 1984, 8) Für Nadel funktioniert vor allen anderen die Metapher als biographische Supermantrope. Die Metapher kann alles: „In biography, metaphor [...] functions to organize the text, releasing it from the literal and the ‚naming' aspect, unifying the character of the subject while expressing the style of the biographer. Metaphor acts as a verbal and rhetorical intermediary between the life of the subject, its presentation in language and its understanding by the reader." (Ebd., 166) Leserinnen und Leser von Biographien machen mithilfe der Metapher eine entscheidende Entdeckung: „[I]t is [...] the discovery and identity of metaphor which is the recognition of universal aspects of human behaviour through the particular actions of an individual life." (Ebd.) Die Metapher verrichtet hier ganze Ähnlichkeitsarbeit und funktioniert als große Gleichmachungsmaschine: Leserinnen und Leser, das biographische Objekt, Biograph und Biographin – ihre Konturen verschwinden in den „universal aspects of human behaviour". Doch es regt sich Widerstand gegen den Einheitsdruck, nicht nur durch die unausweichlich ambivalenten Prozesse innerhalb der Sprache, darauf hat Paul de Man hingewiesen, sondern auch von ganz anderer Seite.

Die Natur, sagt Nietzsche in *Ueber Wahrheit und Lüge im aussermoralischen Sinne*, kennt „keine Formen und Begriffe [...], sondern nur ein für uns unzugängliches und undefinirbares X". (KSA, Bd. 1, 880) Auch wenn wir es noch so oft hinwegerklären wollen, das X ist da als Pfahl im Fleisch: als biographischer Impuls der Leserinnen und Leser von Biographien, die hartnäckig das wirkliche und eigentliche Leben wollen; als widerborstige Eigenschaften der chronikalischen Fakten, davon spricht auch Nadel: „There is a harshness in the chronicle of reality which often undermines the image, literary or otherwise, of the subject. But in adapting the two in some mythic form, we reconcile the fact with the image until we either persuade ourselves of its unreality or reinforce its illusions." (Nadel 1984,

182) Ist die Versöhnung (reconciliation) von *fact* und *image* tatsächlich das erstrebenswerte und gleichzeitig unausweichliche Ziel biographischen Schreibens? Ist es nicht an der Zeit, dem biographischen Faktum wieder zu seinem Recht zu verhelfen, nicht im Sinne einer ‚Wahrheit', die durch es repräsentiert würde, sondern als Repräsentation von *Materialität*. Die moderne Editionsphilologie arbeitet zunehmend mit Faksimiles, sie hält Plädoyers für die Gleichrangigkeit von Textfragmenten und Endfassungen; ja sie träumt davon, wie dies die französische „critique génétique" tut, überhaupt den ganzen *corpus* eines Textes, das ganze widerspenstige *Archiv* in die Edition mit einzubeziehen, um eine Ahnung vom kreativen Prozess zu gewinnen. Ähnlich könnte die Biographie durch eine Betonung des Materialcharakters von Leben, durch eine Betonung der „harshness", von der Nadel spricht, dem Druck der Metapher entgegenarbeiten, indem sie den Weg von den rohen Fundstücken zu den bearbeiteten Werkformen des Lebens nachzeichnet und zu ihrem Thema macht; wobei mit den Fundstücken nicht das blutige Leben selbst gemeint ist, sondern immer nur die schriftlichen, bildlichen, anekdotischen, die wie auch immer überlieferten Zeugnisse dieses Lebens.

Die Dialektik von rohem Stoff und auto/biographischer Erzählung kommt im Roman *Liquidation* in folgender Szene zum Ausdruck: Keserüs Aufforderung an B., doch über die Umstände seiner Geburt in Auschwitz zu schreiben, also ein autobiographisches Schreibprojekt zu beginnen, weist dieser mit den Worten zurück: „‚So ist es gerade richtig' […] ‚Formlos und blutig wie eine Plazenta. Wenn ich darüber schreibe, wird daraus eine Geschichte.'" (L, 39) – Eine Geschichte, aus der unweigerlich „Kitsch" würde, zumal wenn die Geschichte in Auschwitz handelte; wenn erzählt würde, wie inmitten der Vernichtung ein Kind geboren werden konnte, weil es überall anständige Menschen gibt. (Vgl. L, 40) „Formlos und blutig wie eine Plazenta" – nur in diesem Zustand scheint der auto/biographische Stoff der biographischen Illusion zu widerstehen. Die Plazenta ist dem ‚eigentlichen' Leben vorgängig als Nährlösung; sie ist der Rest, der übrig bleibt, sobald das Leben außerhalb des Mutterleibes beginnt: etwas Rohes, das weggeworfen wird, nachdem es das Leben ermöglicht hat. Die Metaphern vom Schreiben als einer Struktur der Nachträglichkeit und jene von der blutigen Plazenta als einer Struktur der Vorgängigkeit sind in der Biographie mehr als anderswo aneinander gekettet.

Biographische Lektüre beruft sich immer auf ein „vitalistisches Motiv", das nach Georg Simmel in jedem Verstehensprozess wirksam wird. In seinem 1918 gehaltenen Vortrag *Vom Wesen des historischen Verstehens* wendet sich Simmel gegen mechanistische Erklärungen des Verstehensprozesses, die aus dem Fremden nur das herauslesen, was der Verstehende zuvor hineingelegt hat. Trotzdem ist ein weiter gefasster Zirkel des Verstehens „unvermeidlich, weil das Leben die letztbestimmende Instanz des Geistes ist, so daß seine Form schließlich auch die Gestaltungen bestimmt, durch die es selbstverständlich werden soll. Das Leben kann eben nur durch das Leben verstanden werden." (Simmel 1999, 178) „Es zeigt sich also: der Rhythmus, die stetige Bewegtheit des Lebens ist der formale Träger des Verständnisses [...]" (Ebd., 175) Ein „stetiger Lebensstrom" durchflutet im Akt des Verstehens die „diskontinuierlichen und diskontinuierlich sozusagen zeitlos verstandenen Momente" vergangenen Lebens. (Ebd., 164) In Metaphern des Strömens, der Bewegung, des Fließens beschreibt Simmel historisches Verstehen als Dynamisierung erstarrter Formen, in denen die „Erzeugnisse von Lebensprozessen" (ebd., 183) überdauern, bis sie verstanden werden. ╪ Ein vitalistisches Argument, das auch Judit, B.s Exfrau und Geliebte Keserüs, im Roman *Liquidation* vorbringt. Sie widerspricht Keserü, der verbissen an der Suche nach dem verschollenen Romanmanuskript festhält: B. habe sich nie für einen Schriftsteller gehalten; geschrieben habe er nur, weil es sein einziges Ausdrucksmittel gewesen sei. „Das wahre Ausdrucksmittel des Menschen aber, sagte er immer, sei sein Leben." (L, 117) – bis zur äußersten Konsequenz, seinem Selbstmord.

Als Leser von Lebensgeschichten wollen wir immer den Körper haben, das intime Detail, die „Plazenta". Hermione Lee hat diese Rezeptionshaltung in den schönen Titel *Body Parts* gefasst. (Vgl. Lee 2005) Nur lässt sich der prinzipielle textuelle Vorbehalt schwer umgehen. Ein denkbarer Umweg ist es, die literarischen Muster und die Textualität gleich in die Lebensvollzüge selbst hineinzulegen, also noch einen Schritt weiter zu gehen und die Literatur zu einem Funktionsprinzip des Lebens zu machen. Wenn die Texte in das Leben inkorporiert sind, dann können wir auf die Differenz von Leben und Schreiben, die uns so viel Kopfzerbrechen bereitet, überhaupt verzichten.

Diesen Weg geht Ulrich Raulff, wenn er den individuellen Lebensvollzug als bereits geschriebenes Leben beschreibt, als Leben „inter lineas": „Rückblickend auf so viele Lebensläufe des zwanzigsten Jahrhunderts", schreibt Raulff, „scheint es, als sei jedes Leben belesen von Viten, die ihm vorangingen, als kopiere jedes Leben die Biographien anderer, als sei jedes Leben die Nachschrift einer Legende". Man könnte meinen, die Lebensentwürfe der Individuen wären „gleichsam literarische oder auktoriale Akte, die sich wiederum aus [...] literarischen Mustern und Motiven speisten". (Raulff 1999, 132) Stimmt man der Annahme zu, dass unsere Lebensvollzüge gleichermaßen ab ovo literarisch sind, dann ergibt sich konsequenterweise für die Biographie als Gattung die Einsicht, „daß es so etwas wie das ‚nackte Leben‘, ein Leben ‚vor der Schrift‘ nicht gibt, sondern daß das Leben ein fortgesetzter Schriftverkehr des *bios* mit den Einfällen und Zufällen der Existenz ist – ein ständiges Lesen und Realisieren von Programmen, ein fortwährendes Umschreiben von Programmen". (Ebd., 142) Das klingt wie auf den Roman *Liquidation* und die Figur des Erzähler-Biographen Keserü gemünzt. Läuft doch Keserüs Leben buchstäblich so ab, als ob es einem bereits geschriebenen Theaterstück mit dem Titel „Liquidation" folgte, das der Lektor unter den nachgelassenen Schriften seines Freundes gefunden hat und das er jetzt liest. B.s hinterlassenes Manuskript zeichnet genau jene Geschehnisse, genau jene Gespräche vor, die Keserü später *in Wirklichkeit* erlebt hat.

Ulrich Raulff entfaltet seine These am Beispiel der viel diskutierten Doppelbiographie des SS-Mannes und Ahnenforschers Hans Schneider, der nach 1945 zum liberalen Literaturwissenschaftler Hans Schwerte mutierte. Dieser Fall sei deswegen so interessant, argumentiert Raulff, weil Schwerte/Schneider nicht ein Doppelleben führte, sondern *ein* Leben und danach *noch ein* Leben. „So daß das poetische Vermögen, sich praktisch und glaubwürdig ein neues, progressives Selbst zu erfinden, das dieser proteische Mann an den Tag legte, bis heute seine Biographen in Atem hält." (Ebd., 130f.) Vielleicht ist es kein Zufall, so Raulffs Pointe, dass es sich bei vielen Wissenschaftlern, die nach 1945 in ein zweites Leben schlüpften, „um Theoretiker der literarischen Rezeption und des Nachlebens literarischer Motive handelte" (ebd., 133). „Die Fiktion […] stellte sich nicht erst auf der Ebene der geschriebenen Leben ein – sie war den Lebensläufen selbst eingeschrieben. Unter den Füßen des Biographen tat sich ein Abgrund auf." (Ebd., 131)

Wir hegen Sympathien für das Proteische, ist es doch seit Homer und Ovid der innere Motor der Literatur. Elias Canetti hat die Kunst der Verwandlung euphorisch gefeiert, Wolfgang Koeppen war ein Meister nicht nur der literarischen Verwandlung, sondern auch der Selbstinszenierung; aber auch Ernst Jünger, Ignazio Silone und Mircea Eliade waren Meister der (Ver)wandlung (siehe die Beiträge in Kapitel V). Mit dem Kunstgriff, das Leben in die Fußstapfen der Literatur treten zu lassen, ist Proteus zu einer Figur in uns allen geworden. Er lässt uns aus dem einen Leben ausbrechen, um ein anderes und vielleicht noch ein anderes zu führen; er lässt uns endlich die romantische Illusion vom wilden und eigentlichen, allen Literarisierungen vorgängigen Leben überwinden. Hinter der Proteusfigur steckt ein Begriff von Performanz, der unsere Selbstentwürfe den Verfügungen der Macht entgegenstellt. Wenn wir Selbstentwurfskünstler sind, jeder sein eigener, bestimmte Muster realisierender Biograph (vgl. ebd., 139), dann kann auch Schneiders irritierende und skandalöse Verwandlung in Schwerte als Akt einer „écriture de soi" gelesen werden, wie Raulffs ausführlicher Bezug auf Foucault zumindest nahe legt. (Vgl. ebd., 141f.) Ist Schneiders Nazikarriere dann als Fremdentwurf zu lesen und was danach kam als Selbstentwurf, oder verhält es sich umgekehrt?

In der Metapher vom „geschriebenen Leben" steckt eben auch ein Argument der Entlastung, das erlaubt, für die moralische Bewertung einer Biographie entscheidende Fakten wie die Verstrickung in totalitäre Systeme zu verschweigen oder Denunziationen zu beschönigen. Sind diese doch eher das Ergebnis narrativer Strategien eines Literatur schreibenden Biographen, eher die Manipulation von Fakten als notwendiger sprach- und literarimmanenter Prozess, eher das Ergebnis unserer proteischen Fähigkeiten – die im Extremfall, wie sie politische Systemwechsel darstellen, bei begabten Lebenskünstlern besonders ausgeprägt sind – als Indizien moralischer Verfehlungen. Das Umschreiben, Erfinden, Plagiieren von Lebensgeschichten, Praktiken, die zum Normalfall einer medial geprägten Öffentlichkeit geworden sind, antwortet immer auch bestimmten kollektiven Bedürfnissen nach biographischer ‚Wahrheit'. Im Falle Schneider/Schwerte war es wahrscheinlich das Bedürfnis der westdeutschen und später auch österreichischen kritischen Öffentlichkeit nach demokratischen Leitfiguren; ein Bedürfnis, das Schneider/Schwerte nicht nur mustergültig erfüllte, sondern durch seine liberale, antiautoritäre Hochschulpolitik auch mit hervorbrachte. Tatsächlich tut sich angesichts dieses Identitätswechsels oder dieser aus scheinbar sich ausschließenden Verhaltensweisen zusammengesetzten Identität und den damit verbundenen psychischen wie ‚literarischen' Implikationen ein biographischer Abgrund auf; er tut sich auch auf vor der Tatsache, dass ein Schneider/Schwerte-Wandel nach 1945 überhaupt möglich war.

Paul de Man, der Theoretiker einer subversiven Macht der Sprache gegen ihre externen Bedeutungen, hat in seinem richtungweisenden Aufsatz „Semiologie und Rhetorik" das binäre Denken einer traditionalistisch am Oppositionspaar Form und Bedeutung festhaltenden Literaturwissenschaft kritisiert. Dieses Denken nährte die „treuherzige Hoffnung", man könnte „ein formalistischer Kritiker am Morgen und ein gesellschaftlicher Moralist am Nachmittag sein und derart sowohl die Technik der Form wie auch die Substanz der Bedeutung bedienen". (de Man 1988, 34) Nein, das kann man nicht, aber vielleicht kann man es gleichzeitig sein. Die Frage ist, wie Paul de Man in den Jahren 1940 und 1941 ein Literaturkritiker sein konnte, der sich den Nazis zumindest andiente, und dreißig Jahre später ein Literaturtheoretiker, der den „hochachtbare[n] moralische[n] Imperativ" bei der Kommentierung von Texten der Naivität überführt. (Vgl. ebd., 31f.) In einem seiner bekanntesten Aufsätze über „Autobiographie als Maskenspiel" widerspricht Paul de Man jener einfachen Vorstellung, derzufolge das Leben die Autobiographie hervorbringt „wie eine Handlung ihre Folgen". Ist es nicht ebenso berechtigt zu sagen, so de Mans rhetorische Frage, „das autobiographische Vorhaben würde seinerseits das Leben hervorbringen und bestimmen". (de Man 1993, 132) Wenn die Autobiographie eine „Lese- oder Verstehensfigur" ist, die „in gewissem Maße in allen Texten auftritt", so eine weitere oft zitierte Formulierung in de Mans „Maskenspiel"-Aufsatz (ebd., 134), dann tritt sie auch in de Man-Texten auf. Vier Jahre nach seinem Tod holte Paul de Man das ‚Leben' – in Form seiner verdrängten und verschwiegenen Biographie – wieder ein, als nämlich seine Kollaborationstätigkeit im besetzten Belgien durch das Auftauchen seiner Artikel aus den Archiven manifest wurde. Dies führt zum immer prekären Status der biographischen Quellen, die in eine Dialektik von einerseits Öffnung/Verlebendigung und andererseits Schließung/Versteinerung eingespannt sind.

Vergegenwärtigen wir uns die Urszene des Biographieschreibens: Der Biograph, die Biographin sitzt mit gebeugtem Rücken, denn die Dokumente sind schwer zu entziffern, über den nachgelassenen Schriften, Briefen und Lebensdokumenten des auserwählten Objekts. Er oder sie versucht, Ordnung in das sich darbietende Chaos zu bringen, zu sichten, zu rubrizieren, chronologische Ordnung herzustellen. Übertragungen finden statt, nicht nur psychischer Natur. Im Kampf mit dem überlieferten lebensgeschichtlichen Material entsteht die Biographie. Etwas wird aus einer „Befundordnung", wie die Archivare sagen, in die Ordnung eines biographischen Diskurses übertragen – Muster, die da sind, noch bevor der Biograph, die Biographin zu schreiben begonnen hat; nicht nur, weil das überlieferte lebensgeschichtliche Material seiner Aufschreibung vorausgeht, sondern weil bereits – abhängig von kulturellen, historischen, ideologischen und individuellen Prädispositionen – diskursive Strukturen da sind, die die Ordnung des Materials vorgeben. Oft ist dieser Diskurs das Muster einer männlichen Entwicklungsgeschichte, einer männlichen Heroengeschichte von Opfer und Tat. Auch dies ist im Roman *Liquidation* mitgedacht, wenn das große Opfer B.s – sein Selbstmord als späte Antwort auf seine Geburt in Auschwitz – ebenso wie der unbedingte Wille des Biographen/Erzählers Keserü, ein verschollenes, totes Manuskript zu finden, der Entscheidung seiner Frau Judit für das Leben entgegengesetzt ist. Auf dieser

Ebene des Romans verkörpern die Frauenfiguren Möglichkeitsformen des Weiterlebens; während die Männer, auch wenn sie überlebt haben, ihre Geschichten hinter sich zu haben scheinen. (Der Autor Kertész ist mit seiner Entscheidung für das Leben und für ein Werk wiederum die Gegenthese zu seinem verzerrten Spiegelbild, dem Schriftsteller B.)

Aleida Assmanns Unterscheidung zwischen einem Speicherarchiv, in dem das sich ständig vervielfachende Wissen abgelegt ist, und einem funktionalen, affektbesetzten Erinnerungsspeicher, der an individuelle Bedürfnisse gebunden ist, bezeichnet eine Differenz, die für die Biographie konstitutiv ist: „Eine Schere tut sich auf zwischen dem Wissen, das niedergelegt und aufbewahrt ist, und dem, das angeeignet und verkörpert ist." (Assmann 2001, 27) Das lebendig verkörperte Gedächtnis ist präsent als rezipiertes Werk und erinnerte Biographie. (Das war, wir erinnern uns, Herders Idee der Biographie: Verlebendigung toter Schriften und (un)ausgeführter Taten.) Daneben wächst unaufhörlich ein Speicher zwar vorhandenen, jedoch toten Materials, ein Archiv nicht mehr gelesener Werke, nicht mehr erinnerter Aspekte einer Biographie, wodurch eine ständige Verengung eintritt. Je nach Bekanntheitsgrad des biographischen Objekts, je nachdem, wie viele Lebensmythen, wie viele Bilder, wie viele Erzählungen über dieses im Umlauf sind, gestaltet sich das Verhältnis von totem Archivwissen und lebendiger Erinnerung. Damit ist aber noch nichts über den Wahrheitsgehalt der gespeicherten oder der erinnerten Daten ausgesagt. Die lebendige Erinnerung kann verfälschend sein, das Archiv kann die Korrektur enthalten – oder auch umgekehrt; die Legenden und Anekdoten können dem ‚Leben' näher kommen als die dürren Fakten. Die Biographie ist die Schnittstelle, an der lebendiges und totes Wissen ihre Kleider tauschen. Hier findet eine ständige Osmose statt: Aus lebendigen Bildern werden Stereotype, aus Stereotypen durch Entzauberung und Aufklärung Fakten, aus in Archiven verborgenen Fakten werden Erzählungen und so fort. Auch dies ein Aspekt des Proteischen. Eine Verengung des biographischen Spektrums kann bewusst provoziert werden durch das Verschweigen dunkler Vergangenheiten oder dadurch, dass bestimmte Teile des Archivs durch Institutionen der Macht gesperrt oder vernichtet werden. Konkurrierende Interpretationen/Biographien führen dazu, dass es zu unversöhnlichen Oppositionsbildungen kommt: Faschist/großer Religionsdenker (Mircea Eliade), Kommunist/Faschist (Ignazio Silone), skrupelloser Schriftsteller/unproduktiver Meister der Selbststilisierung (Wolfgang Koeppen) etc. – Oppositionsbildungen, die das Gegenmodell zum von Ulrich Raulff zitierten „ein Leben und noch ein Leben" darstellen.

Vielleicht vermag die Biographie jene Lücke zu schließen, die sich zwischen dem *Touch of the Real* des New Historicism und der globalen Textualitätsvermutung auftut. Virginia Woolfs folgenreiche Formel vom „creative fact" findet inzwischen breite Zustimmung, weil sie den Unterschied zwischen Literatur und Biographie tendenziell einebnet (wenngleich Virginia Woolf am Primat der Literatur über die Biographie festhielt); das heißt, die Imagination gewinnt Vorrang vor dem rein Faktischen, das lebendige Verstehen (Georg Simmel) vor mechanistischen Verstehensmodellen. Andererseits setzt diese Kreativität einen moralischen, psychoanalytischen, erkenntnistheoretischen Diskurs über Lüge, Verfälschung, Verdrängung in Gang. Was für die Fakten im Zuge ihrer Versprachlichung gilt, gilt auch für das Verstehen und Bewerten des eigenen und fremden Lebens. Die Verfügungsmacht über die eigene und die fremde Lebensgeschichte als Patchwork unterschiedlicher Identitäten hat etwas Entlastendes, weil sie vom Zwang der Fokussierung auf die *eine* Kindheitsgeschichte, auf die *eine* traumatische Begebenheit, auf den *einen* entscheidenden Lebensmoment befreit. Auch hier kann wieder Virginia Woolf als Kronzeugin angerufen werden: „A self that goes on changing is a self that goes on living". (Zit. nach Lee 1997, 11) Andererseits kann der kreative Umgang mit der eigenen (im Falle autobiographischer Selbststilisierungen) oder fremden (im Falle biographischer Stilisierungen) Lebensgeschichte auch die Negation von Verantwortung bedeuten, den opportunistischen politischen Akt, auch Schuld in einem kollektiven, gesellschaftspolitischen Sinn. Diese ambivalenten Bewertungen gehören zur Biographie wie zum Roman die Realismusdiskussion gehört.

Aus der Skepsis gegenüber der globalen Privilegierung von Literarizität und Textualität lässt sich nicht ableiten, dass biographische Wahrheit nur auf Seiten des Körpers und der Triebe zu finden wäre, wie dies Nietzsches Spätwerk auf so grandiose Weise suggeriert; dafür ist die Last der textuellen Archive zu groß. Irgendwo zwischen Körper und Text verlieren wir die biographische Wahrheit aus den Augen. Aber ist dieses Dazwischen nicht gerade die Stärke biographischen Schreibens? Dann geht es eben nicht mehr darum, ein biographisches Bild nur durch ein anderes zu ersetzen – den Liberalen als Faschisten zu entlarven oder den Heterosexuellen als Homosexuellen, den Kritiker politischer Verhältnisse als Schmarotzer ebendieser Verhältnisse; sondern vielmehr zu beschreiben und zu reflektieren, wie die angedeuteten Übergänge zwischen lebendigem/verlebendigtem Wissen und Archivwissen vor sich gehen.

Die Biographieforschung und eine selbstkritische Biographik können unseren

Blick für die sprachlichen und ideologischen Prozeduren schärfen, mithilfe derer aus Leben Erzählungen gemacht werden und aus Erzählungen wieder Leben extrahiert wird. Ihr Ziel muss sein, im Streitfall zu erkennen, wo individuelle Verantwortung zum Tragen kommt und wo die Kraft der Verwandlung, wie sie der (biographischen) Literatur innewohnt, uns zu freieren, selbstbestimmteren Individuen macht. Vom schwierigen Verhältnis zwischen Literatur, Biographie und Autobiographie, zwischen Lebenszeugnissen und ihrer Bearbeitung ist in diesem Band die Rede. Dabei hegen wir stets den Verdacht, dass wir wüssten, was Leben ist.

Verwendete Literatur

Assmann 2001 = Aleida Assmann: Speichern oder Erinnern? Das kulturelle Gedächtnis zwischen Archiv und Kanon. In: Speicher des Gedächtnisses. Bibliotheken, Museen, Archive. Teil 2: Die Erfindung des Ursprungs. Die Systematisierung der Zeit. Hg. von Moritz Csáky und Peter Stachel. Wien: Passagen Verlag 2001, S. 15–29.

Babich 1994 = Babette E. Babich: Nietzsche's philosophy of science. Reflecting science on the ground of art and life. Albany: State Univ. of New York Press 1994.

de Man 1988 = Paul de Man: Allegorien des Lesens. Frankfurt am Main: Suhrkamp 1988 (= NF 357).

de Man 1993 = Paul de Man: Die Ideologie des Ästhetischen. Frankfurt am Main: Suhrkamp 1993 (= NF 682).

Hartwig 2003 = Ina Hartwig: Der verschollene Roman [...] In: Frankfurter Rundschau, 8.10.2003, S. 3 (Literatur Rundschau).

Herder 1991 = Johann Gottfried Herder: Werke in zehn Bänden. Hg. von Martin Bollacher u.a. Band 7. Hg. von Hans Dietrich Irmscher. Frankfurt am Main: Deutscher Klassiker Verlag 1991 (= Bibliothek deutscher Klassiker 63).

Kertész 2003 = Imre Kertész: Die exilierte Sprache. Essays und Reden. Frankfurt am Main: Suhrkamp 2003.

KSA = Friedrich Nietzsche: Sämtliche Werke. Kritische Studienausgabe. Hg. von Giorgio Colli und Mazzino Montinari. München: dtv 1999.

L = Imre Kertész: Liquidation. Roman. Frankfurt am Main: Suhrkamp 2003.

Lee 1997 = Hermione Lee: Virginia Woolf. London: Vintage 1997.

Lee 2005 = Hermione Lee: Body Parts. Essays on Life-writing. London: Chatto & Windus 2005.

Nadel 1984 = Ira Bruce Nadel: Biography. Fiction, Fact & Form. New York: St. Martin's Press 1984.

Raulff 1999 = Ulrich Raulff: *Inter lineas* oder Geschriebene Leben. In: Ders.: Der unsichtbare Augenblick. Zeitkonzepte in der Geschichte. Göttingen: Wallstein Verlag 1999 (= Göttinger Gespräche zur Geschichtswissenschaft 1), S. 118–142.

Simmel 1999 = Georg Simmel: Vom Wesen des historischen Verstehens. In: Georg Simmel Gesamtausgabe. Bd. 16. Hg. von Gregor Fitzi und Otthein Rammstedt. Frankfurt am Main: Suhrkamp 1999 (= stw 816), S. 151–179.

Woolf 1997 = Virginia Woolf: Die Kunst der Biographie. In: Dies.: Der Tod des Falters. Essays. Nach der englischen Ausgabe von Leonard Woolf hg. von Klaus Reichert. Frankfurt am Main: S. Fischer 1997, S. 179–189.

Exemplum und Memento
Die Biographie als Mittel der Darstellung

Von László F. Földényi

„Es ist elend schwer zu lügen, wenn man die Wahrheit nicht kennt." Mit diesem Satz beginnt der Roman *Harmonia Caelestis*, die Geschichte der weitverzweigten Familie Esterházy, dessen Verfasser zufälligerweise auch Esterházy heißt, Péter Esterházy. Es handelt sich dabei um ein seltenes Unterfangen in den letzten Jahren: Der Autor wollte eine Biographie verfassen – die Biographie seines eigenen Vaters – und bediente sich dazu sämtlicher bekannten Verfahren der klassischen Biographien. Das Ergebnis wurde jedoch etwas radikal anderes als das, was wir früher von einer Biographie erwartet hätten, deren Held einen bekannten, historischen Namen getragen und wirklich existiert hat. Und dabei denke ich nicht nur an die Biographien des Altertums, sondern auch an die Verfasser mittelalterlicher Chroniken und Exempla, die Biographien der Renaissance oder die Biographen des 18. und 19. Jahrhunderts, von denen manche – allen voran Goethe – das Verfassen von Autobiographien und damit von Biographien allgemein bereits eindeutig zu einer Sparte der Literatur gemacht hatten.

Wie die englischen Romanschriftsteller des beginnenden 18. Jahrhunderts interessiert sich auch Esterházy für die faktische Wahrheit, nichts als die Wahrheit, und dennoch: Eine märchenhaftere Biographie lässt sich kaum vorstellen. Der Wahrheit halber sei hinzugefügt, dass der Leser am Ende seines dicken Buches mit Fug und Recht behaupten kann, den Vater – so wie er angeblich war – kennen gelernt und über ihn auch Einblick ins Leben einer großen, historischen Familie gewonnen zu haben. Denn um sich an seinen Vater herantasten zu können, musste sich Esterházy in die viele Jahrhunderte umfassende Geschichte der Familie verstricken, und er musste auch herausfinden, was alles im Laufe der Jahrhunderte passieren musste, damit diese immer komplexer werdende Familie auf einmal eine Sensibilität hervorbringt, wie sie Péter Esterházy zu eigen ist, und über die sich die Familie gleichsam selbst in Augenschein nehmen kann. Esterházy schrieb die Geschichte seiner Familie so, dass er dabei auch zum Medium dieser Familie wurde. Und wie alle Medien absorbiert auch er die Einflüsse, also die von außen kommenden Informationen und Daten so, dass er sie anschließend modifiziert, verwandelt wieder von sich geben kann. Er hält die Geschichte der Familie so fest, dass er sie durch dieses Festhalten gleichsam auch verwandelt. Das heißt, er verwandelt sie nicht, sondern erschafft sie durch den Akt des Festhaltens von neuem. Die Geschichte wird gerade dadurch wahr, dass sie durch die so genannte verzerrende Fixierung erzählt wird. Was im Übrigen nicht nur für die Familie Esterházy, sondern für alle Familien gilt. Ja, im Allgemeinen auch für die so genannte Geschichte an sich. Und bezogen auf den Vater, dessen Biographie dieser Roman in Aussicht stellt: Ihn sehen wir durch den Filter der viele Jahrhunderte alten Familie und da dieser Filter aus überaus vielen Schichten besteht, sehen wir den Vater letztlich so, dass wir ihn fast gar nicht mehr sehen. Seine Biographie in diesem Roman ist gerade deshalb vollständig, weil es darin nicht nur um sein eigenes Leben geht. Um ein treues Abbild seines Vaters zeichnen zu können, schrickt Esterházy im Laufe der Erzählung auch vor offensichtlichen, mit einer wirklichen Biographie unvereinbaren Unwahrheiten nicht zurück. Das heißt, er übertreibt.

Natürlich weiß man, dass auch Übertreibungen ihren Nutzen haben. Was ist eine Übertreibung? Die Verfehlung des richtigen Maßes. Aber ist es überhaupt möglich, das Leben eines Menschen so darzustellen, dass das richtige Maß immer gewahrt bleibt? Wohl kaum. Wenn nichts anderes, so gestatten schon die Zeit und der Umfang nicht, dass ein Buch das Leben eines Menschen im richtigen Maß – das heißt in seiner Ganzheit – abdeckt. Man muss auf diesen Charakterzug, auf jene Situation, auf diese Erlebnisse, auf jene Erfahrungen und so weiter verzichten – bis am Ende kaum etwas übrig bleibt. Aber das, was bleibt, erweckt im Zuhörer/Leser dennoch den Eindruck von Leben. Die Dreidimensionalität des Lebens verwandelt sich im Laufe der Erzählung radikal. Es wird nicht zweidimensional, sondern – mangels eines besseren Ausdrucks – dimensionslos. Die erzählte Biographie vermittelt das Erlebnis von Weite und Tiefe so, dass sie dabei dennoch den Eindruck erweckt, die gegebene Biographie sei konturlos, und dass es wie in einem Märchen möglich sei, willkürlich in sie einzudringen, ihre Wände zu passieren, sie nach Belieben zu formen. Die Übertreibung: eine Begleiterscheinung der unvermeidlichen Selektion. Und obwohl dem Verfasser die Wahrheit vor Augen schwebt, steckt er schon bis zum Hals in Übertreibungen. Oder mit Esterházys Ausdruck: in der Lüge.

Ein seltsames Paradox, das die Aufmerksamkeit auf die zentrale Problematik der Biographie lenkt, lautet: Wo fängt das Leben an und wo endet es? Mit der Geburt beziehungsweise dem Tod? Esterházys Antwort am Ende des 20. Jahrhunderts lautet eindeutig: nein. Diese Antwort ist nicht nur für seinen eigenen Standpunkt bezeichnend, sondern auch für die Romanliteratur des 20. Jahrhunderts. Zu deren größten Erkenntnissen gehört es, dass es nicht bestimmbar ist, wo ein Mensch beginnt und wo er endet. Schon körperlich, physisch lässt sich das kaum sagen – denken wir etwa an den Beischlaf –, geschweige denn spirituell, geistig. Esterházy schreibt eine Biographie, indem er die Konturen des gegebenen Lebens immer weiter verschwimmen lässt. Dem Anschein nach handelt es sich hierbei um eine postmoderne Sichtweise. Betrachten wir jedoch die Tradition der Biographie und der Autobiographie in Europa, kann man sogar die Vermutung wagen, dass er auf eine alte, überlieferte Tradition zurückgreift. Nämlich auf die Methode, das jeweilige Leben des Einzelnen nie vom Ganzen des Lebens – in Großbuchstaben – zu isolieren, den Menschen nicht von der Ganzheit der Existenz abzutrennen, sondern als Glied einer größeren (göttlichen, kosmischen, das heißt metaphysischen) Ordnung zu zeigen. Mit Jaspers, einem Denker des 20. Jahrhunderts, gesprochen: Esterházy stellt das Dasein des Einzelnen in die Perspektive der Existenz und er versucht nur ganz selten, Ersteres als etwas Selbständiges, als eine von allem unabhängige Entität darzustellen.

Natürlich lässt auch die Gebundenheit an die überlieferte Tradition nicht vergessen, dass Esterházys Roman einen charakteristischen Standpunkt des 20. und 21. Jahrhunderts vertritt. Dieser unterscheidet sich grundlegend von der klassischen, bürgerlichen Biographie, die den Helden (die dargestellte Figur) stets, auch unausgesprochen auf ein von vornherein bestimmtes, diesseitiges Ziel zutreibt, das auch unabhängig von diesem Helden existiert. Aber er unterscheidet sich auch von jener früheren Gattung der Biographie, die den diesseitigen Protagonisten als Teil einer transzendenten Ordnung darstellt und deren Prototypen die Evangelien, also die Lebensbeschreibungen Jesu sind. Denn es war die auf dem Boden des Römischen Reiches sich entfaltende, christliche Philosophie, die im europäischen Denken als erste die Frage der Person und damit der Individualität und der Einmaligkeit aufwarf. Auch wenn der unlösbare Dualismus zwischen dem Einzelnen und dem Allgemeinen bereits im griechischen Denken auftaucht, hatte er bei weitem nicht jene Tiefe, die er zur Zeit des Römischen Reiches und später des Christentums erreichte. Platon folgend spricht Aristoteles zwar von der Unaussprechlichkeit des Einzelnen, aber er wirft die Frage in erster Linie im Zusammenhang mit dem Begriff des Allgemeinen auf (und lässt sich somit in keinerlei Zusammenhang mit jener Unaussprechlichkeit des Einzelnen bringen, mit der in der europäischen Kultur Heinrich von Kleist am aufsehenerregendsten ringen wird).

Exemplum und Memento

Die christliche Philosophie hingegen wirft die Problematik der *Persönlichkeit*, die später zum Eckstein jeder Biographie wird, gerade anhand der Evangelien mit einer bis dahin ungekannten Schärfe auf. Nach Ansicht der Nestorianer wohnen Jesus *zwei* Personen inne, nach Ansicht der Monophysiten hingegen hat Jesus *eine* Natur (sein Menschsein wird von seiner Göttlichkeit absorbiert). Den Streit beendete das Konzil von Kalkedon im Jahr 451 mit der Feststellung: Jesus Christus, der Mensch gewordene Logos, ist *eine* Person in *zwei* Naturen, also kein Gott in Menschengestalt, sondern Gott und wirklicher Mensch in einem. Hier wurde im Kern das neuzeitliche Menschenbild geboren: Nach der Lehre der *unio hypostatica* ist der Mensch zugleich ein Geschöpf, also ein endliches Wesen, als auch ein Schöpfer, der in seiner Freiheit an Gott grenzt. Am Beispiel der Person Jesu Christi ging es bei diesem Streit letztlich darum, inwieweit der Mensch ein selbständiges, endliches, einmaliges Wesen und inwieweit er ein Teil, ein ‚Fall' des unendlichen, göttlichen Universums sei.

Die Substantialität der einzelnen Seele fundierend führt Augustinus, der Verfasser der *Bekenntnisse*, der ersten großen Autobiographie, aus, dass das *Ich* nicht die Summe seiner Tätigkeiten ist (wie das jeder heutige CV suggeriert), das heißt seine Existenz sich nicht auf das Dasein beschränken lässt, sondern über eine unendliche, eigenständige Wirklichkeit verfügt. Mit diesem Gedanken brachte er den europäischen Freiheits- und Individualitätsbegriff auf den Weg und durchdachte den Konflikt zwischen der Einzigartigkeit und Eigenständigkeit der Seele sowie ihrer transzendenten Abhängigkeit in einer bis heute gültigen Weise: „[Ich weiß nicht], wie ich in dieses sterbende Leben – oder soll ich sagen lebendige Sterben – gelangt bin" (Erstes Buch, VI, 7), sagt er und stellt fest: „Gott und die Seele möchte ich erkennen. Nichts anderes? Durchaus nichts." Und mehr kann man auch nicht wollen. Im Spiegel Gottes ist das Individuum nichts; im Spiegel seiner eigenen Seele alles. Und das gilt auch umgekehrt: Im Angesicht Gottes ist das Individuum Substantialität, im Spiegel seiner eigenen Seele Leere. Ein gewaltiger Abgrund, den allein der Glaube zu überbrücken vermag, trennt das Einzelne vom Allgemeinen, das Individuum vom Universum.

Für die christliche Auffassung war die Biographie also insofern von Bedeutung, als sie den Zuhörer oder Leser durch die Darstellung des individuellen Schicksals auf die darüber hinausgehenden, transzendenten Dimensionen aufmerksam machen konnte. Diese Praxis bewahrte ihre Gültigkeit in der religiös inspirierten Literatur bis zur Neuzeit: So waren beispielsweise Erinnerungen die beliebteste Gattung in der ungarischen Literatur des 17. und 18. Jahrhunderts, und selbst in diesen stellte das „Zum ewigen Gedenken" eine ständig wiederkehrende Formel dar – denn gerade ihretwegen brachten die Verfasser der Erinnerungen ihre Biographien zu Papier. Der Ausdruck „ewiges Gedenken" zeigt, dass im christlichen Kulturraum das Individuum über die Biographie eine Art Unsterblichkeit erlangt; seine Grenzen verlaufen nicht entlang seiner Geburt beziehungsweise seines Todes, sondern in der so genannten ‚Ewigkeit'. Indem das Individuum eine Biographie bekommt, wird es mehr als ein einmaliges, zufälliges, menschliches Wesen: sein Leben wird zum Exemplum. Die Biographie hebt es aus der Isolation seines individuellen Lebens heraus und macht es zum Gesellen *aller*. Das erklärt auch, warum etwa bis zum 17. Jahrhundert jene Werke, die die Biographien *einzelner* Personen erzählen, im Vergleich zu späteren Werken jenen individuellen Zügen, die wir heute als ‚Charakterzüge', als ‚typische Elemente' der Biographie bezeichnen, jenen Zügen also, die an das einmalige, ausschließliche, unwiederholbare Dasein des Individuums gemahnen, weniger Aufmerksamkeit widmen. Das ist nicht auf mangelhafte Beobachtung zurückzuführen, vielmehr haben sich die Schwerpunkte verschoben.

Die von Individuen handelnden Geschichten – in erster Linie aus dem Mittelalter, aber auch noch aus dem 17. Jahrhundert – wirken aus heutiger Sicht betont didaktisch. Die typischsten unter ihnen, die Biographien der Heiligen, die offen in der Tradition der Evangelien stehen, wurden von vornherein in belehrender Absicht verfasst, ihr Ziel bestand gerade darin, zu zeigen, wie sich in einer Biographie Individualität und Einmaligkeit einem universellen Blickwinkel unterordnen, der nicht mehr das Objekt der Biographie ist. Lauter Exempla. Die Aufgabe der Biographien der Heiligen bestand – nach einer Formulierung des Theologen Karl Rahner – darin, das individuelle Leben ins Angesicht Gottes emporzuheben und ihm auf diese Weise bleibende Gültigkeit zu verleihen. Das prägte auch die religiös gefärbte Epik des Mittelalters. Der Maßstab zur Beurteilung persönlicher Handlungen – also die Frage, was wert ist, in die Biographie des Betreffenden aufgenommen zu werden – war in der Regel die Heiligkeit beziehungsweise die den einzelnen Handlungen innewohnende Kraft zur Transzendenz. Die Grenzen der Darstellung der Persönlichkeit dehnen sich in Gottes Unendlichkeit aus, so dass die Figuren nur mit starken Einschränkungen als individualisiert im modernen Sinn bezeichnet werden können: Ihre ‚Biographien' unterscheiden sich radikal von späteren, bürgerlichen Biographien. Im Mittelalter wäre die Geschichte der Versuchung des Heiligen Antonius oder die Biographie des Heiligen Julianus des Gastfreien in der Form, in der sie im 19. Jahrhundert von Flaubert neu geschrieben wurden, unvorstellbar gewesen: Derart individualisierte Figuren, sich derart auf das individuelle Verhalten konzentrierende Geschichten, ein sich derart auf die privaten Elemente des Lebens richtendes Interesse werden erst dann vorstellbar, wenn Gott zu einem ‚passiven Beobachter' geworden ist und das Individuum keinem mehr Rechenschaft schuldet als sich selbst. Es ist zum Beispiel lehrreich, den *Weg zur Vollkommenheit*, die Autobiographie der Heiligen Theresia von Ávila aus dem 16. Jahrhundert, mit den Erinnerungen einer anderen Theresia, der Heiligen Theresia von Lisieux aus dem 19. Jahrhundert zu vergleichen, um zu erkennen: Auch wenn die Betreffende heilig ist, wirkt sie im 19. Jahrhundert bereits unweigerlich wie eine profane, alltägliche Person, deren Biographie ebenfalls eine ‚bürgerliche Biographie' ist, der man genauso gut die von der Gemeinde ausgestellte Geburtsurkunde oder Todeserklärung beifügen könnte.

Etwa in der Mitte des 17. Jahrhunderts wird es zu einem bestimmenden Wesensmerkmal der Biographien, dass das Individuum immer offensichtlicher vor allem sich selbst Rechenschaft schuldet: Seine Biographie ist weniger eine Bestätigung Gottes als seines Selbst. In Descartes' Überlegungen spielte die so genannte Pneumatologie, also die Disziplin, die sich gleichzeitig mit Geist und Seele beschäftigte, noch eine wichtige Rolle und er hielt die menschliche Seele, auch wenn sie mit natürlichem Verstand begreifbar war, noch für ein Attribut Gottes. Im 18. Jahrhundert jedoch wurde die Pneumatologie immer mehr zur Wissenschaft der Psyche, aus der dann die Psychologie entstand, die Wissenschaft, die sich mit der Seele, den Standpunkten, der eigenen Schicksalsgeschichte des Individuums befasst. Die Entstehung der Biographie im modernen Sinn hing mit der immer größeren Rolle des Individuums zusammen, die wiederum mit dem allgemeinen Einbruch des Glaubens seit dem 17. und 18. Jahrhundert in Verbindung gebracht werden kann. Die Gattung der Biographie – ob als Romanstoff oder als persönliche Erinnerung – wird stark laizistisch; der dankbarste, schon oft vorgenommene Vergleich in dieser Hinsicht ist der zwischen den *Bekenntnissen* von Augustinus und Rousseau. Die Tendenz zum Laizismus bedeutet natürlich nicht die Eliminierung des religiösen Standpunktes; vielmehr handelt es sich um eine Verschiebung der Gewichtungen.

Eine große Rolle bei der Ausformung des neuzeitlichen, an das moderne Individuum geknüpften Menschenbildes spielten jene Religionen, die im Gegensatz zum umfassenden, allgemeinen (katholischen) Glauben die individuelle Auserwähltheit und Seelenbildung verkündeten. In Frankreich befruchtete der Jansenismus die diesbezügliche Selbstprüfung (die Mariana Alcoforado zugeschriebenen *Briefe einer portugiesischen Nonne*, 1669, Madame de Lafayettes *Die Prinzessin von Clèves*, 1678), in England wiederum spielte der Puritanismus eine entscheidende Rolle. Nach Ansicht der Puritaner vermag nur das Individuum sich selbst wirklich zu erkennen – und das hängt mit der Erkenntnis zusammen, dass sich das Individuum der bürgerlichen Epoche stark atomisiert und es nunmehr weniger von der göttlichen Gnade als von seiner eigenen Anstrengung abhängt, ob sein Leben harmonisch, ganz wird oder nicht. Im England des 17. Jahrhunderts gehörte die geistige Autobiographie zu den beliebtesten Gattungen und für ihre Verfasser hob nicht mehr Gott den Menschen zu sich empor, sondern der Mensch musste sein Leben so organisieren, dass er zu Gott gelangte. Das Leben sei nichts als das Suchen und Finden Gottes, eine Reise, Organisation, Arbeit, verkünden die puritanischen Autobiographien und spirituellen Wegweiser und bemühen sich dementsprechend, alles, was dem Menschen im Laufe seines Lebens zustößt, in eine rationelle Struktur einzufügen – was sich dennoch nicht einfügen lässt, fällt der Vergessenheit anheim. Die puritanischen Biographien konstatieren als Erste, was für spätere Biographien selbstverständlicher sein wird als alles andere, dass nämlich das Leben sehr wohl ein praktisches Ziel hat und dass man von vornherein danach streben und darauf Rücksicht nehmen muss, was wirklich realisierbar ist, was also in den Einflussbereich des Individuums gehört. Der Verlauf des Lebens reduziert sich zunehmend auf das Dasein. Fortan ist in Europa das Gebot eines im Banne praktischer Ziele geführten Lebens unauslöschlich, höchstens sein Ziel hat sich geändert: Seit dem 18. Jahrhundert ist nicht mehr in erster Linie Gott das Ziel, sondern Glück und Erfolg im Diesseits. (Schöne Beispiele hierfür bieten Henry Bakers Autobiographie *A Natural History of Myself*, 1725, sowie Benjamin Franklins Autobiographie, an der er zwischen 1771 und 1790 kontinuierlich arbeitete – beides denkwürdige Beispiele der puritanischen Autobiographie.)

Immer mehr wurde die profane, von transzendenten Bindungen freie Gesellschaft zum Maßstab des Individuums, wobei die institutionalisierte, auf verfassungsmäßigen Fundamenten beruhende Gesellschaft als ultimativer Maßstab den Bewegungsraum des Einzelnen ebenfalls stark einengte, sowohl im metaphysischen als auch im praktischen Sinn. Natürlich waren das 17. und 18. Jahrhundert noch immer eine Epoche großer Möglichkeiten, aber verglichen mit den Helden Marlowes oder Shakespeares oder den großen Abenteurern des 16. Jahrhunderts ist ein allmähliches Verblassen unübersehbar. Statt der herausragenden, unnachahmlichen Persönlichkeit wird der nachzuahmende Typ zum Maßstab – der repräsentative Held wird ersetzt durch den Durchschnittsmenschen. Bis zum 17. Jahrhundert besaßen die Mächtigen eine ‚Persönlichkeit' und sie waren es auch, die Anspruch auf eine Biographie hatten; doch so wie die Macht immer unpersönlicher wurde, so wurde auch die Individualität immer mehr zum Problem des Durchschnittsmenschen. Frühere Biographien waren in erster Linie Biographien von *Ausnahmemenschen*; doch seit dem 17. und vor allem 18. Jahrhundert wächst das Interesse am Durchschnittsmenschen und folglich besteht das Ziel – nach Foucaults Untersuchung – nunmehr nicht in der Heroisierung, sondern in der Katalogisierung von Tätigkeiten, die für alle nachvollziehbar sind, und von Eigenschaften, die von allen angeeignet werden können. (Vgl. Foucault 1994, 246ff.) Im Laufe des 17. Jahrhunderts setzt eine Konvergenz der universellen und individuellen Eigenschaften ein; ein charakteristisches Beispiel dafür bietet Samuel Butlers Sammlung von Charakterzeichnungen aus dem 17. Jahrhundert, in der zahlreiche Charakterzeichnungen in der dritten Person Singular beginnen, aber der Verfasser bald darauf in die dritte Person Plural wechselt, also das *Einzelne* zum Träger des *Typischen*, des gesellschaftlich Akzeptierten wird. (Vgl. Smith 1967, XXX)

Folglich hat die Untersuchung, auf welche Weise das Individuum zu einem nützlichen Glied der Gesellschaft werden kann, höchste Priorität für die bürgerliche Biographie. Stets geht es darum zu untersuchen, was der Mensch aushält, welche Erwartungen an *alle* gestellt werden können und was man vergeblich von irgendjemandem erwarten wird. Im 17. Jahrhundert wächst die Zahl jener Charakterzeichnungen im modernen Sinn, die das Individuum in keine umfassende, transzendente Ordnung mehr einbetten wollen. Zwischen 1608 und 1677 erschienen 308 Veröffentlichungen, die sich mit den Eigenarten des individuellen Charakters beschäftigen, und diese umfassen insgesamt 1430 Charakterzeichnungen. Beliebt sind auch Samuel Clarkes Anthologien, die die Biographien von Kirchenpersönlichkeiten oder Märtyrern beinhalten, doch weisen diese – vor allem die Stücke in *A General Martyrology* (1651) – bereits in Richtung der modernen Biographien. Eine ähnlich wichtige Rolle spielen die persönlichen Tagebücher, eine bei den Puritanern beliebte Gattung, in der das Leben als Rechenschaftsbericht dargestellt wird. Samuel Butlers bereits erwähnte, am Ende des 17. Jahrhunderts verfasste Charakterzeichnungen erschienen zwar erst 1759 zum ersten Mal, doch ihr Erfolg und ihre Wirkung waren umso größer. In Frankreich übte La Bruyères *Charaktere* (1688) große Wirkung auf das ganze darauf folgende Jahrhundert aus. Bekannt ist auch die Wirkung von Lavaters *Physiognomischen Fragmenten* (1775–78) im deutschen Sprachraum – aber es ist wohl kein Zufall, dass sie im bürgerlich weit fortgeschritteneren England auf das größte Interesse stießen. Schließlich sei noch erwähnt, dass auch Trauerreden eine große Rolle bei der Entstehung der modernen Biographie spielten.

Es ist bezeichnend, dass mit der Geburt des bürgerlichen Romans das Interesse an Biographien und Charakterzeichnungen kräftig zunimmt. Als der bürgerliche Roman in England entsteht, bieten die ersten Romanschriftsteller ihren Lesern vor allem solche individuellen Biographien, die indirekt nahe legen, dass das Individuum gerade durch seine Isolation, durch sein Herausfallen aus der transzendenten Ordnung, also seine völlige Unabhängigkeit, Anspruch auf Aufmerksamkeit hat. Diese Biographien sind nicht mehr so sehr Exempla, sie sind keine Beispiele für die Einbettung der Betreffenden in einen sie übersteigenden Zusammenhang, sondern für ihre Isolation von allem. Einzelschicksale, die als Mahnung auf den Leser wirken. Sie mahnen vor allem, dass es keine allgemeingültigen, für alle verbindlichen Werte mehr gibt und deshalb jeder einzelne Mensch eine zufällige Erscheinung – ein isoliertes Atom – ist. Das einzige, allgemeingültige Gebot lautet: Jeder ist seines Glückes Schmied. Daniel Defoe verstand seine Romane als Mementos und betonte am Anfang eines jeden, dass er nur darüber berichten will, was seine Helden *unmittelbar* berührt. Und tatsächlich, Robinson, Moll Flanders, Colonel Jack oder Roxana sind im strengsten Sinn des Wortes auf sich allein gestellt. Sie haben keine Familie und keine Bindungen; Vaterland, Heimat, Tradition, überliefertes Wissen und jedwede sie übersteigende Ordnung sind für sie unbekannte Begriffe. Sie haben ausschließlich moderne Biographien – insofern wir unter einer Biographie eine Isolation verstehen, die auf keinen Hintergrund mehr Anspruch erhebt. Sie gehen ausschließlich ihren augenblicklichen Interessen nach, unterwerfen sich keinem universellen Gebot. Defoe hat zwar etwa in seinem Buch *Serious Reflections during the Life and Surprising Adventures of Robinson Crusoe* versucht, Robinsons Geschichte aus dieser Isolation herauszuheben und sein profanes Leben mit der göttlichen Ordnung in Zusammenhang zu bringen, doch dass das Buch zu Recht in Vergessenheit geriet, beweist, dass ihm das nicht gelungen ist.

Aber zeitgleich mit der Entstehung der Romangattung wurde auch klar, dass hinter den streng und exakt anmutenden Konturen nicht nur die nicht erzählten oder verschwiegenen Fakten lauern, sondern auch alles, woran das Leben des Einzelnen hängt – das Leben, die Vergangenheit, die Ganzheit der Tradition, der ganze Kosmos, also alles, was unfassbar, unendlich ist. Hinter jeder Biographie lauerte die nicht auf das Dasein reduzierbare Existenz. Die Biographien in den frühen, bürgerlichen Romanen erweckten die Illusion, dass sich das Individuum in seiner bestimmbaren, isolierbaren Punkthaftigkeit fixieren lässt. Sie versprachen ihren Lesern, die Biographie des dargestellten Individuums könne die Ganzheit des Kosmos abdecken. Doch schon früh meldeten sich kritische Stimmen. So schrieb

Henry Fielding in seinem Roman *The History of the Life of the late Mr. Jonathan Wild the Great* (1743), der die Rekonstruktion des Lebens einer auch historisch verbürgten Figur in Aussicht stellte:

> Die meisten Lebensbeschreibungen und auch die meisten Komödien enden mit diesem Zeitpunkt. Der Historiker und der Dichter sind beide der Meinung, sie hätten genug für ihren Helden getan, wenn sie ihn verheiraten, oder geben vielmehr zu verstehen, der Rest seines Lebens müsse eine langweilige Windstille friedlichen Glückes sein, freilich sehr angenm, wenn man's erlebt, aber recht fade, wenn man's erzählt. Und ich glaube, die Ehe im allgemeinen darf unbestreitbar als dieser Zustand geruhsamen Wohlbehagens gelten, der so wenig Abwechslung in sich einschließt, daß er wie die Ebene von Salisbury nur eine einzige Aussicht bietet, eine sehr erfreuliche, wie ich zugeben muß, aber stets die gleiche. (Fielding 1965, 526)

Fieldings Kritik richtet sich gegen die Praxis des 18. Jahrhunderts, die Methode des bürgerlichen Romans, nicht das Individuum vor den kosmischen Horizont zu stellen, sondern umgekehrt den Kosmos in den Rahmen der individuellen Biographie pressen zu wollen. Die klassischen bürgerlichen Biographen berufen sich auf John Locke, für den die Identität, also Begreifbarkeit und Aussprechbarkeit der Persönlichkeit, eine Selbstverständlichkeit war: „Was unsere eigene Existenz betrifft, so nehmen wir sie so deutlich und gewiss wahr, dass sie eines Beweises weder bedarf noch fähig ist … Bei jedem Vorgang der Sensation, des Schließens oder Denkens sind wir uns unseres eigenen Daseins bewusst; ja, wir bleiben in diesem Punkt nicht hinter dem höchsten Grad der Gewissheit zurück." (Locke 1988, 294f.) Ein paar Jahrzehnte später schlägt David Hume (in seinem 1739–40 erschienenen Werk) bereits neue Töne an:

> Unsere Vorstellungen sind noch veränderlicher als unsere Gesichtswahrnehmungen, und alle anderen Sinne und Vermögen tragen zu diesem Wechsel bei; es gibt keine Kraft der Seele, die sich, sei es auch nur für einen Augenblick, unverändert gleich bliebe. Der Geist ist eine Art Theater, auf dem verschiedene Perzeptionen nacheinander auftreten, kommen und gehen, und sich in unendlicher Mannigfaltigkeit der Stellungen und Arten der Anordnung untereinander mengen. Es findet sich in ihm in Wahrheit weder in einem einzelnen Zeitpunkt Einfachheit noch in verschiedenen Zeitpunkten Identität. (Hume 1989, 327)

Und zwanzig Jahre später bemerkt der Erzähler in *Tristram Shandy* (1759–67), dieser seltsamsten, nie beendeten und nie begonnenen Biographie der Weltliteratur, dass er „bei Schilderung des Charakters meines Onkels *Toby*" entschlossen sei, „zu gar keinen mechanischen Hilfsmitteln zu greifen". (Sterne 1982, 87) Dahinter steht die Überlegung, dass sich der Charakter seiner Meinung nach nur zum Teil begreifen lässt, größtenteils jedoch unbegreiflich ist, so dass man vergeblich hofft, eine Figur mit Hilfe einiger (oder noch so vieler) Charakterzüge oder einer Auflistung von Handlungen und Taten erfassen und ihre Biographie wie ein Schmetterlingssammler endgültig fixieren zu können. Und kaum eine Generation später schreibt Heinrich von Kleist seiner Schwester Ulrike: „Ich weiß nicht, was ich dir über mich unaussprechlichen Menschen sagen soll." (Brief vom 13./14. März 1803; Kleist 1999, 244)

Nachdem sie darauf verzichtet hatte, den Menschen als Teil einer transzendenten Ordnung zu sehen, der nur partiell über sein Leben verfügt und es nur bedingt sein Eigen nennen kann, musste die neuzeitliche Biographie früher oder später auf das Problem der Unaussprechlichkeit stoßen. Die Persönlichkeit lässt sich nicht endgültig zeigen – sie ist unerschöpflich. Deshalb reicht es für einen Biographen, der umsichtig verfahren und ein wirklich treues Bild von seinem Helden zeichnen will, nicht mehr aus, die dokumentierbaren Ereignisse des gegebenen Lebens zu erzählen, vielmehr muss er sich dem Phantom der Unzeigbarkeit, der Unaussprechlichkeit stellen. In einem der Bruchstücke von *Also sprach Zarathustra* schreibt Nietzsche, dass sich hinter dem Ich, also der durch die gesellschaftlichen, politischen, historischen Umstände bestimmten Person, ein zweites, unbekanntes Ich befindet, das er als das Selbst identifiziert: „Hinter deinen Gedanken und Gefühlen steht dein Leib und dein Selbst im Leibe: die terra incognita. Wozu hast du diese Gedanken und diese Gefühle? Dein Selbst im Leibe will etwas damit." (Nietzsche 1980, Bd. 14, 287) Die Erfassung dieser terra incognita erwartet jeden modernen Biographen.

Wie Esterházys anfangs erwähnter biographischer Roman zeigt, gehört die Wiederbelebung der alten Wahrheit, dass der Mensch niemals mit nur sich selbst identisch ist, zu den großen Erkenntnissen des 20. Jahrhunderts: Hinter ihm lauert ein anderer, ein Fremder (*Ich – ein anderer*, diesen Rimbaudschen Titel gab Imre Kertész seinem persönlichsten Tagebuch – und wählte als Motto ein Zitat des im Spiegellabyrinth der Identitäten sich verbergenden Fernando Pessoa). Im Fremden das Vertraute, im Nicht-Identischen das Identische zu entdecken: Dieser Herausforderung müssen sich die modernen Biographien stellen. Der Glaube an die Allmacht der harmonisierbaren Biographien zerbrach im 20. Jahrhundert am augenscheinlichsten. Parallel dazu, dass die als rational erfassbar geltenden Existenzdeutungen ihre Gültigkeit verloren, erwies sich, dass das letzte Kriterium des Lebens keinesfalls das lineare Fortschreiten von der Geburt bis zum Tod ist. Mit anderen Worten, dass hinter den einzelnen Lebensläufen und allgemein den geschichtlichen Prozessen etwas Unbeeinflussbares waltet. Es gibt kein Leben ohne Biographie; und dennoch lässt sich das Leben nicht auf die Biographie beschränken. Die Biographie ist wie eine Nabelschnur; über sie sind wir an ein belebendes, ernährendes Unbekanntes gekoppelt. Um noch einmal Peter Esterházy zu zitieren: „Es ist elend schwer zu lügen, wenn man die Wahrheit nicht kennt." Esterházy schreibt über die Bipolarität von Lüge und Wahrheit; doch bezogen auf die Biographie deutet sich dahinter eine zweite Bipolarität an: das, was der ebenfalls schon zitierte Karl Jaspers die Bipolarität von Dasein und Existenz nannte.

Aus dem Ungarischen von Akos Doma

Verwendete Literatur
Péter Esterházy: Harmonia Caelestis. Berlin: Berlin Verlag 2001.
Imre Kertész: Ich – ein anderer. Berlin: Rowohlt 1998.

Augustinus 1985 = Aurelius Augustinus: Die Bekenntnisse. Einsiedeln: Johannes Verlag 1985.
Fielding 1965 = Henry Fielding: Die Lebensgeschichte des verstorbenen Mr. Jonathan Wild, des Großen. München: Hanser 1965.
Foucault 1994 = Michel Foucault: Überwachen und Strafen. Die Geburt des Gefängnisses. Aus d. Franz. übers. von Walter Seitter. Frankfurt am Main: Suhrkamp 1994 (= stb 2271).
Hume 1989 = David Hume: Ein Traktat über die menschliche Natur, 2 Bde. Bd. 1: Erstes Buch: Über den Verstand. Übers., m. Anm. u. Register versehen von Theodor Lipps. Hg. von Reinhard Brandt. Hamburg: Meiner 1989 (= Philosophische Bibliothek 283a).
Kleist 1999 = Heinrich von Kleist: Sämtliche Werke. Brandenburger Ausgabe. Hg. von Peter Staengle in Zusammenarbeit m. Roland Reuß, Bd. IV/2: Briefe 2: Mai 1801– August 1807. Basel, Frankfurt: Stroemfeld 1999.
Locke 1988 = John Locke: Versuch über den menschlichen Verstand. Bd. 2: Buch III und IV. Hamburg: Meiner 1988 (= Philosophische Bibliothek 76).
Nietzsche 1980 = Friedrich Nietzsche: Sämtliche Werke. Kritische Studienausgabe. Hg. von Giorgio Colli und Mazzino Montinari. München: dtv 1980.
Smith 1967 = David Nichol Smith: Characters from the Histories and Memoirs of the Seventeenth Century. Oxford: Clarendon 1967.
Sterne 1982 = Laurence Sterne: Leben und Meinungen von Tristram Shandy Gentleman. In der Übers. von Adolf Friedrich Seubert. Durchges. und revidiert von Hans J. Schütz. Frankfurt am Main: Insel 1982 (= insel taschenbuch 621).

Hinterlassenschaften, Archiv, Biographie
Am Beispiel von Susan Taubes

Von Sigrid Weigel

Zu Begriff, Entwicklungsmodell und Herstellung von Biographie
Folgt man der Auskunft eines Fachlexikons, dann ist eine Biographie, verstanden als „Lebensbeschreibung", die „Darstellung der Lebensgeschichte einer Persönlichkeit, vor allem in ihrer geistig-seelischen Entwicklung, ihren Leistungen und ihrer Wirkung auf die Umwelt". Im Anschluss an diese Definition im *Metzler Literatur Lexikon* (1990, 55) folgen Stichworte zur Geschichte der Gattung seit der Antike. Dagegen sucht man vergeblich nach Auskünften darüber, auf welche Weise eine solche Biographie überhaupt zustande kommt. Das bleibt Berufsgeheimnis der Zunft. Bei genauerer Lektüre enthält die knappe Definition jedoch eine Reihe indirekter Hinweise über den Weg von einem Leben zu einer Biographie – und zwar in den mehrfachen Übersetzungen und Verschiebungen, die sich in der nur kurzen Definition ereignen.

Bemerkenswert ist zunächst die Übersetzung des Begriffs Biographie, der aus dem Griechischen stammt, zusammengesetzt aus *bios* – „Leben" – und *graphe* – wörtlich „Einritzung", was so viel wie Inschrift, Schrift, Schriftstück, Malerei, Zeichnung und vieles andere mehr heißen kann. Daraus wird im Deutschen eine Lebens*beschreibung*. Diese wird dann im weiteren Eintrag zur Lebens*geschichte* (einer Persönlichkeit), die wiederum in eine (geistig-seelische) *Entwicklung* übersetzt wird. Schon im ersten Übersetzungsschritt wird das vieldeutige *graphe* nicht nur vereindeutigt, zugleich werden die Inskriptionen *des* Lebens, seien es nun Einschreibungen *in* ein Leben oder Spuren, Schriften und Zeugnisse, die ein Leben hinterlässt, zu einem Text *über* das Leben. Denn die Beschreibung setzt ja nicht nur einen Autor voraus, der vom Protagonisten unterschieden ist, sondern auch eine Vorlage bzw. ein Modell, das dem Text vorausgeht, das sich also außerhalb bzw. vor der Darstellung befindet.

Aus der zweiten Übersetzung von Lebensbeschreibung in Lebensgeschichte erfahren wir, dass es sich bei diesem Modell um eine Persönlichkeit handeln soll, woraus sich auch die Ausrichtung der darzustellenden Entwicklung auf Leistungen und Wirkungen ableitet. Das alles mag auf ein Vorhaben zutreffen, in dem beispielsweise den zahlreich vorliegenden Biographien Thomas Manns oder Goethes eine weitere hinzugefügt werden möchte. Was aber, wenn es sich bei der Person, deren Biographie geschrieben werden soll, nicht – oder noch nicht – um eine ‚Persönlichkeit' handelt, weil es um eine – bisher – für das Lesepublikum namenlose Person geht? Was, wenn keine Vorstellungen von dem Leben und kaum Bilder von dem Modell existieren, das es zu beschreiben gilt? Um einen solchen Fall soll es hier gehen, weil daran die Arbeit an einer Biographie am besten erörtert werden kann: die vielen kleinen und größeren Schritte ebenso wie die zahlreichen Entscheidungen, die auf dem Wege von den Hinterlassenschaften zu einem Buch liegen.

Doch noch einmal zurück zur Lexikondefinition. Mit der Verschiebung von einer Lebens*beschreibung* zu einer Lebens*geschichte* verbindet sich nicht nur die Eingrenzung des Gegenstandes auf eine Persönlichkeit, sondern auch die Vorstellung vom erzählenden Charakter der Darstellung, und das heißt, dass Schauplätze erforderlich sind, auf denen der/die Protagonist/in sich bewegt und interagiert. Damit erst wird die Biographie zu einer literarischen Gattung, die einen *Chronotopos* (vgl. Bachtin 1989) entwirft, in den sie ihr Personal stellt. Was aber, wenn die Schauplätze, auf denen die darzustellende Person agiert hat, weitgehend unbekannt sind, wenn es keine Überlieferungen gibt, auf die man sich beziehen kann? Wenn also vorausgegangene Sekundärliteratur als Bezugsfeld ausfällt, weil sie – bisher – nicht existiert? In einem solchen Fall haben wir es gleichsam mit einer *Biographie pure* zu tun. Für die Erörterung der Genese einer Biographie ist ein solcher Fall vielleicht sogar ein Glücksfall, weil dabei die Operationen erkennbar werden, mit denen die *graphe* eines Lebens in die Darstellung einer Lebensgeschichte verwandelt werden. Das soll hier an einem *work in progress* erläutert werden, an dem Projekt einer Biographie zu Susan Taubes.

Die dritte und letzte Übersetzung in der zitierten lexikalischen Definition, in der die Lebensgeschichte einer Persönlichkeit zur (geistig-seelischen) *Entwicklung* wird, betrifft einen äußerst komplexen Begriff. Er stellt die Biographie in die Nähe zum Bildungs- und Entwicklungsroman, allerdings mit dem gewichtigen Unterschied, dass die Biographie den Anspruch hat, ihre Vorlage bzw. ihr Vorbild in der Realität zu finden, womit das fiktionale Moment des Bildungsromans ausfällt. Die Entwicklung – wörtlich betrachtet eine Auswickelung, Entfaltung bzw. Auseinanderfaltung von etwas zunächst Verborgenem oder erst potentiell Vorhandenem – ist ein Leitbegriff des bürgerlichen Zeitalters, der seit dem 19. Jahrhundert in den Natur- und Geisteswissenschaften gleichermaßen beliebt ist. Daraus erklärt sich vielleicht, dass Wilhelm Dilthey, als er Ende des 19. Jahrhunderts eine der ersten theoretischen Ausführungen zur Biographie vorgelegt hat, von der Naturbeschreibung eines Individualdaseins „in seinem geschichtlichen Milieu" gesprochen hat (Dilthey 1883, 79) – womit die Biographie von ihm als eine Art Naturgeschichte innerhalb der Geisteswissenschaften aufgefasst wurde. Diese Naturbeschreibung ist aber das Ergebnis eines komplexen Vorgangs, durch den erst das Darzustellende – Dilthey spricht von Individualdasein oder Selbigkeit – zu einer Einheit oder Identität wird.

Dabei sind alle Elemente des klassischen Entwicklungskonzepts im Spiel: Der Lebensverlauf erscheint zeitlich strukturiert als Abfolge, Kontinuität und Progression, in der das Selbst als „von innen irgendwie Bestimmtes" über die Einwirkung äußerer Vorgänge und die Reaktion darauf seine Gestalt gewinnt. (Dilthey 1961, 247) Bemerkenswert ist, dass Dilthey sich der Biographie in seinem gleichnamigen Aufsatz über einen Vergleich mit der Selbstbiographie nähert, um erstere als Produkt des Verstehens zu beschreiben, und zwar „als die literarische Form des Verstehens von fremdem Leben" (ebd.). Damit wird die Biographie zu einer vom Selbstverstehen unterschiedenen und abgeleiteten Sonderform des Verstehens. Die Schwierigkeit, ein fremdes Leben darzustellen, sah er dabei durch den Vorteil ausgeglichen, dass das Material begrenzt ist: „Das Verstehen vollzieht sich an allen äußeren Begebenheiten. Diese sind vollständig bis zum Tode, und sie haben nur am Erhaltenen eine Stoffgrenze. Darin liegt ihr Vorzug vor der Selbstbiographie." (Ebd., 249) In dieser Überlegung dient die Begrenztheit erhaltener Zeugnisse zur Abgrenzung zwischen dem „Verständnis fremden Daseins" und einer jeder Überprüfbarkeit enthobenen Selbstdarstellung.

In einem solchem ‚Vorzug' der Biographie gegenüber der Selbstbiographie kommt die Stimme des Philologen zu Wort, das heißt die Rücksichtnahme auf die Textualität oder Textur, die hier als Stoff des Erhaltenen gefasst wird. Als Materialien bilden begrenzte Hinterlassenschaften also die wichtigste Voraussetzung einer Biographie. „Die Dokumente, auf denen vornehmlich eine Biographie beruht, bestehen in den Resten, welche als Ausdruck und Wirkung einer Persönlichkeit zurückgeblieben sind." (Ebd., 246) Die Art und Weise allerdings, wie Dilthey diese Reste bewertet, ist symptomatisch für ein geistesgeschichtliches Verständnis von Biographie. Deren Verfahren besteht in der Verwandlung von Resten qua Verstehen in einen Wirkungszusammenhang: „Die Aufgabe des Biographen ist nun, aus solchen Dokumenten den Wirkungszusammenhang zu verstehen, in welchem ein Individuum von seinem Milieu bestimmt wird und auf dieses reagiert. Alle Geschichte hat Wirkungszusammenhang zu erfassen." (Ebd.)

Aus diesem Gebot zur Erfassung des Wirkungszusammenhangs ergibt sich ein Maßstab für die Bewertung der Hinterlassenschaften, mit dem briefliche Zeugnisse beispielsweise als nur relativ wertvoll erachtet werden. Weil Briefe datiert und adressiert sind, weil sie die „momentane Lebensverfassung" zeigten und von „der Richtung des Briefempfängers" bestimmt seien, sind sie in Diltheys Augen *nur Ausdruck von Lebensverhältnissen* (ebd.), nur begrenzt geeignet, *Zusammenhang* zu stiften – ein Begriff, der den Dreh- und Angelpunkt der von ihm begründeten Biographik darstellt. Sie lässt sich damit als eine Kunst bezeichnen, aus zurückgebliebenen Resten durch Verstehen Zusammenhang zu stiften. Aus dieser Perspektive – es ist der Blick vom Endergebnis zurück auf die hinterlassenen Schriften – werden diese zu ‚bloßen' Zeugnissen abgewertet. Diltheys Biographik wäre damit ein Paradebeispiel für das, was Foucaults *Archäologie des Wissens* als Transformation von Dokumenten in Monumente beschrieben hat. (Vgl. Foucault 1973, 15) Ebenso wenig wie in der Lexikondefinition kommt in Diltheys Modell allerdings etwas davon zur Sprache, was die Arbeit des Biographen, die Lust an der Biographie und die Faszinationsgeschichte der Biographik ausmacht.

Demgegenüber möchte ich den Blick auf das *Zustandekommen einer Biographie* richten, das heißt auf die Biographik als eine materielle Kultur im Umgang mit den Hinterlassenschaften eines fremden Lebens. Das ist der Grund, warum ich hier nicht die Arbeit an meiner vor Jahren abgeschlossenen intellektuellen Biographie von Ingeborg Bachmann diskutiere, die unter dem Titel *Hinterlassenschaften unter Wahrung des Briefgeheimnisses* steht (Weigel 1999), sondern ein Vorhaben in *statu nascendi*. Dabei sollen vor allem zwei Fragen erörtert werden: Erstens, welches Leben Vorlage für eine Biographie ist, das heißt wie eine Person überhaupt zum Protagonisten einer Biographie wird; zweitens geht es weniger um die Begrenzung der Zeugnisse als um die Frage, woher die Reste bzw. Hinterlassenschaften kommen und auf welche Weise sie zu so genannten biographischen Dokumenten werden.

Denn Biographik ist nicht Darstellung des Lebens, sondern der Hinterlassenschaften, also dessen, was von dem oder der Betreffenden überlebt hat. Im Glücksfall ist dies in einem Nachlass versammelt, der sich etwa im Deutschen Literaturarchiv Marbach oder einem anderen Archiv befindet. Ein noch größerer Glücksfall ist es, wenn dieser Nachlass auch eingesehen werden kann, sofern nicht die Hinterbliebenen den Zugang zum Erbe einschränken oder kontrollieren, um über das

‚Vermächtnis' zu wachen. Briefe gehören zu den wichtigsten Quellen für Biographien, sind aber oft in den Hinterlassenschaften der Adressaten verborgen. (Vgl. dazu Weigel 2002) Schon deshalb stellen Biographien zufällig oder aber systematisch Zusammengetragenes dar. Im Mittelpunkt vieler Biographien stehen *Trouvaillen* – Funde, die sich einem objektiven Zufall verdanken. Als „Trouvaille" bezeichneten die Surrealisten etwas, auf das man stößt, obwohl man es nicht absichtsvoll gesucht hat, und dem man doch unwillkürlich auf der Spur war, sodass es überhaupt ins eigene Blickfeld fallen konnte. So gesehen bewegt sich die Arbeit von Biographen, noch ehe sie eine Zeile geschrieben haben, im Feld zwischen Trouvaille und systematischer Recherche. In dem Fall, von dem hier zu berichten ist, wurde die Recherche durch einen Lektürefund in Gang gesetzt.

Was also ist Gegenstand einer Biographie?

Um diese Frage theoretisch zu diskutieren, mag es hilfreich sein, Michel Foucaults Schrift zur Frage „Was ist ein Autor?" zu Rate zu ziehen. Darin ist geklärt, dass der Autor weder „beim wirklichen Schriftsteller" noch „beim fiktionalen Sprecher" zu suchen ist; „die Funktion Autor vollzieht sich gerade an diesem Bruch – in dieser Trennung und dieser Distanz". (Foucault 1979, 22) Das heißt erst darin, wie das Verhältnis zwischen Schreibendem und Erzählendem geregelt ist, wird der Autor konstituiert. Analog zu Foucaults Antwort könnte man sagen, dass weder die historische Person, die Gegenstand einer biographischen Beschreibung ist, noch die dargestellte Lebensgeschichte die Biographie ausmacht, sondern die Art und Weise, wie sich das Verhältnis zwischen beiden gestaltet. In seinem Buch über den *Autobiographischen Pakt* hat Philippe Lejeune dieses Verhältnis als ‚Referenzpakt' der Biographie beschrieben:

> Die Biographie und die Autobiographie sind, im Gegensatz zu allen Formen der Fiktion, referentielle Texte: Sie erheben genauso wie der wissenschaftliche oder der historische Diskurs den Anspruch, eine Information über eine außerhalb des Textes liegende ‚Realität' zu bringen und sich somit der Wahrheitsprobe zu unterwerfen. Sie streben nicht nach bloßer Wahrscheinlichkeit, sondern nach Ähnlichkeit mit dem Wahren. (Lejeune 1994, 39f.)

Auch wenn Lejeune die Ähnlichkeit als „unmöglichen Horizont einer Biographie" bezeichnet, also davon ausgeht, dass die Ähnlichkeit der Darstellung zum Modell nicht erreichbar ist, setzt sein Kriterium der Wahrheitsprobe doch eine ‚Realität' voraus, eine Realität, von der dem Biographen jedoch nur Reste oder Bruchstücke zugänglich sind, wenn dies überhaupt der Fall ist. Insofern gilt es, noch einen Schritt zurückzugehen und zu fragen: Wie *wird* eine Person – vorerst vielleicht nur ein Name – zum Objekt eines biographischen Vorhabens?

Im Fall von Susan Taubes war der Ausgangspunkt eine Lektüre. 1995 erschien in deutscher Übersetzung und unter dem wenig geglückten Titel *Scheiden tut weh* ein Buch von Susan Taubes, die den Lesern als Autorin durch die Information nahe gebracht wurde, sie sei die erste Frau des jüdischen Religionsphilosophen Jacob Taubes gewesen. Mit diesem Buch wurde das deutschsprachige Publikum 26 Jahre nach dem Tod der Autorin mit ihrem faszinierenden Roman bekannt, 26 Jahre auch, nachdem 1969 das Original mit dem Titel *Divorcing* in den USA erschienen war. Die zeitliche Nähe zwischen der Erstpublikation des Buches und dem Freitod der Autorin veranlasste den deutschen Verlag, den Text auf dem Schutzumschlag als autobiographischen Roman zu bezeichnen und als „Susan Taubes' Testament" zu bewerten.

Mit einer solchen Lesart des Romans als Autobiographie und als Testament – gern ist auch von einem Vermächtnis die Rede – hätte es die Biographie leicht, denn damit hätte sie eine kapitale Vorlage. Doch wird eine solche Lesart durch den Roman selbst ironisiert und unterlaufen. Er ist nämlich aus der Perspektive einer Toten, der Erzählerin Sophie Blind, gestaltet. Der Satz „Es ist eine Tote, die erzählt", mit dem die Hauptfigur ihrem früheren Geliebten Ivan das Buchprojekt, an dem sie gerade arbeitet, im zweiten Kapitel erläutert, kommentiert die Konzeption des Romans: „Jetzt, da ich tot bin, kann ich endlich meine Autobiographie schreiben." (Taubes 1995, 201) Zugleich wird damit die überlieferte Struktur des Genres reflektiert, wenn mit dieser Erzählperspektive das genreübliche Narrativ einer literarischen Autobiographie verkehrt wird: die Autobiographie also nicht verstanden als Vermächtnis des Autors, sondern der Tod des Autors als Voraussetzung des Romans. (Vgl. dazu Weigel 1999, 526ff.)

Nicht nur darin drängen sich Vergleiche zu Ingeborg Bachmanns zwei Jahre später erschienenem Roman *Malina* (1971) auf, der mit dem Verschwinden des Ichs und dem Schlusssatz „Es war Mord" ebenfalls die Genese der autobiographischen Narration aus dem Tod des Autors reflektiert. Bei aller thematischen Ähnlichkeit gibt es aber deutliche Unterschiede. So ist die Schreibweise von Taubes durch radikale Wechsel zwischen alltäglicher und surrealistischer Szenerie gekennzeichnet. Und bei ihr geht es um die Geschichte einer jüdischen Intellektuellen, deren Erinnerungen an eine Kindheit im Budapest der 1930er Jahre erst im letzten der drei großen Kapitel erzählt werden – erst nachdem man bereits vom Unfalltod der Sophie Blind erfahren und an ihrer Beerdigung und an einem Gespräch des hinterbliebenen Ehemanns, Gelehrten und Rabbiners Ezra mit seinem Schüler an ihrem Totenbett teilgenommen hat, erst nachdem eine Reihe phantastischer Szenarien vor Augen geführt worden ist, die einem surrealen Theaterstück entstammen könnten. Denn mit den Schauplätzen ereignen sich faszinierende Entstellungen wie die Verwandlung einer Hochzeit in eine Beerdigung oder eines wissenschaftlichen Kongresses in die Szene eines Verhörs und einer Gerichtsverhandlung. Dabei werden nicht nur die Handlungs- und Sprachregister verschiedener Rituale verschachtelt, sondern auch die unterschiedlichen Orte, an denen Sophie sich aufgehalten hat (vor allem Paris, Manhattan, Budapest, Jerusalem), und die verschiedenen Personen aus ihrer Lebensgeschichte überblendet und ineinander geschoben.

Mit einem Wort: ein großartiger Roman, der es umso unverständlicher erscheinen ließ, dass die Autorin Susan Taubes nicht bekannt war – und das, obwohl es im Roman heißt: „[A]lles über mich ist öffentlich." (Taubes 1995, 110) Dieser Satz verweist jedoch nicht auf die Autorin, sondern die Konnotationen des Namens, jenseits und vor dem Roman. Durch ihre Ehe mit dem streitbaren Religionsphilosophen Jacob Taubes war ihr Name nicht neutral und ihr Privatleben in interessierten Kreisen nicht unbekannt.

Aus der Romanpublikation und den Kontextinformationen ließ sich so viel ermitteln: Die 1928 in Budapest geborene Susan Taubes war 1939 zusammen mit ihrem Vater, einem Psychoanalytiker, in die USA emigriert, hatte dort den fünf Jahre älteren, aus Wien stammenden und in Zürich aufgewachsenen Philosophen und Rabbiner Jacob Taubes geheiratet, von dem sie zwei Kinder hatte und lange vor ihrem Tod geschieden war. Wollte man den Roman nicht einfach als Schlüsselroman lesen, dann war jedoch – jenseits ihrer Rolle als geschiedene Frau des bekannten Philosophen – nicht viel über das Leben der Schriftstellerin Susan Taubes bekannt.

In dieser Situation lohnte es sich, den Hinweisen zu folgen, die die Autorin in ihrem Roman versteckt hat, und zwar nicht den Bezügen zu ihrer Lebensgeschichte, sondern den Hinweisen auf die vergessenen Veröffentlichungen und die verpackten Aufzeichnungen. Während Bachmann in *Malina* die Ich-Erzählerin, eine Schriftstellerin, vor ihrem Verschwinden am Ende des Romans in ihrem Sekretär ein Versteck für ihre Liebesbriefe suchen lässt, um diese in ihren Hinterlassenschaften vor dem Blick des überlebenden Erzählers zu verbergen, scheint das Verhältnis von versteckten und öffentlichen Schriften sich für Susan Taubes' Hauptfigur genau umgekehrt darzustellen. Offensichtlich waren ihre Veröffentlichungen versteckt, während ihr Persönliches bereits der Öffentlichkeit preisgegeben war.

Eine Recherche, die den von der Romanautorin gelegten Spuren nachging, führte zur Entdeckung einer ganz anderen, unbekannten Autorin Susan Taubes. Unter diesem Autornamen fand sich nämlich eine Reihe hochinteressanter Arbeiten, die die promovierte Religionsphilosophin in den 1950er Jahren publiziert hat: eine Dissertation über Simone Weil und mehrere Beiträge zur Philosophie einer negativen Theologie, in die die Erfahrungen der Moderne ebenso eingegangen sind wie die jüngste Vergangenheit von Krieg und Holocaust. So untersucht sie in ihrem Aufsatz „The Absent God" (Taubes 1955) mit Bezug auf Simone Weil eine Denkweise der Moderne, in der die Erfahrung des abwesenden Gottes in Form einer negativen Theologie Gestalt gewonnen hat. (Vgl. Weigel 2004) Bei den Recherchen stellte sich heraus, dass sich sonst offenbar nur Thomas Macho in Zusammenhang mit seinen Gnosis-Studien einlässlicher mit der Religionsphilosophin Susan Taubes beschäftigt hatte. (Vgl. Macho 2001) Nachdem die jeweils gefundenen Arbeiten ausgetauscht worden waren, nahm die Autorin immer deutlichere Konturen an; es entstand das Bild einer faszinierenden Intellektuellen. Deren Lebensgeschichte eröffnet nicht nur Einblicke in jüdische Emigrationswege im 20. Jahrhundert zwischen Europa, den USA und Israel, ihre Schriften entfalten ihre Argumente am Schnittpunkt von Philosophie, Literatur und Kulturanthropologie, vergleichbar mit kulturwissenschaftlichen Perspektiven, wie sie ansonsten erst in den 1980er und 1990er Jahren entwickelt worden sind. All das war Grund genug, nach weiteren Zeugnissen zu suchen.

Vor dem Archiv
Da die Suche nach weiteren publizierten Schriften nicht mehr viel erbrachte, die gelesenen Texte aber die Neugier geweckt hatten, ging es nun darum, Schauplatz und Methode zu wechseln: von Bibliothek und Archiv zu der Frage, ob es einen Nachlass gibt oder irgendwelche Hinterlassenschaften existieren. Ein *Nachlass*, der sich als eine Art Institution von zerstreuten und/oder privaten Hinterlassenschaften unterscheidet, war in keinem Archiv auffindbar, weder von Jacob noch von Susan Taubes. Insofern war klar, dass Susan Taubes nicht zu denjenigen Autoren gehört hatte, die ihre Papiere, Manuskripte, Korrespondenzen und Tagebücher bei Lebzeiten ordnen, um sie für postume Publikationen und für ihren Nachlass vorzubereiten.

Auch wenn heute immer mehr Schriftsteller dazu übergehen, ihre *Nachlässe zu Lebzeiten* an Literaturarchive zu übergeben – nicht selten aus ökonomischer Not, manchmal im Wunsch, sich beizeiten einen Platz im Dichterparnass zu sichern, bald auch im Interesse, Auswahl und Deutungshoheit über ihre Schriften ein Stück weit selbst in der Hand zu behalten –, dann garantiert das allerdings noch längst keinen Nachlass, der künftigen Forschungen zur Verfügung steht. Denn die Berge nicht bearbeiteter Hinterlassenschaften etwa im Keller des Deutschen Literaturarchivs in Marbach wachsen schneller, als deren archivarische Sichtung und Ordnung betrieben werden könnte. Wenn, wie im Fall von Susan Taubes, kein Nachlass existiert, muss sich die biographische Neugier auf die Suche nach Hinterlassenschaften machen, und das heißt zunächst auf die Suche nach Erben bzw. Hinterbliebenen. Hinterlassenschaften nämlich sind Dokumente, die sich gleichsam vor dem Archiv befinden bzw. außerhalb, jedenfalls an anderen Orten, womöglich verstreut. Hinterlassenschaften sind damit die *Heterotopien* des Archivs: ortbar, aber ohne Orts-Status, so die Beschreibung der Heterotopien in dem bekannten Essay „Des espaces autres" von Michel Foucault, in der deutschen Erstveröffentlichung übersetzt als „Andere Räume". (Foucault 1987, 338) Sie sind entweder nicht verzeichnet im Katalog der Nachlässe, Sammlungen und Bibliotheken oder aber verborgen in Nachlässen, die unter anderem Namen firmieren, gleichsam *Dokumente inkognito*, sozusagen anarchiviert – wenn sie nicht durch Zufall einem Interessierten in die Hände fallen. Denn ehe Dokumente in Monumente verwandelt werden können, müssen sie identifiziert werden, geortet und gesichtet, an oft ganz unerwarteten Plätzen. Insofern sind sie durch systematische Recherchen nur partiell erschließbar. Die Recherche ist dabei auf die Rekonstruktion und den Nachvollzug möglicher zurückliegender und zurückgelegter Wege und potentieller Aufbewahrungsorte von Zeugnissen verwiesen, auf *Transferkunde im Konjunktiv*. Sie trifft dabei auf die Folgen vieler einzelner, manchmal zufälliger, manchmal absichtsvoller Handlungen von direkt oder mittelbar betroffenen Personen und Institutionen wie Erben und Familienangehörigen, Freunden und Briefpartnern, Lektoren und Redakteuren, Verlagen und Instituten etc., durch deren Hände oder Akten die Zeugnisse zu ihrem derzeitigen Aufbewahrungsort – zum Fundort – gelangten und die auf diesem Wege über Erhaltung oder Vernichtung, Sammlung oder Zerstreuung der Zeugnisse entschieden. (Vgl. dazu Weigel 2005)

Im Fall von Susan Taubes war es der Copyrightvermerk im Roman: „by Ethan und Tanaquil T. Taubes", der den Weg wies. Es stellte sich heraus, dass dies die Namen der Kinder von Susan und Jacob Taubes sind, die beide in New York leben.

Also nahm ich Kontakt zu ihnen auf und fragte an, ob es weitere Publikationen von Susan Taubes gäbe. Durch die Belegexemplare und Kopien von Aufsätzen, die sie mir schickten, erweiterte sich das Bild der Autorin. Sie hatte nicht nur religionsphilosophische Arbeiten und den Roman publiziert, sondern auch die eine oder andere Erzählung und literaturkritische Beiträge zum Theater, zum Beispiel über Jean Genet. Aus einer mitgeschickten Erzählung von Susan Sontag konnte darüber hinaus erschlossen werden, dass Susan Taubes in den 1960er Jahren einem Schriftstellerinnenkreis um Susan Sontag angehörte. Die Erwähnung weiterer unveröffentlichter Manuskripte machte mich neugierig. Aus diesem Briefwechsel entstand eine Korrespondenz und aus der Korrespondenz ein erstes Treffen bei einem Berlinbesuch von Ethan Taubes 1999 in Berlin.

Ich erinnere mich nicht, wie oft wir seither zusammengesessen und über Jacob und Susan Taubes gesprochen haben. An Ethan Taubes Erzählungen über seine Eltern konnte ich die Kunst einer doppelten Perspektive bewundern, einerseits als Sohn, andererseits als präziser Beobachter des Ortes von beiden Elternteilen in der *Jewish Intellectual History* des 20. Jahrhunderts zu sprechen. In diesem Zusammenhang erfuhr ich, dass Ethan und Tania Taubes im Besitz der wenigen Hinterlassenschaften ihrer Mutter waren und dass sich in Ethans Wohnung in New York einige Kartons mit Manuskripten, Korrespondenzen und Tagebuchaufzeichnungen befanden. Durch die Beschreibung dieser Hinterlassenschaften gelangte ich zu der Überzeugung, dass diese nicht in den verschlossenen Kartons verstauben dürften. Es haben dann noch viele Treffen in Berlin und in Manhattan stattgefunden, bis wir schließlich gemeinsam einen Vertrag unterzeichneten, in dem verabredet wurde, dass die Erben mir die schriftlichen Hinterlassenschaften ihrer Mutter überlassen, die dafür nach Berlin ans Zentrum für Literaturforschung gebracht werden, mit dem Ziel, sie zu sichten und womöglich zu edieren.

Von Hinterlassenschaften zum Archiv
Hinterlassenschaften in ein Archiv zu überführen, bedeutet nicht nur, dass die Schriften den Besitzer wechseln, einer Rechtsform unterstellt werden und zum Forschungsgegenstand avancieren. Es bedeutet auch einen Ortswechsel und, wichtiger noch, den Wechsel vom intimen familiären Raum in einen institutionalisierten akademischen Raum. In einem solchen Schritt werden die Materialien aus dem Kontext familialer Memorialkultur entfernt und stattdessen in Forschungskontexte gestellt. So wie aus dem Fotoalbum der Familie im Museum ein zeithistorisches Dokument wird, verwandeln sich die Liebesbriefe desjenigen, für den ein Nach-

lass im Archiv eingerichtet wird, in biographische Zeugnisse. Und tatsächlich eröffnete sich uns, der Literaturwissenschaftlerin Christina Pareigis, die seit zwei Jahren an dem Vorhaben beteiligt ist, und mir, ein eindrucksvoller Schauplatz privater Erinnerungskultur, als wir im Frühjahr 2003 nach New York flogen, um die Hinterlassenschaften von Susan Taubes nach Berlin zu transferieren und sie in einem Archiv zu deponieren. In einem jener typischen New Yorker Apartments eines Altbaus der Lower East Side bot sich uns zum verabredeten Zeitpunkt der Übergabe eine filmreife Szene dar: auf dem kleinen Esstisch zwei Koffer mit offen stehendem Deckel, in denen sich die unterschiedlichsten Papiere befanden – Pässe aus verschiedenen Lebensphasen, aus Ungarn und den USA mit Visen für Israel, Frankreich und andere Orte; Briefe, Tagebuchblätter und weitere Aufzeichnungen; darunter, unter dem Tisch, ein Karton, gefüllt mit Heftern und Briefumschlägen voller Manuskripte und Korrespondenzen; außen auf dem Karton die Aufschrift: „Mom's Writings".

Beim Anblick dieser Koffer schossen blitzartig unterschiedlichste Erinnerungsbilder von Koffern zusammen, als Symbol der Emigration und des Exils: die Koffer in der ehemaligen Wohnung Sigmund Freuds in der Wiener Berggasse; der Koffer von Else Lasker-Schüler, der erst vor wenigen Jahren in Zürich aufgefunden wurde, im Keller der Zürcher Buchhandlung Oprecht, Treffpunkt und Publikationsort vieler jüdischer Autoren während des Dritten Reiches; bis hin zu jenen Kofferdarstellungen, die in der Gegenwartskunst zu Chiffren der Emigration geworden sind. Und die Entzifferung der Aufschrift „Mom's Writings" war gleichbedeutend mit der Einsicht, dass Nachlässe nicht nur die Hinterlassenschaften von Schriftstellern bewahren, sondern auch deren Nachleben endgültig zerstören. Denn Nachleben bedeutet nicht Bewahrung, sondern Möglichkeit zur Wiedererinnerung. Nachleben – jedenfalls in dem Sinne, wie es die erste Kulturwissenschaft um 1900, wie es Warburg, Freud und Benjamin entworfen haben – bedeutet virtuelle Wiederkehr. Zwar gibt es auch ein anderes Nachleben; es ist das Nachleben der Werke in der Lektüre, wie Walter Benjamin es vielfältig erörtert hat. Doch war in diesem Moment klar, dass es Jahre dauern würde, bis die hinterlassenen Schriften im Archiv bearbeitet wären – gesichtet, ausgewählt, transkribiert, gedruckt und publiziert –, bis sie wieder, in einem anderen, dann öffentlichen Kontext, zur Lektüre bereitstünden. Erst nämlich muss aus den Manuskripten ein Werk hergestellt werden, um dessen Nachleben in der Lektüre nachfolgender Generationen zu ermöglichen.

Der Schauplatz der Übergabe also ist ein Moment der Schwelle – nicht mehr intime Erinnerung, noch nicht Ordnung des Archivs: unorganisiert und organisiert zugleich. In der konkreten Szene der New Yorker Übergabe sah das so aus: Jeder der Beteiligten greift ein Dokument, fängt leise zu lesen an, wechselt bei besonders faszinierenden Passagen unwillkürlich ins laute Vorlesen. Einzelne Sätze stehen plötzlich im Raum, Fragmente einer Biographie, die in diesem Augenblick zum Monument werden. Später, im Archiv, wird man sie wieder suchen, um sie in den „historischen Kontext" zu stellen. Ein Satz aus dem abgebrochenen Brief von Susan Taubes an Jacob, in dem es um die Teilnahme an religiösen Ritualen geht, ist für mich seither zu einer Art Pathosformel ihrer intimen Korrespondenz geworden: „I'm simply terrified." Eine Trouvaille, die die editorische und biographische Arbeit prägen wird, jenseits aller theoretischen und methodischen Reflexion. Dieser Satz hat sich sofort mit einem Statement aus Hannah Arendts Denktagebuch verknüpft, in dem sie eine kleine Theorie der Liebe entwirft: „Liebe ist ein Ereignis, aus dem eine Geschichte werden kann oder ein Geschick." (Arendt 2002, 51) Ich fürchte, im Fall der Susan Taubes war die Liebe eindeutig ein Geschick, wenn nicht Schicksal.

Doch muss die Biographie sich nicht solche Assoziationen versagen, wenn sie – mit Philippe Lejeune – dem Anspruch folgt, Informationen „über eine außerhalb des Textes liegende ‚Realität' zu bringen und sich somit der Wahrheitsprobe zu unterstellen"? Was aber wäre diese ‚Realität' angesichts der Tatsache, dass da nur Texte sind? Und warum eigentlich „nur"?

Vom Mythos der Augenzeugen
Andere, über die Texte hinausgehende Quellen, die von Biographen gern und reichlich zu Rate gezogen werden, sind die sogenannten Augenzeugen, das heißt Zeitgenossen, Freunde, Partner, Kollegen derjenigen, um deren Lebensgeschichte es gehen soll. Ich gestehe, wenig von dieser Art Zeugnis zu halten. Schon das Wort ‚Zeitzeuge' ist problematisch, als könnte jemand Zeuge einer Zeit, einer Epoche oder historischen Situation sein; er ist allenfalls Zeuge seiner spezifischen Erfahrungsperspektive und Wahrnehmung. So teilen die Aussagen von so genannten Augen- oder Zeitzeugen im Kontext biographischer Recherchen meist mehr über die Sprecher selbst mit als über denjenigen, über dessen Persönlichkeit, Habitus, Meinung oder gar Entwicklung sie Auskunft geben sollen. Sie sagen oft viel mehr über verborgene Ängste, Wünsche, über Konkurrenz und Eifersucht aus, die mit den Erinnerungsspuren an die betreffende Person verknüpft sind, als über diese selbst. Deshalb hatte ich mich bei den Arbeiten an der intellektuellen Bio-

graphie Ingeborg Bachmanns dafür entschieden, auf diese Art von Informationen ganz zu verzichten. An die Stelle von Zeitzeugen treten in dem Buch Zeugnisse, seien es publizierte oder unpublizierte Texte von Kritikern, Zeitgenossen oder Freunden, die *gelesen*, das heißt auf die Metaphorik, die Versprecher und die ihnen eingeschriebenen Voraussetzungen hin untersucht werden können. (Vgl. Weigel 1999, 19ff.)

Angesichts des Mangels an Kenntnissen über die Lebensumstände von Susan Taubes wollte ich diesen Weg biographischer Recherche aber dennoch einmal ausprobieren – und bin im Frühjahr 2004 nach New York gereist, um mit ehemaligen Freunden zu sprechen. Durch diese Interviews habe ich Einblicke in das Leben von New Yorker Intellektuellen gewonnen, die ich nicht missen möchte. Aber über die Autorin Susan Taubes habe ich nichts erfahren.

Da war der atemberaubende Blick aus jenem Art Deco-Haus am Central Park West, dessen Fassade ich schon oft vom Park aus bewundert hatte und in dem ich nun in der Wohnung einer Psychoanalytikerin saß, um mit ihr, der jüngeren Freundin von Susan Taubes, über diese zu sprechen. Die Freundin war viel zu sensibel für die Tücken der Erinnerung, zu zurückhaltend, um über andere zu urteilen, und ihr war allzu bewusst, dass sie als sehr viel Jüngere vom Leben der älteren Freundin damals nur sehr partiell etwas mitbekommen oder gar begriffen hatte, um überhaupt biographische Auskünfte über die Tote geben zu können; und über die Arbeit hatte man ohnehin wenig gesprochen. Das ‚Interview' gestaltete sich insofern eher als eine vorsichtige Annäherung an die Versuche, wenigstens etwas vom Leben und vor allem vom Tod der Susan Taubes zu verstehen, im Austausch von meinen Leseeindrücken und ihren Erinnerungen. In eine Biographie wird davon nichts eingehen.

Und dann war da das Treffen mit Susan Sontag, nach komplizierten Vorgesprächen durch die Vermittlungen von Tania Taubes zustande gekommen, für die die Freundin der Mutter eine nicht unwichtige Verbindung zur Toten darstellte. Sie hatte mich ein paar Tage zuvor auf eine gründliche Vorbereitung verpflichtet: Ob ich die Publikationen von Susan Sontag auch alle kennen würde, das sei wichtig. Ja, klar, die Essays über die Photographie und ihre Bücher über Krebs und die Krankheit als Metapher seien mir sehr vertraut. Nein, die literarischen Texte, Susan Sontag sehe sich selbst zuerst als literarische Autorin und lege auch Wert darauf, als solche angesprochen zu werden. Also versorgte ich mich im Bookstore der Columbia University mit allen Romanen und Erzählungen von Sontag, die ich bekommen konnte, und verbrachte das ganze Wochenende vor dem Gespräch mit dem Stapel Bücher. Wie sich rasch herausstellte, war ich trotzdem nicht hinreichend vorbereitet. Denn in keiner der Autorennotizen über Susan Sontag hatte ich gefunden, dass auch sie – und zwar *vor* Susan Taubes, wie sie betonte – am Department für Religionsgeschichte der Columbia gelehrt hatte. Im Gespräch erfuhr ich nicht viel über Susan Taubes, aber etliches über Susan Sontag. Es war trotz allem ein eindrucksvoller Besuch, nicht allein durch den Blick vom Penthouse in der 24th Street in Chelsea auf die umliegenden Wolkenkratzer. Denn ein paar Stunden vor unserem Treffen hatte Susan Sontag die Diagnose über ihren erneut ausgebrochenen Krebs erhalten, an dem sie wenig später verstorben ist. Sie bestand trotzdem darauf, dass wir nicht wieder weggingen, war zunächst unkonzentriert und sprach dann über ihre eigene Geschichte. Zum Abschied übergab sie mir ein maschinenschriftliches Exemplar von Susan Taubes Dissertation „The Absent God. A Study on Simone Weil. On the Religious Use of Tyranny" (1956), das sie in ihrer Bibliothek gefunden hatte und von dem wir im Berliner Archiv bisher nur eine Photokopie besaßen. Es ist von dieser Begegnung die einzige Spur, die in den Nachlass eingehen wird.

Diese und weitere New Yorker Begegnungen haben meine methodische Überzeugung bestätigt: Augenzeugen sind keine Zeugen für das, was sie gesehen haben und bezeugen sollen, sondern allein Zeugen ihrer eigenen Erinnerungen. Insofern fallen sie als Referenz für biographische Recherchen aus. Als Zeugnisse für die Biographien anderer ungeeignet, sind sie für die eigene Biographie nicht mehr zu ermitteln, weil diese zumeist nach ihrem Tod entsteht. Was bleibt, sind die Hinterlassenschaften. Sie sind das einzige Archiv für die Biographie.

Briefe und Briefgeheimnis

Briefe zählen – neben dem Werk – zu den wichtigsten Zeugnissen für Biographien. Anders als Dilthey meinte, sind Briefe nicht von begrenztem Wert, doch sind es durchaus prekäre Zeugnisse, da sie die Zerstreuung von Hinterlassenschaften begründen. Insofern sind die Zeugnisse für Biographien im zu Ende gehenden Zeitalter brieflicher Kommunikation oft in den Nachlässen ihrer Briefpartner verborgen – oder in deren Papierkörben verschwunden. Prekäre Zeugnisse sind sie aber auch deshalb, weil sie eine Schwelle *zum* Archiv besetzen, dort, wo sich persönliche Zeugnisse und intime Mitteilungen in öffentliche Dokumente verwandeln, dort, wo das *Briefgeheimnis* aufgehoben ist und die Leser – objektiv – zu Mitwissern oder Voyeuren werden. Oft befinden Briefe sich diesseits des Nachlasses, dem sie vom Autornamen her angehörten, manchmal nicht einmal im

Nachlass des Empfängers, insbesondere dann nicht, wenn ein solcher Nachlass gar nicht existiert, weil der Empfänger entweder noch lebt oder aber kein ‚Autor' bzw. keine ‚Persönlichkeit' war. Viele Briefzeugnisse bleiben potentielle Dokumente oder im Status immerwährender *Latenz*. So konnte ich im Falle des Bachmann-Buches aufgrund der schlichten Überlegung, dass ihre eigenen Briefe sich nicht in ihren Wiener Nachlässen, sondern in den Nachlässen ihrer Briefpartner befinden, einen bis dato ungenutzten Rechercheweg einschlagen und ein vollständig neues Feld biographischer Zeugnisse eröffnen.

Aufgrund solcher Zusammenhänge verdichtet sich in Briefen jener Doppelsinn vom *Mal d'archive*, den Jacques Derrida in seinem gleichnamigen Buch erörtert hat: *Archivübel* und *Verlangen nach dem Archiv* zugleich. (Vgl. Derrida 1997, 158f.) Die Nähe, die er zwischen Archivtheorie und Psychoanalyse herstellt, motiviert sich durch die Störungen bzw. Verwirrungen des Archivs, die mit dem Freudschen Begriff der Zensur und dem Enthüllungsbegehren in Verbindung stehen. „Es heißt unaufhörlich, unendlich nach dem Archiv suchen müssen, da, wo es sich entzieht. Es heißt, ihm nachlaufen, da, wo, selbst wenn es davon zuviel gibt, etwas darin sich anarchiviert." (Ebd., 161) Im Falle von Nachlässen wird diese Struktur in der denkbar konkretesten Form relevant: Welche Zeugnisse gelangen in Nachlässe? Welche Widerstände stehen dem entgegen? Wer entscheidet über das Korpus, über seine Zugänglichkeit? Welches Begehren richtet sich auf Nachlässe? Und beim Studium von Briefzeugnissen, die in einen Nachlass gelangen, ist man in der denkbar konkretesten Weise mit dem Problem des Briefgeheimnisses und Fragen der Zensur konfrontiert, und zwar in einer enormen Bandbreite des Zensurbegriffes: von Hemmungen gegenüber intimen Mitteilungen – „will ich das überhaupt wissen?" – über rechtliche Normen und Usancen wie das notwendige Einverständnis der Briefpartner und Publikationseinschränkungen bis zu 10 Jahren nach dem Tod des Briefschreibers und darüber hinaus Erwägungen des Persönlichkeitsschutzes gegenüber Personen, die in Briefwechseln erwähnt werden, bis zur Abwägung zwischen dem Interesse von Forschung, Lesepublikum oder einer wie auch immer konkretisierten Öffentlichkeit und unterschiedlichsten Motiven, etwas nicht zu publizieren oder in eine Biographie aufzunehmen. Die Schwelle zwischen Briefgeheimnis und Archiv ist eine heiße und umkämpfte Zone. Auch in diesem Sinne wird es noch viele Verhandlungen geben, bevor Edition und Biographie von Susan Taubes zustande kommen. Und es werden noch viele Jahre vergehen, ehe eine Susan Taubes-Biographie zu lesen sein wird. In der Zwischenzeit verweise ich auf ihren Roman. Die Texte von Autoren sind ohnehin bedeutsamer als jede Biographie über sie.

Verwendete Literatur

Arendt 2002 = Hannah Arendt: Denktagebuch 1950–1973. Hg. von Ursula Ludz und Ingeborg Nordmann. München: Piper 2002.

Bachtin 1989 = Michail M. Bachtin: Formen der Zeit im Roman. Untersuchungen zur historischen Poetik. Frankfurt am Main: Fischer 1989.

Derrida 1997 = Jacques Derrida: Dem Archiv verschrieben. Eine Freudsche Impression. Berlin: Brinkmann u. Bose 1997.

Dilthey 1883 = Wilhelm Dilthey: Einleitung in die Geisteswissenschaften. Leipzig: Duncker & Humblot 1883.

Dilthey 1961 = Wilhelm Dilthey: Die Biographie. (= Plan der Fortsetzung zum Aufbau der geschichtlichen Welt in den Geisteswissenschaften, IV.) In: Ders.: Der Aufbau der geschichtlichen Welt in den Geisteswissenschaften. Gesammelte Schriften. Bd. 7. Göttingen: Vandenhoeck & Ruprecht 1961.

Foucault 1973 = Michel Foucault: Archäologie des Wissens. Frankfurt am Main: Suhrkamp 1973.

Foucault 1979 = Michel Foucault: Was ist ein Autor? In: Ders.: Schriften zur Literatur. Frankfurt am Main, Berlin, Wien: Ullstein 1979, S. 7–31.

Foucault 1987 = Michel Foucault: Andere Räume. In: Ders.: Idee Prozeß Ergebnis. Ausstellungskatalog der Berliner Internationalen Bauausstellung. Redaktion: Hardt-Waltherr Hämer. Berlin: Frölich und Kaufmann 1987.

Lejeune 1994 = Philippe Lejeune: Der autobiographische Pakt. Frankfurt am Main: Suhrkamp 1994.

Macho 2001 = Thomas Macho: Moderne Gnosis? Zum Einfluß Simone Weils auf Jacob und Susan Taubes. In: Abendländische Eschatologie. Ad Jacob Taubes. Hg. von Richard Faber, Evelin Goodman-Thau und Thomas Macho. Würzburg: Königshausen & Neumann 2001, S. 545–560.

Metzler Literatur Lexikon. Stichwörter zur Weltliteratur. Hg. von Günter und Irmgard Schweikle. Stuttgart: J. B. Metzler 1990.

Taubes 1955 = Susan Taubes: The Absent God. In: The Journal of Religion XXXV.1 (Chicago 1955), S. 1–16.

Taubes 1995 = Susan Taubes: Scheiden tut weh. Roman. [1969]. München: Matthes & Seitz 1995.

Weigel 1999 = Sigrid Weigel: Ingeborg Bachmann. Hinterlassenschaften unter Wahrung des Briefgeheimnisses. Wien: Zsolnay 1999.

Weigel 2002 = Sigrid Weigel: Korrespondenzen und Konstellationen. Zum postalischen Prinzip biographischer Darstellungen. In: Grundlagen der Biographik. Theorie und Praxis biographischen Schreibens. Hg. von Christian Klein. Stuttgart: J. B. Metzler 2002, S. 41–54.

Weigel 2004 = Sigrid Weigel: Zwischen Religionsphilosophie und Kulturgeschichte. Susan Taubes zur Geburt der Tragödie und zur negativen Theologie der Moderne. In: Dies.: Literatur als Voraussetzung der Kulturgeschichte. Schauplätze von Shakespeare bis Benjamin. München: Fink 2004, S. 127–145.

Weigel 2005 = Sigrid Weigel: An-Archive: Archivtheoretisches zu Hinterlassenschaften und Nachlässen. In: Trajekte. Zeitschrift des Zentrums für Literaturforschung 10 (April 2005), S. 4–7.

Glanz und Elend der Biographik
Von Karl Wagner

[W]äre ich Schriftsteller und tot, wie sehr würde ich mich freuen, wenn mein Leben sich dank eines freundlichen und unbekümmerten Biographen auf ein paar Details, einige Vorlieben und Neigungen, sagen wir auf „Biographeme", reduzieren würde, deren Besonderheit und Mobilität außerhalb jeden Schicksals stünden.
(Roland Barthes)

Mein Ungenügen hat mich der kargen Lyrik des Zitierens überantwortet.
(Michel Foucault)

Im August 1995 berichtete die britische Zeitung *The Guardian* von einem Vertrag in der Höhe von 1,24 Millionen Pfund, den der bekannte englische Autor Peter Ackroyd mit einer Verlagsgruppe für seine nächsten acht Bücher abgeschlossen hatte, darunter drei Biographien, ein Genre, in dem Ackroyd bereits damals als Großverdiener bekannt war. Für seine mehr als 1000-seitige Dickensbiographie (1990) und seine 1995 erschienene Biographie William Blakes kassierte er die als „legendär" bezeichnete Summe von 650 000 Pfund. (Guardian 1995) Nichts vermag den Kurswert der Gattung Biographie in der angelsächsischen Öffentlichkeit besser zu veranschaulichen als diese Summen.

Inzwischen hat Ackroyd, wie andere auch, die Gattungsbezeichnung Biographie auf Dinge und Phänomene appliziert, die herkömmlicherweise nicht damit in Verbindung gebracht werden. Ackroyds London-Buch heißt *London. The Biography* (2000) und Greil Marcus' Buch über Bob Dylans legendäres *Like A Rolling Stone* nennt sich wenigstens auf Deutsch *Die Biographie eines Songs* (2005); auch über das Jazz-Label *Blue Note* ist eine ‚Biographie' geschrieben worden und Theo Sommer hat sich als ‚Biograph' des Jahres 1945 versucht. Da zuletzt auch *Gott* und dem *Teufel* Biographien gewidmet worden sind, ließen sich daraus schöne Bezeichnungen und Arbeitsfelder für die Biographieforschung ableiten. Und selbst wenn es dabei nicht mit dem Teufel zugeht, wie zu hoffen ist, so steckt der liebe Gott im Detail, gleichgültig, ob es sich um ein Detail handelt, das fehlt, oder um eines, das vermeintlich überflüssig ist. Denn ‚Lücke' wie ‚Überfluss' sind auf je andere Weise Herausforderungen für Theorie und Praxis der Biographie.

Diese Beispiele für den vielseitigen Gebrauch der Gattungsbezeichnung Biographie zeugen zumindest von ihrer ungebrochenen Popularität. Der pekuniäre Erfolg steht in merkwürdigem Kontrast zur ramponierten Dignität, die diese Gattung jedenfalls in Literaturwissenschaft und Historiographie genießt. Selbst Berühmtheiten, die es tun, wie der bekannte Althistoriker und Cäsar-Biograph Christian Meier, sprechen von der Schwierigkeit, Theorie „zu gebrauchen und auch zu entwickeln in einem Genus, welches relativ extrem auf der Seite der Erzählung lokalisiert zu sein scheint" (Meier 1979, 229).

Für akademische Karrierewege ist bzw. war sie seit längerem ungeeignet; als Gegenstand gattungstheoretischer und -historischer Reflexion hat sie vergleichsweise wenig Beachtung gefunden, was wiederum das Vorurteil stützt, Biographik sei ein theorieloses oder nicht einmal theoriefähiges Forschungsfeld, somit kein Gegenstand der Wissenschaft. Selbst die bekannte Virginia Woolf-Biographin Hermione Lee bemerkt in einem ihrer jüngsten *Essays on Life-Writing*: „Biography tends to lag behind critical debate." (Lee 2005, 72)

Man wird sagen dürfen, dass die literaturtheoretischen Paradigmen des 20. Jahrhunderts, vom Formalismus bis zur Dekonstruktion, vom New Criticism bis zur werkimmanenten Methode, am Ausschluss der Biographik mit je anderen Motivationen und Gründen beteiligt waren. Anders und zugespitzt gesagt: Im Gefolge dieser theoretischen Paradigmen ist die Biographie als unmögliche Gattung aus den als seriös bezeichneten Arbeitsfeldern der Literaturwissenschaft verschwunden.

Bei genauerem Hinsehen hätte man freilich bemerken können, dass die herausragenden Vertreter des Russischen Formalismus interessante Versuche in „Leben schreiben" unternommen haben. Zu denken wäre nicht nur an die späten Biographien Sklovskijs über Ejzenstein und Tolstoi, seine *Erinnerungen an Majakowski*, sondern auch an seine ingeniösen, Laurence Sterne verpflichteten autobiographischen Schriften wie *Sentimentale Reise, Kindheit und Jugend* oder *Dritte Fabrik*. Oder an die mit der Gattungsbezeichnung „Historischer Roman" versehenen Lebens-Darstellungen von Jurij Tynjanov wie die Fragment gebliebene über Puschkin, über Gribojedow (*Der Tod des Wesir-Muchtar*) oder Küchelbecker (*Wilhelm Küchelbecker, Dichter und Rebell*), die dieser große Literaturtheoretiker als Fortsetzung seiner Wissenschaft verstand. Und auch der tschechische Strukturalist Jan Mukařovsky hat das Verhältnis des Autors zum Kunstwerk und zur literarischen Reihe reflektiert. Seine Argumente gegen die Thesen, ein Kunstwerk sei unmittelbarer Ausdruck der Individualität seines Autors, sollten Pflichtlektüre werden; allein schon deswegen, weil Mukařovsky diese weit verbreitete, gemeinhin als natürlich geltende Annahme in ihrer historischen Genesis untersucht. (Vgl. Mukařovsky 1974)

Die schlechte Reputation ist, wie oft, auch im Fall der Biographie dem ungenierten Weiterleben günstig: Die noch andauernde Praxis der Schul- und Universitätsreferate, modernisiert durch den Wahn von Folie und Powerpoint, hat den unreflektiertesten Gebrauch biographischer Information zu deren Merkmal werden lassen – bei gleichzeitig geltenden, hochelaborierten Ausschließungsprozeduren der Biographik als Unterrichts- und Forschungsgegenstand. Die Rache des akademischen *underdogs* Biographie ist somit auf fatale Weise gelungen. Es gibt Anzeichen, dass die Krise des akademischen Buches und der schrumpfende Arbeitsmarkt für Akademiker die davon Ausgeschlossenen bewegt, Biographien zu schreiben und sich von der Popularität des Genres ein materielles Auskommen erhoffen zu können. Bei den üblichen Kränkungen, die der akademische Betrieb für die darin Beschäftigten vorsieht, ist die von *Kursbuch*, *Literaturen* und anderen Zeitschriften ausgerufene „Rückkehr der Biographien" für einige auch Genugtuung: Genussvoll bilanziert etwa Hermann Kurzke den Erfolg seiner monumentalen Thomas Mann-Biographie; er erweckt dabei den Anschein, auch seine eigene Werbeabteilung zu sein: „Seit mehr als dreißig Jahren befasse ich mich mit Thomas Mann, ohne Ermüdungserscheinungen." (Kurzke 2002, 128) Bei über 50 000 Exemplaren Gesamtauflage seiner Biographie (trotz der Konkurrenz mit Klaus Harpprecht) darf auch der Gemeinplatz gesucht werden: „Die Biographie seines Herzens steht verzaubert in seinen Dichtungen", heißt es etwa zu dem intrikaten Problem, ob das literarische Werk als Quelle zu betrachten sei. (Ebd., 131) Die Gründung von Biographical Research Centers, von Hawaii bis Wien, in größerer oder kleinerer Entfernung von Universitäten, ist hoffentlich kein Indiz für die Wiederkehr einer erst vor kurzem noch als fundamental reaktionär und konservativ verfemten Gattung, sondern ein Indiz für deren Transformation. (Vgl. Schlaeger 1995)

Die im angelsächsischen Bereich ungleich höhere Bewertung der Biographik hat auch dort lange Zeit keine kritisch-theoretischen Standards befördert. Noch 1970 konnte James L. Clifford schreiben, dass „until recently there has been very little genuine critical work on the art of biography"; nicht einmal die praktizierenden Biographen hätten bewusst und im Detail über ihre Arbeit nachgedacht. (Clifford 1970, VII)

Immerhin hat in England allein die beeindruckende Gattungsreihe für eine Konsistenz der biographischen Schreibregeln gesorgt; sie erst hat den deutlich artikulierten Widerstand ermöglicht. So konnte Charlotte Brontë ihrer Freundin Ellen Nussey schon 1834 einen veritablen Kanon von Biographien zur Lektüre empfehlen; dabei hat es ihr an Dezidiertheit nicht gefehlt, wie die Romanempfehlungen zeigen: „For Fiction – read Scott alone all novels after his are worthless. For Biography, read Johnson's lives of the Poets [1779–81], Boswell's Life of Johnson [1791], Southey's Life of Nelson [1813], Lockhart's Life of Burns [1828], Moore's Life of Sheridan [1825], Moore's Life of Byron [1830], Wolfe's Remains [1829]." (Brontë 1995, 130f.) Aus heutiger Sicht verrät diese Liste gewiss auch die „hohe Sterblichkeitsrate" (Woolf 1997, 179), die Virginia Woolf für diese vergleichsweise junge Gattung konstatiert hat. Ähnlich wie ihr Freund Lytton Strachey, der große Erneuerer des Genres Biographie, neigt sie zur Ansicht, dass es – in England – nur drei große Biographen gegeben habe – Johnson, Boswell und Lockhart. Im Vorwort zu seinen berühmten wie berüchtigten biographischen Essays *Eminent Victorians* (1918) schreibt Strachey: „The art of biography seems to have fallen on evil times in England. We have had, it is true, a few masterpieces, but we have never had, like the French, a great biographical tradition." (Strachey 1986, 10)

Es hat wohl mit der akademischen Abwertung der Biographie im deutschsprachigen Bereich zu tun, dass die großen Biographien des 19. Jahrhunderts selbst in Fachkreisen aus dem Gedächtnis gelöscht sind: Immerhin hatte 1995 Herman Grimms *Das Leben Michelangelos* (1860–63; 10. Auflage 1901!) für kurze Zeit eine Neuauflage als Insel-Taschenbuch erlebt; daneben könnten Erich Schmidts Lessing- oder Carl Justis Velazquez-Biographie eine Vorstellung davon geben, was im 19. Jahrhundert noch als Königsweg der Geisteswissenschaften galt und wie dieser beschaffen war. Einer ihrer theoretischen Begründer, Wilhelm Dilthey, hat – als begleitende theoretische Reflexion zu seiner eigenen monumentalen Schleiermacher-Biographie – Biographie „als die literarische Form des Verstehens von fremdem Leben" (Dilthey 1981, 305) bestimmt. Die enge Verzahnung von Selbstbiographie, Biographie und (Bildungs-)Roman erinnert an die Genesis dieser Beziehung zwischen dem frühen Roman und der literarischen Biographie, wie sie Michael McKeon für das 18. Jahrhundert untersucht hat. (Vgl. McKeon 1991)

Clifford spricht, wie Strachey, ganz selbstverständlich von „the art of biography"; er verbindet mit dieser Gattung also einen künstlerischen Anspruch. In der Ansicht, Biographie als Teil der Literatur zu verstehen, ist zudem ein weiterer Grund für ihre Missachtung zu finden, denn die Literaturwissenschaft hat auf sträfliche Weise die Analyse und Beschreibung nichtfiktionaler Prosakunst – Essay, Feuilleton, Reportage, Rede, Tagebuch, Brief, Biographie etc. – vernachlässigt. Das ist im Fall der Biographie umso bemerkenswerter, als gerade der Roman auf unvergleichlich elaborierte Weise die Möglichkeiten und Grenzen des „Leben Schreibens" reflektiert hat. Damit ist nicht einmal der Sonderfall gemeint, dass Probleme der Biographik im Roman verhandelt werden, wie zum Beispiel in der österreichischen Gegenwartsliteratur, von Marlene Streeruwitz' *Nachwelt* bis zu Norbert Gstreins Destruktion einer Emigrantenbiographie in *Englische Jahre*. Nicht zu reden ist hier von den zahlreichen literarischen Texten, in denen real verbürgte Schriftsteller-, Wissenschaftler- und Künstlerviten in überraschende fiktive Konstellationen versetzt werden oder, Kult des Biographischen, zum Anlass für mehr oder weniger kunstvolle Konfessionen und Anbiederungen werden: Das Geständnis, die Forschungsliteratur nicht zur Kenntnis genommen zu haben, reicht zumeist schon als Signal für Nähe und Wärme.

Die Häufigkeit, mit der in den letzten dreißig Jahren solche semi-(auto)biographischen Textformen auftauchen, lässt darauf schließen, dass das verpönte Biographische nicht verschwunden ist, sondern in vielfachen Gestalten und Gestaltungen wiederkehrt. Dies(e) zu studieren ist ein wohl unerlässlicher Beitrag zu einer Kultursoziologie der Gegenwart. Und weil ich hier die Kompetenz der Literaturwissenschaft in Sachen Biographik reklamiere, ist evident, dass Biographik ein geeignetes Objekt für multidisziplinäre und -mediale Forschungen darstellt: von der Geschichtsschreibung, der Sozialgeschichte über Soziologie, Film- und andere Medienwissenschaften bis hin zum (Selbst-)Porträt in Photographie und Malerei, nicht zu vergessen: die Psychoanalyse und Biowissenschaften etc. Entgegen (oder wegen?) allen/r Behauptungen, die auch der Biographie ein Denotat absprechen, tritt auf diesem Feld auch die Justiz folgenreich in Erscheinung. Sie ist, wie Psychiatrie und Polizei auch, eine Biographien erzeugende Agentur.

Die Geschichte des Romans ist also auf intrikate Weise mit der Geschichte der Gattung Biographie verschlungen. Die zahlreichen Biographenfiguren in der Fiktion, von Wilhelm Raabes raffiniert-ausgetrockneten Lebensbilanz-Buchhaltern bis zu Handkes donquijotischen Lebensaufschreibern in Werken wie *Der Bildverlust* oder *In einer dunklen Nacht ging ich aus meinem stillen Haus*, indizieren Grenzen und Begrenztheiten ihres Tuns. Die Biographik hat zu ihrem eigenen Schaden das literarisch reflektierte Darstellungsproblem und die entsprechenden Techniken der Repräsentation eines Lebens kaum zur Kenntnis genommen. Man könnte polemisch zugespitzt sagen, dass die anwachsende Komplexität des biographischen

Modells in der Fiktion mit zunehmender Schlichtheit der Darstellung eines Lebens in der Biographik einherging. Für die Erfolgsbiographien in der Zeit zwischen den Weltkriegen ist dieses Auseinanderklaffen schon zeitgenössisch bemerkt und deren Ideologie bloßgestellt worden: Siegfried Kracauers und Leo Löwenthals Analysen der Erfolgsbiographik eines Stefan Zweig oder Emil Ludwig sind nicht nur Klassiker der biographiekritischen Gattungsreflexion; sie haben indirekt auch zur Ächtung dieser Sparte der Populärkultur beigetragen, wenngleich Kracauer mit seiner Gesellschaftsbiographie über *Jacques Offenbach und das Paris seiner Zeit* (Erstausgabe 1937 im Exilverlag Allert de Lange) einen kritischen Rettungs- und Transformationsversuch der Gattung Biographie unternommen hatte, der allerdings selbst bei den Mitstreitern (Adorno, Benjamin) auf wenig Gegenliebe gestoßen ist. Wie Benjamins „Abschlachtung" (so Gershom Scholem an Walter Benjamin, 2.3.1939; Benjamin 1980) von Max Brods 1937 erschienener Kafka-Biographie beweist, ist damit keine prinzipielle Ablehnung des Genres, wohl aber eine dezidierte Kritik am Mangel einer „pragmatische[n] Strenge" verbunden, „die von einer ersten Lebensgeschichte Kafkas zu fordern ist". (Benjamin 1981, 49) Benjamins Verriss schließt sogar mit einer Reihe von Vorbildern: „Es ist wenig Aussicht, dass Brods ‚Kafka' einmal unter den großen gründenden Dichterbiographien, in der Reihe des Schwab'schen Hölderlin, des Franzos'schen Büchner und des Bächtoldschen Keller, wird genannt werden können." Bemerkenswerter ist nur noch der Schluss-Satz, der den Biographen ans Licht zerrt und ihm einen Prozess macht, in den Kafka involviert bleibt: „Desto merkwürdiger ist sie als Zeugnis einer Freundschaft, die nicht zu den kleinsten Rätseln in Kafkas Leben gehören dürfte." (Ebd., 50) Das Leben der ein Schriftsteller-Leben begleitenden Biographen ist ein apartes Feld der Biographik.

Die bedeutendsten Schriftsteller und Romanautoren der Moderne haben, wie Ossip Mandelstam, die Verschränkung von Roman und Biographie bedacht. „Das kompositionelle Maß des Romans ist die Biographie eines Menschen. Das menschliche Leben an sich ist noch keine Biographie und gibt dem Roman noch kein Rückgrat. Der Mensch, der in der Zeit des alten europäischen Romans handelt, ist gleichsam die Achse eines ganzen Systems von Phänomenen, die sich um ihn gruppieren." (Mandelstam 1994, 162) Es ist kein Zufall, dass die Erfahrung des Ersten Weltkriegs die radikalsten Zweifel an dieser Verschränkung ausgelöst hat. Ossip Mandelstams Essay „Das Ende des Romans" aus dem Jahre 1922 deklariert daher auch das Ende der Biographie, die er für hoffnungslos überholt hält:

> Das weitere Schicksal des Romans wird nichts anderes sein als die Geschichte der Zerpulverung der Biographie als einer Form der persönlichen Existenz, sogar mehr als eine Zerpulverung: ein katastrophaler Untergang der Biographie [...].
>
> Nun sind die Europäer aus ihren Biographien herausgeschleudert worden wie Billardkugeln [...] Außerdem ist das Interesse an der psychologischen Motivierung von vornherein untergraben und diskreditiert durch die Ohnmacht psychologischer Motive vor den realen Kräften, deren Strafgericht über die psychologische Motivierung von Stunde zu Stunde grausamer wird. (Ebd., 162f.)

Diese scharfsichtige Diagnostik, die Biographik und Roman unter dem Vorzeichen des Erzählens mit der historischen Situation in Verbindung bringt, greift in die in den 1920er Jahren geführte Debatte über die Krise des Erzählens und damit auch um ein neues Gattungsverständnis von Roman und Biographie.

Virginia Woolf, Tochter Leslie Stephens, des berühmten Herausgebers des viktorianischen Großunternehmens über große Männer, des *National Dictionary of Biography*, geht es nicht mehr nur um die Destruktion einer historisch obsoleten Form der Darstellung eines Menschenlebens, sondern um den ernsthaften Entwurf einer anderen, adäquateren Konzeption von menschlichem ‚Charakter' im Roman wie in der Biographie. Die Schwierigkeiten machten aber die Desillusionstechnik ungleich attraktiver, wie ihr Tagebuch 1923 verrät: „People, like Arnold Bennett, say I cant create, or didn't in J/acob/'s R /oom/, characters that survive. My answer is – but I leave that to the Nation: its only the old argument that character is dissipated into shreds now: the old post-Dostoevsky argument." (Woolf 1981, 248) Wie angesichts dieser „Fetzen" eine neue Biographie zu entwerfen sei, nicht, wie existente Biographien zerfetzt werden können, ist ihr Projekt.

Sigmund Freud, ein Spezialist für Desillusion, hatte schon vor dem Ersten Weltkrieg eine strategisch-usurpatorische Haltung zur Gattung Biographie eingenommen. Sie müsse unser sein, ließ er hochgemut verlauten, in der Hoffnung, dass die artikulierten Geheimnisse die Gattung im Sinne von mehr Wahrhaftigkeit veränderten. Dieses Unternehmen hat – ungeachtet aller Pannen – bis heute andere Aufmerksamkeitsgebote in die damals erstarrte Gattung eingeführt. Pointiert gesagt: Der biographische Denkmalskult des 19. Jahrhunderts transformierte sich in ein Sprechritual über frühkindliche Sexualität. Nie zuvor wurde die Kindheit des Biographierten so zum Kern biographischer Wahrheitsfindung gemacht, mit den entsprechenden Revisionen dessen, was nach dem Teleologiezwang des

19. Jahrhunderts die Wahrheit eines Menschenlebens ausmachte. Psychopathographie hieß das in den Darstellungsmethoden erstaunlich viktorianisch anmutende Genre biographischen Schreibens, das den öffentlichen Glanz des Ruhms und der nationalen Repräsentanz durch die (Sexual-)Not der frühen Jahre ersetzte. Die skandalumwitterte Umwertung biographischer Konsistenzbildung – vereinfachend gesagt: Archäologie statt Teleologie – ist indes mit dem für das 19. Jahrhundert konstatierten *biographical appetite* (Carlyle) durchaus vereinbar, wenn nicht gar dessen Steigerung. Sie konnte daher so lange als Bestätigung dieser anderen Konsistenz dienen, wie diese Methode der Enttabuisierung von Sexualität auf das biographierte Objekt und nicht auf den Biographen selbst angewendet wurde. Als ‚großem Mann' blieb dies Freud indes keineswegs erspart. Freud wurde das Ansinnen von Freunden, sich zu Biographen seines Lebens aufzuschwingen, zu einer Qual. Das Desillusionierungspotential seiner Theorie sollte nunmehr nicht bloß auf die Aussparungstechniken der viktorianisch etablierten Gattung Biographie, sondern, prinzipieller, auf die Biographie überhaupt angewandt werden. Dass die „biographische Wahrheit" (Freud an Arnold Zweig, 31.5.1936; Freud 1984, 137) nicht zu haben oder jedenfalls nicht zu brauchen sei, war eine Einsicht, die jene am allerwenigsten beherzigen wollten, die sich im Namen psychoanalytischer ‚Wahrheitskriterien' an dem auch kommerziell aussichtsreichen Genre Biographie versuchten.

Freud wurde so zum Gefangenen seiner eigenen Doppelstrategie: Er begrüßte die zunehmend psychoanalytisch inspirierten Entzauberungsversuche der ‚biographischen Illusion', um zugleich, als Betroffener, den Wahrheitsgehalt der Entzauberung zu bezweifeln. Instruktiv ist insbesondere die mit ausführlicher Belehrung in Sachen Shakespeare verbundene Wertschätzung von Lytton Stracheys fortgesetzter Destruktion englischer National-Monumente wie Queen Victoria oder Elisabeth der Großen:

> Ich kenne alle Ihre früheren Veröffentlichungen und habe sie mit großem Genuß gelesen. Aber der Genuß war ein wesentlich ästhetischer. Diesmal [mit *Elizabeth and Essex*, d.Verf.] haben Sie mich tiefer ergriffen, denn Sie sind selbst in größere Tiefen hinabgestiegen. Sie bekennen, worüber der Historiker sich sonst so leicht hinwegsetzt, daß es unmöglich ist, die Vergangenheit sicher zu verstehen, weil wir die Menschen, ihre Motive, ihr seelisches Wesen nicht erraten und darum ihre Handlungen nicht deuten können. Unsere psychologische Analyse reicht selbst bei Nahestehenden oder Mitlebenden nicht aus, außer, wenn wir sie zu Objekten mehrjähriger, eindringlicher Untersuchungen neh-

men könnten, und bricht sich selbst dann an der Unvollkommenheit unserer Erkenntnis, an der Ungeschicklichkeit unserer Synthese. [...] So zeigen Sie sich als Historiker vom Geist der Psychoanalyse durchtränkt. Und nach solcher Reserve treten Sie an eine der merkwürdigsten Gestalten Ihrer vaterländischen Geschichte heran, verstehen ihren Charakter auf ihre Kindheitseindrücke zurückzuführen, deuten ihre geheimsten Motive ebenso kühn als diskret an und – es ist sehr möglich, daß es Ihnen gelungen ist, den wirklichen Hergang richtig zu rekonstruieren. (Freud an Strachey, 25.12.1928; Freud 1987, 665f.)

Die sonst als Widerstand erkannte, vor-analytische Gewissheit, über sein eigenes Leben besser Bescheid zu wissen als die Biographen, ob sie nun Stefan oder Arnold Zweig bzw. Fritz Wittels heißen, wird in eigener Sache zum prinzipiellen Verdacht gegen das Projekt der Biographie und die Projektionen ihrer Verfasser verallgemeinert.

Der „vertrakte Russe" (Freud an Stefan Zweig, 19.10.1920; Zweig 1994, 127), wie Freud Dostojewski nannte, ist für diesen Widerspruch zwischen Freuds gezielter Zerstörung eines Künstlermythos (nicht der künstlerischen Leistung) und seinem biographischen Selbstvorbehalt besonders instruktiv. Wie jedoch das Beispiel Virginia Woolf zeigt, verdeutlicht der Fall Dostojewski – über den Anlass der je eigenen (Selbst-)Präsentation hinaus – Argumente, die in den literarischen Debatten der 1920er Jahre unter erzähltheoretischen Gesichtspunkten verhandelt und von Virginia Woolf bereits etwas entnervt zum „old post-Dostoevsky problem" zusammengefasst wurden.

Theodor Reik hat an Freuds Dostojewski-Aufsatz „Dostojewski und die Vatertötung" nicht nur die mangelnde Darstellungsökonomie kritisiert; er hat auch einen entscheidenden Aspekt der Persönlichkeit Dostojewskis vermisst. „Wäre es nicht naheliegend und angemessen gewesen", so fragt er,

> hier den großen Psychologen anzureihen? [...] In einer Zeit, in der jeder psychotherapeutische Praktiker glaubt, die Psyche habe keine Geheimnisse mehr für ihn, da jeder unbedeutende Assistent einer neurologischen Klinik aus der flüchtigen und mißverstandenen Lektüre der Freudschen Schriften den Anspruch ableitet, ein Kenner der Höhen und Tiefen des menschlichen Seelenlebens zu sein – in dieser Zeit, sage ich, hätte man es gerne gesehen, wenn einer der größten Psychologen einem seiner großen Vorläufer, der ein Dichter war, einen Gruß gesendet hätte. (Reik 1930, 60f.)

Freuds Antwort kommt einer veritablen Abwehr gleich:

> Den Psychologen Dostojewski habe ich allerdings dem Dichter subsummiert. Ich hätte ihm auch vorzuwerfen, daß sich seine Einsicht so sehr auf das abnorme Seelenleben einschränkt. Denken Sie an seine erstaunliche Hilflosigkeit gegen die Phänomene der Liebe; eigentlich kennt er nur das rohe, triebhafte Begehren, die masochistische Unterwerfung und die Liebe aus Mitleid. Sie haben auch recht mit der Vermutung, daß ich Dostojewski bei aller Bewunderung seiner Intensität und Überlegenheit eigentlich nicht mag. Das kommt daher, daß sich meine Geduld mit pathologischen Naturen in der Analyse erschöpft. In Kunst und Leben bin ich gegen sie intolerant. Das sind persönliche Charakterzüge, unverbindlich für andere. (Ebd., 64)

Freuds Vorwurf an den Psychologen Dostojewski erinnert frappant an die Vorwürfe, die sich die von ihm begründete Psychoanalyse gefallen lassen musste. Dass er den Psychologen dem Dichter subsumiert habe, erscheint umso absurder, als vor dem Dichter die Analyse bekanntlich ihre Waffen strecken muss. Ein wesentliches Moment des Psychologen Dostojewski seit Nietzsches geflügeltem Wort über die *Aufzeichnungen aus dem Untergrund* – „ein Geniestreich der Psychologie" (Nietzsche 1986, 41) – besteht darin, dass er in den *Brüdern Karamasow* die Machteffekte der Psychologie demonstriert. Freud, der auf den berühmten Spott auf die Psychologie zu sprechen kommt, „sie sei ein Stock mit zwei Enden", nennt das eine „großartige Verhüllung", die man nur umzukehren brauche. „Nicht die Psychologie verdient den Spott, sondern das gerichtliche Ermittlungsverfahren." (Freud 1982a, 282)

Dostojewski hat nicht nur, wie Freud anerkennt, die Psychoanalyse „mit jeder Gestalt und jedem Satz selbst erläutert", sondern die Machteffekte ihrer professionellen Geständnistechniken (bzw. ihrer Vorläufer) perspektiviert sowie den Status der solcherart produzierten Bekenntnisse reflektiert. Damit wäre zu Dostojewskis Romanen zurückzukehren, die ‚vor Freud' wussten, dass die Wahrheit, die in Geständnissen produziert wird, weder evident noch ein Beweis ist. Produziert wird in Geständnissen vielmehr das, was wir, durch Michel Foucault belehrt, für ein besonderes Selbst halten. Allerdings ist einzuräumen, dass Freud in einem seiner letzten Texte, „Konstruktionen in der Analyse" (1937), am radikalsten danach gefragt hat, welche Wahrheit die Psychoanalyse entdeckt. Freuds Untersuchung der Rollen, die Analysand und Analytiker spielen, um die Vergangenheit des Analysanden zu (re-)konstruieren, führt zu dem paradoxen Ergebnis, dass der Wahrheitsbeweis darin liege, dass der Analysand weitere Geschichten erzählt (die dem Analytiker niemals genügen, weshalb der Patient immer neue Geschichten produziert). Dieser tendenziell unendliche Regress führe aber „oft genug" nicht zu den Erinnerungen des Patienten: „Anstatt dessen erreicht man bei ihm durch korrekte Ausführung der Analyse eine sichere Überzeugung von der Wahrheit der Konstruktion, die therapeutisch dasselbe leistet wie eine wiedergewonnene Erinnerung. Unter welchen Umständen dies geschieht und wie es möglich wird, daß ein scheinbar unvollkommener Ersatz doch die volle Wirkung tut, das bleibt ein Stoff für spätere Forschung." (Freud 1982b, 403) Ersetzt man in diesem Zitat „therapeutisch" durch „biographisch", so bleibt die Frage, warum bei uns Biographie-Konsumenten so oft ein „unvollkommener Ersatz doch die volle Wirkung tut".

Verwendete Literatur
Ackroyd 2000 = Peter Ackroyd: London. The Biography. London: Chatto & Windus 2000 (dt. Ausgabe: München: Knaus 2002).
Barthes 1974 = Roland Barthes: Sade, Fourier, Loyola. Frankfurt am Main: Suhrkamp 1974.
Benjamin 1980 = Walter Benjamin/Gershom Scholem: Briefwechsel 1933–1940. Hg. von Gershom Scholem. Frankfurt am Main: Suhrkamp 1980.
Benjamin 1981 = Benjamin über Kafka. Texte, Briefzeugnisse, Aufzeichnungen. Hg. von Hermann Schweppenhäuser. Frankfurt am Main: Suhrkamp 1981.
Brontë 1995 = The Letters of Charlotte Brontë […]. Hg. von Margaret Smith. Bd. 1: 1829–1847. Oxford: Clarendon Press 1995.
Carlyle = Thomas Carlyle: Helden und Heldenverehrung. Berlin o.J. (engl. 1841).
Clifford 1962 = Biography As An Art. Selected Criticism 1560–1960. Hg. von James L. Clifford. London u.a.: Oxford University Press 1962.
Clifford 1970 = James L. Clifford: From Puzzles to Portraits. Problems of a Literary Biographer. Chapel Hill: University of North Carolina Press 1970.
Cook 2001 = Richard Cook: Blue Note Records. The Biography. London: Secker & Warburg 2001 (dt. Ausgabe: Berlin: Scherz 2004).
Dilthey 1981 = Wilhelm Dilthey: Die Biographie. In: Ders.: Aufbau der geschichtlichen Welt in den Geisteswissenschaften. Frankfurt am Main: Suhrkamp 1981, S. 303–310.
Foucault 1978 = Michel Foucault: Sexualität und Wahrheit. Bd. 1: Der Wille zum Wissen. Frankfurt am Main: Suhrkamp 1978.
Foucault 2001 = Michel Foucault: Das Leben der infamen Menschen. Berlin: Merve 2001.
Freud 1982a = Sigmund Freud: Dostojewski und die Vatertötung [1928]. In: Studienausgabe. Bd. X. Frankfurt am Main: S. Fischer 1982, S. 267–286.
Freud 1982b = Sigmund Freud: Konstruktionen in der Analyse [1937]. In: Studienausgabe. Ergänzungsband. Frankfurt am Main: S. Fischer 1982.
Freud 1984 = Sigmund Freud/Arnold Zweig: Briefwechsel. Hg. von Ernst L. Freud. Frankfurt am Main: S. Fischer 1984.
Freud 1987 = Sigmund Freud: Brief an Lytton Strachey (25.12.1928). In: Gesammelte Werke. Nachtragsband. Frankfurt am Main: S. Fischer 1987.
Guardian 1995 = The Guardian, 31.8.1995.

Harpprecht 1995 = Klaus Harpprecht: Thomas Mann. Eine Biographie. Reinbek: Rowohlt 1995.

Kracauer 1977 = Siegfried Kracauer: Die Biographie als neubürgerliche Kunstform [1930]. In: Das Ornament der Masse. Frankfurt am Main: Suhrkamp 1977.

Kracauer 2005 = Siegfried Kracauer: Jacques Offenbach und das Paris seiner Zeit [1937]. Hg. von Ingrid Belke. Unter Mitarbeit von Mirjam Wenzel. Frankfurt am Main: Suhrkamp 2005 (= Werke 8).

Kurzke 1999 = Hermann Kurzke: Thomas Mann. Das Leben als Kunstwerk. München: C. H. Beck 1999.

Kurzke 2002 = Hermann Kurzke: Das Leben als Kunstwerk. Geständnisse eines Thomas-Mann-Biographen. In: Kursbuch 148 (2002), S. 127–137.

Lee 2005 = Hermione Lee: Body Parts. Essays in Life-Writing. London: Chatto & Windus 2005.

Löwenthal 1987 = Leo Löwenthal: Die biographische Mode. In: Literatur und Massenkultur. Frankfurt am Main: Suhrkamp 1987, S. 231–257.

Mandelstam 1994 = Ossip Mandelstam: Das Ende des Romans. In: Ders.: Über den Gesprächspartner. Gesammelte Essays 1913–1924. Übers. von Ralph Dutli. Frankfurt am Main: S. Fischer 1994 (= Fischer-Taschenbücher 11862).

Marcus 2005 = Greil Marcus: Bob Dylans Like A Rolling Stone. Die Biographie eines Songs. Köln: Kiepenheuer & Witsch 2005 (engl. Ausgabe: Like A Rolling Stone. Dylan at the Crossroads. New York: Public Affairs Press 2005).

McKeon 1991 = Michael McKeon: Writer As Hero. Novelistic Prefigurations and The Emergence of Literary Biography. In: Contesting the Subject. Essays in the Postmodern Theory and Practice of Biography and Biographical Criticism. Hg. von William H. Epstein. West Lafayette: Purdue University Press 1991.

Meier 1979 = Christian Meier: Vor der Schwierigkeit, ein Leben zu erzählen. Zum Projekt einer Caesar-Biographie. In: Theorie und Erzählung in der Geschichte. Hg. von Jürgen Kocka u. Thomas Nipperdey. München: dtv 1979.

Miles 1996 = Jack Miles: Gott. Eine Biographie. München, Wien: Hanser 1996 (engl. Ausgabe: God. A Biography. London: Simon & Schuster 1995).

Mukařovsky 1974 = Jan Mukařovsky: Die Persönlichkeit in der Kunst [1944]. In: Ders.: Studien zur strukturalistischen Ästhetik und Poetik. München: Hanser 1974, S. 66–83.

Mukařovsky 1989 = Jan Mukařovsky: Das Individuum und die literarische Evolution. In: Ders.: Kunst, Poetik, Semiotik. Frankfurt am Main: Suhrkamp 1989, S. 213–237.

Nietzsche 1986 = Friedrich Nietzsche: Sämtliche Briefe. Kritische Studienausgabe in 8 Bänden. Hg. von Giorgio Colli und Mazzino Montinari. Bd 8. München: dtv 1986.

Reik 1930 = Theodor Reik: Freud als Kulturkritiker. Mit einem Briefe Professor Sigmund Freuds. Wien, Leipzig: Präger 1930.

Russell 2002 = Jeffrey Burton Russell: Biographie des Teufels. Berlin: Aufbau Verlag 2002 (= Aufbau Tb. 8076; engl. Ausgabe: The Devil. Perceptions of Evil from Antiquity to Primitive Christianity. Ithaka, London: Cornell Univ. Press 1977).

Schlaeger 1995 = Jürgen Schlaeger: Biography: Cult as Culture. In: The Art of Literary Biography. Hg. von John Batchelor. Oxford: Clarendon Press 1995.

Sommer 2005 = Theo Sommer: 1945 – Biographie eines Jahres. Reinbek: Rowohlt 2005.

Strachey 1986 = Lytton Strachey: Eminent Victorians [1918]. London: Penguin Books 1986.

Woolf 1981 = The Diary of Virginia Woolf. Bd. II: 1920–24. Hg. von Anne Olivier Bell. Assisted by Andrew McNeillie. London: Penguin Books 1981.

Woolf 1997 = Virginia Woolf: Die Kunst der Biographie. In: Dies.: Der Tod des Falters. Essays. Hg. von Klaus Reichert. Frankfurt am Main: S. Fischer 1997.

Zweig 1994 = Stefan Zweig: Über Sigmund Freud. Frankfurt am Main: S. Fischer 1994.

Auto/Biographie

Literarische Biographien und widerspenstige Autobiographinnen und Autobiographen

Von Hermione Lee

Die Autobiographie als widerständiges Medium stellt die literarische Biographie vor eine Herausforderung: Sie verschleiert, weicht aus und ist selbstreferentiell. Solche Formen der Autobiographie finden wir bei Autorinnen und Autoren, die sehr bewusst eine Spur legen, die ihr Leben im Hinblick auf eine potentielle Biographie konstruieren und damit versuchen, der Biographin zuvorzukommen. In den 1750er Jahren – noch bevor der Begriff Autobiographie überhaupt verwendet wurde – schrieb Samuel Johnson, dass die Beschreibung des eigenen Lebens wahrheitsgetreuer sei als die Lebensbeschreibung aus fremder Feder. Seit Johnsons Diktum steht der Unterschied zwischen Biographie und Autobiographie zur Diskussion. Er vertrat die optimistische Überzeugung, dass „derjenige, der über sich selbst spricht, keinen Anlass zu Unwahrheit oder Parteilichkeit hat, mit Ausnahme der Eigenliebe, von der alle so oft betrogen wurden und gegen deren Kunstfertigkeit alle wachsam sind". Wer hingegen das Leben eines anderen beschreibt, „ist entweder sein Freund oder sein Feind und will entweder sein Lob erhöhen oder seine Schande verstärken". (Johnson 1759) Als überzeugte Post-FreudianerInnen sind wir nunmehr wohl eher gegenteiliger Meinung, was den relativen Wahrheitsgehalt von Biographie und Autobiographie angeht. In seinem Buch über *Literarische Leben* (*Literary Lives*) behauptet David Ellis, dass aufgrund des anhaltenden Einflusses Freuds auf biographisches Schreiben der Auskunft eines Subjekts über sich selbst für gewöhnlich misstraut wird. Häufig werde das Verhältnis zwischen Biographie und Autobiographie als antagonistisch betrachtet. „Das Leben von Menschen zu beschreiben, die das bereits selbst getan haben, ist ein schwieriges Geschäft." Aus seiner Sicht ist die Annahme falsch, dass in Biographien dieselbe Vorgangsweise und Methode gewählt wird wie in *Auto*biographien. Es gibt entscheidende Unterschiede zwischen diesen beiden Formen. (Ellis 2000, 8f.)

Andere Theoretikerinnen und Theoretiker zur Biographie und Autobiographie, vor allem aus dem feministischen Lager, sind mit dieser offensichtlichen Differenz nicht einverstanden. Laura Marcus hat kürzlich dargelegt, dass Biographen ein wachsendes formales Bewusstsein an den Tag legen und dass sie sich in zunehmendem Maße bewusst sind, welchen Einfluss ihre eigene komplexe Existenz auf das Verfassen von Biographien hat. Dieser Umstand bringt es mit sich, dass die Unterscheidung zwischen Biographie und Autobiographie, die im Laufe des 19. Jahrhunderts immer ausgeprägter wurde, immer weniger deutlich ausfällt. (Vgl. Marcus 2002, 206) Schon 1929 beschrieb André Maurois das biographische Objekt als „Medium der eigenen Gefühle des Biographen; bis zu einem gewissen Grad handelt es sich um Autobiographie, die sich als Biographie ausgibt". (Maurois 1929, 112) In jüngster Vergangenheit wurde diese Ansicht vor allem von feministischen TheoretikerInnen wieder aufgegriffen, wobei einige so weit gingen, nahezu von einer Austauschbarkeit von Biographie und Autobiographie zu sprechen: Liz Stanley bezieht sich im Besonderen auf das Verfassen von Lebensbeschreibungen von Frauen und behauptet, dass es „schwierig ist, Fiktion, Biographie und Autobiographie auseinander zu halten, denn diese Formen der Lebensbeschreibung existieren nicht in einem Vakuum: Vielmehr stehen sie in formaler und inhaltlicher Hinsicht in einer symbiotischen Beziehung zueinander. [Beide, Biographie und Autobiographie] sind kunstvolle Konstruktionen der Selbst(be)schreibung [of a self-in-writing]." (Stanley 1992, 125; 130)

Ich selbst befinde mich in einer Schwebeposition zwischen den einen, die Biographie und Autobiographie für einander diametral entgegengesetzt halten, und den anderen, aus deren Sicht sie überlappend ineinander übergehen. Im Mittelpunkt meiner Überlegungen steht das vertrackte und komplexe Verhältnis zwischen Biographie und Autobiographie. Die folgenden Beispiele stammen von angloamerikanischen Schriftstellern des frühen 20. Jahrhunderts, vor allem von einem englischen Romanautor (1905–1973), der zwischen den späten 1930er Jahren und den frühen 1950er Jahren unter dem Pseudonym Henry Green neun Romane schrieb, die Ein-Wort-Titel wie *Loving, Living, Caught* und *Back* tragen. Dabei handelt es sich um düstere Komödien über englische und anglo-irische soziale Verhältnisse und sexuelle Beziehungen, die in einem äußerst merkwürdigen, originären und lyrischen Stil verfasst sind. Green schrieb 1939 auch eine Autobiographie mit dem Titel *Pack My Bag*, die 1940 veröffentlicht wurde.

Mein Ausgangspunkt ist folgende Passage aus Greens Autobiographie:

> Die meisten Menschen erinnern sich kaum an die Zeit, als sie klein waren, und der kleine Teil, der bleibt, ist, man muss es sagen, gefärbt. Er wurde gefärbt

und verändert bis das Bild, das vorhanden war, bis das, was wiederkam, so weit übermalt und retuschiert war, dass es zu einer unzuverlässigen Darstellung dessen, was wirklich war, wurde. Aber während diese Darstellung ungenau ist und nicht länger ein Film oder eine Serie von Standbildern genannt werden kann, gewinnt es durch das, was es nicht ist, oder anders gesagt: es wird zunächst das dargestellt, was anscheinend vor sich gegangen ist; das heißt, sie gibt das wieder, soweit es möglich ist und soweit so etwas überhaupt interessant sein kann, wovon man glaubt, dass es in dasjenige eingegangen ist, was einen ausmacht. (PMB, 8)

Mit Ausnahme von Henry James' später Autobiographie *The Middle Years* oder den unzuverlässigen Erinnerungen J.M. Coetzees, die in der dritten Person geschrieben sind, gibt es wohl kaum eine Form des autobiographischen Schreibens, die widerspenstiger ist, sich mehr entzieht und in sich verschlossener ist als der Text von Green. Die zitierte Passage steht an dessen Beginn und bringt zum Ausdruck, dass unsere Kindheitserinnerungen unzuverlässig und nicht sehr zahlreich sind und im Zuge des Erinnerungsprozesses verändert, retuschiert und zu einem verzerrten Bild werden. Dieses Bild ist keine filmische, exakte Wiedergabe der Wirklichkeit. Mit dem zweiten Satz wird es für mich verwirrend: „Es gewinnt durch das, was es nicht ist" – bedeutet das, es ist ein Vorteil für die Erinnerung, dass es unvollständig und Veränderungen unterworfen ist? „Es" wird zudem nie ausdrücklich als Erinnerung bezeichnet. „Es wird zunächst das dargestellt, was anscheinend vor sich gegangen ist" – das heißt, bis zu einem bestimmten Punkt entspricht die Erinnerung den vergangenen Ereignissen oder was anscheinend in der Vergangenheit passiert ist. Aber wenn diese Ereignisse so dargestellt werden, wie sie sich zugetragen haben, warum dann „anscheinend"? Es bedarf aber noch eines weiteren Versuchs zur Erklärung von Erinnerung: „es stellt dar, soweit es möglich ist und soweit so etwas überhaupt interessant sein kann" – was ist mit „so etwas" gemeint? Erinnerung? Erinnerungen? Worauf auch immer sich das bezieht, nun wird erklärt, dass auch im Falle einer genauen Wiedergabe das Dargestellte inadäquat und möglicherweise nicht sehr interessant ist. „Das heißt, sie gibt das wieder, soweit es möglich ist und soweit so etwas überhaupt interessant sein kann, wovon man glaubt, dass es in dasjenige eingegangen ist, was einen ausmacht." Obwohl „es" also unzuverlässig, unangemessen und möglicherweise uninteressant ist, erfährt man nicht, was passiert ist, sondern wovon man glaubt, dass es passiert ist. Zudem verwendet Green das unpersönliche Pronomen „man", mit Hilfe dessen vermieden werden kann, „Ich" zu sagen. Woran wir uns also in unserer Kindheit erinnern, hat uns möglicherweise geformt und unsere Identität als Erwachsene geprägt oder wir glauben zumindest, dass dies so ist. Der Absatz könnte, wie ich meine, auch enden mit: „was man glaubt erfunden zu haben".

Dieser aus nur zwei Sätzen bestehende Abschnitt ist voller Verneinungen, Einschränkungen und Ungewissheiten und ist weit von den Qualitäten entfernt, die wir am ehesten mit der Autobiographie assoziieren: Offenheit, Bekenntnischarakter, Nostalgie, Prahlerei. Es ist der Stil eines Autors, der keine Autobiographie schreiben will, der dies verschämt tut, sogar in böser Absicht. Das ist für Leser von Henry Green nicht weiter überraschend, ist für ihn eine Autobiographie doch tatsächlich sehr ungewöhnlich. Green ist ein Autor, der unter einem Pseudonym schreibt (sein wirklicher Name lautete Henry Vincent Yorke) und der sich, wie sein Sohn meinte, lieber von hinten fotografieren ließ. (Vgl. S, 299) Green verlangte von einem Autor, sich „völlig aus seinem Text herauszuhalten" (S, XVI; 244). Seine autobiographischen Selbstbeschreibungen in Interviews und Essays waren bekanntermaßen kryptisch und emotionslos und endeten mit der Drohung: „Es gibt nichts mehr zu sagen." (S, 132) Er hielt literarischen Stil für einen „Ausdruck des starken Bedürfnisses […] unbemerkt zu entkommen" (S, 92) und für etwas, das einem ein besseres Verständnis der Gedanken und Gefühle eines Autors ermöglicht als „ein zweiwöchiges *téte à téte*", da „Menschen solche Lügner sind" (S, 280). Seinem Biographen Jeremy Treglown zufolge antwortete Green auf die Frage eines anderen Autors nach seiner geistigen Verfassung während des Schreibens: „Ich habe wirklich nur eine leise Ahnung davon, wie meine Bücher sind oder wohin ich mich bewege." (JT, 191) In Greens Romanen ziehen die Figuren das Vergessen dem Erinnern vor; Erinnerungen müssen ausgesperrt werden. Die Erinnerung enthüllt und verhüllt auf unangenehme und unvorhergesehene Weise und funktioniert wie ein Versteckspiel oder wie „Blinde Kuh".

Henry Yorke schrieb seine Autobiographie 1939, weil er Angst hatte, im Krieg getötet zu werden. Es gelte, rasch etwas von seinem Leben zu retten, bevor es möglicherweise vorbei sein würde. Angesichts der Bedrohung durch den Krieg sei es „ein Verbrechen zu vergessen" (PMB, 54) und es sollte alles so weit als möglich aufgezeichnet werden. In *Pack My Bag* kehrt Green auch tatsächlich, so wie andere AutobiographInnen, zu seinen ersten Kindheitserinnerungen zurück, zu seinem Zuhause, seinen Eltern und Geschwistern, zur frühen Schulzeit, zu den ersten Freundschaften, zum erwachenden Selbstbewusstsein am Ende der Schul- und am Beginn der Studienzeit, zu Klassenbewusstsein und den ersten sexuellen Gefühlen. Aber er tut dies widerwillig, lückenhaft, verunsichert und so, als würde er sich immer wieder abwenden wollen. Wenn Green meint, es sei an der Zeit, sich an alles zu erinnern, dann artikuliert er dies in einem Tonfall des Misstrauens sich selbst gegenüber. „Alles muss überliefert werden, was erinnert werden kann: die Werkzeugkiste, die Wrigley's-Packung, verfärbt, weil man sie in Unterhaltungen hervorholte oder während man an etwas Beliebiges zum wiederholten Male dachte, aber natürlich genau deshalb wahrhaftiger im Verhältnis zu sich selbst und daher zweifellos unansehnlich, voll mit der eigenen Spucke." (PMB, 12)

Henry Yorke stammt aus einer englischen Industriellenfamilie der *upper class*, der Vater besaß eine Fabrik in Birmingham, die Familie lebte aber in einem großen und schönen Landhaus in Gloucestershire. Ihr Lebensstil entsprach völlig dem der englischen *upper class* am Beginn des 20. Jahrhunderts: Diener, ein distanziertes Verhältnis zwischen Eltern und Kindern, Freizeitsport wie Jagd und Fischen, Erziehung in Privatschulen (Henry Yorke besuchte Eton und Oxford). Aber die Darstellung seiner Kindheit ist alles andere als idyllisch: Es ist die Geschichte einer Kindheit, in der die Kinder „alles versuchen, um ihren Eltern niemals irgendetwas über sich selbst zu erzählen" (PMB, 75); in der die Schule als quasi-faschistisches System der Überwachung erscheint, in dem eigene oder private, nicht geteilte Gedanken nicht erlaubt waren, so dass „wir beinahe gefangen vor uns selbst waren" („we were almost prisoners from ourselves"; PMB, 21); es ist die Geschichte einer Kindheit, in der Bespitzelung und Hinterhältigkeit die Norm waren. (Vgl. PMB, 143) Rod Mengham zieht in seinem Buch über Henry Green eine Parallele zwischen dem für Privatschulen kennzeichnenden Zwang, Rechenschaft abzulegen, und der autobiographischen Form, für die dieser Zwang ebenso gilt, in der die individuelle Lebensgeschichte erklärbar sein muss und die Erzählung eine Art „internalisierter Überwachung" ist. Als Reaktion darauf zeige Green sich in *Pack My Bag* nur von hinten. (Vgl. RM, 60) Wie ein Gefangener, der ein Geständnis verweigert, nennt Green in seiner Autobiographie keine Namen, übergeht die intimsten Beziehungen und bricht die Geschichte am Beginn seines Lebens als Schriftsteller ab. Er behandelt nicht die Schlüsselerlebnisse seines Erwachsenenlebens: seinen Entschluss, in der familieneigenen Firma zu arbeiten, um Klassengrenzen zu überwinden und in die Arbeitswelt einzutreten; seine Ehe; seinen frühen Ruhm als Romanschriftsteller; seine traumatischen Erlebnisse als Feuerwehrmann während des Londoner Blitzkriegs. Er schreibt über seine Kindheit und Jugend und beteuert, dass er sich an seine frühe Kindheit zu Hause nicht erinnern kann. „Wie Sie gesehen haben, erinnere ich mich kaum." (PMB, 15) Er ist Anti-Freudianer – eine weibliche Figur in *Nothing* spricht von den „furchtbaren Büchern Freuds, die ich Gott sei Dank nicht gelesen habe" (zit. n. JT, 215). Er betrachtet das Selbst-Porträt weder als kathartisch noch befreiend und verwehrt sich ausdrücklich dagegen, dass die verdrängten Traumata der Kindheit im Erwachsenenleben wiederkehren und uns verfolgen. In seinen Romanen sind satirische Stellen über Psychiater zu finden, die empfehlen, man solle versuchen, verschüttete Erinnerungen ans Tageslicht zu bringen. Es wird dabei klar, dass es für Greens der Amnesie anheim gefallene Figuren besser ist zu vergessen; mitunter ist es ratsamer, die eigenen Gefühle nicht auszudrücken oder sich an etwas nicht zu erinnern. In *Pack My Bag* gesteht Green ein, dass die Vergangenheit nur darauf wartet, jederzeit plötzlich wieder aufzutauchen, zugleich wehrt er sich aber gegen diesen Gedanken: „Wir sind gewarnt, dass das, was in jenen Tagen passiert ist, auf der Lauer liegt wie wilde Tiere, um anzugreifen, wenn man erwachsen ist. So sagt man, aber sie greifen nie an." (PMB, 15)

In einer der eindrücklichsten und interessantesten Passagen von *Pack My Bag* lässt Green das Bild der auf der Lauer liegenden wilden Tiere umspringen in das Bild gejagter Wildtiere: Auf unsere Erinnerungen zu hören sei so, als ob wir den entfernten Ruf oder das Horn eines Jägers hören würden, der einen Fuchs verfolgt (im Übrigen eine wichtige Kindheitserinnerung Henry Yorkes). Oder, so fügt er hinzu und verschiebt damit das Bild auf beunruhigende Weise, dies sei wie das entfernte Sirenenheulen eines Fliegeralarms. Der Schlüsselbegriff ist „entfernt": Was schmerzvoll oder beschämend ist, kann erzählt werden, wenn es nur weit genug entfernt ist. Dieses Bild führt ihn in eine Geschichte von Schmerz, Verlegenheit, Selbstekel und Scham, die dem Grundton von *Pack My Bag* entspricht, erzählt in einer seltsamen Mischung aus Offenheit und Indirektheit. Sie beginnt mit einer Szene, in der hinterbliebene Eltern bei einem Gottesdienst in der Kapelle von Eton um ihren Sohn trauern, einen Schüler, der gestorben ist. Die Schüler, die „Tränen verabscheuten", reagierten auf die öffentlich zur Schau gestellte Trauer dieser Eltern „fast mit einem Gefühl von Empörung". Unmittelbar nach diesem Ereignis erfuhr Henry Yorke, dass seine Eltern bei einem Unfall tödlich verletzt worden waren und im Sterben lagen. Dies veranlasst ihn zu folgender Aussage: „Es ist nicht notwendig, auf die Beziehung zu meinen Eltern näher einzugehen." (PMB, 145) Er erzählt nicht, was tatsächlich geschehen war: Sie waren bei einem Eisenbahnunfall in Mexiko verletzt worden und laut Zeitungsberichten dem Tode nahe. Er erinnert sich, dass er „überhaupt nichts" empfand, als er von dem Unfall erfuhr, und dass er sofort darüber nachzudenken begann, was er empfinden und wie er sich verhalten sollte: „Ich begann den Schock, von dem ich wusste, dass ich ihn hatte, so zu dramatisieren, wie ich glaubte, dass er sich anfühlen sollte." Da unter den Mitschülern Trauer und Verlust als etwas Beschämendes galten, hatte die Erzählung vom Unfall der Eltern unweigerlich eine Trennung von den anderen zur Folge. Dieses Gefühl des Ausgeschlossenseins brachte ihn dazu, in einer als feindlich empfundenen Umgebung dem Ereignis mit Selbstmitleid zu begegnen, während es für ihn schwierig war, auf das Ereignis selbst zu reagieren. „Es war immer noch unwirklich und ich musste mich wieder und wieder daran erinnern, dass es geschehen war." Am folgenden Morgen las er den Zeitungsbericht, in dem es hieß, dass keine „Hoffnung für die beiden Eltern" bestand. Daraufhin ging er in die Kapelle. An diesen Moment erinnert sich Green wie folgt:

> Ich ging in die Kapelle und war der Letzte, der seinen Platz aufsuchte. Als ich den Mittelgang entlangging, fühlte ich mich von der unverhohlenen Neugier einer Menge verfolgt, die sich sicher fühlte, weil da so viele waren, die starrten. Vor allem sah ich, dass die Frau des Direktors mich nicht aus den Augen ließ. Während des Gottesdienstes ließ ich mich gehen, zwang mich dazu, mir meine Eltern im Todeskampf vorzustellen, schnitt Grimassen, zeigte all die Erschütterung, zu der ich imstande war, und beobachtete gleichzeitig, da gibt es keine Ausrede, wie sie alles mit voller Wucht zu spüren bekam. Ich glaube, der Direktor hatte mich durchschaut, denn als ich zu ihm blickte, sah ich Abscheu in seinem Gesicht, aber seine Frau war zu gutherzig, um glauben zu können, dass irgendjemand so tief sinken konnte, und sie war erschüttert.

„Der Rest", heißt es, „hatte etwas Komödienhaftes". Er fährt nach London und stellt fest, dass seine Eltern wieder gesund werden; er kehrt in die Schule zurück, „entsetzt" über sein Verhalten in der Kapelle; er „macht sich selbst krank", weil er unfähig ist, mit irgendjemandem über die Ereignisse zu reden. Als seine Eltern wieder gesund sind, lassen sie ein „Scherzfoto" machen, auf dem sie in Bandagen eingewickelt zu sehen sind, das sie ihrem Sohn schicken, was dessen „Hysterie erneut wachruft". „Nun endlich, so glaube ich, tat es mir wirklich Leid." Er zieht daraus den Schluss: „Ich frage mich, wie viele Burschen etwas fühlen, weil sie wissen, dass sie es fühlen sollten?" Im Rückblick auf diese Episode nimmt Green das Bild des Jägers, der den Fuchs jagt, wieder auf; aber nun ist er selbst und nicht die Erinnerung der Fuchs, „der sich schlussendlich den Gefühlen beugen und kapitulieren muss". Aus einer großen zeitlichen Distanz betrachtet, bleibt in der Erinnerung „Scham […] ein Lauf durch eine vertraute Landschaft". (PMB, 148–153)

Literarische Biographien und widerspenstige Autobiographinnen und Autobiographen

Dieser Abschnitt zeigt exemplarisch, welch eigenartige Form der Autobiographie Greens Text ist. Sie scheint erschreckend offen und ehrlich, aber sie weicht auch dem zentralen Moment der Geschichte aus, der Beziehung zu den Eltern. Es gibt, abgesehen von der zitierten Reaktion, keinen Kommentar zu der grotesken Aktion, dem Sohn ein gefälschtes Foto zu schicken, das die Eltern zeigt, als stünde ihr Tod kurz bevor. Es handelt sich hier um eine sehr ambivalente Form retrospektiver Selbstanalyse: voller Abscheu den eigenen Schwindeleien, der Prahlerei und dem Selbstmitleid gegenüber, aber auch voller Verständnis, was die Unfähigkeit zur Selbsterkenntnis betrifft. Diese Autobiographie scheint Scham als wesentliches Element von Erinnerung zu betrachten, sie stellt aber nicht die Frage, welche Gründe es dafür geben könnte. Die Episode in der Kapelle impliziert, dass es beschämend und ein Zeichen von Schwäche ist, Gefühle zu zeigen – nicht gerade die ideale Basis für eine Autobiographie. Wenn die Schule, der Direktor und seine Frau hier mit dem imaginären Publikum der Autobiographie gleichgesetzt werden – vielleicht sogar mit den eigenen Biographen – dann manifestieren sich in dieser Szene Selbstekel und Angst angesichts der Vorstellung sich selbst zu entblößen.

Was machen Biographieforscher oder literarische Biographen mit einer solchen Art des Schreibens? In der Literatur zu Green wird diese Episode unterschiedlich gesehen. John Russell (1960) meinte, Green packe seine Tasche nicht aus und durchsuche seine Vergangenheit nicht in Form einer Introspektion; er bewundert Green dafür, dass er dem Burschen im Selbstporträt so „distanziert" gegenübertritt und dass er auf so „erfrischende" Weise die Beziehung zu seinen Eltern kaum berührt. Russell beglückwünscht Green zu der Einsicht, dass man sich an manche Dinge besser nicht erinnert. (JR, 4f.) Robert Ryf (1967) hebt diese Episode als Beispiel für die „schmerzhafte Ehrlichkeit" hervor, mit der Green sich an sein vergangenes Selbst erinnert. In seiner Green-Biographie bezeichnet Jeremy Treglown *Pack My Bag* als „vorläufige Memoiren" und weist auf „den tief greifenden Streit zwischen Selbstenthüllung und Geheimhaltung" hin. Er argumentiert, dass *Pack My Bag* „neo-romantisch" sei, eine „post-Wordsworthian" Autobiographie, in der der Autor den Zwang verspüre, „sich als ungewöhnlich stark verwundet darzustellen". Er beschreibt die zitierte Episode als „eine Mischung aus Verlegenheit, Schuldgefühl und Selbst-Analyse". Wie es sich für einen guten Biographen gehört, füllt Treglown die Leerstellen in Greens Texten. Er beschreibt sehr lebendig, was den Eltern von Henry Yorke tatsächlich widerfahren ist und was die Zeitungen berichteten; wen er in London traf und wer die anderen Personen in der Schule waren.

Er gibt einen komischen, unbeschwerten Bericht vom Auftritt in der Kapelle, nennt die Krankheit einen Ausweg aus der Peinlichkeit und der Enttäuschung über die Rückkehr an die Schule. Das von den Eltern ihrem Sohn geschickte Foto sei „eine Scharade, die letztlich dazu führte, dass es ihm ‚wirklich Leid tat'. Nicht zum letzten Mal", kommentiert der Biograph, „waren seine Gefühle auf dem Weg der Fiktion leichter zugänglich für ihn". (JT, 6; 20; 45)

Angesichts einer Autobiographie, die zugleich offen und verheimlichend, schamvoll und kontrolliert ist wie jene von Henry Green, stellt sich die Frage, wie im Hinblick auf eine Biographie mit der eigenen Version des Autors umzugehen ist. Potentielle biographische Objekte schreiben Autobiographien aus unterschiedlichen Gründen und es ist die Aufgabe des Biographen oder der Biographin, diese Texte nicht nur um der Fakten willen zu lesen, sondern zu fragen, wie sie gestaltet sind, was preisgegeben und was verheimlicht wird und welche Gründe es dafür geben könnte. Einige Autoren, wie etwa Nabokov, Coetzee oder John McGahern, haben Texte verfasst, die so literarisiert und stilisiert sind, dass sie mit Fiktion gleichzusetzen sind, wie sehr sie auch von Herzen kommen und wie nahe sie auch den Fakten sein mögen.

Andere Autobiographien sind als gezielte Präventivschläge verfasst. Doris Lessing schreibt in *Under My Skin*, dem ersten Band ihre Autobiographie, von den Schwierigkeiten, „die Wahrheit zu erzählen" und die Vergangenheit zu erinnern. „Man kann sich nicht hinsetzen und über sich schreiben, ohne dass rhetorische Fragen der lästigsten Art Aufmerksamkeit verlangen." Eine dieser Fragen lautet: „Warum überhaupt eine Autobiographie schreiben?" Die Antwort ist: „Selbstverteidigung: es werden schon die ersten Biographien geschrieben." (Als Lessing dies schrieb, hatte sie von fünf im Entstehen begriffenen Biographien gehört.) Sie kommentiert erbittert: „Schriftsteller können sich dagegen wehren wie sie wollen: Aber unsere Leben gehören nicht uns." (Lessing 1994, 14) Eine der Aufgaben einer Lessing-Biographie wäre herauszufinden, warum Doris Lessing so darauf bedacht war, den Biographen zuvorzukommen, und was ihrer Meinung nach falsch interpretiert werden würde.

Manche Autobiographen lügen unbekümmert, zwanghaft und unverschämt und der Biograph oder die Biographin muss in solchen Fällen die Fakten von den Fiktionalisierungen trennen. Das faszinierendste Beispiel einer unzuverlässigen Autobiographie im 20. Jahrhundert ist jene von Ford Madox Ford, der einige der großen Namen unter den Biographen anzog (Arthur Mizener, Thomas Moser, Alan Judd, Max Saunders) und der sich bekanntermaßen von Autobiographie zu Autobiographie, von Erinnerung zu Erinnerung immer wieder neu erfand. Mizener beschreibt dies als „ein romantisches Bedürfnis [...] sich selbst als bewundernswert zu sehen [...] und anderen eine nachgebesserte Beschreibung des eigenen Lebens aufzudrängen". (Mizener 1971, XVI; 316) Dies habe verheerende Folgen für Ford gehabt und ihm „großen Schaden zugefügt". Seine Biographie ist daher der Versuch, das Bild zurechtzurücken, indem er sehr sorgfältig alle Versionen von Fords Leben durchgeht. Alan Judd wiederum ist nachsichtiger und meint ergeben, Ford habe einen „großartigen, reichhaltigen, unzuverlässigen Wandteppich" seines Lebens geschaffen, dem keine Biographie gleichkommen könne. (Judd 1990, 4f.) Max Saunders konstruiert ein kreatives Wechselspiel zwischen Fords Lügen und seiner Fiktion. Saunders ist „weit davon entfernt, mahnend auf seine Ungenauigkeiten hinzuweisen, wie Mizener dies schonungslos tat", und nennt Ford einen Impressionisten. Sein Impressionismus sei „ein extremer Fall einer Transformation des Selbst durch Erinnerung". (Saunders 1996, VI; 70)

Für die Autobiographie *One Writer's Beginnings* (1983) der aus den Südstaaten kommenden Prosaschriftstellerin Eudora Welty ist dieselbe eigenartige Mischung aus Indirektheit und Vertrautheit kennzeichnend wie für Henry Greens *Pack My Bag*, den sie zutiefst bewunderte. Sie erzählt die Geschichte ihrer Kindheit in Jackson, Mississippi, wo sie als einziges Kind einer Mutter, die als Lehrerin in West Virginia arbeitete, und eines Vaters, der Geschäftsmann war und dessen Familie aus Ohio stammte, aufwuchs. Er starb, als sie 22 Jahre alt war. In Weltys Beschreibung waren die Eltern sehr liebevoll und voller Unterstützung für ihre Tochter. Weltys Kindheit wird völlig im Licht ihres Weges zur Schriftstellerin dargestellt. Es gibt nur wenige Momente in den Erinnerungen, die jene Düsterkeit und jene Probleme ahnen lassen, die in ihren fiktionalen Texten eine große Rolle spielen. Eine dieser Szenen ist die folgende: Ihre Mutter hat versprochen, ihr alles Wesentliche über das Leben zu erzählen – ‚woher die Babies kommen' –, aber sie hält dieses Versprechen nicht.

> Während sie sich nicht dazu bringen konnte, jene Tür zu öffnen und deren Geheimnis zu lüften, stieß sie eines Tages eine andere Tür auf.
> In der untersten Schublade ihres Sekretärs im Schlafzimmer bewahrte sie Kostbarkeiten in Schachteln auf, und sie hatte mir erlaubt, mit einer von diesen zu spielen – einem Zopf von ihrem eigenen kastanienfarbenen Haar; es war eine schwere, glänzende Flechte, die sich in der Schachtel wie eine Schlange ringelte. Ich hängte sie an den Türknopf und flocht sie auf; sie fiel in sanf-

ten Wellen fast bis zum Boden hinab, und es stellte die Rapunzel in mir zufrieden, das Haar auszukämmen. Eines Tages jedoch bemerkte ich in derselben Schublade eine kleine weiße Pappschachtel, die so war wie jene, in denen die Visitenkarten meiner Mutter von der Druckerei kamen. Sie war fest verschlossen, doch ich öffnete sie und fand zu meiner Verblüffung und Begierde zwei polierte Fünfcent-Stücke mit einem Bison darauf, die in weißer Watte lagen. Ich eilte mit dieser geöffneten Schachtel zu meiner Mutter und frage, ob ich hinausgehen und die Fünfcent-Stücke ausgeben dürfte.

‚Nein!', rief sie leidenschaftlich aus. Sie nahm die Schachtel an sich. Ich bettelte; irgendwie hatte ich zu weinen angefangen. Dann setzte sie sich nieder und zog mich zu ihr hin und erzählte mir, daß ich einen kleinen Bruder gehabt hätte, der vor mir auf die Welt gekommen, jedoch vor meiner Geburt als Baby gestorben sei. Und diese beiden Geldstücke, die ich als meinen Fund hatte beansprucht wollen, gehörten ihm. Sie hätten auf seinen Augenlidern gelegen, zu einem ungenannten und unvorstellbaren Zweck. ‚Er war ein schönes kleines Baby, mein erstes Baby, und es hatte nicht sterben sollen. Doch es starb. Es geschah, weil deine Mutter zur gleichen Zeit fast gestorben wäre', erzählte sie mir. ‚Indem sie sich um mich kümmerten, vergaßen sie fast das kleine Baby.'

Sie teilte mir das falsche Geheimnis mit – nicht wie Babies kommen, sondern wie sie sterben konnten, wie sie vergessen werden konnten.

Ich fragte mich in den Jahren danach: Wie konnte meine Mutter diese beiden Geldstücke verwahrt haben? Doch wie konnte jemand wie sie auf andere Weise darüber verfügt haben? Sie litt unter einer trübsinnigen Veranlagung, die sich bei bestimmten Anlässen – den schlimmsten Anlässen – im ganzen Leben der Familie bemerkbar machte und uns bekümmerte, uns umklammerte, was es für sie noch ärger werden ließ; ihre unerträglichen Augenblicke vermochten keinen Ausweg zu finden.

Die zukünftige Erzählerin im Kind, das ich war, muß von folgendem unbewußt Notiz genommen und es behalten haben: Ein Geheimnis wird leicht statt eines anderen gelüftet, das schwerer zu lüften ist, und das Ersatzgeheimnis ist, schamlos enthüllt, häufig um so entsetzlicher. (Welty 1990, 32f.)

Es ist typisch für Welty, dass uns eine kleine häusliche Szene, lebendig in den Details und im Dialog, etwas Dunkles und Schwieriges vermittelt: die Vorstellung, dass etwas Verborgenes – versteckt in der untersten Lade eines Sekretärs – etwas anderes zum Vorschein bringt, womit man noch schwerer umgehen kann. Dies geschieht auch in ihren Geschichten; eine mit der Schilderung dieser Kindheitsepisode verbundene Absicht ist es, die werdende Schriftstellerin zu zeigen. Wie es der Titel der Erinnerungen vorschlägt, soll uns eine Figur präsentiert werden, die dazu geboren ist, Leben in Geschichten zu verwandeln. Aber dass Welty so bemüht ist, uns dies vorzuführen, wirft die Frage auf, wie sehr ihre Kindheit fiktionalisiert wurde. Diese Episode über ein gelüftetes und ein vorenthaltenes Geheimnis ist ein impliziter Kommentar zu Weltys Autobiographie, die teils enthüllt, teils verhüllt – wie der Zopf, der geflochten und entflochten, ausgekämmt und wieder in die Schachtel zurückgelegt wird.

In der Literatur zu Eudora Welty wird der feierlichen, gütigen und nostalgischen Weise, in der sie über ihre Kindheit schrieb, mit Misstrauen begegnet. Carolyn Heilbrun etwa bedauert in *Writing a Woman's Life*, dass Welty die Vergangenheit ‚romantisierte' und ‚verschleierte' und las dies ebenfalls als Präventivschlag gegen potentielle Biographen. „Sie versucht Einmischungen in ihr Leben abzuwehren. Für sie ist das das einzig angemessene Verhalten für eine Mississippi-Lady, die zu sein sie stolz ist." (Heilbrun 1989, 13f.) Weltys erste Biographin Ann Waldron versuchte diesen Verdächtigungen etwas entgegenzusetzen, indem sie argumentierte, dass die wohlwollende Wiedergabe ihrer Kindheit insofern eine wahre Autobiographie sei, als sie ihre Fähigkeit unter Beweis stelle, Unglück zu überwinden. „Das Geheimnis wahren Glücks ist oftmals die Fähigkeit, die Kindheit als eine glückliche zu erinnern, sich durch alle Schrecken durchgearbeitet und sie zurückgelassen zu haben; und, von ihnen befreit, die frühen Jahre mit Anmut und Humor schildern zu können. Eudora lässt ihre Kindheit glücklich erscheinen, sie vergisst ihre schwierige Mutter und ihren Bruder, und damit erzählt sie uns viel über ihre innere Stärke, über ihre sichere Selbsteinschätzung und ihren Erfolg, mit ihrem Leben zurechtzukommen, wie es ist." (Waldron 1998, 333) Mit der zitierten ambivalenten, komplexen und berührenden Erzählung konfrontiert entscheidet sich Waldron dafür, die Ereignisse einfach zusammenzufassen ohne sie zu kommentieren. Dies ist ein Beispiel unzureichenden biographischen Schreibens, das der Autobiographie als widerständigem Medium nicht genug Aufmerksamkeit schenkt oder sie nicht genug in Frage stellt.

Auch zwischen Virginia Woolf und Henry Green gibt es eine Verbindung: Er schrieb eine Rezension zu Leonard Woolfs Auswahl aus Virginia Woolfs Tagebüchern, *A Writer's Diary* (1954). Green missfiel die Selektivität und dass diese Veröffentlichung nur jene Teile enthielt, die das Werk betrafen, und daher den Eindruck erweckte, Virginia Woolfs Leben hätte nur aus großer Anstrengung und Arbeit bestanden. „So wie ihre Natur vielleicht war", schrieb Green, „erwähnt sie auf 365 Seiten kein einziges Mal ein Lachen." (S, 180) Es bedurfte einer späteren Ausgabe, um zu zeigen, wie wichtig Lachen in ihrem Leben war. Green zitiert bewundernd eine Stelle aus den Tagebüchern, die von der Mühsal handelt, eine Biographie über Roger Fry zu schreiben. Woolf arbeitete an dieser Biographie 1939, zum selben Zeitpunkt verfasste Green *Pack My Bag*. Sie begann darüber hinaus mit ihrer eigenen Autobiographie, die sie nie beendete. Ihre Motivation war ähnlich wie die Greens: Sie schrieb angesichts des drohenden Krieges, aber nicht, weil sie dachte, bald sterben zu müssen, sondern weil sie eine Ablenkung von den Anstrengungen des Biographieschreibens („Erholung von Roger") brauchte und weil sie vor der Belastung durch den Krieg flüchtete. Im Laufe des Schreibprozesses an ihrer „Selbstskizze" wechselt sie zwischen Gegenwart und Vergangenheit, zwischen einer drohenden Invasion (Juli 1940) oder bevorstehenden Luftangriffen und Erinnerungen an ihre Kindheit in den 1880er und 1890er Jahren. Sie fragt danach, wie viel an einem Leben „Nicht-Sein"(„non-being") oder wie ‚undefinierbare Watte' ist, wenn scheinbar nicht viel passiert – eine Herausforderung für die Autorin.

Damals als Kind, wie auch heute noch, enthalten meine Tage ein verhältnismäßig großes Quantum an dieser Watte, dieses Nicht-Seins. Woche auf Woche verging, und nichts hinterließ einen Eindruck bei mir. Dann plötzlich, und ohne daß ich dafür den Grund weiß, bekam ich einen heftigen Schock: [etwas geschah auf so gewaltsame Weise], daß mir die Erinnerung daran mein Leben lang geblieben ist. Ich will einige Beispiele wiedergeben: das erste: Ich kämpfte mit Toby auf dem Rasen. Wir schlugen gegenseitig mit Fäusten aufeinander ein. Gerade, als ich wieder meine Faust hob, um ihn zu schlagen, überfiel mich das Gefühl: weshalb einem anderen Menschen weh tun? Ich ließ meine Hand augenblicklich sinken, blieb stehen, und ließ mich von ihm schlagen. Das Gefühl ist mir noch in Erinnerung. Es war ein Gefühl hoffnungsloser Traurigkeit. Es war, als würde mir etwas Schreckliches bewußt und meine eigene Machtlosigkeit. Ich schlich mich allein davon und war entsetzlich deprimiert. Das zweite Beispiel ereignete sich auch im Garten in St. Ives. Ich betrachtete das Blumenbeet bei der Eingangstür. ‚Das ist die Ganzheit', sagte ich. Ich schaute auf eine Pflanze mit einer Fülle von Blättern hinunter, und es schien mir plötzlich klar, daß die Blume selbst ein Teil der Erde war, daß ein Kreis die Blume umschloß, und daß das die wahre Blume war: teils Erde, teils Blume. Es war ein Gedanke, den ich mir aufbehielt, weil er mir später vielleicht noch sehr nützlich werden könnte. Der dritte Fall spielte sich gleichfalls in St. Ives ab. Einige Leute mit dem Namen Valpy waren in St. Ives gewesen und wieder weggefahren. Eines Abends saßen wir beim Essen, als ich meinen Vater oder meine Mutter sagen hörte, daß Mr. Valpy sich umgebracht habe. Als nächstes erinnere ich mich daran, daß ich nachts im Garten war und auf dem Pfad beim Apfelbaum ging. Es schien mir, als hätte der Apfelbaum etwas mit dem schrecklichen Selbstmord von Mr. Valpy zu tun. Ich konnte nicht vorbeigehen. Ich stand da und starrte, vor Entsetzen wie gebannt, auf die graugrünen Furchen der Rinde – es war eine mondhelle Nacht. Ich schien hoffnungslos in einen Abgrund völliger Verzweiflung hinuntergezogen zu werden, aus dem es kein Entkommen für mich gab. Mein Körper schien paralysiert zu sein.

Das sind drei Beispiele von außergewöhnlichen Momenten. Ich spreche oft darüber, oder sie tauchen eher unerwartet auf. (Woolf 1981, 96f.)

Alle diese Augenblicke werden ihr später von Nutzen sein: Der erste kann als Kindheitsentwurf ihrer lebenslangen Gefühle gegenüber Gewalt und Aggression gelesen werden. Der zweite ist ein frühes Beispiel für jenen Kampf, die Dinge ‚ganz' zu machen, der sich durch ihr modernistisches, experimentelles Schreiben zieht. (Sagte sie als kleines Kind beim Anblick des Blumenbeets tatsächlich „Das ist die Ganzheit"?) Der letzte fand Verwendung in ihrer Prosa *The Waves* und schien auch ihre Verzweiflung vorwegzunehmen, die zu ihrem Freitod führte. Diese Augenblicke der Erinnerung sind eloquente, lebendige Beispiele für außergewöhnliche kindliche Gefühle und für die ‚unerwartete' Weise, in der das Gedächtnis arbeitet. Sie sind beinahe zu zwingend und zu verführerisch für die Biographin, denn sie laden zu Interpretation und Schematisierung geradezu ein. Und zugleich scheinen sie auf etwas zu verweisen, das unter der Oberfläche der Erinnerung liegt und kaum zu erklären ist.

Woolf-Biographen und -Forscher haben in diesen autobiographischen Texten gefunden, was sie gesucht haben; sei es, dass sie diesen Abschnitt als prophetische Rückschau auf Depression und Selbstmord verstanden, dessen Wasser-Metaphorik ihren eigenen Tod vorwegnahm (vgl. Poole 1978, 259–280); oder als Darstellung der „Kämpfe in der Kinderstube" in einer grundsätzlich robusten und lebhaften Kindheit (vgl. Bell 1973, 23); oder als Kommentar zur Entstehung modernistischer Epiphanien, mittels derer sie ihren Drang zu schreiben mit ihrem Versuch verbindet, die eindringenden und zerstörerischen Elemente des Lebens als Teil eines großen Ganzen zu sehen (vgl. Rose 1978, 15); oder als Beweis für ein sexuell missbrauchtes Kind, das „bereits internalisiert hatte, dass es sich nicht wehren sollte, dass es einfach hinnehmen sollte. Watte. Nicht-Sein. Inzest. Physische Gewalt. […] Hinuntergezogen zu werden in den Abgrund absoluter Verzweiflung, aus dem es kein Entkommen mehr gab. Lähmung. Das war die Gestalt, in der Woolf ihre frühe Kindheit sah." (de Salvo 1989, 106) Die Woolf-Forscherin Rachel Bowlby formulierte es so: „Wie in der Bibel lassen sich in Woolfs Texten Belege für beinahe jede Position finden." (Bowlby 1988, 14)

Diese Beispiele literarischer Autobiographien können auf ihren Inhalt hin gelesen werden, im Hinblick auf die Fakten des Lebens; als Erinnerung und als Beweis für das, was den Autorinnen und Autoren in ihrem Leben wichtig war; und als Fiktion, als eine schriftstellerische Form der Selbstdarstellung oder der Verkleidung. Keiner dieser Erinnerungstexte kann für bare Münze genommen werden: Es gilt, einen Blick hinter die Kulissen zu werfen, ihren Tonfall zu beachten und nach den Leerstellen ebenso zu fragen wie nach dem, was gesagt wird. Und es gilt die Frage nach der Unzuverlässigkeit und den Zaubertricks der Erinnerung zu stellen – wie dies die Charaktere in Greens Romanen oft tun. Wenn man es als Biographin mit Autobiographien zu tun hat, müssen zuerst die autobiographischen Taschen ausgepackt werden, bevor man seine eigene packen und füllen kann.

Aus dem Englischen von Hannes Schweiger

Verwendete Literatur
Bell 1973 = Quentin Bell: Virginia Woolf. Bd. 1. London: Hogarth Press 1973.
Bowlby 1988 = Rachel Bowlby: Virginia Woolf: Feminist Destinations. Oxford: Blackwell 1988.
de Salvo 1989 = Louise de Salvo: Virginia Woolf: The Impact of Childhood Sexual Abuse on her Life and Work. London: The Women's Press 1989.
Ellis 2000 = David Ellis: Literary Lives. Edinburgh: Edinburgh University Press 2000.
EW = Eudora Welty: Henry Green: A Novelist of the Imagination. In: Texas Quarterly (Autumn 1961), S. 246–254.
Givner 1983 = Joan Givner: The Life of Katherine Anne Porter. London: Jonathan Cape 1983.
Green 1943 = Henry Green: Caught. London: Hogarth Press 1943.
Green 1946 = Henry Green: Back. London: Hogarth Press 1946.
Green 1978 = Henry Green: Party Going [1939]. In: Loving, Living, Party Going. London: Pan Books 1978.
Heilbrun 1988 = Carolyn Heilbrun: Writing a Woman's Life. New York: Ballantyne Books 1989.
Johnson 1759 = Samuel Johnson: The Idler 84 (24. November 1759).
JR = John Russell: Henry Green: Nine Novels and an Unpacked Bag. New Brunswick: Rutgers University Press 1960.

JT = Jeremy Treglown: Romancing: The Life and Work of Henry Green. London: Faber 2000.
Judd 1990 = Alan Judd: Ford Madox Ford. London: Collins 1990.
Lessing 1994 = Doris Lessing: Under My Skin. London: HarperCollins 1994.
Marcus 2002 = Laura Marcus: The Newness of the „New Biography". In: Mapping Lives: The Uses of Biography. Hg. von Peter France und William St Clair. London: The British Academy 2002, S. 193–218.
Maurois 1929 = André Maurois: Aspects of Biography. Cambridge: Cambridge University Press 1929.
Mizener 1971 = Arthur Mizener: The Saddest Story: Ford Madox Ford. London: Bodley Head 1971.
PMB = Henry Green: Pack My Bag. London: Hogarth Press 1940.
Poole = Roger Poole: The Unknown Virginia Woolf. Cambridge: Cambridge University Press 1978.
RM = Rod Mengham: The Idiom of the Time: the Writing of Henry Green. Cambridge: Cambridge University Press 2000.
Rose 1978 = Phyllis Rose: Woman of Letters: A Life of Virginia Woolf. London: Routledge 1978.
RR = Robert Ryf: Henry Green. New York: University of Columbia Essays 1967 (= Columbia Essays on Modern Writers 29).
Saunders 1996 = Max Saunders: Ford Madox Ford: A Dual Life. 2 Bde. Oxford: Oxford University Press 1996.
Stanley 1992 = Liz Stanley: The Auto/biographical I. Manchester: Manchester University Press 1992.
S = Surviving: The Uncollected Writings of Henry Green. London: Viking 1993.
Waldron 1998 = Ann Waldron: Eudora: A Writer's Life. New York, London: Doubleday 1998.
Welty 1990 = Eudora Welty: Eine Stimme finden [One Writer's Beginnings]. Aus dem Amerikanischen übers. von Rüdiger Imhoff. Stuttgart: Klett-Cotta 1990.
Woolf 1981 = Virginia Woolf: Augenblicke. Skizzierte Erinnerungen. Aus dem Englischen von Elizabeth Gilbert. Stuttgart: Deutsche Verlags-Anstalt 1981.

„Der Wahrheitsgehalt der Lüge"
Thomas Bernhards autobiographische Inszenierungen

Von Manfred Mittermayer

I.

„Ich erfinde ja nichts, ich glaube, ich habe in meinen Büchern noch nie etwas erfunden, verändert – ja, erfunden – nein." Diesen Ausspruch des österreichischen Autors Thomas Bernhard notierte Krista Fleischmann, die Gestalterin der beiden Filme *Monologe auf Mallorca* (1982) und *Die Ursache bin ich selbst* (1986), während der gemeinsamen Arbeit. (Zit. nach WA 5, 138–140) In der Tat gibt es wenige Autoren, bei denen sich das Publikum und die Literaturkritik, aber auch die literaturwissenschaftliche Forschung in vergleichbarem Ausmaß mit der Frage beschäftigt haben, was an den Texten ‚erfunden' ist und welche Elemente aus der Realität die literarische Fiktion strukturiert haben mögen. (Vgl. dazu u.a. Mittermayer 1998)

Diese Diskussion prägt – in modifizierter Form – auch die Auseinandersetzung mit jenem Werk, in dem Bernhard deklariertermaßen auf sein Leben Bezug nimmt, mit seiner fünfbändigen Autobiographie *Die Ursache. Eine Andeutung* (1975), *Der Keller. Eine Entziehung* (1976), *Der Atem. Eine Entscheidung* (1978), *Die Kälte. Eine Isolation* (1981) und *Ein Kind* (1982). Dabei geht es zum einen um die Frage, welchen ‚Erklärwert' diese Texte für das fiktionale Werk des Autors haben; zahlreiche Leser lesen sie nach wie vor als eine Art ‚Schlüssel' zu Bernhards Œuvre. Zum anderen aber wird diskutiert, inwiefern die ‚Fakten', die Bernhard in seiner Autobiographie überliefert, als ‚real' zu nehmen sind und was daran ‚verändert', was womöglich übertrieben ist; immerhin hat sich in Übernahme eines Begriffs aus dem zum Abschluss seines Prosaschaffens publizierten Roman *Auslöschung. Ein Zerfall* (1986) selbst in der wissenschaftlichen Bernhard-Rezeption das Wort von seiner „Übertreibungskunst" (Bernhard 1986, 128) eingebürgert. (Vgl. z.B. Schmidt-Dengler 1997)

Es ist längst bemerkt worden, dass das Bild, das der Erzähler in Bernhards Autobiographie von sich selbst zeichnet, in wesentlichen Zügen stilisiert ist. Gerhard vom Hofe wies auf die Nähe zu bekannten Schemata christlicher „Confessiones" und paradigmatischer Viten hin, auf die „Zitation der Topoi religiöser Bekehrungs- und Erweckungsliteratur". (vom Hofe 1982, 30) Reinhard Tschapke arbeitete heraus, dass diesen Texten ein deutlich erkennbarer Raster von Initiationshandlungen unterlegt sei (Tschapke 1984, bes. 54ff.), Hans Höller stellte Analogien zu Erzählkonventionen von Künstlerlegenden fest (Höller 1993, 104). Bernhard steht damit, was die Geschichte der Autobiographie betrifft, in einer wirkungsmächtigen Tradition. Das Element der „Selbststilisierung" gehört zu jenen Kennzeichen, die auch in der Forschungsliteratur zur Autobiographie längst als genrekonstitutiv anerkannt sind. (Vgl. Holdenried 2000, 41; Wagner-Egelhaaf 2005, 36)

Im Gegensatz zu dieser positiven Einschätzung einer literarischen Umgestaltung dokumentierbarer Faktizität steht eine Studie zu Bernhards Autobiographie, die Andreas Maier, selbst Autor von Prosatexten, die von der Kritik mit Bernhards Literatur verglichen wurden, unter dem bezeichnenden Titel *Die Verführung* vorgelegt hat. Er wirft Bernhards autobiographischen Büchern vor, es handle sich dabei um bloß rhetorische, auf den Effekt hin kalkulierte Texte, die keineswegs die von ihnen behauptete existentielle Authentizität besäßen. Unter anderem zählt Maier einen kleinen Katalog von „Fälschungen" auf, die Bernhard in seiner Autobiographie begehe: Erstens würden darin „die eigene Herkunft und das eigene Umfeld ins Licht eines vermeintlich wohlhabenden Bürgertums beziehungsweise des exzeptionellen Künstlertums gestellt", zweitens würden „Bernhards eigene Fähigkeiten und Erfolge vergrößert oder einfach erfunden", und drittens erfinde und verfälsche er „Situationen und ganze Menschenschicksale, um Pointen und Effekte verschiedenster Art zu erzielen". (Maier 2004, 161)

Die folgenden Bemerkungen zu Bernhards Autobiographie sind durch drei unterschiedliche Zugänge motiviert. 1999 war ich erstmals Gestalter einer Ausstellung, die sich mit Bernhards Großvater Johannes Freumbichler beschäftigte; damals war die Autobiographie eines der Medien, mit deren Hilfe – im dialogischen Zusammenwirken mit Selbstzeugnissen Freumbichlers und lebensgeschichtlichen Dokumenten – ein Bild der historischen Persönlichkeit entworfen werden sollte. (Vgl. Mittermayer 1999) 2004 fungierte ich zusammen mit Martin Huber als Herausgeber der Autobiographie im Rahmen der 22-bändigen Thomas-Bernhard-Werkausgabe im Suhrkamp Verlag; im Zuge dieser Tätigkeit rückten die im Thomas-Bernhard-Archiv in Gmunden aufbewahrten Vorstufen des endgültig publizierten Textes in den Mittelpunkt der Betrachtung. Gegenwärtig arbeite ich am Projekt einer umfassenden Biographie über Bernhard. Dabei stellt sich die schwierige Frage nach der Tauglichkeit der Autobiographie als Lebenszeugnis – aufgrund fehlender Dokumente zu manchen Lebensphasen ist sie mitunter die einzige verfügbare Quelle, gleichzeitig ist aber unbedingt der Fehler mancher Darstellungen zu vermeiden, Bernhards Angaben als verlässliche Auskünfte über die biographische ‚Wahrheit' zu verstehen. Irritierend ist in diesem Zusammenhang die Tatsache, dass Bernhard durchaus nicht sehr bewusst zwischen den Gattungen der Biographie und der Autobiographie differenziert hat; so versieht er zum Beispiel gegenüber seinem Frankfurter Verleger Siegfried Unseld den fünften und letzten Band *Ein Kind* ausdrücklich mit der Bezeichnung „Biografie" (Brief vom 17.12.1981; zit. nach WA 10, 523).

2.

Bernhard durchsetzt seine Autobiographie von Anfang an mit jenen Einschüben von „Selbstbezüglichkeit", von „an das Text-Ich gebundene[r] Selbstreferenz und Selbstanalyse des Erkenntnissubjekts", die für moderne Autobiographik charakteristisch sind. (Holdenried 2000, 47) In diesen Passagen reflektiert er immer wieder das komplexe Verhältnis von Realität und literarischer Wiedergabe; dabei bringt er eine Reihe unterschiedlicher Aspekte zur Sprache.

Eines der von Bernhard angesprochenen Probleme hat mit der zeitlichen Distanz zwischen der dargestellten Lebensperiode und dem Zeitpunkt dieser Darstellung zu tun. Es sei nicht einfach, heißt es bereits im ersten Band *Die Ursache*, „die Empfindung von damals und das Denken von heute zu Notizen und Andeutungen zu machen, die den Tatsachen von damals […] entsprechen" (WA 10, 74). Der folgende Band *Der Keller* enthält die viel zitierte Passage, in der Bernhard ausführlich seinen Zweifel an der Möglichkeit formuliert, das von einem Individuum Empfundene über das Medium der Sprache an andere Kommunikationspartner weiterzugeben:

> Die Wahrheit, denke ich, kennt nur der Betroffene, will er sie mitteilen, wird er automatisch zum Lügner. […] Das Beschriebene macht etwas deutlich, das zwar dem *Wahrheitswillen* des Beschreibenden, aber nicht der Wahrheit entspricht, denn die Wahrheit ist überhaupt nicht mitteilbar. (Ebd., 135)

In dem späteren Band *Die Kälte* zieht er den mit der Geschichte der Autobiographie eng verbundenen „Authentizitätsanspruch" der Gattung (Holdenried 2000, 14) radikal in Zweifel: „[D]ie Sprache gibt nur ein gefälschtes Authentisches wieder, das erschreckend Verzerrte, sosehr sich der Schreibende auch bemüht." (WA 10, 364) In *Der Keller* macht er aber auch deutlich, dass er daraus keineswegs die Schlussfolgerung ableitet, vor den Unzulänglichkeiten sprachlicher Mitteilung kapitulieren zu müssen. Bernhards Literatur widmet sich dem paradoxen Unterfangen, trotz allem zu kommunizieren, was sich eigentlich nicht kommunizieren lässt: „Wir müssen sagen, wir haben nie etwas mitgeteilt, das die Wahrheit gewesen wäre, aber den *Versuch*, die Wahrheit mitzuteilen, haben wir lebenslänglich nicht aufgegeben." (Ebd., 135f.) Entscheidend sei die Absicht, die Wahrheit zu sagen – selbst wenn sie sich nicht vollständig sagen lasse: „Es kommt darauf an, *ob wir lügen wollen oder die Wahrheit sagen und schreiben*, auch wenn es niemals die Wahrheit sein kann […]. Letzten Endes kommt es nur auf den Wahrheitsgehalt der Lüge an." (Ebd., 136)

Der Begriff der Wahrheit kommt auch ins Spiel, wenn Bernhard über die Motivation für seine autobiographische Arbeit spricht. Im Zuge der öffentlichen Aufregungen über den Band *Die Ursache* gab er dem Autor Rudolf Bayr, damals Intendant des ORF-Landesstudios Salzburg, ein Interview. Darin definierte er seine schriftstellerische Position aus dem Widerspruch gegenüber einer (Halb-)Wahrheit, die über seine „Heimatstadt" (WA 10, 11) Salzburg existiere. Es müsse „Leute geben, die immer ein Aber sagen", entgegnet er dem Interviewer, der die im Buch vermissten positiven Seiten Salzburgs ins Gespräch zu bringen sucht. „Die Wahrheit ist im Grunde immer nur, daß man ein Aber dranhängt und den Satz vollendet. […] eine Schönheit ohne das Aber ist […] eine Verfälschung." Nicht nur für Bernhards Autobiographie, sondern für sein gesamtes literarisches Werk grundlegend ist der folgende Satz, seine einzige Triebfeder bestehe darin, „nur zu sagen, was niemand sagt, oder zu schreiben, was niemand schreibt" (Bernhard 2001, 246).

Im selben Gespräch bezieht Bernhard seinen autobiographischen Text auf ein Motiv, das auch in der Forschung eine wichtige Rolle spielt: die Selbstlegitimation des Schriftstellers (vgl. dazu Holdenried 2000, 41), der sich zu diesem Zweck vor seinem Publikum auf eine ihm gemäße Weise darzustellen trachtet. Eines der Ziele der Autobiographie sei es, einen Zusammenhang zwischen seiner Literatur und der Person, die sie hervorgebracht hat, herzustellen; als ‚Brücke' für diese Verbindung soll die autobiographische Selbstdarstellung fungieren: Seine bisherigen Bücher, so Bernhard, „hängen in der Luft". Er habe „seit 20 Jahren nie eine biographische Andeutung gegeben" und lese jetzt „die unmöglichsten Sachen" über sich und seine Lebensgeschichte. Das stimme alles nicht. Deshalb wolle er einen „kleinen Anhaltspunkt" geben – „biographisch, wo man das ganze Werk sozusagen, wie die Leute das nennen, aufhängt, einen Beziehungspunkt setzen". (Bernhard 2001, 246)

Dem an dieser Stelle erneut vertretenen Anspruch auf Wahrhaftigkeit – so sehr die Sprache deren Übermittlung auch behindern möge – steht in Bernhards Autobiographie andererseits der auch den meisten seiner übrigen Texte unübersehbar eingeschriebene Faktor der Ironie entgegen. „Ich darf nicht leugnen, daß ich auch immer zwei Existenzen geführt habe", beginnt die bekannte Passage aus dem Schlussteil des zweiten autobiographischen Bandes *Der Keller*, „eine, die der Wahrheit am nächsten kommt und die als Wirklichkeit zu bezeichnen ich tatsächlich ein Recht habe, und eine gespielte, beide zusammen haben mit der Zeit eine mich am Leben haltende Existenz ergeben". (WA 10, 203f.) Wenige Seiten später folgt die Feststellung: „Wie gut, daß wir immer eine ironische Betrachtungsweise gehabt haben, so ernst uns immer alles gewesen ist. Wir, das bin ich." (Ebd., 206) „Das Ironische, das die Unerträglichkeit abschwächt", charakterisiert diese Verfahrensweise schon eine seiner frühen Romanfiguren, der Fürst Saurau aus *Verstörung* (1967; WA 2, 108).

In einem Versuch, die Funktionsweise einer solchen Haltung zu charakterisieren, spricht Franz Schuh von „Unverwundbarkeitstechniken"; mit ihrer Hilfe habe Bernhard einen „rhetorischen Panzer" ausgebildet, hinter dem „sein Selbst unverwundbar" weile: „Indem er immer, was er selber ist, zugleich auch denunziert, ist er zugleich auch das Denunzierte, ohne es zu sein." (Schuh 1981, 20f.) Der Widerstand, den die autobiographische „Verstellungskunst" (Holdenried 2000, 54) allen unerwünschten Festschreibungen entgegensetzt, hindert auch den Biographen daran, die dargestellte ‚Wahrheit' und die lebensgeschichtliche Realität bruchlos miteinander zu identifizieren. Bernhards Lust, dem anderen stets sogleich wieder den Boden unter den Füßen wegzuziehen, spricht nicht zuletzt aus der von Bernhards Salzburger Verleger Jochen Jung, dem Nachfolger Wolfgang Schafflers als Leiter des Residenz Verlags, gesprächsweise überlieferten Anekdote, er habe ihm bei einem seiner Besuche mit Blick auf die Autobiographie angekündigt, vielleicht erzähle er noch einmal, wie es damals „wirklich gewesen sei".

3.
Die literarische Inszenierung, die Bernhard in seiner Autobiographie betreibt, dient durchaus nicht nur der Absicht, ein bestimmtes Selbstbild des Erzählers zu konstruieren. Dies zeigt unter anderem ein Blick auf die in Bernhards Nachlass im Thomas-Bernhard-Archiv in Gmunden aufbewahrten Typoskriptblätter und Entwurfszettel zum Band *Die Ursache*. Besonders aufschlussreich sind die auf meh-

reren Entwurfsblättern wiederkehrenden Hinweise auf bedeutsame Erinnerungsmomente, die für den Aufbau der Autobiographie prägend wurden, „STICHWORTE", wie sie der Autor nennt, wobei das Wort auf diesem Blatt dem ebenfalls mit Großbuchstaben hervorgehobenen Wort „FAKTEN" buchstäblich gegenübergestellt ist. (W 10/2, Bl. 2) In den folgenden Beispielen handelt es sich um markante szenische Arrangements, mit deren Hilfe der individuellen Erfahrung gleichzeitig Repräsentativität für die damals abgelaufenen historischen Vorgänge zugeschrieben wird.

So finden sich neben zahlreichen anderen „Stichworten" die Bemerkungen „Kreuz, zuerst Hitlerbild" bzw. „tote Hand Gstättengasse". (Ebd., Bl. 1) Erstere Notiz bezieht sich auf die bekannte Passage aus dem Anfangsteil des zweiten Abschnitts von *Die Ursache*, wo der hinter dem Kruzifix weiß gebliebene Fleck an der Wand das früher dort hängende Bild des NS-Diktators assoziieren lässt. Das kleine räumliche Detail signalisiert das Fortwirken der nationalsozialistischen Erziehungsstrukturen, auch wenn alles „einen anderen Anstrich und […] andere Bezeichnungen" bekommen habe (WA 10, 74f.): „Beinahe vollkommene Übereinstimmung der Züchtigungsmethoden des nationalsozialistischen Regimes im Internat und des katholischen hatte ich feststellen können". (Ebd., 74) Der Vermerk „tote Hand Gstättengasse", der auch in der Variante „abgerißene [sic!] Kinderhand in der Gstättengasse" zu lesen ist (W 10/2, Bl. 2), nimmt eine Szene vorweg, mit der Bernhard bei seiner Schilderung des Bombenkriegs den Moment markiert, in dem der Fliegerangriff auf Salzburg „urplötzlich aus einer den Knaben", der er gewesen sei, „in einen Fieberzustand versetzenden *Sensation* zu einem *grauenhaften Eingriff der Gewalt* und zur Katastrophe geworden" sei (WA 10, 30).

Drei Notizen beziehen sich ebenfalls auf die Rekonstruktion von Geschehnissen, die den jungen Bernhard zur Zeit des Bombenkriegs in Salzburg besonders erschüttert haben müssen. (W 10/2, Bl. 2) Der Vermerk „Stollen Glockengasse" verbindet sich mit einem jener historischen Zusammenhänge, die in den Jahrzehnten nach dem Zweiten Weltkrieg weitgehend tabuisiert wurden – und die Bernhard im Sinne des oben zitierten „Aber", das erst die ganze Wahrheit ergebe, in Erinnerung ruft. Der Erzähler berichtet, dass er und seine Mitschüler die meiste Zeit nicht mehr in der Schule verbrachten, sondern „in den Luftschutzstollen, die, wie wir monatelang beobachtet hatten, von fremdländischen, vornehmlich russischen und französischen und polnischen und tschechischen Zwangsarbeitern unter unmenschlichen Bedingungen in die beiden Stadtberge getrieben worden waren" (WA 10, 23f.). Es sind jene umfangreichen Stollenbauten für Luftschutzzwecke in den Salzburger Stadtbergen, die ab Mitte 1943 entstanden; Bernhard weist in seiner Darstellung auf die historische Tatsache hin, dass dafür neben Zivilarbeitern auch zahlreiche Kriegsgefangene, vornehmlich Russen und Franzosen, herangezogen wurden.

Da die Stollen nicht gut belüftet und obendrein im Angriffsfall deutlich überfüllt waren, entstand schnell akuter Sauerstoffmangel. Immer wieder fielen einzelne Schutzsuchende in Ohnmacht – ein Umstand, den Bernhard auf äußerst dramatische Weise beschreibt: „[I]ch habe viele in den Stollen Umgekommene und als Tote aus den Stollen Hinausgeschleppte gesehen", behauptet er. (Ebd., 24) Gerade diese von statistischen Daten abweichende Darstellung hat zu Diskussionen über die ‚Verlässlichkeit' von Bernhards Autobiographie geführt; der Autor „verschiebt und verdichtet" in seiner Darstellung einige reale Episoden aus unterschiedlichen Phasen des Bombenkriegs und er steigert außerdem die Zahl der Toten (Huguet 1995, 242). Neben der Wiedergabe des kindlichen Eindrucks ist für die offensichtliche ‚Übertreibung' jedoch ein zentrales Anliegen der Autobiographie verantwortlich: das Gedächtnis an die Opfer dieser Zeit wach zu halten – an die Zwangsarbeiter, aber auch an die „an Erstickung oder an Angst Gestorbenen", die der Erzähler als „die ersten Opfer" des Bombenkriegs in Salzburg in Erinnerung ruft. (WA 10, 25)

Die Vermerke „LUFTMINE i. d. DOMKUPPEL" und „Luftmine Schranne – ich i. Keller" (W 10/2, Bl. 2) beziehen sich auf den 17. November 1944, auf einen der schlimmsten Bombenangriffe, denen die Stadt Salzburg ausgesetzt war. Erneut konzentriert sich Bernhard auf besonders eindrucksvolle Bilder, die übrigens auch durch Fotografien belegt sind. (Vgl. Mittermayer/Veits-Falk 2001, 94; 96) Zum Zeichen für die Barbarei des Geschehens werden vor allem die Schäden an der Domkuppel. Bernhard vergleicht sie geradezu mit körperlichen Verletzungen: „wie wenn dem riesigen, das untere Stadtbild beherrschenden Bauwerk eine entsetzlich blutende Wunde in den Rücken gerissen worden wäre, schaute es aus." (WA 10, 28f.) Auch die Zerstörungen an der Schranne, dem großen Marktgebäude in der Nähe des Mirabellplatzes, werden auf analoge Weise beschrieben – als verheerende Gewalteinwirkung auf einen lebendigen Organismus: Das Gebäude habe ausgesehen, „als wäre es von oben herunter geschlachtet worden, wie ein riesiger offener Bauch waren die Gewölbe auseinandergegangen oder eingerissen" (ebd., 57).

Folgende Doppelseite: Handschriftliche Entwurfsblätter zum Band *Die Ursache*.
Thomas-Bernhard-Archiv, Gmunden, W 10/2, Bl. 1 und 2

Die Wüsste

~~[illegible]~~

I. Grünkreuz | Majestäten | etwa wie Jugendh. | Skizzen

II. Dunkel Kreuz | Kollektiv | | Gehen etc.

Gegenüber, englische, dann 45 Gutsverlage, Zeichnen (alter Mann mit Papierkragen im Altersheim an ... (Frau) engl., franz. | wegen eines ... umgebracht etc. PANZER hinter dem Haus | Amerikaner, Tiger hinten.

Blumenschmückung | Schnitzelbäume, weiße Fahnen, Amerikaner etc.

Grünkreuz u. Dunkel Kreuz (Gemeinde)

| Arzt Hitlerbild. |

Heut | ... dann 35 Betten. | Abseme

mit Gastwirte

---

tote Hand! Grottengasse etc.

Sturmboot Gegenstrom, altes morsches Holz

Abfangen Grünkreuz | Grenzgänge

→ Großvater sagt immer das ist die ÜR sache,

2 Frose mit Gegenbachsachen. J [Stichworte zur Ausleitung]
Stollen / Glockengasse
Hexenturm
Englischer Gasthaus   Mutterseele / Großmutter holt
Steiner   mich ab → heim!
Grünberg / Freis   STICHWORTE
Bombenangriff
FAKTEN   3. Angriff
HJ - heißen,   alte Scheune zerstört
Liegsnudel   Mutter. Bahn i.d. Mühle
Kerzenrotte / Tee   entspanne Töpfer erwähnen
(Kakau Ilse)   "Salzheize" — Apfelbrot —

Friedhöfe
Paracelsus / Mozart / Vater
Kirchgasse
Luftmine Scheune — ich i. Keller (Gezelin)
Stollen, mutte Fraue (Himmliser) Neutor !!
Kaigasse / abgesiedelt Himbeermist i. d. Büttengasse.
LUFTMINE i. d. DOMKUPPEL
SCAMA — Stein oben i. d. hellen Tag.
Leopoldskron baden.
Onkel Jarolt Kempsried / Hofrat im Krieg /
 Hohenkammer das Abort 2.

4.

Neben diesen Entwürfen signifikanter Einzelszenen, die das Erscheinungsbild des endgültigen Texts prägen, sind in Bernhards Nachlass auch Textzeugen für inhaltliche Elemente erhalten, die zuletzt doch nicht in den Text aufgenommen wurden. Für den Biographen, der autobiographische Darstellungen in seine Betrachtung einbezieht und sie – bei aller gebotenen Vorsicht – als Möglichkeit der Annäherung an sein biographisches Objekt untersucht, ergibt sich hier eine Variante jener Situation, die Sigrid Weigel im Hinblick auf ihre Arbeit an einer „intellektuellen Biographie" Ingeborg Bachmanns beschrieben hat: Sie spricht von einer „Aufhebung der in der Biographik üblichen Hierarchisierung der Textsorten" (Weigel 2002, 47). Auch in unserem Fall erscheint es geraten, Textfragmente zu berücksichtigen, selbst wenn sie der Autor für die künstlerische Endgestalt seiner Autobiographie nicht berücksichtigt hat. So findet sich in den Nachlassmaterialien zur *Ursache* eine frühere Fassung jener Passage, in der die gesellschaftliche Zusammensetzung der Schulklasse im Salzburger Gymnasium geschildert wird (vgl. WA 10, 106f.). Die Vorstufe enthält eine Stelle, die wesentlich deutlicher als der publizierte Text Bernhards eigene Position und deren Folgen charakterisiert: „Keiner war arm wie ich. Ich zeigte es nicht, aber ich litt natürlich darunter, ständiges Verwischen und Verleugnen der eigenen Armut in der Kindheit und Jugend bedeutet fortwährende unausgesetzte Verkrampfung, ein Zustand, der wirklichen Kontakt mit andern nicht gestattete." (W 10/2, Bl. 10)

Überraschend sind jene Stellen, wo Bernhard das grundsätzlich düster-feindliche Ambiente seiner Kindheit und Jugend, wie es sich in der gedruckten Fassung darstellt, durch vorübergehende Aufhellungen durchbrochen hätte; sie sind ebenfalls nur auf Typoskriptblättern aus dem Nachlass, aber nicht in der veröffentlichten Version zu lesen. Die „Zeit nach dem Kriegsende", die der Erzähler „vor allem in Ettendorf, bei [s]einen Großeltern", verbracht habe, erscheint im Text der *Ursache* nicht mehr so eindeutig als „wahrscheinlich [s]eine schönste Zeit", wie sie noch auf dem Blatt aus dem Nachlass (vgl. W 10/2, Bl. 3) charakterisiert ist. An anderer Stelle wird an zwei Frauen erinnert, die auch in der Endversion mit Sympathie dargestellt werden – doch erneut sind gewisse positive Eindrücke, die sich mit diesen Bekanntschaften verbinden, in der Druckfassung nicht mehr in der gleichen Ausführlichkeit erhalten geblieben. Der Erzähler erwähnt zunächst die Englischlehrerin, deren Tod bei einem Bombenangriff in der Autobiographie beklagt wird (vgl. WA 10, 35ff.); sie sei, so schreibt er, „lange Zeit der einzige weibliche Mensch" gewesen, mit dem er „sprechen habe können" – und er fügt den (nicht zuletzt angesichts des in Bernhards Literatur feststellbaren Frauenbilds, vgl. dazu Tabah 2005) bemerkenswerten Satz hinzu: „[W]ir müssen wenigstens einen weiblichen Menschen haben." Er habe bei ihr jedes Mal eine „lustige Stunde" und die Tage dazwischen immer voll „Sehnsucht nach dem Englischunterricht" verbracht. Außerdem habe er – anders als zu dem gefürchteten Grünkranz – „grosse Zuneigung zu seiner Frau" verspürt, „mit der Zeit war es mir möglich gewesen, dieser immer ruhigen und auf alles beschwichtigend wirkenden Frau meine Zuneigung ganz offen zu zeigen". Dadurch habe er in den beiden „aufeinmal zwei weibliche Wesen auf [s]einer Seite" gehabt. (W 10/3, Bl. 10)

Man fühlt sich an die recht widersprüchliche Entstehungsgeschichte des Bandes erinnert, die unter anderem aus einem Reisebericht von Bernhards Frankfurter Verleger Siegfried Unseld und aus Aufzeichnungen seines damaligen Freundes Karl Ignaz Hennetmair hervorgeht. Am 26. Mai 1972, so Unseld, habe ihm Bernhard auf einem Spaziergang durch die Straßen von Salzburg von seiner Kindheit und Jugend erzählt. Er sei dabei von Carl Zuckmayers Bemerkung aus seiner im selben Jahr im Residenz Verlag erschienenen *Henndorfer Pastorale* ausgegangen; dort sei von einer „eher beschatteten Jugend" die Rede, die Bernhard durchlebt habe. „Sicher war es 30 Jahre lang grauslich", sei Bernhards Kommentar gewesen. „Sicher war alles ein Chaos", fährt Unseld fort, „aber direkte Not zu leiden hatte Thomas Bernhard nie". (Thomas-Bernhard-Archiv) Karl Ignaz Hennetmair hält in seinen Aufzeichnungen der Erlebnisse, die er im Verlauf eines ganzen Jahres mit Bernhard hatte, mit Datum „22. Mai 1972" (also in unmittelbarer zeitlicher Nähe zur Begegnung mit Unseld) fest, Bernhard habe von seinem späteren Verleger der Autobiographie, von Wolfgang Schaffler, einige Tage zuvor die Streichung der ihn betreffenden Passage aus Zuckmayers Buch verlangt; er habe nämlich keine „traurige" oder „unglückliche" Jugend gehabt, sondern eine „glückliche" (Hennetmair 2000, 220).

Auch wenn eine solche Aussage nicht als gleichberechtigte Stellungnahme neben die völlig davon abweichende Schilderung in der Autobiographie zu stellen ist: Die veröffentlichte Version der autobiographischen Pentalogie wird angesichts der zitierten Passagen doch in ihrer Gültigkeit relativiert; für den Biographen ist in jedem Fall Vorsicht geboten, wenn er auf diese Texte als Quelle für seine Arbeit zurückgreift.

5.
Abgesehen von den unmittelbaren Vorstufen der Autobiographie gehört zu ihrer Vorgeschichte auch ein viel früherer Text, der ebenfalls erst durch die Öffnung von Bernhards Nachlass zugänglich geworden ist. Der Prosatext „Tamsweg", der an der Wende zu den 1960er Jahren entstand und 1961 vom Salzburger Otto Müller Verlag abgelehnt wurde, enthält nicht nur in ausführlicher Form den zweiten Teil der 1964 erschienenen Erzählung *Amras*, sondern auch umfangreiche Passagen, die inhaltlich nur wenig verändert in den autobiographischen Büchern der 1970er und 1980er Jahre wiederkehren – sie unterliegen in der frühen Fassung allerdings noch nicht dem von Lejeune analysierten „autobiographischen Pakt", noch sind der Protagonist, der Erzähler und der Autor des Texts nicht als namensidentisch ausgewiesen (vgl. Lejeune 1998, 232).

Es finden sich Bemerkungen zum Vater, den der Erzähler nie gesehen habe, es werden die Geschwister des Großvaters mütterlicherseits genannt – Rosina (die Großtante aus Henndorf, vgl. WA 10, 187f.) und ihre Schwester Maria mit ihrem Maler aus Eger (vgl. ebd., 432), aber auch der Förster, der sich (wie Bernhards Großonkel Rudolf Freumbichler) das Leben genommen hat (vgl. ebd., 187; 433). Schon hier ist jene Tendenz zur Selbstvergrößerung am Werk, die Andreas Maier in seiner eingangs zitierten Studie konstatiert, sie bewirkt in diesem Fall eine eindeutig fiktionale Erweiterung des autobiographischen Substrats: „Der Name der väterlichen Familie ist im ganzen Land bekannt als der Name einer immer wohlhabenden Familie, der Name der mütterlichen als der einer Grossen [sic!] Familie" (SL 13.4, Bl. 13), denn sie sei bis ins Jahr 1240 zurückverfolgbar und durch ihre enge Beziehung zum „Fürsterzbischof von Salzburg" geadelt (ebd., Bl. 10f.). Gleichzeitig fehlt aber auch der Hinweis auf den Schmalzsepp nicht, auf Bernhards Urgroßvater, der (wie Johannes Freumbichlers Vater) bei Cattaro gekämpft habe.

Der Ich-Erzähler nimmt Bezug auf den Krieg, der „alles durcheinander" gebracht habe, in jener Zeit, „die für die Entwicklung eines jungen Menschen [...] die allerwichtigste" sei; in der Folge „auf [s]ich angewiesen", habe er seine „Traurigkeit nicht mehr aus [sich] herausbringen können". (Ebd., Bl. 12) Eine schwere Krankheit sei dazugekommen; sie wird ausführlich beschrieben, mit allen szenischen Analogien zu ihrer Darstellung im späteren Band *Der Atem*. Dann sei die Mutter erkrankt und habe erst zu diesem Zeitpunkt seine „Zuneigung" und seine „Liebe angenommen": „[J]etzt weiss ich, dass sie mich geliebt hat, aber dass sie diese Liebe zu mir nicht zeigen hat können." (Ebd.) Auch der Stiefvater wird vorgestellt, der kaum 18 Jahre alt gewesen sei, als er die Mutter des Erzählers kennen gelernt habe;

er habe also im Grunde fast „derselben Generation angehört" (ebd., Bl. 14) – ein Gedanke, der angesichts der tatsächlichen Altersverhältnisse zwischen Bernhard und seinem Stiefvater Emil Fabjan neues Licht auf diese problematische Beziehung zu werfen vermag.

Immer wieder fallen Bemerkungen, die für den Biographen aufschlussreich sein könnten – wenn man sie tatsächlich als autobiographische Hinweise lesen darf. Zwei dieser Passagen seien abschließend zitiert, um zu zeigen, welche Einblicke in das damalige Selbstverständnis des Autors aus solchen ‚apokryphen' Stellen gewonnen werden könnten.

In einem längeren Abschnitt über die Lungenkrankheit und die quälende Zeit, die er im Bett verbringen musste, vermutet der Erzähler, er habe dadurch eine Persönlichkeit entwickelt, die er so charakterisiert: „scheu, gehemmt und dadurch im tiefsten Grunde unaufrichtig". Im Krankenhaus habe er nichts mehr gehabt außer den Büchern – und „die Grabstätten der zwei Menschen, die ich am meisten geliebt habe" (Bernhard verlor 1949 seinen Großvater, 1950 seine Mutter). „[N]ach diesen beiden toten Menschen war ich zu gar keiner Liebe mehr fähig, oder ich schämte mich vor mir selber, eine solche zu empfinden, gleich für wen; die Liebe zu den Menschen war ja für mich sinnlos geworden." (Ebd., Bl. 22f.)

In einer späteren Passage spricht der Erzähler vom „Gedanken an das Zusammenleben mit einem gegengeschlechtlichen Menschen", der ihm nicht mehr aus dem Kopf gehe; „es muss sich ja nicht um ein wirkliches Verheiraten handeln; es muss allein gehen, sage ich mir, aber ich weiss auch ganz genau, dass ich unfähig bin, allein zu bleiben; ich bin unfähig, allein zu bleiben, und ich bin noch viel unfähiger, mich einem Menschen anzuschliessen". Es handle sich dabei um einen Punkt, der „wahrscheinlich das grösste Problem" sei, dem er „jemals in [s]einem Leben ausgeliefert gewesen" sei. Der Gedanke quält ihn, er „könnte" und er „dürfte nun nicht mehr allein bleiben". Und er setzt fort:

> aber habe ich jemals zu einer Frau, zu einem weiblichen Menschen, soviel empfunden, dass ich sagen könnte, ich hätte die Voraussetzungen, mit einem solchen Menschen für länger zusammenleben zu können?; Jahre mit ihm zu verbringen?, Jahrzehnte?, das ganze Leben?

Die Stelle ist als Kommentar zu einer Frage lesbar, die angesichts der Lebensform Bernhards und des Mangels an diesbezüglichen Selbstzeugnissen besonders häufig gestellt wird: der Frage nach intimen Beziehungen, nach seiner geschlechtlichen Orientierung. An diesem „ungelösten Problem" seien seine „Lungenkrankheit und die durch sie hervorgerufene seelische, ja auch geistige Krankheit schuld", bemerkt der Erzähler; seine Verwandten hätten „die zweite Hauptschuld". Gleichzeitig fällt er sich gewissermaßen selbst ins Wort, mit einer Schärfe, die in der späteren Autobiographie nicht mehr zu finden ist: „[A]ber solche Gedanken kann ja nur haben, wer nicht in Ordnung ist." (Ebd., Bl. 52)

Es ist mit Sicherheit eine überaus subtile Aufgabe, derartige Fundstücke in den Kontext einer biographischen Darstellung einzupassen. An Beispielen wie den eben zitierten drängt sich der Eindruck auf, dass manche fiktionalen Texte womöglich einen unverstellteren Zugang zum Selbstbild ihres Autors eröffnen könnten als explizit ‚autobiographische', aber kunstvoll stilisierte Zeugnisse. Ein gangbarer Weg für die Untersuchung derartiger Textdokumente scheint sich durch eine vergleichende Analyse der in ihnen enthaltenen inhaltlichen Konstellationen zu eröffnen; in diese Richtung weist auch Sigrid Weigels Vorschlag, der jeweiligen „Korrespondenz" zwischen den verfügbaren schriftlichen Zeugnissen nachzugehen, statt ein allzu simples Verhältnis von äußeren Einwirkungen und Innerlichkeit vorauszusetzen (Weigel 2002, 47). Vor der Annahme einer einfachen, linearen Kausalität zwischen Leben und Werk warnt auch Peter André Alt; er fordert in seinen „Überlegungen zu einer Theorie der literaturwissenschaftlichen Biographie" dazu auf, Leben und Werk „in ihrer Wechselbeziehung" zu untersuchen und dabei von einer „Interferenz strukturverwandter Felder" auszugehen. Gerade im Fall Thomas Bernhards ist sein Hinweis bedenkenswert, dass das Leben nicht allein der „Ermöglichungsgrund seiner literarischen Produktivität" ist, sondern ebenso deren „Wiederholung mit anderen Mitteln" sein kann: Das Leben, so Alt, könne „Konfigurationen des Werkes begründen, initiieren, motivieren, zugleich jedoch aufgreifen und nachahmen". (Alt 2002, 28f.)

Die enge Beziehung zwischen literarischer Inszenierung und individueller Stilisierung ist bei Bernhard jedenfalls nicht zu übersehen. Seine literarische Arbeit scheint die These Paul de Mans von der „Unmöglichkeit der Abgeschlossenheit" (de Man 1993, 135) textueller Systeme zu bestätigen: Die Abgrenzung zwischen autobiographischen und nicht autobiographischen Texten lässt sich gerade bei diesem Autor nur unter beträchtlichen Schwierigkeiten vornehmen. In diesem Zusammenhang bekommt eine bekannte Äußerung Bernhards aus seinem ersten großen Filmmonolog *Drei Tage* (1970), den der Regisseur Ferry Radax gestaltete, eine besondere Bedeutung: „Mich interessieren *nur meine Vorgänge*, und ich kann sehr rücksichtslos sein." (Bernhard 1989, 86)

Verwendete Literatur
Alt 2002 = Peter-André Alt: Mode ohne Methode? Überlegungen zu einer Theorie der literaturwissenschaftlichen Biographie. In: Grundlagen der Biographik. Theorie und Praxis des biographischen Schreibens. Hg. von Christian Klein. Stuttgart, Weimar: Metzler 2002, S. 23–39.
Bernhard 1968 = Thomas Bernhard: Unsterblichkeit ist unmöglich. In: Neues Forum 15 (1968), H. 169/170, S. 95–97.
Bernhard 1986 = Thomas Bernhard: Auslöschung. Ein Zerfall. Frankfurt am Main: Suhrkamp 1986.
Bernhard 1989 = Thomas Bernhard: Der Italiener. Frankfurt am Main: Suhrkamp 1989 (= st 1645).
Bernhard 2001 = ‚Aus Schlagobers entsteht nichts'. Gespräch zwischen Rudolf Bayr und Thomas Bernhard, 12.9.1975 (ORF). In: Thomas Bernhard und Salzburg. 22 Annäherungen. Hg. von Manfred Mittermayer und Sabine Veits-Falk. Salzburg: Jung und Jung 2001, S. 245–251.
de Man 1993 = Paul de Man: Die Ideologie des Ästhetischen. Hg. von Christoph Menke. Frankfurt am Main: Suhrkamp 1993.
Hennetmair 2000 = Karl Ignaz Hennetmair: Ein Jahr mit Thomas Bernhard. Das notariell versiegelte Tagebuch 1972. Salzburg, Wien: Residenz 2000.
Höller 1993 = Hans Höller: Thomas Bernhard. Reinbek bei Hamburg: Rowohlt 1993 (= rororo monographien 504).
Holdenried 2000 = Michaela Holdenried: Autobiographie. Stuttgart: Reclam 2000 (= Universal Bibliothek 17624).
Huguet 1995 = Louis Huguet: Chronologie. Johannes Freumbichler – Thomas Bernhard. Weitra: Bibliothek der Provinz o.J. [1995].
Lejeune 1998 = Philippe Lejeune: Der autobiographische Pakt [1973/1975]. In: Die Autobiographie. Zu Form und Geschichte einer literarischen Gattung. Hg. von Günter Niggl. 2. Aufl. Darmstadt: Wissenschaftliche Buchgesellschaft 1998, S. 214–257.
Maier 2004 = Andreas Maier: Die Verführung. Thomas Bernhards Prosa. Göttingen: Wallstein 2004.
Mittermayer 1998 = Manfred Mittermayer: Von der wirklichen in die künstliche Welt. Zum Verhältnis von Literatur und Realität bei Thomas Bernhard. In: Bernhard-Tage Ohlsdorf 1996. Materialien. Hg. von Franz Gebesmair und Alfred Pittertschatscher. Weitra: Bibliothek der Provinz o.J. [1998], S. 127–173.
Mittermayer 1999 = Thomas Bernhard – Johannes Freumbichler – Hedwig Stavianicek. Bilder, Dokumente, Essays. Hg. von Manfred Mittermayer. Linz: Trauner 1999 (= Die Rampe extra).
Mittermayer/Veits-Falk 2001 = Thomas Bernhard und Salzburg. 22 Annäherungen. Hg. von Manfred Mittermayer und Sabine Veits-Falk. Salzburg: Jung und Jung 2001.
Schmidt-Dengler 1997 = Wendelin Schmidt-Dengler: Der Übertreibungskünstler. Studien zu Thomas Bernhard. 3. Aufl. Wien: Sonderzahl 1997.
Schuh 1981 = Franz Schuh: Ist Thomas Bernhard ein Faschist? In: protokolle (1981), H. 4, S. 19–22.
Tabah 2005 = Mireille Tabah: Weiblichkeitsimagines bei Thomas Bernhard. In: ide. Informationen zur Deutschdidaktik 29 (2005), H. 4: Thomas Bernhard. Hg. von Manfred Mittermayer, Eva Maria Rastner und Werner Wintersteiner, S. 51–59.
Tschapke 1984 = Reinhard Tschapke: Hölle und zurück. Das Initiationsthema in den Jugenderinnerungen Thomas Bernhards. Hildesheim, Zürich, New York: Olms 1984.
vom Hofe 1982 = Gerhard vom Hofe: Ecce Lazarus. Autor-Existenz und „Privat"-Metaphysik in Thomas Bernhards autobiographischen Schriften. In: duitse kroniek (Den Haag) 32 (1982), H. 4, S. 18–36.

Wagner-Egelhaaf 2005 = Martina Wagner-Egelhaaf: Autobiographie. 2., aktualisierte und erweiterte Auflage. Stuttgart, Weimar: Metzler 2005 (= Sammlung Metzler 323).
Weigel 2002 = Sigrid Weigel: Korrespondenzen und Konstellationen. Zum postalischen Prinzip biographischer Darstellungen. In: Grundlagen der Biographik. Theorie und Praxis des biographischen Schreibens. Hg. von Christian Klein. Stuttgart, Weimar: Metzler 2002, S. 41–54.

Die auf 22 Bände angelegte Thomas-Bernhard-Werkausgabe im Suhrkamp Verlag wird nach der Sigle „WA" zitiert; es handelt sich dabei um folgende Bände: Bd. 2: Verstörung. Hg. von Martin Huber und Wendelin Schmidt-Dengler. Frankfurt am Main: Suhrkamp 2003; Bd. 5: Beton. Hg. von Martin Huber und Wendelin Schmidt-Dengler. Frankfurt am Main: Suhrkamp 2006; Bd. 10: Die Autobiographie. Hg. von Martin Huber und Manfred Mittermayer. Frankfurt am Main: Suhrkamp 2004.

Typoskriptblätter aus dem Thomas-Bernhard-Archiv, Gmunden, werden nach den Siglen „W" (Werknachlass) bzw. „SL" (Sammelliste) zitiert. Ich danke Dr. Peter Fabjan für die Erlaubnis hierzu. Die Bernhard betreffenden Ausschnitte aus den Reiseberichten Siegfried Unselds befinden sich ebenfalls im Thomas-Bernhard-Archiv in Gmunden.

Masken, Lügen, biographische ‚Wahrheit'
Lillian Hellman und das Genre des *life writing*

Von Richard Freadman

Every word she writes is a lie, including the „and" and the „the". (Mary McCarthy)

God forgives those who invent what they need. (Lillian Hellman, *The Little Foxes*)

Spiegel, Masken und zwei Theorietraditionen

Die Ansichten über narrative Spiegel und Masken, Wahrheiten und Konstruktionen hängen stark vom Standpunkt des Betrachters oder der Betrachterin ab. Befürworter jenes Ansatzes, den man die „humanistisch-essentialistische" Theorie nennen könnte, werden zur Annahme tendieren, dass es zwischen realen Menschen und bloßen Masken zu unterscheiden gilt und dass bestimmte narrative Konstruktionen ‚wahrer' sein können als andere. Im Gegensatz dazu werden Vertreter der so genannten „existentiell-postmodernen" Theorie dazu neigen, das Selbst (oder das Subjekt) als immanent Masken-ähnlich zu betrachten, und nicht als eine Entität mit einer Essenz, welche die Maske verbirgt oder entstellt. Indem diese Theorietradition davon ausgeht, dass erzählerische Konstruktionen die Wahrhaftigkeit der Repräsentation ausschließen, ist sie ein Beweis für Paul Ricoeurs Feststellung, dass sich eine „Hermeneutik des Verdachts" (Ricoeur 1970, 6) tief durch das moderne intellektuelle Leben zieht.

Ich glaube, dass die zeitgenössische Theorie und Kritik der Biographie das Problem der ‚Wahrheit' dringend neu durchdenken muss. Der einflussreiche Holocaust-Forscher James E. Young sagt über ein Holocaust-Opfer, das seine furchtbaren Kriegserfahrungen in einem Tagebuch festhält: „Was im Moment des Schreibens für den Verfasser ein Beweis war, ist nun nach der Niederschrift nur ein losgelöstes und frei schwebendes Zeichen, all jenen ausgeliefert, die es lesen und es falsch lesen." (Young 1987, 413) Hier wird Derridasche Theorie beschworen, um die Behauptung zu untermauern, dass ein Überlebender des Holocaust *im Prinzip* keinen wahrheitsgemäßen Bericht über sein Leiden geben kann – eine Behauptung, die auf schwer wiegenden erkenntnistheoretischen und ethischen Annahmen beruht. Youngs Kommentar zeigt, wie unzufriedenstellend „existentiell-postmoderne" Beschreibungen von ‚Wahrheit' in *life writings* meist sind. Aber auch „humanistisch-essentialistische" Beschreibungen sind nicht unproblematisch, da sie oft widersprüchlich bzw. durch zu wenig Theorie untermauert sind.

Im Folgenden diskutiere ich „humanistisch-essentialistische" Beiträge zu einem Fall in der Geschichte des *life writing*, der zur Auseinandersetzung mit ‚Wahrheit', Lüge, narrativer Maske und Konstruktion geradezu verpflichtet: dem Leben der amerikanischen Dramatikerin Lillian Hellman. Hellmans Geschichte als Literatin, Autobiographin und politische Aktivistin ist außergewöhnlich komplex, aber auch außergewöhnlich aufschlussreich, da sie offenbar eine unverbesserliche Lügnerin gewesen ist, eine Produzentin künstlerisch vollendeter erzählerischer Masken. Am offenkundigsten ist dies in ihren vier autobiographischen Büchern, von denen später drei unter dem Titel *Three* wieder veröffentlicht wurden: *An Unfinished Woman* (1969), *Pentimento* (1973), *Scoundrel Time* (1976) sowie *Maybe* (1980), Werke, die in den Worten eines der Biographen Hellmans zu „selbstverherrlichenden Erfindungen" (Wright 1986, 14) neigen. Mary McCarthy, Hellmans schärfste intellektuelle Gegnerin, warf William Wright, dem ersten der vier Hellman-Biographen, vor: „Wie können Sie ein Buch über eine Lügnerin schreiben, es ist, als bauten Sie ein Schloss auf Sand." (Zit nach Martinson 2005, 359) Ihren berühmtesten Angriff auf Hellman lancierte sie 1980 im amerikanischen Fernsehen: „Jedes Wort, das sie schreibt, ist eine Lüge, das ‚und' und das ‚das' mit eingeschlossen." Eine spätere Chronistin Hellmans stellt fest, dass die Biographin einer Person, die „von Kindheit an süchtig nach Lügen" war, unweigerlich „durch ein Minenfeld stolpert". (Mellen 1996, XVI) Doch Hellmans Biographen sind mit zwei weiteren Schwierigkeiten konfrontiert: Zum einen enthalten ihre Texte viele Passagen, in denen über ‚Wahrheit', Lüge und Erinnerung sowie verwandte Themen reflektiert wird. Sie spiegeln eine Art erkenntnistheoretischen Selbstbewusstseins wider, das bei der Interpretation dieser Texte berücksichtigt werden muss. Zum anderen hat Hellman, die Biographien verabscheute und alles in ihrer Macht Stehende tat, um unerbetenen biographischen Bearbeitungen ihres Lebens entgegenzuwirken, in den letzten fünfzehn Jahren ihres Lebens trügerische Selbstbeschreibungen verfasst, bevor auch nur eine einzige der Biographien geschrieben worden war. Die Biographen mussten sich daher nicht nur mit einem Leben, sondern mit einer Legende auseinander setzen und hatten zwischen irreführenden Formen der Selbstdarstellung – Legende, Image, Maske – und einer empirisch unterstützten Konstruktion ‚einer

Lillian Hellman in den 1940er Jahren

echten Lillian Hellman' zu unterscheiden. Die Untertitel der ersten drei Hellman-Biographien lauten *The Image, The Woman; Her Legend and Her Legacy; The Legendary Passion of Lillian Hellman and Dashiell Hammett.*

Dort, wo die Lüge ein durchgängiges Merkmal einer Autobiographie ist und die Verwendung selbstverherrlichender und selbstdramatisierender Masken zum durchgängigen Muster wird, sind Maske, Lüge und Legende nicht mehr voneinander zu unterscheiden. Es soll hier nicht um eine Beurteilung der Argumente gehen, mit denen Hellmans verfälschenden Selbstdarstellungen begegnet wurde. Ich bin überzeugt davon, dass sie tatsächlich eine unverbesserliche Lügnerin und Produzentin autobiographischer Masken war, wenngleich eine, deren verfälschende Darstellungen so tief in einem kompensatorischen psychischen Zwang wurzelten, dass ihnen *manchmal* die für Lügen kennzeichnende bewusste strategische Planung fehlte. Die von Joan Mellen so überzeugend dokumentierten, auto/biographischen Idealisierungen ihres Langzeitpartners Dashiell Hammett scheinen von dieser Art zu sein. Mir geht es um die Analyse einiger besonders aufschlussreicher Beispiele aus der umfangreichen biographischen und kritischen Literatur zu Hellman, insoweit sie Hellmans Lügen und ihre Zuflucht zu erzählerischen Masken thematisiert; also darum, diese Literatur danach zu befragen, was sie über unsere gegenwärtigen „humanistisch-essentialistischen" Einstellungen und Bewertungen von ‚Wahrhaftigkeit' aussagen, die auf *biographischen Vorannahmen* beruhen. Das Konzept der ‚Maske' setzt jenes der ‚Wahrheit' voraus, wobei es der in einer humanistischen Tradition stehenden Wissenschaft nicht gelungen ist, in solchen Fragen Klarheit zu erreichen und Konsens herzustellen. Ich werde mich auf den berühmtesten – oder besser berüchtigtsten – Fall autobiographischer Maskierung durch Hellman konzentrieren, die mit „Julia" betitelte Geschichte aus *Pentimento*. Die terminologische Unsicherheit in Bezug auf diesen Text, dessen Charakterisierungen zwischen fiktionalem Erzähltext und auto/biographischem Porträt schwanken, zeigt seinen unklaren Status an.

*

In „Julia" behauptet Lillian Hellman, Geld nach Berlin gebracht zu haben, um die antifaschistische Untergrundbewegung zu unterstützen. Sie berichtet, dies auf Ersuchen einer Kindheitsfreundin, ‚Julia', getan zu haben. Hellman führt aus, dass ‚Julia' nach Wien ging, um sich von Freud analysieren zu lassen, dass sie eine viel bewunderte Widerstandskämpferin wurde und für ihren Heroismus mit ihrem Leben bezahlen musste. Hellman versichert, den Leichnam ihrer alten Freundin in die USA zurückgebracht zu haben.

Seit den frühen 1980er Jahren haben verschiedene angesehene Personen behauptet, die „Julia"-Geschichte sei eine Lüge. Die lange Liste umfasst Hellmans alte literarische Gegnerin Mary McCarthy, Martha Gellhorn, Kriegsjournalistin und Exfrau von Ernest Hemingway, den Forscher Thomas McCracken und den Poeten und Autobiographen Stephen Spender, der ein besonderes persönliches Interesse an dieser Geschichte hatte. Mittlerweile wird weithin akzeptiert, dass Hellman nie eine Freundin hatte, deren Leben mit jenem der ‚Julia' übereinstimmt, und dass sie nie die in *Pentimento* beschriebene riskante Reise unternommen hat. Es ist allgemeiner Konsens, dass die Figur der Julia auf der Lebensgeschichte der amerikanischen Widerstandskämpferin und Psychoanalytikerin Muriel Gardiner basiert, deren zurückhaltende und klar erzählte Autobiographie *Code Name „Mary". Memoirs of an American Woman in the Austrian Underground* 1983 erschienen war. Gardiner, deren Geschichte Hellmans Rechtsanwalt gut bekannt war und über diesen wahrscheinlich ihr selbst zur Kenntnis gelangte, war Medizinstudentin in Wien, wurde von einem Protegé Freuds analysiert und arbeitete zwischen 1934 und 1938 für die anti-faschistische Widerstandsbewegung. Sie wurde allseits bewundert und es ist nicht erstaunlich, dass viele, einschließlich ihres ehemaligen Liebhabers Stephen Spender, empört darüber waren, was sie als Hellmans Ausbeutung von Gardiners Lebensgeschichte betrachteten. Bis zum Schluss stritt Hellman ab, dass ihr Gardiners Geschichte als Quelle gedient habe. Sie unternahm auch keinen ernst zu nehmenden Versuch, Gardiner zu treffen, um die Sache zu bereinigen.

Vier wesentliche Biographien zu Hellman sind bisher erschienen: William Wright, *Lillian Hellman: The Image, The Woman* (1986); Carl Rollyson, *Lillian Hellman: Her Legend and Her Legacy* (1988); Joan Mellen, *Hellman and Hammett: The Legendary Passion of Lillian Hellman and Dashiell Hammett* (1996), eine so genannte „relationale" Biographie, die Hellmans Leben im Verhältnis zu Dashiell Hammett erzählt; und Deborah Martinson, *Lillian Hellman: A Life With Foxes and Scoundrels* (2005). Ein fünfter Band von Ruth Turk, *Lillian Hellman: Rebel Playwright* (1995), ist eine dünne, oberflächliche und offensichtlich für ein breites Publikum gedachte Darstellung. Von den vier detaillierten Biographien versucht nur jene von Martinson Hellman hinsichtlich der „Julia"-Geschichte in Schutz zu nehmen. Martinson beweist eine bemerkenswerte Unkenntnis der weit reichenden Auswirkungen der Diskussion, wenn sie schreibt, dass „Literaturwissenschaftler den Aufruhr als Sturm im Wasserglas abtun, als Kampf […], der über den Ort des Selbst in der Kunst ausgefochten wird" (Martinson 2005, 351). An anderer Stelle merkt sie an, dass „Hellman darauf bestand, Gardiner könnte jemand anderes Julia gewesen sein und nicht ihre. In den Hellman-Archiven gibt es Hinweise auf die Identität dieser Frau." (Ebd., 131) Doch sie führt diese möglicherweise folgenschwere Behauptung nicht weiter aus.

Martinsons Verteidigung sagt wenig über biographische Vorannahmen aus. Sie ist lediglich ein Beispiel für die dürftige Ausführung eines konventionellen biographischen Protokolls. Der Literaturkritiker Timothy Dow Adams liefert in seinem lebendigen und interessanten Buch *Telling Lies in Modern American Autobiography* eine weit aufschlussreichere Verteidigung. Im Allgemeinen sind es die Kritiker und Theoretiker, die sich am stärksten für die theoretische Diskussion der Begriffe ‚Wahrheit', Lüge und Erinnerung interessieren. Tatsächlich zeigt der Fall Hellman eine erstaunliche Arbeitsteilung zwischen Biographen auf der einen Seite, welche einen empirischen Zugang zu ihrem Gegenstand haben, und Kritikern und Theoretikern auf der anderen, die mehr an konzeptuellen Voraussetzungen interessiert sind, die die positivistische biographische Praxis untermauern, manchmal aber auch in Frage stellen.

Die Lektüre der Hellman-Biographien unter Berücksichtigung der Diskussionen von Adams und anderen legt ein schwindelerregendes Ausmaß an unhinterfragten biographischen Vorannahmen offen. Es sagt etwas über den derzeitigen Forschungsstand im Bereich des *life writing* aus, dass viele dieser Vorannahmen sich als unvereinbar erweisen. So argumentiert etwa Adams einerseits ziemlich verallgemeinernd, autobiographische ‚Wahrheit' sei ein unmögliches Ziel: „Die Wahrheit über sich selbst auf Papier festzuhalten ist praktisch unmöglich." (Adams 1990, 9) Andererseits plädiert er ausführlich für die „Glaubwürdigkeit" (ebd., 144) der Autobiographie als Darstellung tatsächlicher Ereignisse. Außerdem schlägt er eine Unterscheidung zwischen „wörtlicher Präzision" und „persönlicher Authentizität" (ebd., x) in Autobiographien vor. Dies ist ein weitaus vielversprechenderer Ansatz, da die Frage der „Präzision" in Autobiographien eine Reihe von Überlegungen mit einschließt. Der ‚Wahrheitsgehalt' historischer Fakten kann oft auf der Basis einer Theorie der Übereinstimmung beurteilt werden, doch die Einschätzung subjektiver, innerer Dimensionen der Autobiographie scheint einen stärker psychologisch und ethisch orientierten Begriff wie den der „Authentizität" zu erfordern. Autobiographische Masken können einen authentischen Eindruck von Gefühlen geben, auch wenn diese Gefühle und die sie ausdrückenden erzählerischen Masken auf Trugbildern beruhen. *Life writing* in einer humanistischen Tradition muss dem nachgehen; außerdem muss es sich mit dem heiklen Problem autobiographischer Selbstbeobachtung auseinander setzen. Die zutiefst anti-cartesianische Perspektive des Postmodernismus bestreitet, dass Selbstbeobachtung zuverlässige Darstellungen innerer Welten hervorbringen kann. Ein Denken, das die Möglichkeit solcher Darstellungen wieder geltend machen will, sollte William Lyons Plädoyer für die Rekonstruktion innerer Phänomene statt simpler, spontaner Selbsterkenntnis mitdenken. (Vgl. Lyons 1986, 152)

Biographische Vorannahmen und der Fall Hellman

1. Genrekonzeptionen

Hellmans Verteidiger argumentieren oft, dass sie in einem hybriden Genre schreibt, das Elemente der Autobiographie, der Fiktion und der Reflexion vereint und das sie nicht zu strenger autobiographischer Wahrheit verpflichtet, ja noch nicht einmal dazu, eine solche überhaupt anzustreben. So stellt Adams fest: „Hellmans vier autobiographische Bücher sind in Wirklichkeit Hybride mehrerer Formen des *life writing*" (Adams 1990, 124), inklusive der fiktionalen „Erzählung" (ebd., 127). Dies beruht auf der Annahme, dass sich nicht-fiktionales *life writing* zeitweilig zur wörtlich zu nehmenden ‚Wahrhaftigkeit' bekennen kann. Die mit dem Schreiben von Memoiren eingegangenen Verpflichtungen beinhalten die Beteiligung an einem „autobiographischen Pakt" (vgl. Lejeune 1989, 3–30), wobei der Autobiograph oder die Autobiographin so zu schreiben versucht, als stünde er oder sie unter Eid, und die Leser sich auf dieses Unterfangen vertrauensvoll einlassen, vorbehaltlich adäquater Bestätigungen durch den Text. William Wrights Position wiederum scheint unvereinbar mit jener von Adams: „Ein Stück Text als Sachliteratur zu bezeichnen, garantiert unter keinen Umständen dessen Richtigkeit, bringt aber eine unmittelbare Verpflichtung für den Verfasser mit sich, das Geschriebene so präzise wie möglich zu gestalten." (Wright 1986, 426) Sofern Autobiographen den Lesern nicht deutlich signalisieren, wo die Erzählung von den Bedingungen des autobiographischen Paktes abweicht, können solche Abweichungen durchaus als Missbrauch erzählerischen Vertrauens gesehen werden. Hellman sendet selten solche Signale aus.

2. Das Wesen der Erinnerung

Diese Argumentslinie nimmt ihren Ausgangspunkt von Vorannahmen über die Verlässlichkeit von Erinnerung. Wenn etwa Adams von der „Verlogenheit der Erinnerung" (Adams 1990, 141) spricht, setzt dies voraus, dass Verallgemeinerungen über das Erinnern gemacht werden können, die für alle Individuen gelten, einschließlich der Autobiographen. Diese Argumentation ist nicht haltbar: Die Gedächtnisleistung mancher Menschen ist viel größer als diejenige anderer, dies gilt ebenso sehr für Autobiographen wie für alle anderen. Darüber hinaus gibt es offensichtlich viele Arten von Erinnerung, von der selektiven zur enzyklopädischen, von der prosaischen zur poetischen. Adams und andere neigen zu einer direkten Gleichsetzung vom Medium unabhängiger Vorgänge der Erinnerung mit der Art und Weise, wie diese beim Schreiben einer Autobiographie funktioniert. Dies ist irreführend. Schreiben löst oft Erinnerungen aus, leitet sie um und treibt sie in eine Richtung, die sie ansonsten nicht nehmen würden. Jene, die die grundsätzliche Unzuverlässigkeit der Erinnerung unterstellen, führen dies auf eine der folgenden Ursachen zurück: die Eingeschränktheit unserer Wahrnehmungsmöglichkeiten, die zersetzende Wirkung des Alters, die verzerrenden Effekte von Ideologien, Formen psychischer Beeinträchtigung, die von der persönlichen Geschichte des Individuums herrühren. Unter Hellmans Biographen erkennt Joan Mellen am scharfsinnigsten, dass die Erinnerung mehr ist als ein reiner Mechanismus. Ihre Vorgänge sind auf komplizierte Weise mit psychischen Bedürfnissen verschränkt: „Lillian fiktionalisierte nicht etwa, weil ihre Erinnerung nicht in Worte zu fassen war, sondern weil die Realität den Bedürfnissen nicht gerecht wurde." (Mellen 1996, 385)

3. Das Wesen der Wahrheit

Hier treten wohl bekannte erkenntnistheoretische Probleme auf: Gibt es so etwas wie die ‚ganze Wahrheit'? Falls nicht, ist das Streben nach Wahrheit überhaupt sinnlos? Wenn ein solches Streben einen Nutzen hat, wie kann ihm nachgekommen werden? Postmodernisten, aber auch manche Humanisten wie Adams bestärken jene, die einen perspektivistischen Subjektivismus nach Nietzsche vertreten: Alles, was ich wissen kann, ist ‚meine Wirklichkeit', es gibt keine synthetisierende Perspektive, die es uns ermöglicht, die ‚ganze Wahrheit' aus unterschiedlichen individuellen Blickwinkeln abzuleiten. Es liegt eine gewisse Ironie darin, dass diese Position so oft vom Postmodernismus eingenommen wird, da sie eine Form von erkenntnistheoretischem Individualismus darstellt – ein Konstrukt, das der Postmodernismus im Allgemeinen bekämpft. Positivistische Biographen müssen hier behutsam vorgehen. Die Bedächtigeren unter ihnen sehen ein, dass einfache Beschwörungen von ‚Wahrheit' in der modernen Biographik unzulässig sind. So lobt Martinson die Tatsache, dass „Hellman die faktische Geschichte und Wirklichkeit oft einer anderen Art von Wissen unterordnete". Dennoch muss sie als Biographin letztlich mit der Überzeugung schreiben, dass sich „hinter einer Geschichte eine Wahrheit" verbirgt. (Martinson 2005, xv) Indem sie Informationen aus früheren Biographien über Hellman übernimmt, wird sie Teil einer fortgesetzten biographischen Annäherung, die durch die gemeinsamen Anstrengungen der fünf Biographen einen höheren Grad an biographischer ‚Wahrheit' erreicht. Doch Hellmans Biographen sehen sich eher als Konkurrenten denn als Kollaborateure.

Man sollte nicht davon ausgehen, dass Wahrhaftigkeit in Autobiographien immer auf den ungetrübten Vorsatz, die Wahrheit zu erzählen, zurückzuführen ist. Verschiedene Formen erzählerischer Verschleierung, wie sie in Fantasien, Lügen, Masken zum Ausdruck kommen, besitzen eine wichtige Beweisfunktion, da sie Fenster zum imaginären Leben der Biographierten öffnen. Einen Menschen so gut wie möglich zu kennen, bedeutet nicht nur, über seine Handlungen, Ansichten und Einstellungen der Welt gegenüber Bescheid zu wissen, sondern auch über sein imaginäres Leben. Fantasien bestimmen oft Handlungen; sie bieten auch psychische Kompensation für nicht vollbrachte oder vergebliche Handlungen. Folglich argumentiert Adams, dass wir durch ihr Bedürfnis, „Julia" niederzuschreiben, eine Menge über Hellman erfahren, unabhängig davon, ob wir ihr die Geschichte glauben oder nicht. (Vgl. Adams 1990, 153) Rollyson vertritt eine ähnliche Ansicht: „Die Fiktionalisierung, die mit Sicherheit [in ‚Julia'] stattgefunden hat, erscheint weniger wichtig als die künstlerische und biographische Wahrheit, dass Julia für Hellman real war." (Rollyson 1988, 528) Ob man dem zustimmen mag oder nicht, so beweist es doch die Notwendigkeit einer klaren Unterscheidung zwischen Lügen und nicht bewusst herbeigeführten Formen der Verschleierung.

4. Identität und psychische Bedürfnisse
Paul John Eakin versteht autobiographisches Erzählen als eine spätere und erweiterte Phase im Prozess der Entwicklung individueller Identität. Autobiographie beinhaltet das Erzählen und Wiedererzählen des eigenen Selbst, wobei Aspekte der Vergangenheit mit unvermeidbarer Selektivität und kontextueller Verzerrung abgerufen werden, um „den Bedürfnissen des gegenwärtigen Bewusstseins gerecht zu werden" (Eakin 1985, 5). Eine berühmte Zeile aus Hellmans Stück *The Little Foxes* verleiht Eakins Einsicht Glaubwürdigkeit: „Gott vergibt jenen, die erfinden, was sie brauchen" („God forgives those who invent what they need"; Hellman 1979a, 162). Die meisten Hellman-Biographien beruhen auf einer ähnlichen Annahme:

Sie sehen ihre Lügen als Reaktion auf innere Konflikte, Bedrohungen und Gefühle der Unzulänglichkeit, die in der Kindheit ihren Ursprung haben. Ein berühmtes Motiv hierfür ist der Feigenbaum aus Hellmans Kindheit. Als Lillian im Alter von acht oder neun Jahren entdeckt, dass ihr Vater ihrer Mutter und daher in gewisser Weise auch ihr selbst untreu gewesen ist, stürzt sie sich von einem Feigenbaum und bricht sich dabei die Nase. Carl Rollyson bemerkt, dass Hellman zu jener Sorte von Autobiographen zählt, die „ihre Kindheitserinnerungen" als „ausschlaggebend für ihre Erfahrung als Erwachsene" betrachten (Rollyson 1988, 22) und dass die Episode mit dem Feigenbaum ein tief sitzendes Leid aufdeckt, welches später die Trost spendenden und selbstschützenden Verhaltensmuster hervorrief. Unter diesen Mustern spielte das Lügen eine entscheidende Rolle.

Die moralischen Folgen einer Beschreibung der Identitätsentwicklung mittels Lügen sind Gegenstand vieler Diskussionen. Man kann die ‚Bedürfnisse', die zur Lüge führten – in diesem Fall das Formen einer autobiographischen Maske –, als unbewusste psychische Ablagerungen aus der Kindheit betrachten und deshalb vielleicht gar nicht als Lügen (oder strategische Masken). Lügen im gewohnten Sinn setzt eine bewusste Täuschungsabsicht voraus. (Vgl. Bok 1980) Man kann andererseits diese Bedürfnisse als dem Bewusstsein zumindest vorübergehend zugänglich auffassen und Hellman deswegen für „eine vollendete, kunstfertige Lügnerin" (Mellen 1996, 440) halten. In Hellmans Fall ist es besonders aufschlussreich, die Darstellung ihrer Identitätsentwicklung in den Blick zu nehmen, da sie eine Multi-Autobiographin ist. In erkenntnistheoretischer Hinsicht muss die Darstellung der Identitätsbildung mit äußerster Vorsicht erfolgen. Wenn Eakin schreibt, dass Autobiographie „das Spiel des autobiographischen Aktes selbst zum Ausdruck bringt, in welchem die Materialien der Vergangenheit durch Erinnerung und Imagination geformt werden, um den Bedürfnissen des gegenwärtigen Bewusstseins zu entsprechen", unterscheidet er nicht scharf genug zwischen Selbsterkenntnis und Kenntnis des sozialen Umfeldes des Autobiographen. (Eakin 1985, 5) Dasselbe gilt für Adams' *Telling Lies in American Autobiography*, ein Buch, das Eakins Werk verpflichtet ist. Die Tatsache, dass frühere Selbstdarstellungen von späteren revidiert werden, bedeutet nicht zwingend, dass Darstellungen der äußeren Realität ebenso überarbeitet werden. Im ersten Band ihrer vierbändigen Autobiographie, *Memoiren einer Tochter aus gutem Hause*, gibt Simone de Beauvoir eine eindrucksvolle Beschreibung patriarchaler Verhältnisse, die in den weiteren Bänden nur unwesentlich verändert wird, auch wenn Beauvoir von Transformationen ihres post-existentialistischen Selbst erzählt.

5. Ästhetischer Wert

Manche Hellman-Kenner argumentieren, ihre autobiographischen Texte würden durch deren ästhetische Vorzüge rehabilitiert. Kaum jemand wird ihnen ihre Sogwirkung und ihre poetischen Qualitäten absprechen. William Wright meint, dass „die Person, die sie sich in diesen Büchern erschafft, ob sie nun ein getreues Abbild von Hellman ist oder nicht, ein hervorragendes Beispiel für Menschlichkeit an sich ist. Allein dies lässt die Lektüre zu einem außergewöhnlichen Vergnügen werden". (Wright 1986, 327) Diese Vorannahme, ästhetisch vollendete fiktive Schilderungen eines exemplarischen Lebens könnten die Frage nach der Verlässlichkeit mimetischer Darstellung in Autobiographien vergessen machen, ist problematisch. Der ‚Pakt', die Wahrheit zu erzählen, ist wohl das primäre Definitionsmerkmal des Genres Autobiographie. Wenn dieser Pakt nicht funktioniert, handelt es sich, wie ausgefeilt auch immer der Text sein mag, um eine andere Art von Schreiben. Zudem hat der autobiographische Pakt eine Dreiecksstruktur: Vom Autor wird erwartet, danach zu streben, sich selbst beim Blick in den autobiographischen Spiegel treu zu bleiben und wahrheitsgetreu zu erzählen. Autobiographen können in moralischer Hinsicht keine exemplarischen Menschen sein, wenn das Verhältnis zu sich selbst, welches die Lebensbeschreibung strukturiert, ein unehrliches ist.

6. Moralische Verantwortung

Joan Mellens Beschreibung Hellmans als einer Figur, die süchtig nach romantischen Fantasien ist, in denen sie selbst die Rolle der Heldin spielt (vgl. Mellen 1996, 36), wirft pointiert die Frage nach moralischer Verantwortung in Autobiographien auf. Im Allgemeinen würden wir annehmen, dass Sucht die Willensfreiheit einschränkt und Menschen für zwanghaftes Verhalten nicht zur Gänze moralisch verantwortlich gemacht werden können, auch wenn solches Verhalten erhebliche moralische Auswirkungen hat. Die Produktion autobiographischer Masken aus unbewussten Motiven heraus ist wohl von moralischer Zensur befreit. Mellens Charakterisierung Hellmans als „vollendete, kunstfertige Lügnerin" erscheint insofern widersprüchlich, als sie die unbewussten Täuschungsmanöver einer angeblich Süchtigen als strategischen und bewusst irreführenden Akt auffasst. Mellen scheint unsicher zu sein, wie sie letztlich mit Hellmans autobiographischer Unzuverlässigkeit umgehen soll. Carl Rollyson hingegen scheint vorauszusetzen, dass die meisten Schriftsteller um ihre autobiographischen Lügen wissen und dass Hellman aus dem Rahmen fällt, indem sie sich des Ausmaßes ihrer Neigung zur autobiographischen Konstruktion (im negativen Sinn) nicht bewusst ist: „Hellmans

Besonderheit als Schriftstellerin ist, dass sie scheinbar nicht realisiert hat, was für ein fantasievolles Konstrukt sie aus ihrem Leben gemacht hat." (Rollyson 1988, 472)

Was die Lektüre der wichtigsten Hellman-Biographien so frustrierend macht, ist die fehlende Reflexion konzeptueller und theoretischer Fragen. In einem Fall wie dem Lillian Hellmans benötigen wir genauere Analysen des Verhältnisses zwischen psychologischen und moralischen Kategorien. Psychoanalytische Darstellungen zur Genese des Lügens bringen uns der moralischen Bewertung der Auswirkungen von Lügen nicht näher. Lügen besitzt unvermeidbare moralische, historische und politische Implikationen. Lillian Hellmans Geschichte der „Julia" ist nicht bloß eine private Lüge, vielmehr verfälscht sie das Bild des antifaschistischen Widerstandes und sie betreibt Selbstverherrlichung auf Kosten der historischen Wahrheit. Dass eine Jüdin ihre Memoiren im Zusammenhang mit dem Nationalsozialismus verfälscht, ist besonders verstörend. Was wir gemeinhin *the public record* nennen, umfasst zahllose Erzählungen und kann nur dann den Status einer Dokumentation erhalten, wenn sich die verschiedenen Autoren dieser Erzählungen rückhaltlos zum Streben nach wahrheitsgetreuer Aufzeichnung bekennen.

7. Hellmans autobiographische Kommentare zu Erinnerung und Wahrheit

Hellmans Verteidiger zitieren häufig die zahlreichen Passagen in ihren Texten, in denen sie sich auf die Schwäche der Erinnerung und das radikal illusorische Wesen von ‚Wahrheit' beruft. Sie gehen fälschlicherweise davon aus, dass Autoren als erkenntnistheoretische Wegweiser durch ihre Texte fungieren können, selbst dort, wo sie ihre eigene Autorität in Frage stellen oder ihre Unzuverlässigkeit schlüssig bewiesen werden kann. Ein solch *undifferenziertes Vertrauen* haben wiederholt die Titel von Hellmans autobiographischen Texten hervorgerufen, von denen drei die Möglichkeit substantieller ‚Wahrheit' suggerieren: *An Unfinished Woman* kann dahingehend gedeutet werden, dass nicht einmal die Autorin selbst eine endgültige Beschreibung ihres Lebens geben kann, da ihr Leben und ihre Persönlichkeit unfertig sind. *Pentimento*, ein Begriff aus den bildenden Künsten, der sich darauf bezieht, wie auf der Leinwand manchmal frühere Bilder durch später aufgetragene Farbschichten durchscheinen, kann als Signal für einen fortwährenden Sinneswandel der Autorin verstanden werden, als konkurrierende Darstellungen der Wahrheit, die nicht miteinander in Einklang gebracht werden können. (Vgl. Hellman 1979b, 309) *Maybe* scheint ganz einfach zu implizieren, dass „ich es eben nicht sicher weiß".

Andere Verteidiger Hellmans zitieren ihre Äußerungen über ‚Wahrheit', obwohl es bekanntlich schwierig ist, sie in dieser Hinsicht auf einen bestimmten Begriff

Lillian Hellman um 1980

festzulegen. Hellman behauptet, von einem Streben nach Wahrhaftigkeit angetrieben zu sein – „In den drei Bänden meiner Memoiren habe ich mich sehr um Wahrheit bemüht" (ebd., 50f.) – und sich an die erzählerischen Verpflichtungen gehalten zu haben, die für Memoiren gelten: „Es versteht sich von selbst, dass die Leute in ihren Memoiren versuchen sollten, die Wahrheit zu erzählen, wie sie sie sehen, welchen Sinn hätte es sonst?" (Hellman 1980, 50) Der Einschub „wie sie sie sehen" ist typisch für ihr Zurückschrecken vor einer Auffassung von Wahrheit, die auf Beweisen beruht oder durch Zeugenaussagen bestätigt werden kann. Die meisten ihrer Kommentare sind zutiefst skeptisch gegenüber dem Begriff ‚Wahrheit': „Was für ein Wort ist Wahrheit. Schlüpfrig, tückisch, unzuverlässig." (Hellman 1979b, 9) Dies geht Hand in Hand mit ihrem Argwohn der Erinnerung gegenüber: Die Vergangenheit gehe „im hohen Sommergras" (Hellman 1980, 64) verloren. Oder an anderer Stelle: „But memory for all of us is so nuts." (Ebd., 63)

Ebenso skeptisch ist sie gegenüber den Möglichkeiten, Entwicklungsmuster im eigenen Leben und in der eigenen Identität zu erkennen: „Spuren von dem, was du warst, zu dem, was du wirst, zu verfolgen, ist immer zu einfach." (Hellman

1979b, 612) Doch hin und wieder lässt sie sehr wohl ein scharfes Bewusstsein für die komplexen Verstrickungen von Erinnerung und psychischen Bedürfnissen erkennen: Sie schreibt, dass das kindliche „Bedürfnis zu träumen zur Verschleierung des Geschehenen geführt hat" (ebd., 412). Mit anderen Worten wusste ein Teil von Lillian Hellman, dass sie für gewöhnlich Unwahrheiten fabrizierte. Wenn sie es wusste, während sie dies tat, war sie ganz klar eine Lügnerin. Wusste sie es nur retrospektiv, so war sie eine pathologische Schwindlerin, deren Wissen um frühere Schwindeleien den Zwang zu neuerlichen Irreführungen nicht zähmen konnte. Bezeichnenderweise findet sich die Bemerkung über das „Bedürfnis zu träumen" in „Julia" wieder und soll dort die *Wahrhaftigkeit* dieser speziellen Erzählung bestätigen: „Doch ich vertraue absolut dem, was ich über Julia erinnere". (Ebd.) Vielleicht ist die relativierende Funktion des „Träumens" lediglich ein rhetorischer Trick, um den Leser davon zu überzeugen, dass sie in der Tat ein Gespür für die Wahrheit besitzt. Vielleicht kann sie ihre Täuschungen an manchen Stellen eingestehen, jedoch nicht dort, wo ihre Identität, ihr Leben mit Dashiell Hammett oder ihr Prestige als Schriftstellerin auf dem Spiel stehen. Dann gibt es noch die komplizierte Frage der Revision – „ein erstes Mal" zu lügen ist eine Sache, die Lüge nach erfolgter Kritik und Reflexion zu wiederholen, eine andere.

Versuche, die Interpretation von Hellmans Autobiographien an ihrem Räsonnieren über Wahrheit, Erinnerung und Selbst festzumachen, sind zur Ergebnislosigkeit verurteilt. Es steckt eine verwegene, hemingwayeske intellektuelle Sorglosigkeit in diesen Büchern und in ihrer pessimistischen Sichtweise der Erinnerung, die aus Hellman eine außerordentlich unzuverlässige Wegweiserin durch ihre Texte macht. Wir können uns durchaus fragen, wie viel davon Sorglosigkeit und wie viel daran Bequemlichkeit war. Letztendlich liegt es im Interesse einer Lügnerin zu reklamieren, dass die ‚Wahrheit' unendlich schwer fassbar und die Erinnerung hoffnungslos unzuverlässig ist.

*

Ich habe darzulegen versucht, dass poststrukturalistische Interpretationen von ‚Wahrheit' inadäquate theoretische Grundlagen für die Wissenschaft und Praxis des *life writing* bereitstellen und dass der humanistische Diskurs ernst zu nehmende alternative Herangehensweisen an diese Fragen nicht nur bereitstellen kann, sondern *muss*: Youngs poststrukturalistische Behauptung, dass es einem Holocaust-Überlebenden im Prinzip unmöglich sei, über seine traumatischen Erfahrungen genauen Bericht zu erstatten, zeigt, wie wichtig es ist, dass eine humanistisch orientierte Geistes- und Kulturwissenschaft in diesen Fragen die Initiative ergreift. Analytische Philosophen wie Bok, Coady, Lyons und Williams können mit der Formulierung stabiler, aber dennoch nuancierter Konzeptionen von Wahrheit und Lüge Hilfestellung leisten. Ohne diese können wir die theoretische Bedeutung von Begriffen wie Spiegel, Maske oder Konstruktion nicht adäquat erfassen.

Eine Analyse der wichtigen Arbeiten zu Hellman und ihrer erzählerischen Unzuverlässigkeit ergibt das Bild einer unproduktiven Arbeitsteilung zwischen Biographen und Kritikern im englischsprachigen Raum, wobei positivistisch orientierte Biographen selten in ausreichendem Maße profund und präzise erkenntnistheoretische, psychoanalytische und moralische Fragen reflektieren. Zweitens lassen sich eine Reihe von verwirrenden und häufig unangemessenen ‚biographischen Vorannahmen' bei Biographen und Wissenschaftlern des *life writing* feststellen. Kein theoretischer Entwurf alleine kann allen hier aufgeworfenen Fragen und Widersprüchen gerecht werden, doch würde ich für eine Position plädieren, für die die folgenden Aspekte kennzeichnend sind: ein auf Vertrauen basierender Begriff sprachlicher Kommunikation (vgl. Coady 1992, 52; Williams 2002, 88–93) und Repräsentation, der den Auswirkungen von Derridas Version einer „Hermeneutik des Verdachts" entgegengehalten werden kann; eine Unterscheidung zwischen bewusstem und unbewusstem Leben, die im Zusammenspiel mit dem auf Vertrauen begründeten Begriff von Sprache eine substantielle Konzeption der Lüge als bewusster Täuschung bereitstellen und zwischen Lügen und anderen Formen der Falschdarstellung differenzieren kann; eine Definition der verschiedenen Genres des *life writing* – in diesem Fall der Biographie und der Autobiographie –, die erzählerische Verträge unter den Aspekten Vertrauen, Absicht, Zuverlässigkeit und moralisch-soziale Konsequenzen betrachtet; eine erkenntnistheoretische Einstellung, die ungenaue Verallgemeinerungen über Erinnerung und Selbsterkenntnis zugunsten von Überlegungen über Introspektion und verwandte Phänomene aufgibt. Es ist nicht so abwegig zu glauben, dass man auf der Suche nach Wahrheit eine Menge von autobiographischen und biographischen Erzählungen lernen kann. Zweifellos ist es am einfachsten, von jenen zu lernen, die am wenigsten dazu neigen, sich erzählerischer Masken zu bedienen, da sie kritisches Vertrauen wecken und belohnen. Am Begriff von ‚Wahrheit' festzuhalten, heißt auch, auf unsere Fähigkeit, Täuschungen zu erkennen und hinter Masken zu blicken, zu vertrauen.

Aus dem Englischen von Cornelia Nalepka

Verwendete Literatur

Adams 1990 = Timothy Dow Adams: Telling Lies in Modern American Autobiography. Chapel Hill: University of North Carolina Press 1990.
Bok 1980 = Sissela Bok: Lying: Moral Choice in Public and Private Life. London: Quartet Books 1980.
Coady 1992 = C.A.J. Coady: Testimony: A Philosophical Study. Oxford: Clarendon Press 1992.
Eakin 1985 = Paul John Eakin: Fictions in Autobiography: Studies in the Art of Self-Invention. Princeton: Princeton University Press 1985.
Gardiner 1983 = Muriel Gardiner: Code Name „Mary": Memoirs of an American Woman in the Austrian Underground. New Haven: Yale University Press 1983.
Hellman 1979a = The Little Foxes. In: Six Plays by Lillian Hellman. New York: Vintage 1979.
Hellman 1979b = Lillian Hellman: Three. Boston: Little, Brown and Company 1979.
Hellman 1980 = Lillian Hellman: Maybe. Boston: Little, Brown and Company 1980.
Lejeune 1989 = Philippe Lejeune: On Autobiography. Übers. von Katherine Leary. Minneapolis: University of Minnesota Press 1989.
Lyons 1986 = William Lyons: The Disappearance of Introspection. Cambridge: MIT Press 1986.
Martinson 2005 = Deborah Martinson: Lillian Hellman: A Life With Foxes and Scoundrels. New York: Counterpoint 2005.
Mellen 1996 = Joan Mellen: Hellman and Hammett: The Legendary Passion of Lillian Hellman and Dashiell Hammett. New York: HarperCollins 1996.
Ricoeur 1970 = Paul Ricoeur: Freud and Philosophy: An Essay on Interpretation. Übers. von Denis Savage. New Haven: Yale University Press 1970.
Rollyson 1988 = Carl Rollyson: Lillian Hellman: Her Legend and Her Legacy. New York: St Martin's Press 1988.
Turk 1985 = Ruth Turk: Lillian Hellman: Rebel Playwright. Minneapolis: Lerner 1985.
Williams 2002 = Bernard Williams: Truth and Truthfulness: An Essay in Genealogy. Princeton: Princeton University Press 2002.
Wright 1986 = William Wright: Lillian Hellman: The Image, The Woman. New York: Simon and Schuster 1986.
Young 1987 = James E. Young: Interpreting Literary Testimony: A Preface to Rereading Holocaust Diaries and Memoirs. In: New Literary History 18 (Winter 1987), H. 2, S. 403–423.

Gender-Erzählungen

Am Beispiel der Brontës
Gender-Entwürfe im biographischen Kontext

Von Caitríona Ní Dhúill

Während sich die Biographik traditionell mit der Möglichkeit beschäftigt, Leben zu erzählen, untersucht die Gender-Theorie unter anderem, inwieweit Gender-Identität und Gender-Beziehungen mit den Geschichten zu tun haben, die wir erzählen. Ausgehend von Teresa de Lauretis' These, dass die „Darstellung von Gender mit ihrer Konstruktion zusammenfällt", möchte ich vor allem den Anteil ermitteln, den Biographien an der „Einschreibung der Geschichte dieser Konstruktion" haben. (de Lauretis 1987, 3) Zu den Schnittstellen zwischen Biographik und Gender gehört somit mehr als die Frage, wie Biographinnen und Biographen ihre biographischen Objekte als von der Gender-Problematik bestimmt darstellen; darüber hinaus ergibt sich eine Reihe noch grundsätzlicherer Aspekte: Sie betreffen die Ausformung von der Gender-Problematik beeinflusster Erfahrungen durch kulturell vorgegebene Handlungsschemata (‚Plots') sowie ihre Reproduktion in biographischen Erzählungen.

Die Anwendung der Gender-Theorie auf die biographische Praxis beginnt sowohl historisch als auch der Konzeption nach mit dem aus der feministischen Biographik seit den 1970er Jahren bekannten Projekt, wahrnehmbare Lücken im Bereich der traditionellen Biographik zu schließen. (Vgl. Heilbrun 1988; Quilligan 1988; Reulecke 1993) Dies hat einen grundsätzlichen Wandel in der Vorstellung bewirkt, welche Objekte eigentlich ‚biographiewürdig' seien. Die Frage, inwieweit Frauen und Männer als biographische Objekte jeweils gesellschaftlich wahrnehmbar und für Untersuchungen zugänglich waren, stellte im Rahmen der feministischen Biographik ein zentrales Thema dar. Dies ist jedoch nur einer der Punkte, wo sich Gender-Theorie und biographische Praxis überschneiden. Ein weiterer Aspekt ist die Einstellung des Biographen oder der Biographin zu Gender-Fragen; sie ist oft durch Ambivalenz charakterisiert oder sie artikuliert sich eher durch stillschweigende Voraussetzungen, als dass sie direkt angesprochen würde. Diese Widersprüchlichkeit ist nichts Neues: Während Elizabeth Gaskell in ihrer Maßstäbe setzenden Biographie *The Life of Charlotte Brontë* (1857) das Objekt ihrer Darstellung dadurch zu rehabilitieren suchte, dass sie dessen Übereinstimmung mit dem viktorianischen Ideal häuslicher Weiblichkeit hervorhob, bekämpfte sie dieses Ideal gleichzeitig dadurch, dass sie die Kreativität und den Erfolg einer schreibenden Frau in den Mittelpunkt stellte.

Hat sie ihr Objekt einmal gewählt, so sieht sich eine Biographie, die sich auf Erkenntnisse der Gender-Theorie stützt, mit der Tatsache konfrontiert, dass das Sex-Gender-System immer eine konstitutive Funktion besitzt. Zu den wichtigen Fragen, die sich unter diesem Gesichtspunkt stellen, gehören jene nach den Verbindungsstellen und Spannungen zwischen dem privaten und dem öffentlichen Leben, die Auswirkungen der von Gender-Fragen bestimmten Verhaltensmuster, die dem biographischen Objekt zur Verfügung stehen oder von ihm internalisiert sind; der Erwartungshorizont und der Vorrat an Möglichkeiten, der für Männer und Frauen in der Kultur, der das Objekt angehört, auf jeweils unterschiedliche Weise zugänglich ist. (Vgl. Stanley 1992) Die Gender-Theorie eröffnet entscheidende Sichtweisen nicht nur auf das biographische Objekt, sondern auch auf die Art und Weise, wie es dargestellt wird. Biographische Schilderungen beziehen sich, mit unterschiedlichem Explizitheitsgrad, auf verfügbare Modelle der Gender-Identität. In ihrem Versuch zu vermitteln, wie das Objekt eigentlich ‚wirklich war', beziehen sich Biographen auf Eigenschaften, die kulturell als männlich oder weiblich codiert wurden. Diese Codierung kann problematisiert und als historisch erkennbar gemacht, aber nicht übergangen oder ignoriert werden. In ihrer Biographie über die Familie der Brontës beschreibt Juliet Barker Charlotte Brontë als „typisch weibliche Schriftstellerin", und sie bringt diese Einschätzung mit der damaligen Zeit in Verbindung: „[Brontës] Talent, unterdrückte Gefühle zu beschreiben und die Kleinigkeiten des täglichen Lebens zu beschreiben, war das einer passiven Beobachterin – eine Rolle, die auch vorwiegend der einer Frau aus dem 19. Jahrhundert entsprach." (Barker 1994, 500f.) Gleichzeitig damit, dass sie die Gender-Identität als historisch und kulturell geformt versteht, nimmt Barker also auf Gender-bestimmte persönliche Eigenschaften und Verhaltensnormen Bezug, die auf der Binarität zwischen ‚männlich' und ‚weiblich' basieren.

Die Gender-Theorie hat außerdem die Grundlagen für das Projekt einer individuellen Lebensbeschreibung überhaupt in Frage gestellt. Die Gender-orientierte Forschung zum Genre der Biographie hat sich darauf konzentriert, wie dieses tendenziell bestimmte Lebenstypen privilegiert: gut dokumentierte Persönlichkeiten, die in der öffentlichen Sphäre wahrnehmbar sind. Der „spotlight-approach" der Biographik (Stanley 1992, 214), der Umstand, dass sie ein Individuum herausgreift und dessen Leben als kohärentes Ganzes erzählt, setzt voraus, dass das biographische Objekt einen kulturellen Beitrag von einiger Bedeutung geleistet hat. Es ist dieser Beitrag, der Biographen und Leser gleichermaßen dazu veranlasst, dem Leben, aus dem er hervorgegangen ist, Aufmerksamkeit zu schenken. Außerdem setzt das Genre voraus, dass dieser kulturelle Beitrag durch eine auf einen Protagonisten ausgerichtete, das gesamte Leben überspannende Erzählung nach dem Schema ‚Einheit im Wandel' erhellt werden kann. Es ist behauptet worden, dass die Biographik ihr Objekt auf diese Weise in einer „strukturell männliche[n] Position" situiert (Reulecke 1993, 132): Das Modell einer „Lebens-Geschichte" bewirkt die Festschreibung einer auf Entwicklung ausgerichteten Laufbahn, aus der ein Lebens-Werk hervorgeht, das seinerseits den Grund für unser Interesse an diesem Leben bildet. Diesem Modell liegt eine moderne, individualistische, werkorientierte Konzeption von Subjektivität zugrunde. (Vgl. Maihofer 2006) Es war eine Kernstrategie des feministischen Projekts, die Geschichte neu zu schreiben, eine derartige Lebens-Erzählung für bislang unerzählt gebliebene weibliche Erfahrung zu übernehmen. Nach Heilbrun lag die Herausforderung ein Frauenleben zu beschreiben darin, für das weibliche Subjekt die traditionell männlichen Modelle der *Quest**, des Suchens, des Strebens, der Leistung als Möglichkeit zu beanspruchen, aus den Modellen der Heirat und der in familiärer Häuslichkeit mündenden Erotik, die üblicherweise den Frauen vorbehalten waren, auszubrechen. (Vgl. Heilbrun 1988 und Booth 1991, 90) Aber die kritischen Erkenntnisse der Gender-Theorie haben für die Biographik einander widersprechende Folgen. Einerseits bemühen sich feministische Verfahrensweisen, die Begrenzungen eines individualistischen, ereignis- und leistungsorientierten Modells erzählbarer Subjektivität offen zu legen, indem sie die körperlichen, emotionalen, häuslichen oder alltäglichen Aspekte des Lebens ihrer biographischen Objekte in den Vordergrund stellen. Andererseits können die gleichen Verfahrensweisen dazu führen, diese Erfahrungsbereiche und -typen erneut als weiblich festzuschreiben – selbst wenn sie in der feministischen Biographik als Methode dienen, konventionelle Begriffe vom erzählbaren Selbst infrage zu stellen.

---

* Quest oder Queste: Der Held muss einen bestimmten Ort erreichen, etwa um ein wichtiges Objekt zu finden, einen Feind zu besiegen oder eine Person zu befreien. Am Ende der *Quest* steht die Überwindung eines bedeutsamen Gegners bzw. des Problems, welches die *Quest* auslöste.

Im Folgenden wird versucht, diese Überlegungen mit Bezug auf Elemente aus dem biographischen Diskurs über Charlotte Brontë (1816–1855) zu konkretisieren. Während sich die Entscheidung, eine derart bedeutende Autorin ins Zentrum zu rücken, scheinbar schwer mit der feministischen Problematisierung des biographischen „Spotlights" auf herausragende Persönlichkeiten verträgt, hat sie dennoch ihre Vorteile. Die Biographik zu Brontë bietet einen paradigmatischen Fall für die Phänomene der Kanonisierung und der Mythographie. (Vgl. Booth 1991) Die intensive biographische Forschung, der Charlotte Brontë aus unterschiedlichen Perspektiven unterzogen wurde, förderte einen reichen Fundus an Material zutage, auf den man sich zum Zweck einer vergleichenden Analyse stützen kann. Die ‚Primärtexte' für eine solche Auseinandersetzung sind nicht *Jane Eyre* oder *Villette*, sondern vielmehr Arbeiten von Biographinnen und Biographen aus dem späten 20. Jahrhundert, wie Gérin (1967), Moglen (1976), Peters (1975) und Barker (1994). Bei dieser Methode einer vergleichenden Biographieforschung enthüllt die Analyse von mehr als einer biographischen Darstellung desselben Objekts „Veränderungen und Unterschiede – faktische, formale, stilistische, ideologische und ästhetische" (Holmes 2002, 15).

Die Bilder von Spiegel und Maske passen gut zu den Operationen der Reflexion, der Projektion und der Verzerrung, die stets auftreten, wenn ein Leben die Funktion einer Oberfläche erhält, auf die ein Biograph oder eine Biographin eine spezifische Erzählung projiziert. In der aus dem späten 20. Jahrhundert stammenden Biographik über Autorinnen, die oft ein explizit feministisches Anliegen verfolgt, wiederholen sich bestimmte Tropen und Erzählmodelle: die Überwindung von Hindernissen in der Entfaltung von Kreativität und Unabhängigkeit, die Suche nach einer Stimme und der Weg zur Selbstfindung. Ein Blick auf Titel und Untertitel von Biographien über Brontë im Speziellen, aber auch über andere Autorinnen aus dem 19. Jahrhundert, z.B. George Eliot, bestätigt das Vorhandensein solcher Tropen und weist darauf hin, dass die Biographie in jedem Fall als einheitliche These angelegt ist: *Leidenschaftliche Suche* (*Passionate Search,* Crompton 1955), *Die Entwicklung eines Genies* (*The Evolution of Genius,* Gérin 1967), *Die Herausbildung des Selbst* (*The Emergent Self,* Redinger 1975), *Unruhige Seele* (*Unquiet Soul,* Peters 1975), *Der Entwurf des Selbst* (*The Self Conceived,* Moglen 1976), *Ein leidenschaftliches Leben* (*A Passionate Life,* Gordon 1994). Diese Tendenz beschränkt sich weitgehend auf die Biographik aus der Mitte oder den letzten Jahrzehnten des 20. Jahrhunderts. Ab den 1990er Jahren gewinnen wieder nüchternere Titel an Boden – ein Beispiel dafür ist *The Brontës* (Barker 1994), aber auch Titel wie *Virginia Woolf*

(Lee 1997) und *Jane Austen. Ein Leben* (*Jane Austen. A Life,* Tomalin 1997) spiegeln diese Veränderung wider. Die Abwendung von evokativen Titeln lässt eine Einstellung erkennen, die sich weniger ausgeprägt in das biographische Objekt einfühlt und sich vermehrt damit beschäftigt, frühere Verzeichnungen, abgestützt durch einen größeren Reichtum an historischen Details, zu korrigieren. Gail A. Hornstein bemerkte 1994 in ihrem Aufsatz über feministische Biographik zu dieser Entwicklung: „Wir schreiben nicht länger die atemlose Prosa von 1970 – als wir den Eindruck erweckten, als wäre bereits die bloße Existenz von Frauen eine hervorhebenswerte Tatsache." (Hornstein 1994, 51)

Es stellte sich das Problem „verfestigte[r] diskursive[r] Spuren", die „durch häufige Wiederholung […] einen privilegierten Status im Lebens-Text [des Objekts] eingenommen haben". (Epstein 1987, 47) In ihrem Aufsatz „Jane Austen fällt in Ohnmacht" („Jane Austen Faints") vergleicht Hermione Lee unterschiedliche Behandlungen einer derartigen ‚Spur' in Biographien über Austen, indem sie zeigt, wie die widersprüchlichen Interpretationen desselben Ereignisses die Gebundenheit der Biographen an jeweils unterschiedliche Bilder von ihrem biographischen Objekt erkennen lassen: das vergnügungssüchtige Mädchen, das sensible Genie, die machtlose Jungfer, die ländliche Stubenhockerin. (Vgl. Lee 2005) In dem umfangreichen biographischen Diskurs über Personen wie Austen, Eliot oder Charlotte Brontë werden diese ‚verfestigten Spuren' unvermeidlich weitergeführt, denn sogar dort, wo ein Biograph oder eine Biographin in der Lage ist, eine vertraute, oft wiederholte Begebenheit aus dem Leben des biographischen Objekts zu widerlegen oder radikal umzuinterpretieren, muss das bestrittene Biographem wiederholt werden, damit es überhaupt kritisiert werden kann; damit aber bleibt es der ‚korrigierten' Version als deren negatives Anderes eingeschrieben, das die neue, revidierte Darstellung erst hervorgerufen hat. Deshalb werden die Anliegen und Prioritäten der Biographen gerade bei der Wiedergabe derartiger ‚Spuren' besonders explizit.

Ein bemerkenswertes Beispiel für ein solches Biographem, das es uns durch einen Vergleich seiner unterschiedlichen Darstellungen ermöglicht, das Anliegen des Biographen oder der Biographin zu erkennen, ist Charlotte Brontës Heirat im Alter von 38 Jahren und ihr Tod im Zustand früher Schwangerschaft neun Monate später. Dieser Aspekt ihres Lebens stellte besonders für die – oftmals feministischen – Biographinnen aus dem späten 20. Jahrhundert, die Brontës Biographie sowohl als aussagekräftige Manifestation tragischer weiblicher Subjektivität als auch als paradigmatischen Kampf um künstlerische Freiheit trotz persönlichen Unglücks ansahen, eine interpretatorische Herausforderung dar. Die Brontë-Biographin Margot Peters konzentrierte sich auf dieses Biographem, wobei sie dessen Behandlung durch frühere Biographen wie Gaskell (1857), Dooley (1920) und Benson (1932) verglich, um so die Prämisse ihrer eigenen Darstellung zu erörtern. (Vgl. Peters 1979, 213–215) Da in der Zwischenzeit mit Juliet Barkers *The Brontës* (1994) ein Meilenstein der modernen Brontë-Forschung erschienen ist, lohnt sich eine erneute Betrachtung.

Die folgenden vier Beispiele aus der Brontë-Biographik des späten 20. Jahrhunderts weisen aufschlussreiche Unterschiede auf:

(Es schaudert einen, wenn man an die Meisterwerke denkt, die aufgrund dieses Verharrens in der häuslichen Sphäre ungeboren blieben.) […] Tatsächlich entsprachen die Anfälle von Übelkeit zur Zeit der frühen Schwangerschaft in Charlottes Fall nicht dem üblichen Ausmaß […]. Es hatte ihr immer an etwas gemangelt, was sie „tierischen Geist" nannte, und die Anstrengung, neues Leben in die Welt zu setzen, das aus ihr hervorging, ging über ihre Kräfte […]. Obwohl sich liebevolle Hände ausstreckten, um sie festzuhalten, machte der kühne Geist den Sprung in die Freiheit. (Gérin 1967, 553–566)

Ebenso gewiss wie Mary Ann Evans' Verbindung mit Lewes ihre Kräfte erweiterte, schränkte Charlottes Heirat mit Nicholls Currer Bells Kräfte ein […]. Wie bei zahlreichen romantischen Autoren wurde Charlottes schöpferischer Antrieb durch ihre Entfremdung von der Gesellschaft und die unaufhörlichen Spannungen zwischen ihrem bewussten und ihrem unbewussten Geist genährt. Würde sie eine Heirat wieder in die Gesellschaft integrieren, sie mit ihr versöhnen? Die Wirbel, die hinter dem Damm schäumten, in einen breiten, ruhigen Strom freisetzen? […] War ihr Tod vielleicht in gewissem Sinne gewollt – eine unbewusste Lösung für einen unlösbaren Konflikt, wie sie selbst ihn empfand, zwischen ihrer Kunst und ihrer Ehe? […] Die Störung [d.h. die Ursache von Brontës Tod] scheint lediglich bei neurotischen oder übernervösen Frauen mit ernsthaften persönlichen oder familiären Sorgen außer Kontrolle zu geraten, sagen die Ärzte, „und sie benötigen konsequente, liebevolle Behandlung, um ihnen Besserung zu verschaffen". Einige Ärzte glauben, dass *hyperemesis gravidarum* durch die unbewusste Ablehnung des Babys von Seiten der Mutter verursacht wird. (Peters 1975, 399–410)

Sie musste das Kind, das sie selbst war, als reif genug empfinden, ehe sie in ihrem Schoß neuem Leben Schutz gewähren konnte. Neun Monate nach ihrer Heirat empfing Charlotte Brontë ein Kind und wurde durch die Empfängnis krank – wobei es offensichtlich Angst war, die sie krank machte. Es war die letzte ihrer neurotischen Krankheiten, die letzte ihrer masochistischen Verweigerungen. Die Liebe war zu spät und für zu kurze Zeit gekommen, in allzu zweideutiger Gestalt. Die Vergangenheit war die Flut, die ihr lange Zeit gedroht hatte – sie hatte ihr lange und couragiert Widerstand geleistet. Jetzt wurde sie davon überwältigt und ging unter. Am 31. März 1855 starb Charlotte Brontë im Alter von 38 Jahren, in den frühen Monaten ihrer Schwangerschaft. Sie konnte das Selbst nicht zur Welt bringen, das sie empfangen hatte. (Moglen 1976, 241)

Keine dieser drei Biographinnen wollte die Todesursache als Kombination von Infektion und *hyperemesis gravidarum* wiedergeben, als die schwere und nicht beherrschbare Form von Erbrechen und Ekelgefühlen in der frühen Schwangerschaft, die von den meisten modernen Biographen als Hauptfaktor bei den Komplikationen, die Brontës Leben ein Ende setzten, angesehen wird. (Vgl. Barker 1994, 967f.) Die medizinische Todesursache stellt den Willen des Biographen oder der Biographin zum ‚emplotment', zur Einfügung in ein bestimmtes Handlungsschema, nicht ausreichend zufrieden. Die hier zitierten Darstellungen folgen dem Vorbild Dooleys, die in ihrem psychobiographischen Artikel aus dem Jahr 1920 als erste die These vom Todeswunsch aufstellte. (Vgl. Miller 2001, 128) Gérins Darstellung inszeniert den Tod als Flucht aus den Krallen des häuslichen Lebens; Peters deutet an, dass der Tod ein Willensakt war, indem sie fragende Formulierungen und suggestive Verallgemeinerungen („einige Ärzte", „von Seiten der Mutter") gebrauchte. Moglen erzählt das Leben als Selbstwerdung und behandelt den Tod dabei auf zweideutige Weise, sodass unklar bleibt, ob sich das „Selbst" im abschließenden Satz auf Brontës Kind oder auf ihre reife künstlerische Subjektivität bezieht.

Alle drei Versionen verlangen nach einer Lektüre, die sie innerhalb der Geschichte der Biographik kontextualisiert, als Manifestationen einer Tendenz in Biographien über Frauen von Biographinnen aus dem späten 20. Jahrhundert, das Leben ihres Objekts dem Handlungsschema einer *Quest* einzupassen, einer Suche nach einem bestimmten Ziel, das am Ende – gegen alle Widerstände – erreicht werden soll. Wenn die Motivation hinter einem großen Teil dieser biographischen Schriften darin bestand, das Modell der *Quest* für Frauen als Alternative zum erotischen beziehungsweise zum Ehe-Modell in Anspruch zu nehmen, kann die suggestive

Erzählung von Brontës Tod, ihre psychologisierende Teleologie, als „Zusammenprall einander widersprechender Plots" (Booth 1991, 102) erklärt werden: Der ‚Quest-Plot' wird durch den ‚Ehe-Plot' umgelenkt oder abgebrochen – „Es schaudert einen, wenn man an die Meisterwerke denkt, die [...] ungeboren blieben". Diese Biographien gehören zu einem spezifischen Moment in der Geschichte der Biographik, in dem sich das Genre als zentrales Medium für die feministischen Bemühungen um eine Neuschreibung der Geschichte und eine Neuformung weiblicher Subjektivität herausstellt.

Ein Indiz dafür, dass dieser Moment vorüber ist oder zumindest in eine reflexive bzw. ironische Phase eingetreten ist, ist die Wirkung solcher Passagen auf heutige Leser. Der Stil dieser Biographien wirkt heute antiquiert, die Darstellungen von Brontës Tod nehmen sich übertrieben ‚poetisiert' aus. Juliet Barkers Alternative aus dem Jahr 1994 lautet so:

> In dieser Krise war es Patrick Brontë, nun 78 Jahre alt und beinahe der einzige Überlebende seiner großen Familie, der sich dem Anlass mit Würde und Noblesse gewachsen zeigte. „Liebe gnädige Frau", schrieb er am 30. März 1855 an Ellen Nussey, „wir sind alle in großer Sorge [...] meine geliebte Tochter ist sehr krank und steht offenbar am Rande des Grabes [...]." Am Samstag, dem 31. März 1855, früh morgens starb Charlotte, nur drei Wochen vor ihrem 39. Geburtstag. „Mr Brontè's [sic] Brief wird Sie wohl auf die traurige Nachricht vorbereitet haben, die ich Ihnen mitteilen muss", schrieb Arthur an Ellen. „Unsere geliebte Charlotte ist nicht mehr – sie starb letzte Nacht an Erschöpfung [...]." In ihrem Kummer vereint, sollten Charlottes Vater und ihr Ehemann nicht lange für sich und in Frieden trauern können. Nur Stunden nach ihrem Tod erfolgten bereits die ersten Störungen. (Barker 1994, 772)

Selbst aus diesem gekürzten Ausschnitt lässt sich erkennen, wie sich Barkers Prioritäten auswirken. Ihr Anliegen, die Brontës im Sinne historischer Faktentreue mit „eigenen Worten" (ebd., XX) sprechen zu lassen, wird klar, wenn sie direkte Zitate aus den Briefen in ihrem Text vollständig wiedergibt und sogar deren originale Orthographie beibehält (vgl. die englische Fassung). Im Vergleich zu früheren Biographien vermeidet es Barker, den Tod in ein Erzählmuster, einen ‚Plot', einzubetten; in ihrem Verweis auf „erste Störungen" wird ihr Interesse an der Zeit nach Brontës Tod, an den Anfängen des ‚Brontë-Mythos' offensichtlich. Die Wörter, die sie zur Beschreibung von Charlottes Vater und ihrem Ehemann verwendet – „Würde", „Noblesse", „in ihrem Kummer vereint" –, weisen auf ein zentrales Anliegen: die Rehabilitierung der Männer im Leben der Brontë-Schwestern.

Barker macht sich in ihrer Biographie daran, den Mythos, dass die Brontë-Schwestern „Absolventinnen einer Schule des Unglücks" (ebd., XVIII–XIX) waren, zu demontieren. Da sich dieser Mythos auf negative Schilderungen von Patrick und Branwell Brontë sowie von Charlottes Ehemann Arthur Nicholls stützt und diese gleichzeitig weiterträgt, bemüht sich Barkers entmythologisierende Darstellung, positivere Porträts dieser Männer zu entwerfen. Sie erreicht das durch unterschiedliche Mittel, hauptsächlich durch eine akribische Untersuchung bislang ungenutzter Quellen wie zum Beispiel der zeitgenössischen regionalen Presse. Die daraus resultierende Erzählung hinterlässt beim Leser oder der Leserin wenig Zweifel, dass das überkommene Bild der Brontës verzerrt war und dass die Familie von Charlottes Tod an einer Mythenbildung ausgesetzt war, wenn nicht sogar schon vorher – eine Schlussfolgerung, der Miller (2001) und Stoneman (2002) weiter nachgegangen sind. Doch Barkers Engagement für eine Rehabilitierung der männlichen Familienmitglieder hat seinen Preis. Ihr Glaube an gewissenhafte Forschung und Treue zum historischen Detail als ausreichende Korrektive verhindert nicht, dass sie einige Faktoren unterbewertet. So bleibt ihre Darstellung in Bezug auf drei Aspekte problematisch; es sind dies erstens die Bedeutung des literarischen Werkes in einer Schriftstellerbiographie, zweitens die Möglichkeit, dass die Korrekturabsicht selbst eine verzerrende Perspektive bewirkt, drittens die Einsichten, welche die Gender-Theorie zur Verfügung stellt.

1. Der Ort des literarischen Werks in einer Schriftstellerbiographie

Ein Teil von Barkers Korrekturversuchen bezieht sich auf das allzu große Vertrauen früherer Biographien in die Aussagekraft des literarischen Werkes der Brontës als Schlüssel zu ihrem Leben. Im Hinblick auf die spärlichen Primärquellen besonders zu Emily und Anne kritisiert Barker die Tendenz der Biographen, auf literarische Analysen zurückzugreifen, um „die Lücken zu füllen" (Barker 1994, XVIII).

> Es ist ein subjektives und fast immer sinnloses Unterfangen, die fiktionalen Texte der Brontës auf der Suche nach irgendeiner in der Tiefe verborgenen autobiographischen Wahrheit zu durchforsten […]. Anhänger der Wörtlichkeit leiten die biographischen Tatsachen aus der Fiktion der Brontës ab, die sie konsequent als autobiographisch betrachten. (Ebd., XVIIIf.)

Biographistische Trugschlüsse wirken dem biographischen Verständnis und der literarischen Analyse gleichermaßen entgegen. Dennoch ist an Barkers Darstellung bemerkenswert, wie wenig Aufmerksamkeit sie den Werken der Brontës widmet. *The Brontës* umfasst inklusive Anhang mehr als tausend Seiten; abgesehen von einigen verstreuten Bemerkungen zur Rezeptionsgeschichte und zur Verwandtschaft zwischen *Wuthering Heights* und dem Frühwerk, widmet Barker jedoch der Auseinandersetzung mit Emily Brontës einzigem Roman nur beschränkten Raum (hauptsächlich auf den Seiten 500–502). Kurioserweise spiegelt dies eine Tradition in der Brontë-Biographik wider, sich auf das Leben auf Kosten des Werkes zu konzentrieren. Diese Tradition hat nach Miller ihre Wurzeln in Gaskells Vorgangsweise, ihre Leser zu ermutigen, „Charlotte als Frau, nicht als Autorin zu beurteilen" (Miller 2001, 75) – in direktem Widerspruch zu dem Wunsch, den Brontë während ihres Lebens äußerte, „als *Autorin*, nicht als Frau" beurteilt zu werden („to be judged as an author not as a woman"; zit. nach Barker 1994, 614). Bedenkt man die Geschichte der Brontë-Biographik seit Gaskell, so mutet es geradezu ironisch an, dass die Gender-neutrale Perspektive, die Barker für ihren post-feministischen Zugang beansprucht, sie nicht davon abhält, das Werk hinter dem Leben verschwinden zu lassen.

2. Der Korrektur-Antrieb als verzerrende Perspektive

Die Rehabilitierung der Männer – von Branwell, Patrick und Arthur Nicholls – erfolgt ebenfalls auf der Basis früherer Verzeichnungen: Als folgte sie dem ersten Hauptsatz der Thermodynamik, scheint auch persönliche Verunglimpfung nicht aus der Welt geschafft, sondern lediglich umgewandelt werden zu können. Barkers Absicht, „den Staub" von den Namen der Männer „zu wischen" (ebd., XX), wird oft auf Kosten von Charlotte und ihrer Freundin Ellen Nussey verwirklicht. Häufig ist Charlotte gegenüber eine Unnachsichtigkeit zu bemerken, die an Feindseligkeit grenzt, und Nussey wird durch Adjektive wie „hinterlistig" (285), „boshaft" (790), „verschlagen" (648) und „Gift versprühend" (773) gekennzeichnet. Damit soll nicht behauptet werden, dass die Biographik überhaupt auf wertende Attribute verzichten könnte oder gar sollte, aber aufgrund der zentralen Funktion, die dieser sprachliche Bereich bei Charakterisierungen spielt, ist besondere Sorgfalt von Seiten der Biographen und besondere Aufmerksamkeit von Seiten der Leser vonnöten. Barker behauptet, dass Brontë „unfähig gewesen zu sein scheint, die Vorteile zu würdigen, die sie hatte – darunter auch ein komfortables Zuhause" (448). An anderer Stelle wird sie als „gehässig" (360), „rücksichtslos" (363), „egoistisch" (363) charakterisiert; letzteres Adjektiv ist besonders problematisch, wenn es auf Brontës „egoistisches Streben nach Bildung" (383) angewandt wird. Charlotte Brontës so genanntes „Roe Head Journal" aus dem Jahre 1836 (als sie in der Roe Head School als Lehrerin tätig war) enthält eine eindrucksvolle Darstellung gehemmter Kreativität:

> Ich fühlte, dass der vage Eindruck dieses Moments sich besser als alles, was ich je zuvor hervorgebracht hatte, in einer Erzählung niedergeschlagen hätte – wenn ich Zeit gehabt hätte, ihm nachzugeben. Aber gerade dann kam irgendein Trottel mit einer Unterrichtsaufgabe daher. Ich dachte, ich müsste mich übergeben. (Zit. nach ebd., 255)

Dieser Blick auf jenen Moment, in dem ein schöpferischer Vorgang durch die Anforderungen des täglichen Lebens im Keim erstickt wird, gibt Einblick in die schwer fassbaren Wechselbeziehungen zwischen Leben und Werk, von denen Schriftstellerbiographien angetrieben werden. Barker charakterisiert die Stelle als „unwirschen Ausbruch", der für Charlottes Groll gegenüber ihrer Tätigkeit als Lehrerin typisch sei. (Ebd., 254f.)

3. Post-feministische oder Gender-neutrale Biographie

Barkers Zurückweisung sowohl des sentimental-romantischen Mythos von der ‚armen Charlotte' als auch seiner feministischen Neuformulierung als *Quest*-Geschichte mit tragischem Ausgang ermöglicht zwar eine neue Perspektive, aber sie lässt das Erklärungspotential der Gender-Theorie ungenutzt. Ihre Entscheidung, die Schwestern und deren Bruder ausdrücklich als gleichwertig zu behandeln, führt zu einigen fragwürdigen Schlussfolgerungen. Zum Beispiel wird Charlotte Brontës unerfüllte Liebe zu ihrem Lehrer in Brüssel in direkte Analogie zur Affäre ihres Bruders Branwell mit der Mutter eines Schülers gesetzt. (Vgl. ebd., 470–472) Kaum beachtet werden dabei die völlig unterschiedliche Struktur des männlichen und weiblichen sexuellen Begehrens in der viktorianischen Kultur, die unterschiedlichen Möglichkeiten, dieses Begehren auszudrücken und auszuleben, oder der alle Bereiche erfassende Einfluss sozialer Hierarchien auf derartige Beziehungen. Stillschweigende Voraussetzung für Barkers Beurteilung der Erfahrungen, welche die Geschwister in ihren bürgerlichen Berufen und bei ihren literarischen Veröffentlichungen machten, ist ein Gender-neutrales Modell erfolgreicher Sozialisation. Diese kulminiert in einer Karriere, angetrieben von einem spezifischen Gefühl für die Pflicht, eine Anstellung zu finden und das Beste aus den eigenen Möglichkeiten zu machen – ein Modell, das eher dem späten 20. und dem 21. Jahrhundert als der Mitte des 19. angemessen ist.

Die beharrliche Ablehnung des Handlungsschemas ‚Plots') von der ‚armen Charlotte' führt Barker dazu, ein alternatives Erzählmodell anzuwenden, das zeitweise wie die Geschichte vom ‚armen Branwell' erscheint. Charlotte werden Motivationen und Haltungen lediglich auf der Grundlage eines Mangels an Beweisen zugeschrieben. Auf diese Weise kommt es zur Behauptung, Branwells Leiden sei für sie „immer bedeutungsloser" (ebd., 551) geworden. Charlotte wird nachgesagt, sich der immer offenkundiger werdenden Tragödie „überhaupt nicht bewusst gewesen" zu sein (ebd., 564); nach dem Tod ihres Bruders habe sie, anders als ihr Vater, nicht an „[Branwells] Qualitäten denken" können, „ohne sie mit seinen Schwächen in Verbindung zu bringen" (ebd., 649). Der Impuls, ein Vorurteil abzubauen, erzeugt ein neues, indem er die Biographin dazu führt, Möglichkeiten, welche die dokumentierte Überlieferung zuließe, außer Acht zu lassen und bestehende Lücken entsprechend einem spezifischen Handlungsschema zu füllen. Barker lässt keine alternativen Erklärungen hinsichtlich Charlottes Reaktion auf Branwells Schande zu (und wiederholt darin das Urteil einer auffallend feindseligen Biographie von E.F. Benson aus dem Jahre 1932, derzufolge Charlotte über Branwells Zusammenbruch „weder irgendein Gefühl persönlichen Bedauerns empfand noch wenigstens dessen Anschein erweckte"; zit. nach Peters 1979, 207).

Kann die Biographin wirklich den Anspruch erheben, auf der Basis von im Archiv aufbewahrten Zeugnissen zu wissen, welche Gefühle Charlotte Brontë beim Niedergang ihres Bruders empfand? Vielleicht war sie nicht in der Lage, außer kurzen und kritischen Bemerkungen allzu viel darüber zu schreiben. Der Druck gesellschaftlicher Ehrbarkeit könnte sie darin eingeschränkt haben, ihre Reaktionen im Rahmen der persönlichen Korrespondenz zu artikulieren; oder sie mag in der Tat mit wesentlich mehr Mitgefühl reagiert haben, jedoch auf eine Art, die uns nicht überliefert ist, im Bereich gesprochener Interaktion oder in Briefen, die verloren gingen. (Die Brontë-Biographik wurde zum Beispiel durch den Umstand behindert, dass der Briefwechsel mit Charlottes unkonventioneller Freundin Mary Taylor vernichtet wurde.) Das Archivwissen der Biographin lässt sich, wenn überhaupt, nur in indirektes und unvollständiges Wissen über die Gefühle ihres biographischen Objekts übertragen, und dieser Übertragungsprozess wird mehr oder weniger bewusst durch ein Handlungsschema angeleitet, das ihm einen Rahmen vorgibt. In diesem Fall scheint es, dass der von Barker verfolgte revisionistische Handlungsrahmen das Risiko in sich birgt, die Unvollständigkeit des Archivs zu übersehen und Schlussfolgerungen aus Charlotte Brontës Schweigen zu ziehen, auch wenn es zufällig zustande gekommen ist.

Meine Analyse von Barkers Arbeit versuchte zu erhellen, auf welche Weise korrektive Biographik zum bloßen Negativ des Mythos werden kann, den zu zerstören sie angetreten ist: Die bestrittene Darstellung bleibt der revidierten eingeschrieben. Ebenso zeigt sich die Gender-Problematik in biographischen Darstellungen sogar – und vielleicht besonders nachdrücklich – dort, wo sie geleugnet wird. Phyllis Rose hat diesen Punkt in ihren Bemerkungen zu Gordon Haights George-Eliot-Biographie aus dem Jahr 1968 untersucht; sie meint, dass Haight trotz allen Detailreichtums, den er bietet, durch unüberprüfte Vorurteile hinsichtlich Fragen der Gender-Identität, auf die sich seine Darstellung stützt, seinen Anspruch auf Objektivität entwertet. Besonders aufschlussreich sei, wie sehr Haight auf Eliots emotionaler Abhängigkeit beharre. Rose bemerkt dazu: „Dass George Eliot jemanden brauchte, an den sie sich anlehnen konnte, wird als neutrale Beobachtung ausgegeben. Aber es gibt keine Neutralität. Es gibt nur größeres oder geringeres Bewusstsein der eigenen Voreingenommenheit." (Zit. nach Heilbrun 1988, 30)

Die Suche nach einer Gender-neutralen biographischen Erzählung unterscheidet sich entsprechend ihrer historischen Position als prä- (Haight) oder post-feministisch (Barker) deutlich in Bezug auf die jeweilige Motivation bzw. Selbstwahrnehmung. Trotzdem sind die Ergebnisse in beiden Fällen in mancher Hinsicht ähnlich. Durch den gewissenhaften Einsatz des Archivs entsteht eine historisch präzise Erzählung, die freilich zeitweise vom Detail überwuchert wird. Von einem solchen Zugang wird angenommen, dass er Neutralität garantiert, indem er ein Korrektiv für vorangegangene Verzerrungen zur Verfügung stellt. (Vgl. Nadel 1984, 97) Aber dennoch war „Gender stets im Spiel, die ganze Zeit" (Peters 1979, 203). Trotz ihrer Ablehnung des Schemas von der ‚armen Charlotte' in ihren sentimental-viktorianischen und feministischen Verkleidungen gelingt es Barker nicht, den Konventionen einer von Gender bestimmten Darstellung zu entkommen. Ihre Charakterisierungen von Brontë und Nussey beziehen sich auf eine lange Darstellungstradition: Die bösartige, aburteilende, alleinstehende Frau ist nichts anderes als die lieblose alte Jungfer aus dem misogynen Mythos.

Laut Ute Frevert ist das Verhältnis zwischen der feministischen und der traditionellen Geschichtsschreibung nicht von Komplementarität, sondern von Transformation gekennzeichnet. (Vgl. Frevert 1992, 120f.) Gleiches gilt für die Biographik. In der Nachfolge jener biographischen Arbeit, die im späten 20. Jahrhundert als bewusster Beitrag zur feministischen Kulturanalyse geleistet wurde, kann sich die post-feministische Biographik in Opposition zu feministischen Positionen definieren, wie das Barker tut (Barker 1994, XVIII), oder sie kann sich darum bemühen, diese in ihren eigenen Zugang zu integrieren; sie kann versuchen, gegen den feministischen Mythos zu arbeiten oder aber den Anwendungsbereich von Gender-theoretisch abgestützter Analyse zu vergrößern. Jede Lebensbeschreibung ist auch die Beschreibung eines Gender-bestimmten Lebens, das innerhalb eines sich verändernden kulturellen und sozialen Sex-Gender-Systems durch die Übernahme, Abwehr oder Internalisierung von nach Gender-Kriterien festgeschriebenen Handlungsschemata geführt wird.

Aus dem Englischen von Manfred Mittermayer

Verwendete Literatur
Barker 1994 = Juliet Barker: The Brontës. London: Weidenfeld & Nicolson 1994.
Benson 1932 = E. F. Benson: Charlotte Brontë. London: Longmans 1932.
Booth 1991 = Alison Booth: Biographical Criticism and the ‚Great' Women of Letters. The Example of George Eliot and Virginia Woolf. In: Contesting the Subject. Essays in the Postmodern Theory and Practice of Biography and Biographical Criticism. Hg. von William H. Epstein. West Lafayette: Purdue University Press 1991, S. 85–107.
de Lauretis 1987 = Teresa de Lauretis: Technologies of gender. Essays on theory, film, and fiction. Bloomington: Indiana University Press 1987.
Crompton 1955 = Margaret Crompton: Passionate Search. A Life of Charlotte Brontë. London: Cassell 1955.
Dooley 1920 = Lucile Dooley: Psychoanalysis of Charlotte Brontë as a Type of the Woman of Genius. In: American Journal of Psychology 31 (July 1920), H. 3, S. 221–272.
Epstein 1987 = William Epstein: Recognizing Biography. Philadelphia: University of Pennsylvania Press 1987.
Frevert 1992 = Ute Frevert: Geschichte als Geschlechtergeschichte? Zur Bedeutung des ‚weiblichen Blicks' für die Wahrnehmung von Geschichte. In: Saeculum 43 (1992), S. 108–123.
Gaskell 1857 = Elizabeth Gaskell: The Life of Charlotte Brontë. London: Smith, Elder & Co. 1857.
Gérin 1967 = Winifred Gérin: Charlotte Brontë. The Evolution of Genius. Oxford: Clarendon 1967.
Gordon 1994 = Lyndall Gordon: Charlotte Brontë. A Passionate Life. London: Chatto & Windus 1994.
Haight 1968 = Gordon Haight: George Eliot. A Biography [1968]. London: Penguin 1985.
Heilbrun 1988 = Carolyn Heilbrun: Writing a Woman's Life. New York: Ballantine Books 1988.
Holmes 2002 = Richard Holmes: The Proper Study. In: Mapping Lives. The Uses of Biography. Hg. von Peter France und William St Clair. Oxford: Oxford University Press 2002, S. 7–19.
Hornstein 1994 = Gail A. Hornstein: The ethics of ambiguity. Feminists writing women's lives. In: Women creating lives: identities, resilience, and resistance. Hg. von Carol Franz und Abigail Stewart Boulder. Colorado: Westview Press 1994, S. 51–68.

Lee 1997 = Hermione Lee: Virginia Woolf. London: Vintage 1997.
Lee 2005 = Hermione Lee: Jane Austen Faints. In: Dies.: Body Parts. Essays in Life-Writing. London: Chatto & Windus 2005, S. 64–85.
Maihofer 2006 = Andrea Maihofer: Subjekt – Identität – Geschlecht. Vortrag, gehalten am Referat Genderforschung der Universität Wien, 28.3.2006.
Miller 2001 = Lucasta Miller: The Brontë Myth. London: Jonathan Cape 2001.
Minnich 1985 = Elizabeth Kamarch Minnich: Friendship Between Women: The Act of Feminist Biography. In: Feminist Studies 11 (1985), S. 287–305.
Moglen 1976 = Helene Moglen: Charlotte Brontë. The Self Conceived. New York: Norton 1976.
Nadel 1984 = Ira Bruce Nadel: Biography. Fiction, Fact and Form. New York: St Martin's Press 1984.
O'Brien 1991 = Sharon O'Brien: Feminist Theory and Literary Biography. In: Contesting the Subject. Essays in the Postmodern Theory and Practice of Biography and Biographical Criticism. Hg. von William Epstein. West Lafayette: Purdue University Press 1991, S. 123–133.
Peters 1975 = Margot Peters: Unquiet Soul. A Biography of Charlotte Brontë. London: Hodder and Stoughton 1975.
Peters 1979 = Margot Peters: Biographies of Women. In: Biography 2 (1979), S. 201–217.
Quilligan 1988 = Maureen Quilligan: Rewriting History: The Difference of Feminist Biography. In: Yale Review 77 (1988), S. 259–286.
Redinger 1975 = Ruby Redinger: George Eliot. The Emergent Self. New York: Knopf 1975.
Reulecke 1993 = Anne-Kathrin Reulecke: „Die Nase der Lady Hester". Überlegungen zum Verhältnis von Biographie und Geschlechterdifferenz. In: Biographie als Geschichte. Hg. von Hedwig Röckelein. Tübingen: edition diskord 1993, S. 117–142.
Stanley 1992 = Liz Stanley: The Auto/biographical I: The Theory and Practice of Feminist Auto/biography. Manchester: Manchester University Press 1992.
Stoneman 2002 = Patsy Stoneman: The Brontë Myth. In: The Cambridge Companion to the Brontës. Hg. von Heather Glen. Cambridge: Cambridge University Press 2002, S. 214–241.
Tomalin 1997 = Claire Tomalin: Jane Austen. A Life. London: Viking 1997.

Biographie als Pathographie
Lebens- und Fallgeschichten zum Geschlechtswechsel

Von Annette Runte

dupes of gender (Meyerowitz 2004, 12)

Sandwich-Diskurse: Spiegel oder Maske?
Zu Anfang des 18. Jahrhunderts berichtete François Gayot de Pitaval über den merkwürdigen Fall des Advokatensohns Pierre Aymon Dumoret, der sich in ein kleines Dorf zurückzog, um als fromme Spinnerin der Pflege seiner Weiblichkeit zu frönen. „Man sah sie viel Zeit vor dem Spiegel verbringen, damit beschäftigt, ihre Frisur zu ordnen und ihrem Bilde zuzurufen: ‚Ist das Fräulein nicht hübsch?' Erwiderte man, dass ihr Bartwuchs dem widerspreche, antwortete [sie], man solle ihn geflissentlich übersehen, denn auch die Natur schmücke Blumen zuweilen mit unpassenden Blüten." (Zit. nach Steinberg 2001, 94f.) Dumoret glaubte sogar, schwanger zu sein, doch hielt der Chronist seine Einbildungen vor allem deshalb für verrückt, weil Dumoret damit sein männliches Privileg preisgebe: „Welches Weib klagt nicht über die ihm auferlegte Unmündigkeit?" (Zit. nach ebd., 92) Im Gegensatz zu den Viten von *passing women*, die ihr Geschlecht mit der Kleidung tauschten, enthält Pitavals Memorabile bereits das Moment einer tiefer reichenden Identifikation. Daher fragt es sich, ob die beiden Möglichkeitsbedingungen für das spätere Auftauchen eines Wunsches nach Geschlechtsumwandlung, nämlich dessen klinische Diskursivierung und die Entwicklung einer medizinischen Operationstechnologie (vgl. Runte 1996), ausreichen, um die Spezifität eines Begehrens zu erfassen, dessen Verwirklichung Einsicht in kulturelle Konstruktionsprozesse gewährt.

Im Folgenden möchte ich der Entstehung eines im doppelten Sinne ambigen ‚Genres' nachgehen, insbesondere der Korrespondenz zwischen geschlechtlichen Übergangsformen und deren Artikulation im Texttyp des *vécu*, einer Heterobiographie in der Ichform (vgl. Lejeune 1980, 236). In dieser ist die Rede eines *auto*biographischen Subjekts immer schon mit jener des sie aufzeichnenden *biographischen* (Ko-)Autors unentwirrbar verquickt. Aber wen kümmert's noch, wer spricht? Aus diskurshistorischer Perspektive ist das textgenetische Dilemma, den Anteil der *ghostwriter* nicht identifizieren zu können, kaum relevant, weil Transsexuellen-Bekenntnisse, die inzwischen unter Titeln wie *Im falschen Körper gefangen, Grenzübertritt* oder *Frau werden* erscheinen, an einer Diskursformation teilhaben, die Subjekteffekte allererst bewirkt. Beruhte die Wechselkonstitution von Lebens- und Fallgeschichten bereits auf der Verschränkung medizinischer mit literarischen Diskursen, sind aktuelle Selbstzeugnisse durch eine stumme Stimme geprägt, die allenfalls als Name auf dem Buchdeckel figuriert. Obwohl die mündliche Produktion also im schriftlichen Produkt verschwindet, wird die Transformation eines unterstellten Ursprungstextes zum spurlosen Aufgehen im anderen Geschlecht, von dem die Selbstenthüllung indes zeugt. Dem paradoxen Imperativ, ‚endlich das zu werden, was man schon immer gewesen ist', entspräche also die widersprüchliche Interferenz zweier Phantomtexte: So wäre eine Bauchrednerei, die als Gespenst der ‚richtigen Seele im falschen Körper' laut wird, Indiz der Unreinheit einer Gattung, deren populäre Zweckformen die Selbstbeobachtung des psychologischen Romans nach dem Muster Karl Philip Moritz' auf ein Wieder(v)erkennen reduziert. Die Serie transsexueller Narrationen weist nicht nur besondere Regelmäßigkeiten, sondern auch signifikante Diskontinuitäten auf. Doch die zunehmende Normalisierung des transsexuellen *gender breakdown* verläuft nicht unbedingt „from life to text to life" (Prosser 1998, 125). Nicht der Übersprung vom Körper zur Schrift, sondern deren mehrfach überdeterminierter *sandwich*-Charakter macht aus dem mimetischen Spiegel eine opake Maske.

Lebensgeschichten als Fallgeschichten und vice versa
Die Durchsetzung eines Zwei-Geschlechter-Systems im Zuge der funktionalen Ausdifferenzierung der Gesellschaft erforderte nicht nur den epistemischen Ausschluss monströser Uneindeutigkeiten, wie der Artikel „Hermaphrodite" aus der *Encyclopédie* bekundet, sondern damit auch die Annahme einer ‚Wahrheit' des Geschlechts; deren empirisches Korrelat wird unter den Prämissen der ‚Erfahrungsseelenkunde' zur möglichen Normabweichung narrativiert. So wie die Figur des Homosexuellen im 19. Jahrhundert aus der Trope des Zwitters hervorging, entstand Transsexualität mit der Paradoxierung dieser Figur.

Indem der ärztliche Blick das Unsagbare platonischer Liebe als Sodomie zur Sprache brachte, provozierte er die Perversion seiner Lektüre. „Süßkind Blank war ein passiver Päderast ohne die geringste Bildungsabweichung der Geschlechtstheile", stellte der Kreis-Physicus Hieronymus Fraenkel 1853 fest, doch habe er „die Meinung zu verbreiten gewusst, dass er ein Zwitter oder gar ein vollständiges Weib" sei. Da der „steckbrieflich" Gesuchte, der junge Soldaten verführte, beim Transport ins Gefängnis Selbstmord beging, indem er von einer Brücke sprang, war seine Leiche für die Obduktion unbrauchbar. Den amtsärztlichen Bericht, der die Vita des Täters zur Jagd auf ein Opfer verkürzt, las der Jurist Karl Heinrich Ulrichs später polemisch gegen den Strich. Hatte der Gerichtsmediziner noch behauptet, die „läppische Affectation" eines israelitischen Gardinenaufsteckers sei diesem „allmählich zur anderen Natur" (Fraenkel 1853, 102f.) geworden, entgegnet sein Verteidiger: „War ohne Zweifel ursprüngliche Natur." Woher rührten denn feminine Wesens- und Lebensart, wenn nicht „von einer in ihm wohnenden weiblichen Natur"? (Ulrichs 1864, 16) Indem sich der Akzent vom Verhalten aufs Wesen verschiebt, lässt sich sexuelle durch geschlechtliche Verkehrung rechtfertigen. ‚Eine weibliche Seele im männlichen Körper' – übrigens weniger oft umgekehrt – lautet noch heute die Zauberformel eines vergeschlechtlichten Substanzendualismus.

In Richard von Krafft-Ebings *Psychopathia sexualis* (1886ff.) erzeugt die duale Topik romantisierte Abenteuerromane. Sein wohl berühmtester Fall, die ungarische Gräfin Sandor/Sarolta Vay, die sich mit einer Frau verheiratete, entstammt einem „altadeligen" Geschlecht, in dem „Exzentrizität Familieneigentümlichkeit" war. Die „Marotte des Vaters" bestand darin, dass er seine Tochter „als Knaben erzog" und sie sogar ins „Lupanar" mitnahm, während er seinen Sohn „in Weiberkleider[n] steckte". (Krafft-Ebing 1984, 320f.) Trotz dieser pädagogischen Zurichtung diagnostiziert die medizinische Exploration eine „angeborene krankhafte" Verkehrung des Geschlechtstriebs. Im genealogisch motivierten Geschlechtertausch wird Natur mit Kultur gekreuzt. Kommt das ‚Mannweib' nur im Plädoyer zu Wort, bleiben auch die Protagonisten der sexualwissenschaftlich inspirierten Unterhaltungsliteratur zunächst sprachlos. In Adolphe Belots Roman *Mlle Giraud, ma femme* (1869) wird die lesbische Ehefrau im Gespräch des Gatten mit dem Arzt zum abwesenden Gegenstand medizinischer Belehrung. Die systematisierte Kasuistik aber, mit der sich Krafft-Ebing an Fachkollegen wendet, erhält ihr Echo von jenem Laienpublikum, das die Fallgeschichten, in denen es sich ratsuchend wiederfindet, bei jeder Neuauflage vermehrt. Dadurch dass sich die Normalisierung der Betroffenen – in der Expertenrede als Verzerrung durch die Experten – in der Betroffenenrede wiederholt, ergibt sich eine Spirale der Redundanz, die sich als Symptomatik pathologisieren lässt. In dem Maße nämlich, wie der Spezialistenkommentar den Patien-

Die ‚Mann-zu-Frau'-Transsexuelle Dr. Waltraud Schiffels, die als Germanist Walter Schiffels bei Prof. Helmut Kreuzer (†), einem der Gründerväter der Universität Siegen, promovierte.

tenäußerungen Konsistenz verleiht, ordnen sich diese ihrer wissenschaftlichen Klassifikation freiwillig unter. Die „Weiberfleischwerdung" (Hirschfeld 1910, 64) eines in sein travestiertes Konterfei verliebten Sonderlings wird zur „seelische[n] Doppelgeschlechtlichkeit" (ebd., 274), die ihr Träger aus einer hereditären Disposition ableitet. „Erklärt sich" jemand „seelisch für ein Weib", „erscheint" er dem Arzt „bei näherem Verkehr" „mädchenhaft timid". (Krafft-Ebing 1984, 291) Aus dem Zusammenspiel von Suggestion und Einfühlung ergibt sich ein gemeinsam konstruierter Erwartungshorizont. Doch behält der medizinische Diskurs Definitionsmacht. Mit „Inklination für Knabensport" erweckt eine unter „Defeminatio" leidende Frau den „Eindruck eines in Weiberkleidern steckenden Mannes". (Ebd., 250) Auf der nächsthöheren Stufe ausgeprägter „Viraginität" wird der gleichen Impression (ebd., 315) bereits eine Kindheitsgeschichte unterlegt: „Schon als kleines Mädchen […] Sinn für Schießen und Militärmusik" (ebd., 316). Die Narrativierung folgt mythisierenden Geboten: „In amazonenhaften Neigungen [tut] sich die männliche Seele im weiblichen Busen kund" (ebd., 302). Unter den Vorzeichen einer *folie à deux* gipfelt die klinische Hagiographie devianter Helden und Märtyrer im Picaro-Roman.

Der zeitgenössische bildungsbürgerliche Fundus speist wissenschaftliche Kategorisierung wie biographische Anekdotisierung. Vergleicht sich ein Fin de Siècle-Zwitter mit Achill, hält eine psychiatrische Studie der 1930er Jahre die Minnesänger für effeminiert. (Vgl. Masson 1935, 14)

Während die Sexualpathologie die Weltliteratur nach Fällen durchforstet, appliziert sie selbst literarische Modelle und macht aus der *Gynander*, der virilisierten *femme fatale* französischer Dekadenzromane, einen exotischen *terminus technicus* für ‚zerebralen Hermaphroditismus'. Dabei bedient sich die Taxonomie einer quantifizierenden Stufenleiter, deren Sprossen aus akkumulierten Verstößen gegen Geschlechterstereotype bestehen. Auch wenn die Geschlechtswahrnehmung substanzialistische Voraussetzungen verstört, bleibt die Evaluation der Befunde stets an eine ausdrucks- bzw. abbildtheoretische Repräsentationslogik gebunden: „Ein nicht unschönes, intelligentes Gesicht, das [...] ein ganz entschieden männliches Gepräge hatte [...]! Fiel es doch selbst den Gerichtsärzten schwer, [...] immer gegenwärtig zu haben, dass es sich um eine Dame handelt, während der Verkehr mit dem Manne [...] viel ungezwungener [...] von statten" ging. (Krafft-Ebing 1984, 320–325)

Obwohl der Sexualreformer Magnus Hirschfeld dem ‚dritten Geschlecht' das Wort erteilt, geht er über die Eigenart der Phantasmen und ihre poetische Qualität einfach hinweg. Er überhört das Unerhörte, etwa einer Sexualität im Dienste des Geschlechts. So erträgt ein Transvestit die eheliche Pflicht nur, wenn seine Frau „ihre Nägel in [seine] Ohrläppchen presst und in [ihm] das Gefühl hervorruft, als besäße [er] Ohrgehänge" (Hirschfeld 1910, 28f.). Statt hinter der „imaginäre[n] Partnerin" die ödipale Mutter-Imago zu suchen (Binder 1933, 103), verstärken Betroffene die Bildmagie mithilfe sprachlicher Bilder: „Ich hatte damals die Neigung, auf ein Stück Papier Sätze zu schreiben wie: ‚I am a very fine young lady'" und Worte wie „Hirschkuh" oder „Stute", aber auch ein Vers aus dem Lied „Nun danket alle Gott" und eine Stelle aus Immermanns *Oberhof* „erregten mich". (Hirschfeld 1910, 62ff.)

Da der geschlechtliche Paradigmenwechsel um 1900 auf der Ersetzung einer exklusiven Binäropposition durch ein positivistisches Kontinuum beruht, löst sich die Geschlechterdifferenz in eine Unzahl von Graduierungsmöglichkeiten auf, die durch die Kombination heterogener Merkmale zustande kommen. Doch wenn in extremis jedem Individuum seine eigene ‚Zwischenstufe' entspräche, wäre Singularität allein in jener lebensgeschichtlichen Kontingenz zu fassen, deren fallgeschichtliche Schematisierung sie wieder vereitelt.

Von der Patho- zur Biographik: Medikalisierung des Geschlechtswechsels
Während effeminierte Homosexuelle ihre Selbstzeugnisse noch im Schutz einer Herausgeber-Fiktion veröffentlichen, meist als postumes Geständnis eines angeblichen Selbstmörders, stehen die autonom publizierten Bekenntnisse virilisierter Frauen im Zeichen körperlichen Zwittertums. Anna Laabs, die das Pseudonym „N.O.Body" wählt, um damit ihre geschlechtliche Ortlosigkeit auszudrücken, berichtet „aus eines Mannes Mädchenjahren". Obwohl die Geschichte eines Geschlechtsbestimmungsirrtums in dokumentarischem Stil verfasst ist, garantieren medizinische Vor- und Nachworte die Authentizität eines „zwischen Komik und Tragik sich windenden Roman[s]" (Body 1907, 9) im vorausgeschickten Appell an seine Autorin: „Schreiben Sie's genau so nieder, wie Sie's mir erzählt haben. Füllen Sie die Lücken Ihres Gedächtnisses nicht mit [...] Phantasterei aus [...]. Predigen Sie nicht und greifen Sie nicht an. Erzählen Sie: So war mein Leben." (Ebd., 12) Der Imperativ quasi-mündlicher Verschriftlichung folgt der aufklärerischen Absicht, nur wirklich „Erlebtes" (ebd., 7) aufzuzeichnen. Aber die Insistenz auf Wahrheitstreue überspielt das Dilemma, „als Knabe geboren, [aber] als Mädchen erzogen" worden zu sein (ebd., 16).

Indem die Krankengeschichte die autobiographische Dreiteilung von Erinnern, Erzählen und Interpretieren als Trias von Anamnese, Diagnose und Therapie übernimmt, entfaltet die narrative Performanz eine argumentativ wirksame Dialektik zwischen Besonderem und Allgemeinem. Ein Musterbeispiel für den deduktiven Charakter der induktiven Methode ist der 1916 publizierte „Fall von Geschlechtsumwandlungstrieb", anhand dessen Max Marcuse Biographeme sortiert, um Transsexualität erstmals von Travestie abzusetzen: „Der Drang zur Umwandlung des Geschlechtes reicht bis in die Kindheit zurück" und „erstreckt sich auf das körperliche, psychische und soziale Gebiet". (Marcuse 1916, 181f.) Obwohl damit ein Muster für spätere Lebensläufe vorliegt, wird die „Hoffnung" des Kranken, die von der Presse kolportierte „Verweiblichung eines Damhirsches" (ebd., 176) auf sich übertragen zu dürfen, noch enttäuscht. Wenig später verwirklichte sich der ‚androgyne Wahn' (Hirschfeld). Denn Hormontheorien, die die Grenze zwischen den Geschlechtern wiederherstellten (vgl. Runte 2001), sahen sich auf Experimente am Menschen angewiesen. Der deterministische Zirkel, der darin bestand, die Biologie für jenes soziale Verhalten verantwortlich zu machen, dessen Ausdruck sie doch sein sollte, bewirkte ein semiotisches Gleiten vom äußeren zum inneren Geschlecht. Doch erst die plastische Chirurgie morphologischer ‚Angleichung' schuf das analogische Zeichen dafür.

Auto/Biographische Archetypen

Im meines Erachtens ersten autobiographischen Dokument zu einer Geschlechtsumwandlung, der „Lebensbeichte" des dänischen Malers Einar Wegener, den man 1930 in Dresden zu „Lili Elbe" umschuf, wird am Zwitter-Argument festgehalten. Niels Hoyer, der Freund der postoperativ Verstorbenen, publizierte deren Aufzeichnungen unter dem Titel *Ein Mensch wechselt sein Geschlecht* in Buchform. Die Biographie, der Beweisstücke wie zum Beispiel Briefe, Fotos und Schriftproben beigefügt sind, geht am existenziellen Wendepunkt in eine Autobiographie über. Betrachtet ihr Herausgeber sich im Vorwort als bloßen Testamentsvollstrecker, ertönt die transsexuelle Stimme gleichsam ‚von jenseits des Grabes': „Lilis letztem Willen gemäß habe ich ihre hinterlassenen Aufzeichnungen zu diesem Buche gesammelt. Es ist ein wahrhaftiger Lebensbericht. [Ihr] Arzt [...] hat [ihn] gutgeheißen." (Elbe 1932, Vorwort) Auffälligerweise verzichtet diese *biographie romancée*, die zuweilen einem vitalistischen *Blut und Boden*-Jargon verfällt, auf die bereits vorhandenen entwicklungsgeschichtlichen Muster. Der Wunsch nach Verweiblichung wird durch den Zufall erweckt, als der Maler seiner Frau im Ballerinenkleid Modell sitzt. Macht der ‚nordische' Demiurg, dem Wegener sich anvertraut, der transvestitischen *Marivaudage* romantischer Doppelgängerei ein Ende, klingt dabei bereits der eugenische Unterton faschistoider Biopolitik an. Für die zwittrigen Organe, die nicht genug „Raum" hätten, sei es von Vorteil, dass ihr Träger sich feminin fühle, denn dadurch erhalte er die Chance, „neue, kräftige Ovarien" (ebd., 16) eingepflanzt zu bekommen.

Im Unterschied zur Fallgeschichte Hirschfelds, der Wegeners körperliches Zwittertum dementiert (vgl. Hirschfeld 1935, 96), entsteht das transsexuelle Verlangen aus der Dramatisierung eines Strindberg'schen Geschlechterkampfs, in dem das personifizierte Weibliche obsiegt. Der Maler erkennt, dass er „in einem Körper sowohl Mann wie [Frau] war, und [Letztere] dabei, die Überhand zu gewinnen" (Elbe 1932, 83). Das anzitierte Ideal platonischer Androgynie weicht dem Horror der ‚multiplen Persönlichkeit': „In meinem siechen Körper wohnten zwei Wesen, unverwandt miteinander, feindlich einander." (Ebd., 94f.) Verweist das masochistische Dispositiv auf jene ‚Feminisierung der Kultur', gegen die sich die geschlechtlich übercodierte Modernekritik damals wehrte, lebt deren Schimäre noch in den *mother blame*-Theorien der 1960er Jahre fort. Lili Elbe bescheidet sich mit einem *Tonio Kröger* nachempfundenen Nord/Süd-Gegensatz zwischen einem weichherzigen spanischen Vater und einer strengen dänischen Mutter. (Vgl. ebd., 202) Elbes ‚Schicksalstragödie' kennzeichnet ein doppelter Widerspruch: Einmal stellt sich Transsexualismus als jenes Zwittertum dar, als das ihn der medizinische Diskurs verkennend anerkennt; zum anderen wird die *auto*-biographische Rede nur im gesicherten Rahmen einer Biographie autorisiert, von der sie sich indes weder erzählerisch noch stilistisch unterscheidet. Dank einer meta-narrativen Schleife am Wendepunkt transsexueller Konversion wird die ‚Selbsterlebniserzählung', um einen Jean Paul'schen Begriff abzuwandeln, als Geschichte in der Geschichte nachgetragen. Am Vorabend der Operation bittet der Biograph seinen Freund, unter Anspielung auf die Freudsche *talking cure*, ihm seine Jugenderinnerungen zu erzählen. Mit dem Bekenntnis (in Ich-Form) erhält das Geständnis (in Er-Form) eine asymptotische *mise-en-abîme*-Struktur.

Diskursive Serie(n)

Während die amerikanische Populärkultur der 1930er Jahre die zweideutigen Geheimnisse medizinischer ‚Science Fiction' in *Confession Magazines* trivialisierte, hinkte die autobiographische Produktion hinter einer wissenschaftlichen Erfolgsgeschichte her, die im totalitaristischen Kontext zunächst im biopolitischen Arkanbereich verschwand. Kurz nach dem Zweiten Weltkrieg jedoch inszenierte sich Geschlechtsumwandlung dann als Presse-*Scoop*. Obwohl die sensationelle Schlagzeile von Christine Jorgensens Metamorphose („GI Becomes Blonde Beauty") 1953 um die ganze Welt ging, ließ ihre *Personal Autobiography* (1967), eine Huldigung an technische Machbarkeit, lange auf sich warten. Nachdem der ‚Fall Jorgensen' noch zum darwinistischen Paradebeispiel konstitutioneller Bisexualität werden konnte, hatte sich die theoretische Aufmerksamkeit in den 1960er Jahren bereits vom Körper auf die Psyche verlagert. Denn die Einsicht in die Wirksamkeit des Erziehungsgeschlechts bei Zwittern einerseits und dessen völlige Unwirksamkeit bei Transsexuellen andererseits führte zur Annahme einer von der ‚sexuellen' zu unterscheidenden ‚geschlechtlichen Identität'. (Vgl. Stoller 1968) Dieses psychologische Konstrukt taucht dann mit Verzögerung auch in den zunehmend vom fallgeschichtlichen Rahmen befreiten Lebensgeschichten auf. Jedoch verabschiedete sich das „transsexuelle Phänomen" erst mit Harry Benjamins gleichnamigem Pionierwerk (1966) von seinen (homo)erotischen Konnotationen. Es bedurfte aber noch der Popularisierung des Fachdiskurses, bevor ‚affekt-engagierte' Betroffenheitsentwürfe das transsexuelle Syndrom als autonome Identitätsproblematik darzustellen wagten. (Vgl. Morris 1974) Dabei verdankte sich das wachsende Selbstexpertentum oftmals Verfahren der Komplexitätsreduktion. „Mühelos" etwa appliziert eine Lehrerin das Freudsche „Denkmodell": Ihr transsexuelles Ich schleppe „den Riesenfindling Über-Ich", nämlich soziale „Rollenzwänge", auf dem „Rücken", während seine „Füße im Es Wurzeln" schlügen, bis das Ego zwischen diesen „beiden Supermächten" zermalmt würde. (Anders 1984, 78f.) Eine der *Oral History* verpflichtete ‚soziologische Biographie' relativiert ihren Objektivitätsanspruch nicht nur durch die unreflektierte Auswahl, Anordnung und Semantik der Daten, sondern auch aufgrund der anti-psychiatrisch orientierten Solidarität zwischen Forscher und Beforschtem. Fazit ist ein Menschenrecht auf Selbstetikettierung, sollte sie auch tautologisch ausfallen: „I am what I am". (Bogdan 1974, 211) Zuweilen erstarrt die transsexuelle ‚Odyssee' zum populärwissenschaftlichen Thesenroman, dessen klischeehafte Sequenzen der bloßen Illustration theoretischer Lehrsätze dienen. So heißt es im „Report über eine Geschlechtsumwandlung": „Mein Körper ist der eines Mannes. Aber meine Seele ist die einer Frau." (Geibel 1983, 14) Die Paraphrase lautet: „Transsexuelle identifizieren sich psychisch völlig mit dem anderen Geschlecht." (Ebd., 21)

Sowohl auf der Ebene der (auto)biographischen Gattung als auch auf jener der Lebensgeschichte werden transsexuelle Narrationen zu einem Arsenal kanonischer Muster, das von gruppentypischer Kollektivsymbolik, etwa der beliebten Reise-Metapher, bis zur Anekdoten-Sammlung reicht. Obwohl sich die Texte voneinander unterscheiden, besteht ihr triadischer Minimalverlauf aus dem Stadium der (Selbst)Erkenntnis, einer Phase konfliktuöser Normalisierungsversuche und der Durchsetzung der Geschlechtskorrektur. Die Vorher/Nachher-Achse der Operation wirkt schon durch ihr Vergleichspotential sinnbildend. Monoperspektivisches Erzählen aus der Rückschau hat wohl deswegen Vorrang vor szenischer Präsentation oder gar modernistischer Polyphonie (vgl. Dee 1974), weil es die Monomanie vor Infragestellung bewahrt. Meist am *emplotment* offizieller Leitsymptome (vgl. Sigusch u.a. 1979) ausgerichtet, folgen die Texte keinem gemeinsamen Kausalschema. Transsexuelle Herkunftsmilieus, Familienromane und Berufswege differieren ebenso voneinander wie die Vielfalt sexueller Orientierungen.

Die Tatsache, dass Transsexuelle viel häufiger autobiographisch tätig werden als die Mehrheit der Bevölkerung, nämlich zirka ein Prozent der Operierten, ließe sich als Fortsetzung einer Überzeugungsmission begreifen, die das Messer gegen die Feder eintauscht. Die Medikalisierung des Geschlechtswechsels ging mit dessen massenmedialer Banalisierung einher und inzwischen werden Treue und Transparenz des *vécu* schlicht vorausgesetzt. So entproblematisiert Catherine Rihoit ihre Ko-Autorschaft: „Jeanne ist eine absolut authentische Person. Doch sie ist keine Literatin, sie braucht Hilfe. Ich kann nun nicht mehr anders, als dafür da zu sein. Es handelt sich nicht um Phantasiearbeit. [Denn] nun gibt sie vor, was ich anzuordnen habe. Und zu verstehen. Nicht zu beurteilen." (Rihoit 1980, 13; 18) In diesem „biographischen Spiel zu zweit" (Bollème 1983, 33), dessen hypnotisches Moment in der transsexuellen Spaltung gründet, wird die ‚leere Rede' des Subjekts durch eine Überredung gestützt, die auf Macht und Wissen beruht. Dem Meisterdiskurs entrinnen die ideologiekritischen Selbstreflexionen der 1970er Jahre ebenso wenig wie die postmodernen Patchwork-Biographien im Umkreis einer *transgender*-Bewegung, die die Inklusion aller geschlechtlichen Minderheiten zum Programm erhebt. „We're moving from perverts to experts", spottet Kate Bornstein (1995, 241). Selbstanalytische Ambitionen sind der Politisierung gewichen und die Ausdifferenzierung des Genres läuft auf thematische Zerfransung, ästhetisierende Fiktionalisierung und ironische Dekonstruktion hinaus. Doch die satirische Abwehr bezieht sich stets auf das, was sie zu parodieren gedenkt: „I know that I am not a man […] and I've come to the conclusion that I'm probably not a woman either." (Ebd., 8) Bornsteins ästhetisches Manifest endet bei der klassischen Avantgarde: „My identity as a transsexual lesbian [is] based on collage […]. Sort of a cut-and-paste thing. And that's the style of the book." (Ebd., 3) So weicht das pluralistische Credo inzwischen der Sehnsucht nach einer Welt ohne Geschlechter. (Vgl. Monro 2005, 11) „It's hard to cross a boundary that keeps moving." (Bornstein 1995, 52)

Asymmetrie der Geschlechterdifferenz
Die Trends zur Vervielfältigung bzw. Neutralisierung der Geschlechterdifferenz bewegen sich in einem Spannungsfeld von Konformismus und Transgression, das von einer geschlechtsspezifischen Asymmetrie markiert bleibt. Wenn die Verwirklichung eines emanzipatorischen Wunsches nach chirurgischer Vermännlichung zunächst nur im Schauerroman vorkam (Ewers 1929; Shérol 1930), tut sich darin das maskulinistische Imaginäre eines Damenopfers kund. Legitimierte man die Kastration von ‚Sexualneurotikern' mit der Wiederherstellung ihrer Arbeitskraft, versagte man sie der um Brustabnahme bettelnden Hysterikerin (vgl. Mühsam 1926, 452). Das doppelte Maß, mit dem männliche und weibliche Bittsteller gemessen wurden, erklärt den verschobenen Schreibeinsatz jedoch nur teilweise. Denn während virilisierte Zwitter ihre Lebensgeschichten seit der Jahrhundertwende publizierten, wurde die erste Autobiographie eines genuinen Frau-zu-Mann-Transsexuellen erst 1975 veröffentlicht. Inzwischen sind die ‚Neo-Männer' jedoch als Autoren (z.B. Julian Schutting) und Transsexualismus-Forscher (z.B. Jannick Brauckmann) anerkannt. Die Doppelbiographie über den Geschlechtswechsel eines transsexuellen Paares, das vorher noch schnell ein Kind zeugte, betont das egalitaristische

Projekt. Um keiner der beiden Perspektiven Vorrang zu geben, werden die jeweiligen Lebensphasen alternierend in der dritten Person wiedergegeben, entscheidende Erfahrungen aber in direkter Rede vergegenwärtigt. So erinnert sich die Ex-Frau an ihre erste Begegnung mit ihrem Ex-Mann: „[W]as it a man? Somehow the person I was looking at [...] seemed more like a woman. He attracted me as a woman might, not like a man at all." Und im Echo des Ex-Mannes kehrt die Rede des Anderen umgedreht zurück: „But then I was struck by one thought – it's not a she! It's a guy! [...], I felt certain she was a man." (Brown/Johnson 1982, 98f.) Trotz dieser Spiegelbeziehung zwischen den Geschlechtern differieren die Selbstzeugnisse zumindest in einem Punkt: Bei Frauen äußert sich transsexuelles Begehren (fast) nie in Gestalt einer männlichen Zweitperson oder gar deren Dramatisierung zum *Alter Ego*. (Vgl. Ulrich/Karsten 1994) Wäre der phallische Signifikant, den Transsexuelle – Lacan zufolge – mit einem Organ verwechseln, nur durch DIE Frau, die es nicht gibt, zu realisieren?

Gender(s) – Genre(s): Autobiographische Prosopopöie
Verbindet sich im Transsexualismus das Skandalon vermeintlicher Grenzüberschreitung mit der Irritation einer Alltagsevidenz, ist die emblematische Formel des metaphysischen Körper/Seele-Dualismus in klinische wie juristische Kriterienbildung eingegangen. Darin, dass sich die Diagnose des Patienten in der Behandlung verwirklicht, liegt die performative Schnittstelle medizinischer und biographischer Diskurse. Insofern waren *transsexual narratives* einer doppelten Normalisierung unterworfen, die sich im Rahmen der Geständnishermeneutik verstärkte: einmal ihrer Verwissenschaftlichung, zum anderen (auto)biographischen Dispositiven, deren totalisierender Zug dem theoretischen Wahrheitsgestus entspricht. Doch Brüche mit Genre-Konventionen oder semantische Inkohärenzen, aber auch eine Rhetorik von Lücke und Exzess verweisen auf die Spuren traumatisch bedingter Entstellung. Obwohl der sexuierte Körper für Transsexuelle ein sie travestierender Todfeind ist, wird er selten zum Ort psychosomatischen Geschehens. Vielmehr erscheint Leiblichkeit als quasi-fotografische Überblendung zweier Phantasmen, eines entsexualisierten ‚Rumpfkörpers' mit jenem der Idealzüge des anderen Geschlechts, dem glorifizierten Zukunftskörper. Dieses immaterielle *Sandwich*-Foto (vgl. Runte 1999) realisiert sich in quasi-mystischen Spiegelszenen: „Endlich kann ich mich wirklich von innen heraus kontemplieren, und dieses Innere passt zum äußeren Bild, so dass ich mich an diese Spiegelung meiner selbst klammere, um nicht vor Rührung abzustürzen." (Marin 1987, 28f.) Im *morphing* besiegelt das Spiegelphantasma den Kurzschluss zwischen Ich und

Die amerikanische ‚Mann-zu-Frau-transgender'-Aktivistin Kate Bornstein (links)
und der Performancekünstler Scott Turner Schofield (rechts)

Ideal-Ich. Wird visuelle Angleichung daher zur „Affäre zwischen sich und sich" (ebd., 27), triumphiert der Besitz des Selben über Alterität: „Die Frau hatte sich, sich selbst". (Freyberg 2003, 152) Trotzdem weckt die transsexuelle Schwellenerfahrung Leiden am Geschlechtsgedächtnis und löst zuweilen eine sexuierte Weltwahrnehmung aus, die an die Memoiren des Präsidenten Schreber gemahnt: „Monatelang machte ich seltsame Erfahrungen durch, z.B. im Supermarkt, wo ich begann, Lebensmittel geschlechtlich einzuordnen. So zögerte ich, ein Müsli-Paket mit der Aufschrift *Cheerios* zu kaufen, weil sein Markenname mir zu männlich vorkam, als ob ich Angst gehabt hätte, rückwärts wieder über die Grenze zu stolpern." (Conn 1974, 175f.) Zwar brüsten sich Transsexuelle wie einst der Seher Tireisias damit, „beide Ufer kennen gelernt [zu] haben" (Freyberg 2003, 21), diese Nobilitierung wird jedoch durch den Einbruch eines Dritten gestört, der die Einheit als *mémoire involontaire* bedroht: „Lilis Augen sind Maleraugen geworden. Und sie erschrickt: ‚Das sind nicht meine, das sind Andreas' Augen … Ist er denn noch nicht tot in mir?'" „Wie ein Brückenbauer komm ich mir vor. [Doch] ich muß die Brücke freischwebend nach dem anderen Ufer hinüber bauen. Und dann weiß ich oft nicht, ob das andere Ufer das Vergangene oder das Zukünftige ist." (Elbe 1932, 133; 217ff.) Kompensierte die autobiographische Form also die transsexuelle Spaltung?

Die Relation zwischen Aussage- und Äußerungs-Ich wird in Transsexuellen-Zeugnissen, die diese Opposition zudem geschlechtlich formulieren, um beide Pole durch die todesähnliche Schranke der Operation für immer zu trennen, zur anthropomorphen Schize verdinglicht, jedoch nie als Dialog inszeniert. Direkte Zwiesprache mit dem einstigen Selbst bleibt ausgespart. „Lili und ich wurden zu zwei Wesen. War Lili nicht da, so sprachen wir von ihr wie von einer dritten Person. Und war Lili da, d.h. war ich nicht da, so wurde zwischen ihr und Grete von mir wie von einer dritten Person gesprochen." (Ebd., 55) Im ‚Fort/Da' von Präsenz und Absenz, das keine Aufhebung des Anderen im Selben verspricht, (ver)schließt der blinde Fleck der Selbstbeobachtung den Abgrund bewusster Bewusstseinsspaltung: „Die beiden Personen wussten immer umeinander. Ihre einzige scharfe Trennlinie bestand darin, dass die eine männlich, die andere weiblich war". (Richards 1983, 30) Doch da Allwissenheit im autobiographischen Genre ebenso unmöglich ist wie Nullfokalisierung, führt das „double jeu du double je" (Chiantaretto 1995, 242) zum Trugbild narzisstischer Selbstverschlingung: „Ich habe einen anderen gesucht, der der/selbe war. Er und ich, wir tauschten die Krawatten und die Rollen. *Trans-* , sicher, von dieser Silbe habe ich geträumt. Über mich gebeugt, nenne ich mich: Narziß! Bin ich es?" (Murail 1985, 37f.) Der Leser oder die Leserin wird zum Zeugen eines melancholischen Selbstverhältnisses, in dem das frühere Ich den Status eines immer schon ‚verlorenen Objekts' gewinnt. Dagegen hilft nur ein makabrer Amoklauf, wie ihn Hanns Heinz Ewers in seiner Novelle *Das andere Ich. Der Tod des Baron Jesus Maria von Friedel* (1928) imaginiert, wo ein Transvestit sich gleich zweimal erschießt, als Frau und als Mann. Ist die Prosopopöie, als „Fiktion der Apostrophierung einer abwesenden, verstorbenen oder stimmlosen Entität", die Trope der Autobiographie, „durch die jemandes Name [...] so erinnerbar wird wie sein Gesicht", bleibt sie als Sprachfigur stumm wie ein Bild. (de Man 1993, 140f.) Nicht umsonst greift Vera Freyberg zur Metapher des Klons, um das post-transsexuelle Unbehagen zu dämpfen. Sitzt das Individuum „Vera" bis zuletzt „zwischen den Geschlechtern" (Freyberg 2003, 245), versinnbildlicht sein Klon „Verus" deren Harmonie, denn die „ältere" Neo-Frau sei nunmehr „Kopie jenes Werner, den sie, den er nie lieben konnte", aber „inzwischen" „liebt" (ebd., 247). So wird das „Geschlechts-los" der Lebenslotterie zum „Hauptgewinn" (ebd., 250) einer parthenogenetischen Geschlechts-losigkeit.

Verwendete Literatur

Anders 1984 = Renate Anders: Grenzübertritt. Eine Suche nach geschlechtlicher Identität. Frankfurt am Main: Fischer 1984.

Benjamin 1966 = Harry Benjamin: The Transsexual Phenomenon. New York: Julian Press 1966.

Binder 1933 = Hans Binder: Das Verlangen nach Geschlechtsumwandlung. In: Zeitschrift für die gesamte Neurologie und Psychiatrie 143 (1933), S. 84–174.

Body 1907 = N.O. Body [i.e. Anna Laabs]: Aus eines Mannes Mädchenjahren. Mit einem Nachwort von Dr. med. Magnus Hirschfeld. Berlin: Gustav Rieckes Buchhandlung 1907.

Bogdan 1974 = Bogdan Bogdan: Being Different. The Autobiography of Jane Fry. Collected, compiled and edited with an introduction and conclusion by Robert Bogdan. New York, London, Sidney, Toronto: Wiley Interscience Publications 1974.

Bollème 1983 = Geneviève Bollème: Récits pour vivre. In: Revue des Sciences Humaines 191 (1983), S. 33–43.

Bornstein 1995 = Kate Bornstein: Gender Outlaw. On Men, Women, and the Rest of Us. New York: Vintage Books 1995.

Brown/Johnson 1982 = Cathy Brown und Chris Johnson (mit Wendy Nelson): The Gender Trap. London, New York: Proteus 1982.

Chiantaretto 1995 = Jean-François Chiantaretto: De l'acte autobiographique. Le psychanalyste et l'écriture autobiographique. Paris: Champ Vallon 1995.

Conn 1974 = Canary Conn: Canary: The Story of a Transsexual. Los Angeles: Nash Publishing 1974.

de Man 1993 = Paul de Man: Autobiographie als Maskenspiel. In: Ders.: Die Ideologie des Ästhetischen. Hg. von Christoph Menke. Aus dem Amerikanischen von Jürgen Blasius. Frankfurt am Main: Suhrkamp 1993, S. 131–147.

Dee 1974 = Kathy Dee: Travelling. Un itinéraire transsexuel. Paris: P. Belfond 1974.

Elbe 1932 = Lili Elbe [i.e. Einar Wegener]: Ein Mensch wechselt sein Geschlecht. Eine Lebensbeichte. Aus hinterlassenen Papieren hg. von Niels Hoyer. Dresden: Carl Reissner Verlag 1932.

Ewers 1928 = Hanns Heinz Ewers: Das andere Ich. Der Tod des Baron Jesus Maria von Friedel. In: Die Besessenen. Berlin: Sieben Stäbe Verlag 1928, S. 189–247.

Ewers 1929 = Hanns Heinz Ewers: Fundvogel. Die Geschichte einer Wandlung. Berlin: Sieben Stäbe Verlag 1929.

Fraenkel 1853 = Hieronymus Fraenkel: Homo mollis. In: Medicinische Zeitung 22 (1853), S. 102f.

Freyberg 2003 = Vera Freyberg: Manns genug, Frau zu sein. Mein extravagantes Leben. München: Econ 2003.

Geibel 1983 = Christa Geibel: Im falschen Körper gefangen. Report über eine Geschlechtsumwandlung. München: Heyne 1983.

Hirschfeld 1910 = Magnus Hirschfeld: Die Transvestiten. Eine Untersuchung über den erotischen Verkleidungstrieb mit umfangreichem casuistischen und historischen Material. Berlin: Medicinischer Verlag Alfred Pulvermacher & Co. 1910.

Hirschfeld 1935 = Magnus Hirschfeld: Le sexe inconnu. Paris: o.V. 1935.

Jorgensen 1967 = Christine Jorgensen: A Personal Autobiography. With an Introduction by Harry Benjamin, M.D. New York: Bantam Books 1967.

Krafft-Ebing 1984 = Richard von Krafft-Ebing [1912]: Psychopathia sexualis. München: Matthes & Seitz 1984.

Lejeune 1980 = Philippe Lejeune: Je est un autre. L'autobiographie, de la littérature aux médias. Paris: Seuil 1980.

Marcuse 1916 = Max Marcuse: Ein Fall von Geschlechtsumwandlungstrieb. In: Zeitschrift für Psychotherapie und Medizinische Psychologie 6 (1916), S. 176–192.

Marin 1987 = Maud Marin: Le saut de l'ange. Avec la collaboration de Marie-Thérèse Cuny. Paris: o. V. 1987.

Masson 1935 = Agnès Masson: Le travestissement. Essai de psycho-pathologie sexuelle. Paris: Editions Hippocrate 1935.

Meyerowitz 2004 = Joanne Meyerowitz: How Sex Changed. A History of Transsexuality in the United States [2002]. 2. Aufl. Cambridge (Mass.), London: Harvard University Press 2004.

Monro 2005 = Surya Monro: Beyond Male and Female: Poststructuralism and the Spectrum of Gender. In: International Journal of Transgenderism 8 (2005), H. 1, S. 3–23.

Morris 1974 = Jan Morris: Conundrum. The Astonishing and Moving Story of a Man who was Transformed into a Woman. New York: Harcourt Brace Jovanovich 1974.

Mühsam 1926 = Richard Mühsam: Chirurgische Eingriffe bei Anomalien des Sexuallebens. In: Die Therapie der Gegenwart 67 (1926), S. 451–455.

Murail 1985 = Marie-Aude Murail: Passage. Roman. Lausanne, Paris: P. M. Favre 1985.

Prosser 1998 = Jay Prosser: Second Skins. The Body Narratives of Transsexuality. New York: Columbia University Press 1998.

Richards 1983 = Renée Richards: Second Serve. New York: o. V. 1983.

Rihoit 1980 = Catherine Rihoit und Jeanne Nolais: Histoire de Jeanne transsexuelle. Paris: Mazarine 1980.

Runte 1996 = Annette Runte: Biographische Operationen. Diskurse der Transsexualität. München: Wilhelm Fink 1996.

Runte 1999 = Annette Runte: Zeichen des Geschlechts. Die Rolle des Diskurses bei der (Re-)Konstruktion von Transsexualität. In: Zeitschrift für Semiotik 21 (1999), H. 3–4, S. 325–348.

Runte 2001 = Annette Runte: Zwischenstufen, Häufungskurven, Drehpunkt- und Pfadwegmodelle. Über moderne Topographien geschlechtlicher Devianz und ihre ‚trans-sexuelle' Normalisierung. In: Normalisierung. Zur Kartografie politisch-sozialer Landschaften. Hg. von Ute Gerhard, Jürgen Link und Ernst Schulte Holtey. Heidelberg: Synchron 2001, S. 265–293.

Shérol 1930 = Marcel Shérol: L'expérience du Docteur Laboulette. Paris: o.V. 1930.

Sigusch 1979 = Sexualität und Medizin. Hg. von Volkmar Sigusch. Köln: Kiepenheuer & Witsch 1979.

Steinberg 2001 = Sylvie Steinberg: La confusion des sexes. Le travestissement de la Renaissance à la Révolution. Paris: Fayard 2001.

Stoller 1968 = Robert J. Stoller: Sex and Gender. On the Development of Masculinity and Femininity. New York: Science House 1968.

Ulrich/Karsten 1994 = Holde-Barbara Ulrich und Thomas Karsten: Messer im Traum. Transsexuelle in Deutschland. Tübingen: Konkursbuchverlag 1994.

Ulrichs 1864 = Karl Heinrich Ulrichs: *Inclusa*. Anthropologische Studien über mannmännliche Liebe. Leipzig: Selbstverlag 1864.

Die Übersetzungen der fremdsprachigen Zitate stammen von der Verfasserin.

Literarische Maskierungen

Die Konstruktion von Literatur aus dem Geist der Biographie
Marcel Schwobs *Vies imaginaires*

Von Ann Jefferson

Marcel Schwobs *Vies imaginaires* bestehen aus 22 kurzen biographischen Skizzen, die von der Antike bis ins frühe 19. Jahrhundert reichen; einer Reihe von mehr oder weniger übel beleumundeten Figuren – Betrügern, Prostituierten, Piraten und Mördern. Erstmals 1896 veröffentlicht, wurde der Band zum Gegenstand eines wiedererwachten Interesses und erlangte vor allem in Frankreich Popularität, wo die *Vies imaginaires* zur Zeit in vier verschiedenen Ausgaben erhältlich sind, zwei jüngst erschienene Bände mit ausgewählten und gesammelten Werken gar nicht eingerechnet. Schwobs 100. Todestag, er starb 1905 im Alter von 37 Jahren, hat zweifellos zu dieser Fülle an Neupublikationen beigetragen. Aber von allen publizierten Werken sind es vor allem die *Vies imaginaires,* die bei gegenwärtigen Leserinnen und Lesern Anklang finden; das Buch wird – aus einer literarischen Perspektive – regelmäßig als Modell oder Inspirationsquelle für die interessantesten Beispiele des in den letzten Jahrzehnten aufgetauchten Phänomens des *life writing* zitiert, wie zum Beispiel Pierre Michons *Vies miniscules* (1984) oder Gérard Macés *Vies antérieures* (1991). Mit anderen Worten, Schwobs ‚Lebensläufe' werden als Vorwegnahmen literarischer Erkundungen von und Experimenten mit biographischen Themen aus dem späten 20. Jahrhundert gelesen. Gleichzeitig werden die *Vies* als Wiedererweckung einer Tradition von ‚Lebensbeschreibungen' aufgefasst, die auf Plutarch oder Diogenes Laertius zurückgeht und für die John Aubreys Sammelband *Brief Lives* ein frühmodernes Beispiel ist, dessen Bedeutung von Schwob in einem Essay über Biographie gewürdigt wurde; darauf wird im Folgenden noch näher eingegangen. Das heißt, Schwobs eigene Sammlung ‚kurzer Lebensbeschreibungen' greift einerseits auf eine Reihe mehr oder weniger klassischer Modelle zurück und sie weist andererseits auf moderne literarische Verfahren voraus; es scheint, als ob ihr Platz im Frankreich des 19. Jahrhunderts sich zu einem großen Teil dem Zufall verdankte. Wie auch immer, im Hinblick auf eine Beschäftigung mit der Rolle der Biographie in literarischen Texten kann Schwobs Originalität nur angemessen gewürdigt werden, wenn man den Kontext der spezifischen biographischen Verfahren im Frankreich des 19. Jahrhunderts mitbedenkt.

Ich habe bisher gleichermaßen die Begriffe „Lebensbeschreibung" („lives") und „Biographie" verwendet; den Überlegungen Marc Fumarolis folgend (vgl. Fumaroli 1987) muss ich jedoch sogleich konzedieren, dass die beiden Begriffe grundsätzlich nicht austauschbar sind. Das Wort „Biographie" ist relativ jungen Ursprungs, in Frankreich ist es zum ersten Mal in Abbé Prévosts Wörterbuch seltener Ausdrücke von 1750 bezeugt, obwohl der Begriff bereits etwas früher im Englischen auftaucht; Dryden verwendete ihn in seinem 1683 erschienenen *Life of Plutarch*. Gleichwohl kam er erst im 19. Jahrhundert wirklich zur Geltung, als der Begriff „Biographie" mit einem bestimmten Set kultureller und literarischer Praktiken assoziiert und zum Gegenstand von Kritik und Verteidigung wurde. In Frankreich waren die zwei vorherrschenden Formen biographischen Schreibens, die im 19. Jahrhundert auftauchten, das biographische Lexikon und der Zeitungsartikel. Louis-Gabriel Michauds zweiundfünfzigbändige *Biographie universelle ancienne et moderne*, deren Publikation im Jahr 1811 begann, diente als Modell für zahlreiche ihr folgende biographische Lexika; besonders für die zweite, überarbeitete Auflage der *Biographie universelle* von 1842 oder Hoefers *Nouvelle biographie générale* (1852–1866); beide sind nach wie vor in den entsprechenden Abteilungen großer Bibliotheken zu finden.

„Biographie" ist hier ein Sammelbegriff, dessen Zielrichtung aus dem Anspruch auf Ausführlichkeit ersichtlich wird, der im vollen Titel von Michauds Unternehmung zum Tragen kommt: *Biographie universelle, ancienne et moderne, ou, Histoire, par ordre alphabétique, de la vie publique et privée de tous les hommes qui se sont fait remarquer par leurs écrits, leurs actions, leurs talents, leurs vertus ou leurs crimes : ouvrage entièrement neuf, rédigé par une société de gens de lettres et de savants*. Solche biographischen Lexika wurden in Frankreich im 19. Jahrhundert äußerst populär und ihre Bedeutung lag in eben diesem kollektiven Charakter, der oft dazu diente, bestimmte gesellschaftliche Gruppen zu identifizieren und deren Status zu konsolidieren, beispielsweise regionale Gruppen oder Berufsstände. Im Vorwort zur ersten Auflage seiner *Biographie* hebt Michaud den Umfang und die systematische Natur biographischer Lexika hervor und behauptet, dass diese Eigenschaften der Biographie den Vorrang vor ihrer großen Rivalin, der Geschichtsschreibung, geben würden. Jede Person von historischer Bedeutung kann in die *Biographie* aufgenommen werden, argumentiert Michaud. Jeder Eintrag ist so gestaltet, dass er brauchbaren Aufschluss über eine bestimmte Periode der politischen Geschichte oder der Literaturgeschichte gibt. Außerdem gibt es ein System von Querverweisen und die Übersichtstabellen am Ende erlauben es den Lesern, aus den Elementen der einzelnen Einträge größere historische Zusammenhänge abzuleiten. In der Tat, die Biographie trägt hier den Sieg gegenüber der Geschichtsschreibung davon, da Letztere verabsäumt, dasjenige zu leisten, was Michaud „die Detailschilderung der Sitten und der privaten Gewohnheiten" nennt und als den ureigensten Bereich der Biographie verteidigt. (Michaud 1811, Bd. I, VIII) Die Sammelbiographie bezieht vermutlich weit umfangreichere historische Quellen mit ein, als jede konventionelle Geschichtsschreibung dies tut. Des Weiteren betrifft diese Betonung des Kollektivcharakters nicht nur die biographischen Objekte, sondern wichtig ist auch die kollektive Autorschaft des Lexikons, die Gesellschaft der Literaten und Gelehrten, die Michaud als „mehrere Personen voller Eifer und Belesenheit" bezeichnet, „die sich in mühselige und zahllose Recherchen gestürzt haben" (ebd., XVI), welche die Richtigkeit und Vollständigkeit jedes Eintrags garantieren. Die Gültigkeit des Projekts liegt in seiner wissenschaftlichen Verlässlichkeit – wahrscheinlich ein Hauptgrund für sein anhaltendes Überleben – und hier ist die Kombination von multipler Autorschaft und kollektiver Qualitätsprüfung entscheidend: Das Ansehen des biographischen Wörterbuchs basiert auf der kollektiven Natur seiner Gegenstände und auf seiner kollektiven Autorschaft.

Ein wichtiger Faktor ist das kollektive Prinzip auch in der zweiten wichtigen Gestalt, in der die Biographie im 19. Jahrhundert erscheint; nämlich als journalistisches Genre, das in der Zeitung gemeinsam mit dem *feuilleton* und der *chronique* auftaucht. Die journalistische Biographik war üblicherweise noch lebenden Personen gewidmet, was dazu beitrug, sie zu einem weit weniger respektablen Genre zu machen, als das biographische Lexikon es war. Sainte-Beuve verdammte die Biographie als „un vilain mot", als „garstiges Wort", für Frauen völlig unangemessen, und dies obwohl er selbst der Erfinder und einer der großen Vertreter der biographischen Kritik war; während Barbey d'Aurevilly gegen Photographie und Biographie als „[des] filles siamoises de la même vanité", „siamesische Zwillingsmädchen von gleicher Eitelkeit" wetterte. Barbey geißelt die Biographie außerdem als Entwertung der Geschichte, er beschreibt sie als

> eine Menschenfresserin, die jeden Morgen ihre Nahrung haben will, und dann, wenn sie sie nicht bekommt, ins Leere beißt. Sie weidet sich an der Erfindung, an den Gerüchten [...]. Sie würde gerne an den Türen horchen, um in das Leben derer zu sehen, die der Welt nichts schulden außer ihr Denken! Sie würde

die Kammerzofen bestechen. Sie würde sich von Lakaien diktieren lassen, die man wie Fliegen verjagt hat. [...] Eine Bettlerin, ausgehungert nach Fakten, nach diesen kleinen Fakten, die Schwachköpfen wichtig sind. (Barbey 1883, 24f.)

Dieser monströs-triviale Charakter der Biographie wirkt sich desaströs aus, da er einen verbilligenden und verfälschenden Effekt auf die Geschichte besitzt: „[Die] unzähligen Biographien und [die] oberflächlichen Biographen [...] besudeln schon im Vorhinein die Geschichte der Zukunft, indem sie den Anschein geben, sie vorzubereiten." (Ebd., 17)

Wenn Geschichtsschreibung wiederholt als das Andere der Biographie erscheint (vor allem im Kontext des biographischen Lexikons), so gilt das auch für die Literatur, vor allem aus der Perspektive der Presse. Théophile Gautier schrieb im Vorwort zu seiner *Mademoiselle de Maupin*:

Die Zeitungslektüre verhindert, dass es wahre Gelehrte und wahre Künstler gibt; sie gleicht einem täglichen Exzess, der dazu führt, dass ihr ermattet und kraftlos auf die Bettstatt der Musen steigt, dieser harten und wählerischen Mädchen, die kräftige und ganz unverbrauchte Liebhaber wollen. *Die Zeitung tötet das Buch.* (Gautier 1973, 68)

Biographische Porträts in Zeitungen konnten jedoch aufgewertet werden, indem sie gesammelt und anschließend in Buchform veröffentlicht wurden. Solche Biographien waren sehr oft Schriftstellern gewidmet, die in den Augen eines Publikums aus dem 19. Jahrhundert *la gloire* verkörperten; aber ebenfalls nicht selten wurden sie von Schriftstellern verfasst, für die der Journalismus eine lebenswichtige Einkommensquelle darstellte.

Eines der ersten in einer Reihe solcher Beispiele ist eine Serie Gautiers mit dem Titel *Les Grotesques*, die in den 1830er Jahren zuerst in einer Zeitschrift, die sich *La France littéraire* nannte, erschien, bevor sie 1844 als Buch veröffentlicht wurde. Andere bemerkenswerte Beispiele sind Baudelaires *Réflexions sur quelques-uns de mes contemporains*, Verlaines *Poétes maudits* (1884) und Mallarmés *Médaillons et portraits en pieds* (1897) oder auch Nervals *Les Illuminés* (1852). Nicht nur die Tatsache, dass diese biographischen Studien als Hardcover und mit der Imprimatur eines Buchhändlers versehen erschienen, erlaubte es, sie für die Literatur zu reklamieren: Die Sammlungen selbst, oft unterstützt durch einen einleitenden Essay, konnten dazu dienen, seriöse literarische oder kritische Argumente vorzubringen.

Wie schon im Falle der biographischen Lexika, so besaß die Biographie ihre größte Glaubwürdigkeit einmal mehr in der Form biographischer Sammlungen, die die beste Verteidigung gegen den periodisch wiederkehrenden Vorwurf der Trivialität darstellten.

Dieser Vorwurf bildete die Grundlage dafür, dass die Biographie im Vergleich mit der Geschichtsschreibung als unzulänglich befunden wurde. Eines der schwerwiegendsten Argumente gegen die unterstellte Trivialität der Biographie wurde von Victor Cousin in der zehnten jener Vorlesungen vorgebracht, die er zwischen 1828 und 1829 unter dem Titel *Introduction á l'histoire de la philosophie* am Collège de France hielt. Diese Vorlesung ist der Frage der „Grands hommes" gewidmet und Cousin diskutiert in ihr ‚bedeutende Persönlichkeiten' vor allem in Beziehung zu nationalen Fragen. Ohne diese größere nationale Dimension ist es für Cousin unmöglich, ein Individuum zu begreifen: „Ein Individuum, das in seiner Zeit und in seinem Land nichts weiter wäre als ein Individuum, wäre ein Monstrum." (Cousin 1861, 203) Was einen ‚bedeutenden Mann' ausmacht, ist die besondere Balance zwischen nationalen Ideen und persönlicher Individualität. Wenn man das Individuum vom ‚Geist des Volkes' abtrennt und nur den Mann im ‚großen Mann' betrachtet, dann wird auch der Größte klein erscheinen:

> Jede Individualität, die vom allgemeinen Geist lösgelöst ist, in dem sie ihren Gehalt hat, ist voller Elend. Wenn man die geheimen Memoiren liest, die einige große Männer uns hinterlassen haben, und wenn man ihnen bis in jede Einzelheit ihres Lebens und ihres Verhaltens folgt, ist man verblüfft, sie an sehr vielen Stellen gewöhnlichen Menschen höchst ähnlich zu finden. (Ebd., 213f.)

Cousins Philosophie der Geschichte beschäftigt sich deshalb ausschließlich mit der Frage, was an solchen Individuen groß ist; die langweiligen Details ihrer alltäglichen Existenz werden in den Bereich der „Memoiren und der Biographie" (ebd., 216) verwiesen.

Es mag so erscheinen, als ob uns all dies von spezifisch literarischen Fragen entfernt; um jedoch den literarischen Nutzen zu verstehen, den Schwob aus der Biographie zieht, ist es wichtig, sich des zweideutigen Status der Biographie im 19. Jahrhundert bewusst sowie mit den Begriffen vertraut zu sein, mit denen sie einerseits attackiert und andererseits verteidigt wurde. Auch wenn sich Schwob auf den ersten Blick den etablierten biographischen Verfahren seiner Zeit anschließt, so verändert er doch die Begriffe der Debatte, das heißt, er stellt sie auf den Kopf, dergestalt, dass nun die Biographie zum Inbegriff des Literarischen wird. Im Folgenden wird es darum gehen zu zeigen, wie diese Umkehrung zustande kommt.

Die Verwandtschaft von Schwobs biographischem Schreiben mit den Konventionen des 19. Jahrhunderts betrifft zunächst die Publikationsform: Die zweiundzwanzig Portraits in den *Vies imaginaires* erschienen beginnend mit 1894 zunächst einzeln in der Zeitschrift *Le Journal*, bevor sie 1896 samt dem obligatorischen Vorwort in Buchform erschienen. So weit, so konventionell. Schwobs pädagogische Interessen hätten ihn vielleicht außerdem qualifizieren können, jener Gruppe eifriger, der Sache ergebener Gelehrter anzugehören, auf deren Recherchen Michauds Wörterbuch beruht hatte. Er betrieb detaillierte Studien zum mittelalterlichen *argot* und sein Lebenswerk war einer nie vollendeten philologischen Arbeit zu Villon gewidmet. Als Schwob damit begann, die *Vies imaginaires* zu verfassen, nützte er diese Gelehrsamkeit zuallererst für die Zeichnung historischer Figuren und befand sich damit eher in Übereinstimmung mit der Praxis des biographischen Lexikons als mit den journalistischen Sammelporträts zeitgenössischer Persönlichkeiten (auch wenn in Nervals *Illuminés* und Gautiers *Grotesques* Figuren aus vergangenen Epochen porträtiert worden waren). Anders als die Lexikonbeiträger ging es Schwob jedoch nicht in erster Linie darum, seine Gelehrsamkeit als Beweis der dokumentarischen Richtigkeit seines Materials einzusetzen, als vielmehr darum, dieses Material überhaupt einmal zutage zu fördern. Im Gegensatz zu Michaud und Hoefer, die ihr biographisches Unternehmen wegen seines Umfangs als ‚universell' und ‚allgemeingültig' charakterisierten, erhob Schwob keinen ähnlich lautenden Anspruch, obwohl die Objekte seiner biographischen Porträts die meisten der Auswahlkriterien erfüllen, die im Untertitel von Michauds Lexikon aufgeführt sind: besondere Leistungen in den Feldern des Schreibens, des Handelns, des Talents, der Tugend oder des Verbrechens. Schwob nahm vier Schriftsteller, Lukrez, Petron, Angiolieri und Tourneur, in seine Sammlung auf; er beschrieb sehr viele, oft gewalttätige Handlungen; er inkorporierte Männer mit herausragenden Talenten wie Ucello; jede der Erzählungen vermerkt im Zusatz zum Titel Tugenden, wie zum Beispiel „Krates, ein Zyniker" oder „Cecco Angiolieri, ein Dichter des Hasses"; und schließlich versammelt das Buch eine große Anzahl an Verbrechen, beginnend mit Herostrats Niederbrennen des Tempels und endend mit den Serienmorden der Herren Hare and Burke. Die Mehrzahl der Schwobschen Charaktere in den *Vies imaginaires* hätte sich jedoch nicht als logische Kandidaten für einen Lexikoneintrag aufgedrängt, da sie entweder ziemlich unbekannt sind („Alain der Nette" oder „Kathrein die Spitzenklöpplerin" zum Beispiel) oder unbedeutendere Figuren (unter ihnen drei Frauen), die in einem konventionellen historischen Kontext von ihren berühmteren Zeitgenossen in den Schatten gestellt werden: Dies trifft auf Krates im Vergleich mit Diogenes zu, auf Clodia mit Cicero, Sufrah mit Aladdin, Cecco Angiolieri mit Dante, Nicolas Loyseleur mit Jeanne d'Arc und Gabriel Spenser mit Ben Jonson oder Shakespeare; in allen diesen Fällen werden die als historisch bedeutend anerkannten Persönlichkeiten lediglich als Randfiguren im Leben der weniger bekannten Charaktere erwähnt.

Schwobs ‚Lebensläufe' sind extrem kurz, sie beanspruchen in der jüngsten Ausgabe der *Œuvres* im Durchschnitt lediglich drei bis vier Druckseiten. In dieser Hinsicht gehen sie konform mit den editorischen Direktiven der biographischen Lexika von Michaud und Hoefer; beide betonen den Wert konziser Darstellung und die Wichtigkeit eines guten Urteilsvermögens bei der Auswahl der Informationen zu jedem Eintrag: Michaud betont „die sachliche Präzision und die Gedrängtheit des Stils" (Michaud 1811, Bd. 1, VI) und Schwob erklärt, wie wir noch sehen werden, die Kürze zum Entscheidenden in der Kunst des Biographen. Was Letzteres betrifft, so handelt es sich hier eher um eine Frage des Prinzips als um editorische Notwendigkeiten in Hinblick auf die Platzbeschränkungen in Lexika. – Marcel Schwobs biographisches Verfahren ist innerhalb, aber auch außerhalb der geläufigen biographischen Konventionen seines Jahrhunderts anzusiedeln.

Anders als die meisten seiner Zeitgenossen und Vorläufer im 19. Jahrhundert verwendet er das literarische Porträt nicht als Grundlage für die Darstellung literarischer Konzepte; und sein einleitender Essay ist auch keine Verteidigung einer bestimmten Schule oder Bewegung. Stattdessen ist er ein Essay über die Kunst der Biographie, wie der Titel klar macht: „L'Art de la biographie". Schwob argumentiert, dass diese Kunst erstens ein richtiges Verständnis der besonderen Natur der Biographie erfordere und sich dieses Verständnis zweitens durch Kürze und Einzigartigkeit ausdrücke. Ja er verwendet die beiden Begriffe sogar synonym. Kürze erfordert Auswahl, und „[d]er Biograph ist eine Art untergeordnete Gottheit: er wählt aus dem menschlich Möglichen das Einmalige aus" (Schwob 1986, 15). Die Fundgrube des Biographen ist das isolierte und schamlos inkonsequente Faktum, in bewusster Missachtung irgendeines Ganzen, zu dem es theoretisch beitragen könnte. Solche Inkonsequenzen sind genau jene Faktoren, die Victor Cousin als unwürdig und sogar destruktiv in Hinsicht auf seriöse intellektuelle Arbeit verdammte, wenn er bekräftigte, dass „die Partikularität, die Kontingenz, die Endlichkeit unablässig zur Auflösung, zum Nichts drängen" (Cousin 1861, 203). Im Kontrast dazu sind die Schwobschen Beispiele für das, was er unter biographischen

Details versteht, eben diese kontingenten und besonderen Dinge: der Lederbeutel gefüllt mit warmem Öl, den Aristoteles dem Bericht des Diogenes Laertius zufolge auf dem Bauch trug, oder die Sammlung von Tontöpfen, die nach seinem Tod in seinem Haus gefunden wurde. Es ist die Suggestivkraft dieser Details, die für Schwob vor allem anderen zählt, und nicht irgendeine erläuternde oder illustrative Funktion, die sie haben mögen: „Wir werden niemals erfahren, was Aristoteles mit all diesen Töpfen eigentlich gewollt hat. Das Rätselhafte daran ist nicht minder anziehend als etwa die Vermutungen, denen uns Boswell überläßt, was wohl Johnson mit den getrockneten Orangenschalen angefangen habe, die er in seinen Taschen zu tragen pflegte." (Schwob 1986, 9f.) Die Einzigartigkeit des biographischen Details ist dazu bestimmt, jede kausale Reihe zu unterbrechen; aus diesem Grund ist es fundamental anti-historisch.

Die Geschichte mag ein Speicher solcher Besonderheiten sein, aber es ist grundsätzlich unmöglich, diese der Geschichtsschreibung einzuverleiben. Ganz im Gegenteil zieht die Biographie aus diesem Widerstand der Details gegen ihre Inkorporation aktiv Nutzen. Die Biographie ist nicht länger die Rivalin der Geschichte, vielmehr setzt sie sich bereitwillig in Gegensatz zu ihr. Der Biograph kann historisches Material (Chroniken, Memoiren, Briefwechsel) verwenden, aber er sollte sich nie selbst für einen Historiker halten, da der Historiker nur jene Sachverhalte aufzeichnet, die eine Rolle bei der Festlegung des geschichtlichen Verlaufs gespielt haben könnten: Die Länge von Kleopatras Nase, das Sandkorn in Cromwells Harnröhre, die Tatsache, dass Napoleon am Tag der Schlacht von Waterloo unwohl war oder dass Alexander betrunken war, als er Klitus tötete: „Alle diese Einzeltatsachen haben so viel Geltung, wie sie Einfluß auf die Ereignisse hatten oder insofern sie deren Gang vielleicht hätten abändern können. Sie sind wirkliche oder mögliche Ursachen. Sie gehören in das Gebiet der Wissenschaft." (Ebd., 5) Alles, was nach Kausalität oder nach einer Reihe riecht, gehört in das Reich der Geschichte und findet keinen Platz in Schwobs Konzeption der Biographie. Außerdem sind die besten biographischen Objekte nicht notwendigerweise die Hauptakteure in den geschichtlichen Ereignissen; vielmehr sind dies die unbekannten Figuren, zu deren Nichtbeachtung die Geschichtsschreibung – und auch das biographische Lexikon, das beansprucht, deren Äquivalent zu sein – verpflichtet ist. Wenn Biographen sich für Historiker halten und ihre Aufgabe darin sehen, das Leben der ‚großen Männer' zu beschreiben, dann entziehen sie, sagt Schwob, ihren Lesern einige der verheißungsvollsten biographischen Objekte:

Wollte man sich in der Kunst versuchen, in der sich Aubrey und Boswell hervortaten, dann sollte man sich am allerwenigsten den größten Mann seiner Zeit zu genauer Beschreibung aussuchen, noch die Umrisse von Berühmtheiten der Vergangenheit aufzeichnen, nein, mit der gleichen Liebe erzähle man lieber das einmalige Leben irgendwelcher Menschen, ob sie nun göttlich waren, mittelmäßig oder verbrecherisch. (Ebd., 16)

Das sind genau die Figuren, die Schwob in seinen *Vies imaginaires* wieder zum Leben erweckt.

Die Betonung des Einzigartigen wird zur Grundlage von Schwobs Gleichsetzung der Biographie mit der Kunst; obwohl er die Beispiele von Aubrey, Boswell und Diogenes Laertius zitiert, wendet er sich zum Zweck einer grundlegenden Rechtfertigung seines biographischen Verfahrens nicht einem Biographen, sondern dem Maler Hokusai zu. Schwob beruft sich auf Hokusais Ideal einer Kunst, die sich vom Allgemeinen oder Typischen befreit hat und stattdessen in der Durchsetzung des Individuellen erfolgreich ist. „Der Maler Hokusai hoffte, [wenn] er hundertzehn Jahre alt [sein würde], endlich das Hochziel seiner Kunst zu erreichen. Dann, sagte er, würde jeder Punkt von seiner Hand, jede von ihm hingepinselte Linie lebendig sein. Lebendig, das heißt: einmalig." (Ebd., 8) Der Rekurs auf die Malerei als Modell macht sehr deutlich, dass die Qualitäten, die Schwob mit der Biographie verbindet, ästhetischer und nicht historischer Natur sind. Trotz all ihrer Verankerung im historischen Dokument ist die ‚Lebensbeschreibung' hier letztendlich ein literarisches Verfahren mit einem literarischen Ziel.

Was der Biographie eine derart wichtige Stellung in der Literatur verleiht, ist Schwobs ausgeprägter Sinn für die innere Dynamik der Literatur selbst. Er sieht sie in ständiger Bewegung; sie oszilliert in ihrer Entwicklung zwischen verschiedenen Paaren von Extremen: zwischen „einer Periode des Instinkts" und „einer Periode der Reflexion", zwischen dem „Bildhauerischen" und dem „Malerischen", dem „Symbolischen" und dem „Naiven" und schließlich zwischen dem, was Schwob Realismus nennt, und der Symmetrie. Die Geschichte der Literatur ist eine Geschichte der Bewegung zwischen diesen Gegensatzpaaren, doch sie ist nicht eine lineare Abfolge, aus der sich die Ereignisse erklären lassen, wie es die konventionelle Geschichtsschreibung annimmt: „Jedes Gedicht – und ich nehme dieses Wort in seiner umfassendsten Bedeutung –, das ein Stück wirkliches Leben enthält, hat den Refrain: ‚Weiter! Weiter!'" (Byvanck 1892, 304) Was Literatur in Bewegung hält, sind die winzigen Fragmente des Lebens, die beispielsweise im frei schwebenden biographischen Detail enthalten sind, das der Schlüssel zu Schwobs eigenem Verfahren als Biograph ist. Viele der biographischen Prinzipien Schwobs spiegeln sich in den Lebensgeschichten der Porträtierten wider; mehrere von ihnen scheinen seiner Aufforderung zu folgen, sich auf den Weg zu machen, und leben bis zu ihrem (oft gewaltsamen) Tod als Vagabunden. Krates verlässt seine Heimatstadt, nachdem er „seiner Berufung innewurde" (Schwob 1986, 29), und verbringt sein Leben auf Streifzügen durch die Straßen von Athen; auch die römische Matrone Clodia verlässt ihr Zuhause nach dem Tod ihres Bruders; Petron gibt die Literatur für ein Leben mit seinem Sklaven Syrus auf, und sie „lebten als fahrende Magier, als Kurpfuscher in den Dörfern und zogen auch mit den Räuberbanden einher" (ebd., 57); nach dem Tod Jeanne d'Arcs „irrte" Klaus Loyseleur „auf den Straßen des inneren Frankreichs" herum (ebd., 91); Kathrein, die Spitzenklöpplerin, gibt nicht nur ihr Gewerbe auf, sondern auch ihre Wohnstätte: „[S]ie lief weg auf die Straße. Und von nun an war sie nicht länger Städterin, noch die Spitzenklöpplerin; sondern gleich denen war sie, die in den Vororten umgehn und ihren Platz auf den Grabsteinen einnehmen, den Vorüberkommenden zur Lust" (ebd., 96); Alain der Nette wird im Alter von 12 Jahren aus seinem Elternhaus entführt und verfällt nach 23 Jahren Soldatendienst der Betrügerei und Kleinkriminalität; und Schwobs vier Piraten, William Phips, Kapitän Kid, Walter Kennedy und Major Stede Bonnet, sind alle sozusagen professionelle Vagabunden der See. Eine gewisse Bewegung vollzieht sich auch im Übergang vom gesellschaftlichen Zentrum zu den Randgebieten, die von Kleinkriminalität, Prostitution, Diebstahl und Mord gekennzeichnet sind – und das ist der Weg der meisten der *Vies*, ob die Protagonisten nun buchstäblich Wanderer sind oder nicht. Nicht nur die Literatur und Schwobs biographische Objekte kommen der Forderung nach Mobilität nach: Wenn die Leser den Ereignissen folgen möchten, müssen auch sie sich willens zeigen, dieses Prinzip zu unterschreiben:

> Der wahre Leser konstruiert beinahe ebenso viel wie der Autor: nur baut er zwischen den Zeilen. Wer nicht in den Leerstellen der beschriebenen Seiten lesen kann, wird niemals ein guter Feinschmecker von Büchern. Der Anblick der Wörter bringt, dem Klang der Noten in einer Symphonie gleich, eine Bilderprozession mit sich, die euch mit sich forttträgt … (Schwob 2002, 1261f.)

Lesen wird zu einer Angelegenheit, bei der es darauf ankommt, sich von einer Prozession von Bildern forttragen zu lassen, die den Leerstellen oder Lücken im Text entsteigen; die Imagination, von der in Schwobs Titel die Rede ist, bezieht sich auf das Verhältnis zwischen Leser und Text. Schwobs Lebensläufe sind nicht fiktional, sondern sind auf das Ziel hin konzipiert, bei den Lesern imaginative Reaktionen hervorzurufen.

Erreicht wird dies auf unterschiedliche Weise, aber immer kommt Schwob dabei der kontingente Charakter des Biographischen zugute, der es ihm ermöglicht, mit Brüchen und Fragmentierungen zu arbeiten. Die Unvorhersehbarkeit und oft auch Gewaltsamkeit der Episoden, die Schwob in den *Vies* erzählt, ist eines der Mittel, durch die solche Bruchstellen erzeugt werden. Doch in seiner Sprache selbst ist vieles, das ähnliche Wirkungen hervorruft. Die Unterbrechungen und Sprünge im Zeitfluss bewirken immer wieder, dass die Unmittelbarkeit des Augenblicks gegenüber dem Vorhersehbaren den Vorrang erhält. Herostrat scheint die Papyrusrolle mit den Versen des Heraklit auf einen Schlag zu lesen: „Im Lichte der ewigen Lampe las er die Verse, und nichts blieb ihm länger dunkel." (Schwob 1986, 27) Wissen ist hier eine Sache vollständiger und sofortiger Aneignung. Seine Bedeutung für Herostrats Brandstiftung wird nicht genannt, sondern ist lediglich in der parataktischen Logik der Erzählung enthalten, in deren Fortgang einfach festgestellt wird: „‚Feuer!' rief er da, ‚Feuer!'" (Ebd.) Krates' Entdeckung seiner Berufung ist gleichermaßen abrupt, und das Ereignis in „Klaus Loyseleur", das man unter den Bedingungen einer anderen Erzähltechnik wohl als „Reue", Jeanne d'Arc auf den Scheiterhaufen gebracht zu haben, bezeichnen würde, wird auf ähnlich unvermittelte und elliptische Weise dargestellt: Es „wurde ihm plötzlich schwindlig vor dem Glanz des Rheinstromes." (Ebd., 91) Diese abrupten Übergänge tragen dazu bei, die weißen Flecken auf der Seite zu erzeugen, die die Imaginationskraft der Leser in Gang setzen, statt nur die Erzählkünste des Autors zu illustrieren.

Eine weiteres Stilmittel, das Diskontinuität erzeugt, besteht darin, dass der Autor der *Vies imaginaires* beinahe nicht im Text präsent ist. Schwob erzielt durch den Kompilationscharakter seiner Texte eine ähnliche Wirkung, wie sie für viele der älteren Erzählformen, auf die er zurückgreift, charakteristisch ist. Er geht dabei entweder so vor, dass er Quellen zitiert („*Einige behaupten*, er habe auf der rechten Hüfte die Spur eines sonderbaren Siegels aufgewiesen"; ebd., 119; Hervorhebung Ann Jefferson), oder er verwendet das eher indirekte Mittel, einen Bezugsrahmen zu setzen, der, wie etwa die Geomantie, in der modernen Welt keine Autorität mehr besitzt. Schwobs Sprache ist ein Patchwork verschiedener Soziolekte und Vokabulare, so dass eine durchgehende linguistische Fragmentierung entsteht, in der sich, Schwobs eigener Darstellung nach, Sätze aus Abschnitten und Wörter aus einzelnen Sätzen lösen:

> Genau wie sich in der Sprache die Sätze nach und nach von ihrem Gefüge trennen und sich die Wörter von den Sätzen befreien, um ihre Unabhängigkeit und ihre eigene Farbe zu gewinnen, haben wir uns schrittweise ausdifferenziert in eine Reihe vieler *Ich* von recht bedingter Bedeutung. (Schwob 2002, 621)

Dem Auftauchen des Einzigartigen in den erzählten Geschichten selbst entspricht somit ein paralleles Phänomen im linguistischen Bereich, in dem die Autonomie linguistischer Einheiten den Zusammenhang der Rede aufbricht – und dies geschieht so, dass sehr viel buchstäblicher oder metaphorischer weißer Raum auf die bedruckte Seite gebracht wird und, idealerweise, die Leser in imaginative Bewegung versetzt.

Es gäbe zu den Diskontinuitäten, die Schwobs literarisches Projekt ausmachen, noch viel mehr zu sagen, doch stattdessen möchte ich eine weitere Möglichkeit nennen, wie die *Vies imaginaires* gelesen werden können: nämlich – um den Titel eines Gedichtes von Mallarmé, einem Zeitgenossen Schwobs, aufzugreifen – als *des vies allégoriques d'elles-mêmes*. Diese Charakterisierung, die zwischen einer Theorie der Biographie als literarischer Gattung einerseits und der Etablierung biographischen Schreibens als Ausdrucksform des Einzigartigen andererseits steht, scheint mir besonders auf zwei der Lebensläufe in Schwobs *Vies imaginaires* zuzutreffen: „Paolo Uccello", eine Erzählung, die genau in der Mitte der Sammlung steht, und „Die Herren Burke und Hare", die letzte in der Reihe.

Die Lebensgeschichte Uccellos könnte als Allegorie jener verallgemeinernden Theorie gelesen werden, die das Gegenteil der Kunst des Biographen ist. Die Leidenschaft des Malers für die Perspektive wird als Indifferenz gegen die Realität ausgelegt: „Uccello bekümmerte sich eben nicht im mindesten um das, was wirklich war, sondern nur um die Vielgestalt und die Unendlichkeit der Umrisse." (Schwob 1986, 79) Wenn seine Frau ihm zulächelt, sieht er in ihrem Lächeln nichts als dessen Geometrie:

> Und als sie ihn anblickte, sah er alle die kleinen Striche der Wimpern, das Rund der Augäpfel, den Schwung der Brauen und die tiefen Verknüpfungen der Haare. [...] [D]och er malte nicht ihr Bildnis, wie andre Maler das Bild ihrer Geliebten malen. Denn dieser Vogel [das ist Uccello; d. Verf.] kannte nicht die Wonne, sich auf ein Einzelwesen zu beschränken. (Ebd., 82f.)

Diese ausschließliche Beschäftigung mit dem Allgemeinen auf Kosten des Besonderen wird zu einer Form des Irrsinns (seiner Besessenheit von Perspektive), die sich darin äußert, dass Uccello wie ein Alchimist nach der Urform sucht, die alle anderen enthält und sich unterordnet: „Er glaubte, alle Umrisse zu einer einzigen, endgültigen Erscheinung umformen zu können. Er wollte die geschaffene Welt so erfassen, wie sie sich im Auge Gottes spiegelt." (Ebd., 81) Das „Meisterwerk", das Ergebnis von Uccellos lebenslanger obsessiver Beschäftigung mit Abstraktionen der Geometrie und Perspektive, erinnert, ohne dass die Ähnlichkeit Erwähnung findet, an das von Balzacs Frenhofer in *Le Chef-d'œuvre inconnu*: Als Uccello das Bild seinem Malerkollegen Donatello zeigt, sieht dieser nichts als ein Wirrwarr von Linien. Vasari, auf dessen Darstellung Schwob für sein Porträt des Malers zurückgreift, bezeugt den exzessiven Charakter von Uccellos Interesse an Perspektive, rettet jedoch sein biographisches Objekt, indem er Uccellos Werk als einen Beitrag zur Entwicklung der Kunst im Allgemeinen würdigt. Für Schwob hingegen sind große historische Belange irrelevant; Uccello erscheint allein als negative Inkarnation einer Kunst, deren wahrer Repräsentant sein exaktes Gegenteil ist – Hokusai. Hokusais Kunst ist eine *Anti*-Geometrie und sein Ideal ist insofern dem Uccellos entgegengesetzt, als er darauf abzielt, dass jeder Punkt und jede Linie einzigartig und individuell ist. Die Herausforderung, die dieses Ideal darstellt, besteht darin, dass Linien und Punkte unvermeidlich eine geometrische Lesart nahe legen: „Nichts scheint einander mehr zu gleichen als Punkte und Linien: die Geometrie beruht auf dieser Voraussetzung. Die vollendete Kunst eines Hokusai aber stellt die Forderung auf, sie sollten völlig untereinander verschieden sein." (Ebd., 8) Ansätze dieser vollendeten Kunst sind in den biographischen Mitteln vorhanden, mit denen Uccellos Wahnvorstellungen in Schwobs *Vies imaginaires* porträtiert werden.

Der letzte implizit allegorische „Lebenslauf" ist der der Herren Burke und Hare, in denen man prototypische und absolut unermüdliche Möchtegern-Biographen sehen kann. Die hauptsächliche Differenz zwischen ihnen und Schwob liegt darin, dass dieser seine biographischen Fakten Büchern, Dokumenten und Archiven entnimmt, während jene die dargestellten Personen dazu verpflichten, ihre Lebensgeschichten mündlich zu erzählen. Burke sucht die Opfer seiner biographischen Nachstellungen in der Dämmerstunde unter Straßenpassanten aus und lädt sie, jede Nacht einen, in die Wohnung Mister Hares ein, um sie nach „den erstaunlichsten Ereignissen [ihres] Lebens" (ebd., 153) zu fragen. An einem bestimmten Punkt unterbrechen die beiden die Erzählung: Sie bringen ihren Fluss physisch zum Stillstand, indem sie den Erzähler ersticken, und dessen Tod ist die notwendige Vorbedingung ihrer eigenen imaginativen Vollendung seiner Geschichte: „Die beiden verharrten unbeweglich in ihrer Stellung und sannen dem ihnen nun verschlossenen Ausgang der Geschichte nach. So beendeten die Herren Burke und Hare eine Menge Geschichten, die die Welt nicht kennen wird." (Ebd.) In dieser neuen Version von *Tausendundeiner Nacht* macht die Erzeugung von Spannung den Tod des Erzählers erforderlich, statt dass sie ihn hinauszögert. Genauer, die drastische Prozedur Burkes und Hares lässt sich als extreme Version der Diskontinuitäten interpretieren, die Schwobs eigenem biographischen Verfahren zugrunde liegen, und ihre imaginativen Spekulationen über die unvollendete Erzählung des Opfers als jene Prozession von Bildern, die beim Lesen den Leerstellen im literarischen Text entlockt wird. Diese besondere Form der Erzeugung von Spannung verkommt jedoch zu einer Manie sui generis, da der Imaginationshunger Mister Burkes nicht mehr durch die Geschichten, die er hört, gestillt werden kann und seine Aufmerksamkeit sich stattdessen auf den Tod richtet, durch den sie unterbrochen werden:

> Mister Burke mit seiner fruchtbaren Phantasie war der ewig gleichen Berichte menschlicher Erfahrung müde geworden. Niemals hatte das Ergebnis seinen Erwartungen entsprochen. Er kam so weit, daß ihn nur noch der wirkliche, für ihn immer wechselnde Anblick des Todes anzog. Er verlegte das ganze Drama in die Lösung. Die Geeignetheit der Teilnehmer war ihm nicht mehr wichtig. (Ebd., 155)

In dem Moment, in dem die individuellen Biographien vollends entbehrlich werden und die beiden Mörder sich ausschließlich auf die Tötung ihrer Opfer konzentrieren, zeigt sich, dass das Verfahren der Diskontinuität die gleichen Risiken birgt wie die Exzesse der Theorie.

Wenn dieser „Lebenslauf" bis zu einem gewissen Grad eine Fabel ist, mag das heißen, dass Schwob sich selbst dazu ermahnt, aufzuhören, bevor die Aufmerksamkeit erlahmt, und die Imagination des Lesers nicht durch so viele biographische Erzählungen zu ermüden, dass diese sich schließlich alle zu gleichen scheinen. Ganz allgemein scheint dieser letzte „Lebenslauf" allegorisch dem Verhältnis zwischen den individuellen Verschiedenheiten einerseits und den monotonen Prozeduren, Zugang zu ihnen zu finden, andererseits nachzugehen und die Möglichkeit zu erwägen, dass die Forderungen der Imagination begrenzt sein könnten. Mit anderen Worten, der Sinn der Allegorie oszilliert – in einer charakteristischen Schwobschen Bewegung – zwischen den Polen der Theorie und der Praxis, des Allgemeinen und des Besonderen, die Schwobs Version dessen bestimmen, was er „die Kunst der Biographie" nennt: eine Literarizität, die sich in ständiger Bewegung befindet und das Gegenteil der kollektiven Grundlage des biographischen Verfahrens ist, wie es sich im 19. Jahrhundert entwickelte. Die Biographie wird bei Schwob zum Inbegriff von Literatur; ihre literarische Bedeutung ist nicht mehr darauf beschränkt, lebendige Porträts von Schriftstellerinnen und Schriftstellern zu liefern.

Aus dem Englischen von Bernhard Fetz und Esther Marian

Verwendete Literatur
Barbey 1883 = Jules Barbey d'Aurevilly: Les Photographies et les biographies. In: Ders.: Les Ridicules du temps. Paris: Rouveyre et G. Blond 1883.
Byvanck 1892 = Willem Geertrud Cornelis Byvanck: Un Hollandais à Paris en 1891: sensations de littérature et d'art. Paris: Perrin 1892.
Cousin 1861 = Victor Cousin: Introduction à l'histoire de la philosophie [1828–1829]. 4. Aufl. Paris: Didier 1861.
Fumaroli 1987 = Marc Fumaroli: Des ‚Vies' à la biographie: le crépuscule du Parnasse. In: Diogène 139 (Herbst 1987), S. 3–30.
Gautier 1973 = Théophile Gautier: Mademoiselle de Maupin. Hg. von Michel Crouzet. Collection Folio. Paris: Gallimard 1973.
Michaud 1811 = Biographie universelle, ancienne et moderne, ou, Histoire, par ordre alphabétique, de la vie publique et privée de tous les hommes qui se sont fait remarquer par leurs écrits, leurs actions, leurs talents, leurs vertus ou leurs crimes: ouvrage entièrement neuf, redigé par une société de gens de lettres et de savants. 52 Bde. Hg. von Joseph-François Michaud und Louis-Gabriel Michaud. Paris: 1811–1828. [Partie mythologique. 3 Bde. Paris: 1832–1833; Fortsetzung. 33 Bde. Paris: 1834–1862.]
Prévost 1750 = Abbé Prévost: Manuel lexique, ou Dictionnaire portatif des mots françois dont la signification n'est pas familiere a tout le monde: ouvrage fort utile a ceux qui ne sont pas versés dans les langues anciennes et modernes, et dans toutes les connoissances qui s'acquierent par l'etude et le travail; pour donner aux mots leur sens juste & exact, dans la lecture, dans le langage & dans le style: recueilli des explications de divers auteurs. Paris: Chez Didot 1750.
Schwob 1986 = Marcel Schwob: Der Roman der zweiundzwanzig Lebensläufe [Vies imaginaires]. Deutsch von Jakob Hegner. Nördlingen: Greno Verlag 1986.
Schwob 2002 = Marcel Schwob: Œuvres. Hg. von Alexandre Gefen. Paris: Les Belles Lettres 2002.

Übersetzungen aus dem Französischen, die nicht der deutschen Ausgabe der *Vies imaginaires* entnommen sind, stammen von Esther Marian und Bernhard Fetz.

Anton Weberns Tod
Eine Metabiographie von Gert Jonke

Von Wilhelm W. Hemecker

*Im September 1945
wurde Dr. Anton Webern
vom US-Armee-Koch
R. N. Bell erschossen, der
im September 1955 starb.*

Mit diesem kursiv hervorgehobenen Protokollsatz beginnt die Novelle „Geblendeter Augenblick", das Herzstück aus Gert Jonkes 1996 erschienener Prosasammlung *Stoffgewitter* (GA, 94–159). Ein letzter, unerhörter Augenblick im Leben des österreichischen Komponisten, das novum der Novelle – dieser Gattung wird der Text im Untertitel ausdrücklich zugeordnet – ist Ausgangspunkt einer kompliziert verschachtelten biographischen Erzählung. Neben einer Bearbeitung desselben Stoffes für den Hörfunk war unter Beteiligung des Autors, der in Wien auch an der Filmakademie studiert hatte, 1986 bereits ein Fernsehfilm entstanden, und im Jahr darauf erschien dazu in der Zeitschrift *Manuskripte* eine geraffte „Filmerzählung" mit dem gleichen Titel (Jonke 1987).

Bekannt, wenn auch nicht bis ins Letzte aufgeklärt, ist die Geschichte des absurden Endes des Komponisten: Nach dem Tod des Sohnes im Februar 1945 zog das Ehepaar Webern unter dem Eindruck der herannahenden russischen Front von Wien nach Mittersill ins Salzburger Land. Hier blieb es in der Obhut zweier Töchter noch eine geraume Zeit lang über das Kriegsende hinaus. Als Anton Webern sich am 15. September 1945 nach dem Abendessen vor dem Haus seiner jüngsten Tochter eine Zigarette anzünden wollte, schoss ein Soldat der amerikanischen Besatzungsmacht ihn, wohl irrtümlich – das Haus stand wegen Verdachts auf Schwarzhandel unter Bewachung –, ohne Vorwarnung nieder. (Vgl. Krellmann 1975, 75f. und Moldenhauer 1970, passim) „Ein Stoff, wie um den Verstand zu verlieren, eine Geschichte, die erzählt werden musste" (Pois 1996), hieß es in einer Besprechung der Novelle.

Ungewöhnlich ist die Erzählform: Der auktoriale Erzähler verkehrt mit dem Täter per Du, mit Anton Webern, dem „Herrn Doktor", hingegen in deutlich elaborierterem Code per Sie, und beiden erzählt er, einmal mitfühlend, ein andermal vorwurfsvoll, die Geschichte des jeweils anderen und macht den Leser so zum Zuhörer. In unveröffentlichten Notizen zum Film erklärt Jonke: „[E]ine Stimme, die in den Köpfen der Hauptpersonen gleichzeitig zu hören ist – der unsichtbare Hauptdarsteller des Films. Sie treibt, jagt und lockt" die Protagonisten durch die Erzählung und lenkt die Geschichte zu einem unerwarteten Ende. (VL Jonke, 40f.)

Mit Webern verbinden Gert Jonke über seine Faszination von dessen Musik – „kristallinen akustischen Lebewesen [...], die perfekt sind" (Eichberger/Jonke 1996, 16) – und dem absurden Ende hinaus zunächst etliche biographische Parallelen: Kindheits- und Jugendjahre in Kärnten, der Besuch desselben Gymnasiums und des Konservatoriums in Klagenfurt, die hohe Musikalität beider Mütter, die sie im ersten Klavierspiel unterwiesen haben, der Wechsel zum Studium nach Wien; und beide verschreiben sich der Kunst – und sind „miserable Propagandisten ihrer eigenen Werke" (Greiner 1979, 126f.).

Biographisches Material zu Webern schöpfte Jonke, so lässt sich identifizieren, vor allem aus zwei Hauptquellen: der ersten selbständig erschienenen Webern-Biographie von Friedrich Wildgans (Wildgans 1967), des Sohnes des Dichters Anton Wildgans, und vor allem aus Hans Moldenhauers grundlegender Dokumentation *Der Tod Anton von Weberns* (Moldenhauer 1970).

Wildgans' Biographie zitiert in großer Zahl Briefe Anton Weberns, die Jonke unter recht freier Verfügung über den Wortstand verwertet und auch stillschweigend neu kontextualisiert. Wenn Webern etwa am 17. Juli 1908 aus Ischl berichtet: „Meine Tätigkeit ist schrecklich. Ich finde keinen Ausdruck für so ein Theater! Aus der Welt mit solchem Dreck!", dann transformiert Jonke den Text über die Stimme des Erzählers, noch vergleichsweise eng an die Vorlage angelehnt, zu: „Für das hier Ihnen aufgezwungene Operettenstadttheater hingegen lässt sich kein Ausdruck finden [...], aus der Welt mit diesem Dreck" (GA, 118), und verlegt die Szene von Ischl nach Danzig, einer anderen Station in Weberns Biographie.

Weit wichtiger jedoch und geradezu notwendige Voraussetzung für Jonkes Unternehmen ist das Werk Moldenhauers, eine eigenwillige Mischform aus worttreuer Präsentation von akribisch zusammengetragenen Dokumenten – Zeugenaussagen, eidesstattlichen Erklärungen, Briefen – und kurzen, dramatisch inszenierten Forschungsberichten und Kommentaren des Kompilators. Von den Dokumenten macht Jonke ausführlich und in jeder Hinsicht völlig frei Gebrauch und schreibt so einen bereits in biographischer Kontextualisierung vorliegenden Diskurs souverän umstrukturierend und literarisierend fort.

Aus der Zeugenaussage des ehemaligen militärischen Dienstvorgesetzten des Täters etwa nimmt Jonke folgende, relativ detailreiche, aber in Bezug auf den Tathergang eher marginale Beschreibung:

> Die Küchentür war zurückgeschwungen und nur halb offen; ich hörte, wie die nach draußen führende Haustüre geöffnet wurde, wie sie gegen die Wand schlug und dann ganz geöffnet war. (Moldenhauer 1970, 134)

In extrem manieristischer Stilisierung (vgl. hierzu allgemein: Esslin 1980) wird daraus ein 22 Zeilen langer Satz, der Jonkes Strategien produktiver Verselbständigung und radikaler Poetisierung bei intertextuellen Übernahmen exemplarisch zu veranschaulichen vermag:

> Zwei Türen, die voreinander stehen – zwei Tore, die, voreinander stehend, einander öffnen wollen – zwei einander ineinander durch ihre Türstöcke durchzugehen wünschende Türen, die einander, Türflügel für Türflügel, jeweils geöffnet, gerade noch einander türflügelbeohrfeigend einander durchzugehen endlich und kaum glaublich jetzt schon durchgegangen sind einander, diese Tore, ohne einander zu entwurzeln, und zurück einander jetzt die Tür zuschlagend, jetzt dieser Krach, nun doch aneinander aufschlagen müssen, als hätten sie gerade nicht mehr zu vermeiden gewußt, die zwei Tore, jedes seine Tür nach hinten wieder zuzuschlagen ausschlagend, ja wie ein ausschlagendes Pferd, zwei Gäule, die einander hinterwärts die Hufe schrägluftaufwärts aneinanderkrachend, und die zwei Türflügel der Tore einander aus den Angeln gerissen, um übereinander aufschlagend, im Staub aufeinander zerschellend, deren zwei Türstöcke leer, einander auf der Flucht in entgegengesetzte Richtungen sich voneinander entfernen, atemlos jede für sich horizontwärts verhüpft, am abgeschlossenen Mauerrand der Landschaft erschöpft zerbrechen. (GA, 104f.)

Noch wesentlich weiter geht eine andere intertextuelle Strategie, die die Figur des Täters Raymond Bell mit dem Titelhelden der Oper *Wozzeck* von Alban Berg und Georg Büchners *Woyzeck* zu verbinden versucht. Die Beziehung wird expressis verbis hergestellt:

Gert Jonke 1999

Raymond, wo steckst Du, versteck Dich nicht, dort drüben schreibt einer von den Freunden des Herrn Doktor, eine ganze Oper über Dich, Wozzeck, hast nur einen einzigen Vorteil, brauchst Deine Frau nicht zu erstechen wie in der Oper [...] (GA, 142f.)

In den unveröffentlichten Notizen zum Film hält Gert Jonke ausdrücklich fest, dass Bell vom Erzähler „zu einer Art Wozzeck ausgebaut" werden soll. (VL Jonke, 48f.) Nahezu identisch mit einer Ermahnung des Erzählers in der Novelle sind Worte des Hauptmanns bei seinem ersten Auftritt:

Langsam, Woyzeck, langsam [...] was soll ich denn mit den zehn Minuten anfangen die Er heut zu früh fertig wird? Woyzeck, bedenk Er, Er hat noch schöne dreißig Jahr zu leben, dreißig Jahr! Macht dreihundertsechzig Monate, und Tage, Stunden, Minuten. (Büchner 1998, 3)

Strukturell und auch dem Wortlaut nach ähnlich heißt es im „Geblendeten Augenblick":

> Langsam, Raymond, langsam trinken, daß für später auch noch was bleibt! […] obwohl es bis zum Ende Deines Lebens noch ein ganzes Jahrzehnt zu überdauern gilt […] Raymond, manche brauchen durchaus nur zehn Minuten, bis sie tot sind, oder auch nur zehn Sekunden – (GA, 96)

Auch eine zentrale biographische Begebenheit, die für Büchner Ausgangspunkt für die Gestalt des Woyzeck war, ist dem entscheidenden Ereignis des „Geblendeten Augenblicks" durchaus ähnlich:

> Am 21. Juni des Jahres 1821, abends um halbzehn Uhr, brachte der Friseur Johann Christian Woyzeck, einundvierzig Jahr alt, der sechsundvierzigjährigen Witwe […] in dem Hauseingang ihrer Wohnung […] Wunden bei, an denen sie nach wenigen Minuten ihren Geist aufgab. (Zit. nach Mayer 1963, 79)

Beide, Bell und Woyzeck, werden als labile Persönlichkeiten gezeichnet, als Getriebene, beide sind dem Alkohol ergeben. Und dennoch erscheint die interliterarische Verknüpfung dieser zwei letztlich ganz unterschiedlichen Gestalten in ganz unterschiedlichen historischen Konnexen nicht ausreichend, jedenfalls nicht überzeugend motiviert. Ja, sie gerät in die Nähe eines „biographical hoax", wie es Julia Watson für analoge Fälle, allerdings mit Bezug auf trivialere Formen autobiographischen Erzählens, ausgeführt hat. (Vgl. Watson 2006)

Die Figur des Täters – über seinen Beruf als Koch und seine Trunksucht hinaus historisch kaum greifbar – bleibt auch mit den intertextuellen Zustrichen wenig konturiert und als Gestalt einer Parallelbiographie kaum geeignet. Auch die Funktion einer Anti-Figur kann sie nicht erfüllen. Ohne Gegenspieler von Gewicht dominiert so unter den Figuren der Komponist Anton Webern die gesamte Erzählung.

Spätestens seit Erscheinen der *Schule der Geläufigkeit* (Jonke 1977) nehmen in Jonkes Œuvre Musiksujets – vom Barock bis zur Musikästhetik der Gegenwart – und Musikergestalten – von Händel über Beethoven bis Webern – ganz erheblichen Raum ein. Dabei artikuliert sich sein biographisches Interesse im Rahmen einer der Frühromantik entsprungenen Gattungstradition: „Während das Musikalische als literarisches Motiv bis zum antiken Mythos zurückreicht, bildet die Tradition der Musikerzählung bzw. des Musikerromans eine relativ junge Gattung, deren Entwicklung mit dem Beginn der ästhetischen Moderne um 1800 einsetzt." (Schönherr 1998, 127)

Inwieweit ist bei Jonke Musik nicht nur als zentrales Thema und Motiv, nicht nur prosodisch in Wortklang und Rhythmus seiner Sprache, sondern auch als Strukturkonzept narrativer oder gar biographischer Konstruktion wirksam? Mit Blick auf den „Geblendeten Augenblick" war eine solche Strukturanalogie ausdrücklich intendiert: „Anton von Webern ist zu immer konzentrierteren Formen gekommen […] So einen Mikrokosmos wollte ich in meinem Webern-Projekt auch erreichen", erklärt Jonke. (Eichberger/Jonke 1996, 16) Und mit Blick auf den gleichnamigen Film findet sich in unveröffentlichten Notizen der Hinweis: „Der Film ist formal streng aufgebaut wie eine Sonate oder in größerer Form adäquat einem der Webern-Stücke." (VL Jonke, 50f.) Und konsequent, wenn auch ästhetisch keineswegs überzeugend, wird ein Schlussakkord als Metapher aus der Sphäre der Musik für die ein bedrückendes Musikerleben beschließenden Pistolenschüsse eingesetzt:

> Ganz unerwartet […] erklärt er Dir tatsächlich, erst durch Dich und das Auftauchen Deiner Person, Raymond, sei es nämlich ihm, dem Doktor Anton Webern, möglich geworden, das akustische Gesamtwerk einer Person in seiner vollkommenen Endgültigkeit abzuschließen […] – mit Ihrem dreimaligen Schuß und Knall auf meine Person besagtes Knallen zu einem vollendeten musikalischen Schlußakkord den Abschluß meines aus musikalischen Klängen zusammengesetzten Lebens mit einem die ganze Welt überzeugenden Krach vollendet, ganz überzeugend abzuschließen, einfach Schluß zu machen mir möglich wurde … (GA, 113f.)

Der Vergleich mit Kompositionen Anton Weberns lässt grundsätzlichere Bedenken aufkommen. Deren Ästhetik des Mikroskopischen will Jonke vor allem stilistisch, auf der Ebene der Wortbildung erreichen, mittels einer ins Extreme gesteigerten Anwendung eines linguistischen Spezifikums der deutschen Sprache: der Komposition, der Zusammenfügung mehrerer Morpheme zu Morphemketten. Der „Geblendete Augenblick" enthält mehr als 150 solcher ungewöhnlicher und vor allem ungewöhnlich langer Komposita – ein Verfahren, das an das „packing" von Computerdateien erinnert, bei dem große Datenmengen komprimiert werden, um verschickt werden zu können, beim Empfänger aber wieder „ausgepackt" werden müssen. Sind Kompositionen wie „Möbellebewesen" oder „Devotionalienkitschhandelsbetrieb" linguistisch noch unproblematisch, so sprengen zahlreiche weitere Beispiele wie etwa „rückfallzurückziehrückdrängend", „Erdballumfassungsoperettengeschmacklosigkeit" oder „Zeitverbrennungserdballverschüttungsweltsprengmeister" das Prinzip.

Anton Weberns Tod

> Ich bin so ins Mikroskopische gekommen, habe experimentiert, daß ein Wort oft über zehn Seiten gegangen ist [...] Und wenn ich selber so ein Zehn-Seiten-Wort in meinem Webern-Projekt nicht entziffern kann, obwohl Ungeheuerstes drin sein mag ... Ein Psychiater, der das zu Gesicht bekäme, würde wahrscheinlich sagen, das ist an der Grenze zum Wahnsinn. (Eichberger/Jonke 1996, 17)

Paradoxerweise will Jonke mit extremen, manieristisch anmutenden Wortkompositionen erreichen, was der Komponist Anton von Webern mit äußerster Ökonomie der Mittel erreicht hat.

Auch in Bezug auf den Aufbau muss schon die von Jonke angebotene Alternative – Sonate oder eines der Webern-Stücke – fragwürdig erscheinen. Tatsächlich ist ein tieferer, Struktur bildender Einfluss hier ebenso wenig erkennbar, wie bei anderen Werken, die der Autor auf musikalische Bauformen wie Sonate oder Fuge bezogen sehen möchte. Auch bliebe eine solche, auf intermediale Homologie abzielende Analyse den literarischen Werken zumeist äußerlich, worauf in explizitem Widerspruch zu Jonkes Selbstaussagen hingewiesen wurde. (Vgl. Schönherr 1998, 132)

Der Gestalt nach lässt sich allenfalls unspezifisch eine Analogie zur einfachsten Form des Rondos feststellen: Der Beginn (A) widmet sich der Unglücksszene sowie der Zeit nach Weberns Tod, in der Mitte (B) stehen, ausführlich entfaltet, wichtige Stationen aus Weberns Leben – seine frustrierende Zeit als Operettendirigent, ein Aufenthalt in Prag, Jahre der Einsamkeit nach dem Tod Alban Bergs und Schönbergs Emigration – und das Ende wiederholt mit verändertem Ausgang die Eröffnungsszene (A'). Doch wiederum gilt auch hier:

> Statt Wiederholung, Zirkularität, Spiegelsymmetrie, Motivvariation auf ihre musikalischen Implikationen zu reduzieren, erscheint es [...] weitaus wichtiger, diese zentralen narrativen Bauelemente in ihrer strukturellen wie semantischen Funktion im Kontext von Jonkes Konzeption von Geschichte, Wirklichkeit, Subjektivität und Sprache zu bestimmen. (Ebd., 135)

Aus den Notizen von Gert Jonke zu: Geblendeter Augenblick. Anton Weberns Tod. – Der Todestag von Raymond N. Bell ist hier falsch datiert, Bell starb am 3. September 1955. In der Novelle hingegen ist Anton Weberns Tod fälschlich auf den 13. September datiert. Webern starb am 15. September 1945. Sammlung Gert Jonke, Österreichisches Literaturarchiv der Österreichischen Nationalbibliothek, ÖLA 47/96

R. N. Bell, der
am 15.8.10.45
A. W. erschossen
hatte, starb
[laut] den
Tag genau
10 Jahre später
am 15.9.55 im
Delirium tremens.
Es ist anzunehmen,
daß er diese
folgenden
10 Jahre seines
"Nicht lebens"

Die spiegelsymmetrische Wiederholung des im „Geblendeten Augenblick" zu Beginn dargestellten Ereignisses am Ende der Novelle, mit konsequent verkehrten Positionen der Akteure und gegensätzlichem Ausgang, ist der strukturell auffälligste Effekt von Jonkes biographischer Bearbeitung des Webern-Stoffes. Der Kippeffekt wird über den Doppelsinn des Wortes „austauschen" erzeugt: „Raymond, fragst Dich nie, warum Dir nie so ganz gelingen mag, Dich mit dem Herrn Doktor auszutauschen?", fragt der Erzähler den Täter. Doch nicht mehr um den Austausch über das Erlebte, um den sich der Erzähler fast während der gesamten Erzählzeit vermittelnd bemüht, geht es nun, sondern um den kompletten wechselseitigen Austausch der Subjekte. Nun ist es – und das ist das eigentliche novum dieser Novelle – der Täter, der stirbt, oder genauer: dem das Sterben vom Erzähler suggeriert wird:

> Hörst Du, Raymond, jetzt ruhig atmen, einmal noch einatmen und einmal noch ausatmen, und, so sag doch, wirst Du nun schießen oder wird ein anderer jetzt schießen?! – Weißt schon wieder nichts – Nun, das wird sich jetzt gleich herausstellen, wer da von wo auf wen wohin übers Ziel hinaus geschossen haben wird, denn Raymond, wir machen jetzt Köpfe mit Nägeln, nein Nägel mit Köpfen, und ab jetzt gibt es einfach keinen einzigen vernagelten Kopf mehr – Also, einmal noch einatmen und einmal noch ausatmen – und jetzt schon bald nicht mehr atmen […] (GA, 158)

Die Spiegelsymmetrie des Aufbaus wird hier auch in einem Wortspiel – „Köpfe mit Nägeln, nein Nägel mit Köpfen" – mimetisch wiederholt. Die offen formulierte Frage nach dem Schuss kann sich mit Blick auf die biographische Dokumentation darauf berufen, dass sich der genaue Tathergang durch das Fehlen von Zeugenaussagen nicht endgültig sicherstellen lässt. (Vgl. Moldenhauer 1970) Der Erzähler gibt Anton Webern zu guter Letzt Anweisungen, die ihn vor dem Tod bewahren:

> Herr Doktor, machen Sie diese Tür bitte sofort wieder zu! –
> Nein, Sie gehen jetzt nicht hinaus in den Gang!
> Und schon gar nicht vors Haus! –
> Die Zigarre?!
> Hier im Zimmer rauchen!
> Nein, Ihre Frau hat nichts dagegen …
> Nein, die freut sich …

Und auch den Enkeln müssen Sie jetzt zeigen, wie man beim Zigarrerauchen
Rauchringe aus dem Mund bläst …
Ja, Herr Doktor, wenn Sie jetzt sofort diese erste Festzigarre seit dem Krieg …
Feuer, Herr Doktor, ein bisschen plötzlich sich anzünden …
Ja … und jaja … und: Rauchen.
Das ist doch schon gleich was ganz anderes. (GA, 159)

Nach den unveröffentlichten Notizen Jonkes zur verfilmten Version treibt die Erzählerstimme beide zum

> […] endlichen, neuerlichen, nochmaligen beiderseitigen Sterben, aber auch als die Stimme dann am Ende noch merkt, dass die beiden Verschwundenen ihre Geschichte inzwischen schon würde[n] noch einmal beginnen wollen, kann sie dies gerade im letzten Moment noch verhindern. (VL Jonke, 57 f.)

Ein derart radikal konstruktives Erzählerverhalten in Bezug auf biographische Daten und Kontinuitäten verlangt nach einer ästhetischen Begründung, einer Legitimation der „poiesis".

Aktuiert wird zunächst ganz massiv utopisches Potential: die utopische Funktion von Kunst, die hier den Tod, die „härteste Gegenutopie" (Bloch 1972, 174) aufheben soll. „Der für ästhetische Gebilde konstitutive Schein wird in seiner Realität zur Erscheinung der Utopie", schreibt Martin Lüdke und nennt mit Blick auf Gert Jonke ausdrücklich „die Aufhebung der Zeit oder des Todes". (Lüdke 1993, 4) Und nicht zufällig weist Jonke in seinem Essay „Die Überschallgeschwindigkeit der Musik" (der sich in der Prosasammlung *Stoffgewitter* unmittelbar vor dem „Geblendeten Augenblick" findet) auf die Totenklage, eine frühe Vorform der Biographie hin:

> In der Totenklage, der sogenannten Threnodie, wollte man die Zeit gewissermaßen aufheben, um […] den zu Tode Erkrankten oder schon Verstorbenen zurückzuretten oder die Zeit seines noch ihm verbleibenden Lebens möglichst lang zum Stehenbleiben zu veranlassen […] (Jonke 1996, 80)

Der Konjunktiv – es hätte Geschichte, auch diese Geschichte, ganz anders verlaufen können – bewegt sich in einer „paradoxen Erzählstruktur, nämlich vom Sterben zu berichten und dies gleichzeitig über die zirkuläre Spirale eines ‚unendlichen

Sprechens' zu verschieben bzw. zu revidieren" (Schönherr 1998, 146), immer weiter in Richtung Indikativ. Dabei wird der Anspruch, den Fiktionalität, wenn auch implizit, per se erhebt, nämlich frei über Handlungsverläufe zu verfügen, lediglich extrem gedehnt und historische (Re-)Konstruktion literarischer Neukonstruktion überantwortet – ein Vorgang, der bereits bei Aufkommen erzählender Prosa affirmativ reflektiert wurde: „Die Geschichte ist überhaupt nur ein Magazin für meine Phantasie, und die Gegenstände müssen sich gefallen lassen, was sie unter meinen Händen werden", schreibt Schiller 1788 an Caroline von Beulwitz. (Schiller NA 25, 155)

Doch geht Gert Jonke über eine solche Form subjektiver Aneignung von Geschichte – die auch viel später noch, etwa in Wolfgangs Hildesheimers Erklärung: „Ich habe versucht, meinen Helden so darzustellen, wie meine Vorstellungskraft es mir diktierte", wirksam ist (Hildesheimer 1991, 463) – seinem wesentlich radikaleren ästhetischen Anspruch nach weit hinaus.

„Alles, was wir sehen, könnte auch anders sein. Alles, was wir überhaupt beschreiben können, könnte auch anders sein", bemerkt Wittgenstein im *Tractatus logico-philosophicus* (5.634; Wittgenstein 1984), und bei Jonke finden sich poetologische Selbstaussagen in auffallend ähnlichem Wortlaut (etwa Jonke 1983, 257). Hier und in Musils Konzept des Möglichkeitssinns als einer Fähigkeit, „alles, was ebensogut sein könnte, zu denken und das, was ist, nicht wichtiger zu nehmen als das, was nicht ist" (Musil 1978, 16), finden sich die entscheidenden philosophischen Grundlagen von Jonkes Konstruktivismus, in welchem nicht zuletzt auch Derridas „Il n'y a pas de hors-texte" wirksam ist. In extremer Form findet sich dieser Konstruktivismus literarisch im *Erwachen zum großen Schlafkrieg*, wenn dort in doppelter Brechung von der Abfassung einer „Darstellung der Welt" erzählt wird, in der bewiesen werden soll, „daß die ganze sogenannte Welt eine Erfindung ist, in der unser Leben gar nicht stattfindet, sondern nur eine derart innig vorgenommene Beschreibung darstellt, daß wir von ihr glauben, sie zu leben". (Jonke 1982, 94)

Die Schriftstellerin und Schauspielerin, die an dieser „Darstellung der Welt" verzweifelt arbeitet, betrachtet auch ihr Verhältnis zum Protagonisten, dem Musiker Burgmüller, letztlich als ein konstruktives: „Sie müßten sich erst noch richtig finden, sagte sie, oder hatte sie gesagt *erfinden*; oder hatte sie gemeint, eben weil sie einander noch nicht gefunden hätten, müßten sie sich erst richtig erfinden?" (Ebd., 92)

„Zentralthema der Texte Jonkes" ist somit kategorial weitaus mehr, als „das Problem der Differenz der objektiven und der subjektiven Realität", wie Lüdke gegen

Anton von Webern ca. 1940

Thomas Beckermann überzeugend dargelegt hat: „Jonke hält konsequent [...] an dem Scheincharakter der Literatur (Kunst) fest. Der Schein wird als Schein ausgestellt. Konsequent, das meint: Jonkes Texte tragen die Spannung, die man dialektisch nennt, in sich aus – der Schein der Realität erscheint als die Realität des Scheins." (Lüdke 1993, 3)

Der „Schein der Realität" liefert das Stichwort für eine noch darüber hinausgehende Bestimmung von Realität, der zufolge Realität als Fiktion und, daraus folgend, Fiktion als Meta- oder „Antifiktion" (Marquard 1983) zu betrachten wäre.

Antifiktion in diesem Sinne stellt Jonkes „Geblendeter Augenblick" dar. Blendung kann per definitionem Realität bis zur Unkenntlichkeit verhüllen und zu temporärer oder dauerhafter Blindheit führen. Ein blinder Fleck findet sich an entscheidender Stelle in der Dokumentation des – durch Weberns Anzünden einer Zigarre – geblendeten Augenblicks im Leben Raymond Bells: Der Augenblick selbst ist nicht bezeugt. „Mein Mann ist tot", schrieb die Witwe dem um Vollständigkeit der Dokumentation bemühten Rechercheur Hans Moldenhauer, der dieser Mitteilung lediglich hinzuzufügen wusste: „Über dieses Ende hinaus gab es kein Erforschen." (Moldenhauer 1970, 126)

Gerade damit aber eröffnete sich die Möglichkeit einer „Komplementärgeschichte", wie sie der Leser einer jeden Geschichte, oft halbbewusst, ersinnt:

> Weite Bereiche der beschriebenen Wirklichkeit bleiben [...] notwendigerweise erzählerisch unbestimmt. Es ist der Leser, der dann die unbestimmten Teile der Erzählung wenigstens teilweise ergänzt und ausfüllt, der [...] seine Komplementärgeschichte hinzufügt. (Stanzel 1977, 240)

Dasselbe gilt auch, wo Realität aus dem „Dunkel des gelebten Augenblicks" (Bloch 1976, 338) hervortritt und vertextet, also zumindest partiell fiktionalisiert vorliegt, in Bezug auf Geschichte. „Hörst du, Raymond, das war vielleicht so: [...]", versucht der Erzähler die drohende Paralipse in der Novelle zu verhindern und führt, im Sinne einer Komplementärgeschichte, einen minutiös ausgeführten Tathergang als Möglichkeit vor. Der Sinn für Möglichkeiten, der Möglichkeitssinn ist aktiviert.

Unter den dichterischen Lebenserzählungen, die in der zweiten Hälfte des 20. Jahrhunderts geschrieben wurden, finden sich realistische, dokumentarisch fiktionale, revisionistisch fiktionale und metafiktionale Biographien bzw. fiktionale Metabiographien. In einer solchen Taxonomie findet sich „Geblendeter Augenblick" in der zuletzt genannten Kategorie, derjenigen der fiktionalen Metabiographie.

Werke dieser Gruppe weisen, sei es explizit mittels ausgeführter Reflexion, sei es, wie bei Jonke, implizit durch literarische Inszenierung, ein „hohes Maß fiktionaler Rückbezüglichkeit" auf (Nünning 2000, 28), mit dem Ziel, eigene Formen fiktionaler Geschichtsschreibung hervorzubringen. In diesem Sinn lässt sich verstehen, wenn Gert Jonke schließlich bekennt (Eichberger/Jonke 1996, 17):

> Das Webern-Projekt ist eines der Projekte, an denen ich gescheitert bin. Das ist ein schmerzlicher Punkt [...] Ich wollte einfach zuviel, ich wollte die Welt erklären, das konnte nicht gut gehen ...

Verwendete Literatur

Bloch 1972 = Ernst Bloch: Tübinger Einleitung in die Philosophie. Bd 2. Frankfurt am Main: Suhrkamp ⁵1972.

Bloch 1976 = Ernst Bloch: Das Prinzip Hoffnung. Erster Band. Frankfurt am Main: Suhrkamp ³1976 (= stw 3).

Büchner 1998 = Georg Büchner: Woyzeck. Ein Fragment. In: Ders.: Woyzeck. Ein Fragment. Leonce und Lena. Lustspiel. Stuttgart: Reclam 1998.

Eichberger/Jonke 1996 = Günter Eichberger: Die Phantasie als Sinnesorgan. Gert Jonkes Antworten auf nicht gestellte Fragen: Eine Mitschrift. In: Gert Jonke. Hg. von Daniela Bartens und Paul Pechmann. Graz, Wien: Droschl 1996 (= Dossier 11), S. 9–18.

Esslin 1980 = Martin Esslin: Ein neuer Manierismus? Randbemerkungen zu einigen Werken von Gert F. Jonke und Thomas Bernhard. In: Modern Austrian Literature. Journal of the International Schnitzler Research Association 13 (1980), Sonderh. 1, S. 111–128.

GA = Gert Jonke: Geblendeter Augenblick. Anton Weberns Tod. In: Ders.: Stoffgewitter. Salzburg, Wien: Residenz 1996.

Greiner 1979 = Die ferne Blume und der blaue Klang. In: Frankfurter Allgemeine Zeitung, 9.10.1979. Hier zitiert nach dem Wiederabdruck in: Gert Jonke. Hg. von Daniela Bartens und Paul Pechmann. Graz, Wien: Droschl 1996 (= Dossier 11), S. 297–303.

Hildesheimer 1991 = Wolfgang Hildesheimer: Die Subjektivität des Biographen. In: Ders.: Gesammelte Werke in 7 Bänden. Bd. 3. Essayistische Prosa. Hg. von Christiaan Lucas Hart Nibbrig und Volker Jehle. Frankfurt am Main: Suhrkamp 1991, S. 463–475.

Jonke 1977 = Gert Jonke: Schule der Geläufigkeit. Erzählung. Frankfurt am Main: Suhrkamp 1977.

Jonke 1982 = Gert Jonke: Erwachen zum großen Schlafkrieg. Erzählung. Salzburg: Residenz 1982.

Jonke 1983 = Andrea Kunne: Gespräch mit Gert Jonke. In: Deutsche Bücher 13 (1983), S. 249–264.

Jonke 1987 = Geblendeter Augenblick. Anton Weberns Tod. Eine Filmerzählung. In: Manuskripte 95 (1987), S. 3–11.

Jonke 1996 = Gert Jonke: Die Überschallgeschwindigkeit der Musik. In: Ders: Stoffgewitter. Salzburg, Wien: Residenz 1996, S. 80–93.

Krellmann 1975 = Hanspeter Krellmann: Anton Webern. Mit Selbstzeugnissen und Bilddokumenten. Reinbek: Rowohlt 1975.

Lüdke 1993 = Martin W. Lüdke: Gert Friedrich Jonke. In: Kritisches Lexikon zur deutschsprachigen Gegenwartsliteratur. 43. Nlg. Hg. von Heinz Ludwig Arnold. München: Edition Text und Kritik 1993.

Marquard 1983 = Odo Marquard: Kunst als Antifiktion. Versuch über den Weg der Wirklichkeit ins Fiktive. In: Funktionen des Fiktiven. Hg. von Dieter Henrich und Wolfgang Iser. München: Fink 1983 (= Poetik und Hermeneutik 10), S. 35–54.

Mayer 1963 = Hans Mayer: Georg Büchner: Woyzeck. Frankfurt am Main: Ullstein 1963.

Moldenhauer 1970 = Hans Moldenhauer: Der Tod Anton von Weberns. Ein Drama in Dokumenten. Mit einem Geleitwort von Igor Strawinsky. Wiesbaden: Breitkopf & Härtel 1970.

Musil 1978 = Robert Musil: Der Mann ohne Eigenschaften. Bd. 1. Hg. von Adolf Frisé. Reinbek: Rowohlt 1978.

Nünning 2000 = Ansgar Nünning: Von der fiktionalen Biographie zur biographischen Metafiktion – Prolegomena zu einer Theorie, Typologie und Funktionsgeschichte eines hybriden Genres. In: Fakten und Fiktionen. Strategien fiktionalbiographischer Dichterdarstellungen in Roman, Drama und Film seit 1970. Hg. von Christian von Zimmermann. Tübingen: Narr 2000, S. 15–36.

Pois 1996 = Thomas Pois: Das Firmament hängt an der Wand. Schrott mit schönen Stellen: Gert Jonke lässt den Stoff gewittern. In: Frankfurter Allgemeine Zeitung, 16.11.1996.

Schiller NA 25 = Friedrich von Schiller: Schillers Briefe 1.1.1788 – 28.2.1790. Schillers Werke. Nationalausgabe. Bd. 25. Hg. von Eberhard Haufe. Weimar: Hermann Böhlau 1979.

Schönherr 1998 = Ulrich Schönherr: „Ich bin der Welt abhanden gekommen". Zum Ort der Musik im Erzählwerk Gert Jonkes. In: Die Aufhebung der Schwerkraft. Zu Gert Jonkes Poesie. Hg. von Klaus Amann. Wien: Sonderzahl 1998, S. 126–152.

Stanzel 1977 = Franz K. Stanzel: Die Komplementärgeschichte. In: Erzählforschung 2. Theorien, Modelle und Methoden der Narrativik. Hg. von Wolfgang Haubrichs. Göttingen: Vandenhoeck & Ruprecht 1977 (= LiLi Beiheft 6), S. 240–247.

VL Jonke = Splittervorlass Gert Jonke. Österreichisches Literaturarchiv der Österreichischen Nationalbibliothek, ÖLA 47/96. (Die Seitenangaben im Text beziehen sich auf das Konvolut mit Notizen.)

Watson 2006 = Julia Watson: Truth Matters: Autobiographical Hoaxes in the Age of Memoir. Vortrag, gehalten am 21.6.2006 an der Universität Wien.

Wildgans 1967 = Friedrich Wildgans: Anton Webern. Eine Studie. Tübingen: Wunderlich 1967.

Wittgenstein 1984 = Ludwig Wittgenstein: Tractatus logico-philosophicus. Tagebücher 1914–1916. Philosophische Untersuchungen. Frankfurt am Main: Suhrkamp 1984 (= stw 501).

Identitäten mit Bindestrich
Biographien von MigrantInnen

Von Hannes Schweiger

In dem Roman *Das Ministerium der Schmerzen* von Dubravka Ugrešić gibt die Literaturwissenschaftlerin Tanja Lucić einen Fragebogen an ihre Studierenden aus, in dem sie diese unter anderem um kurze Lebensläufe bittet. Die meisten von ihnen kommen, so wie sie selbst, aus dem ehemaligen Jugoslawien, verließen das Land infolge des Krieges und leben derzeit in Amsterdam. Auf die Frage nach einem Lebenslauf antwortet Igor: „*Shit, I don't have any biography!*" Und auch Tanja Lucić selbst stellt fest, dass für sie als Emigrantin, die einen Staat verlassen hat, den es nicht mehr gibt, „selbst eine gewöhnliche Kurzbiographie zum schwierigen Genre [geworden ist]. Ich stolperte schon über die einfachste Frage. Wo war ich wirklich geboren? In Jugoslawien? In Ex-Jugoslawien? In Kroatien? … *Shit! Do I have any biography?*" (Ugrešić 2005, 33) Mit dem Gang ins Exil und der Auflösung ihres Herkunftslandes ist es unmöglich geworden, das eigene Leben in Form einer Biographie zu erzählen. Ihr Leben erscheint ihr wie „eine unmöblierte Wohnung" und von Behaglichkeit und einem Gefühl der Behaustheit kann nicht mehr die Rede sein. Das vergangene Leben ist wie ausgelöscht. Sie erkennt sich deshalb auch in der Gegenwart nicht wieder: Als sie in einer Sonnenbrille zwei Spiegelbilder erblickt, verspürt sie „Beklommenheit. Auf den dunklen Gläsern leuchteten zwei kleine Gesichter, aber keins von beiden war meins". (Ebd., 278) Sich im Spiegelbild nicht mehr erkennen können ist eine bestimmende Erfahrung vieler MigrantInnen: Sie blicken in „zerbrochene Spiegel […], von deren Scherben einige unwiederbringlich verloren sind" (Rushdie 1992a, 23). Das Leben als MigrantIn macht eine fortwährende Konstruktionsarbeit an der eigenen Biographie notwendig, angesichts der Erfahrungen der Fragmentarisierung, der Auflösung, des Verlusts. Der Versuch, die Fragmente zu einem einheitlichen Bild zusammenzusetzen, muss angesichts der Migrationserfahrung scheitern. Die Brüche und Leerstellen bleiben, auch wenn MigrantInnen sie zu überdecken oder zu füllen versuchen durch nostalgische Hinwendung zur Vergangenheit und durch das Bemühen, in die Gegenwart zu retten, was für ihr Leben vor der Migration konstitutierend und identitätsstiftend war.

Migration verändert aber nicht nur die Lebensläufe der MigrantInnen selbst, sondern, wie Salman Rushdie betont, auch die neue Welt, in der sie leben: „Migranten mögen durchaus zu Mutanten werden, aber gerade aus dieser Hybridation kann Neues entstehen." (Rushdie 1992b, 249) Im Hinblick auf die Konzeption von Biographien über MigrantInnen gilt es sowohl die Brüche in deren Lebensläufen selbst als auch die von ihnen ausgelösten Transformationsprozesse ihrer kulturellen und sozialen Umgebung in Betracht zu ziehen. Im Mittelpunkt der folgenden Überlegungen steht die Frage nach Identitätskonstruktionen in Lebensläufen von MigrantInnen, ausgehend von den fiktionalen oder autobiographischen Darstellungen des Migrationserlebnisses und seiner Folgen. Ich beziehe mich dabei exemplarisch auf Dimitré Dinevs Roman *Engelszungen* und vor allem auf drei Texte von Dubravka Ugrešić, die beiden Romane *Das Ministerium der Schmerzen* und *Das Museum der bedingungslosen Kapitulation* sowie *My American Fictionary*. Die Identitätsproblematik in den Lebensläufen wirft einige grundsätzliche Fragen im Hinblick auf die Konzeption einer MigrantInnenbiographie auf. Biographien von MigrantInnen führen vor Augen, was auf Lebensgeschichten im Allgemeinen zutrifft: Sie sind fortwährend Veränderungen unterworfen und bleiben unabschließbar.

Dimitré Dinev wird in Rezensionen als bulgarisch-österreichischer Autor bezeichnet, eine Kritik zu seinem erfolgreichen Roman *Engelszungen* ist mit „West-östlicher Dinev" betitelt (Stuiber 2003). Feridun Zaimoglu wird als deutsch-türkischer Autor auf dem literarischen Markt gehandelt und so werden auch seine Texte unter anderem in die Kategorie „deutsch-türkische Literatur" eingeordnet. Dies sind nur zwei von vielen Beispielen dafür, dass im Fall von AutorInnen mit Migrationshintergrund oft von Bindestrichidentitäten die Rede ist. Der Bindestrich kann als Verbindung von Kulturen in den Lebensläufen von MigrantInnen gelesen werden. MigrantInnen werden als Bindeglied zwischen Kulturen betrachtet und häufig, insbesondere im Fall so genannter gelungener Migrationsbiografien, mit dem Etikett eines Kulturvermittlers oder einer Kulturvermittlerin versehen. Feridun Zaimoglu, dessen Lebensgeschichte im *Spiegel* als „allergelungenste Integrationsbiografie" bezeichnet wurde, wehrt sich aber gegen die Rollenzuschreibung eines Vermittlers zwischen „irgendwelchen Welten und Kulturen" und will vielmehr als Geschichtenerzähler wahrgenommen werden. (Voigt 2006, 165f.)

Der Bindestrich kann auch als etwas Trennendes verstanden werden, er hält auseinander und stellt Distanz her. Er dient zudem der Ausgrenzung: Ein deutsch-türkischer Autor ist eben kein deutscher Autor, unabhängig davon, in welcher Sprache er schreibt und wie sein eigenes Selbstverständnis aussieht. Der Bindestrich dient somit der Konstruktion eines Anderen, er schreibt das binäre Denken vom Eigenen versus dem Fremden fort und legt Menschen auf den dauerhaften Status einer Zwischenexistenz fest, der weder hier noch dort Zugehörigkeit zugestanden wird. Der Bindestrich streicht auch alles durch, was zwischen den beiden Polen stehen könnte. Er bringt alles zum Verschwinden, was nicht eindeutig einem der beiden Pole, dem Deutschen oder dem Türkischen beispielsweise, zuordenbar ist. Er verdeckt das Inkommensurable der Existenz mit und in unterschiedlichen Kulturen. Der Bindestrich kann aber auch für die Übersetzungs- und Verwandlungsprozesse stehen, die sich zwischen den Kulturen ereignen, die fälschlich als einheitlich und eindeutig voneinander abgrenzbar verstanden werden. Solche Translationsprozesse sind gerade für Lebensläufe von MigrantInnen charakteristisch, und wer eine Biographie über MigrantInnen schreibt, beteiligt sich an dieser Übersetzungsarbeit zwischen Kulturen und Nationen. Was der Bindestrich auch verdeckt, sind Prozesse der Vervielfältigung von Lebensläufen und ihrer Narrationen (vgl. Keller 1999, 5) in der Migrationssituation aufgrund der Unmöglichkeit von Eindeutigkeit und Einsinnigkeit und angesichts des Versagens kultureller Essentialisierungen. „Die Herausforderung der Bindestrich-Realität liegt im Bindestrich selbst", weil dort weder die Regeln der einen noch der anderen Seite voll und ganz gelten. (Trinh T. Minh-ha 1996, 153) Trinh T. Minh-ha spricht zurecht vom Fluch und von der Chance des Bindestrichs. (Vgl. ebd., 154)

In Dubravka Ugrešić' *Das Museum der bedingungslosen Kapitulation* findet die polnische Emigrantin Lucy, es sei „doch ein tröstlicher Gedanke, daß jedes Exil Arbeit an der eigenen Biographie ist". Der Wechsel in ein neues kulturelles und soziales Umfeld und in eine neue Sprache, der oft einhergeht mit Verlusterfahrungen, macht bewusste Konstruktionsarbeit an der eigenen Biographie notwendig. Aus Sicht der Ich-Erzählerin des Romans ist das Exil „ein nicht meßbarer Zustand", ein Zustand, der sich nicht adäquat beschreiben lässt, weil er keine Stabilität zulässt und durch Bewegung, Übergänge und Flüchtigkeit gekennzeichnet ist. (Ugrešić 1998, 147) Als MigrantIn zu leben, heißt daher mit einem „self-in-translation" zu leben (da Silva 2004, 54). „Anderswoher zu kommen, von ‚dort' und nicht von ‚hier', und daher gleichzeitig ‚innerhalb' und ‚außerhalb' der gegenwärtigen Situation zu sein bedeutet, auf den Kreuzungen von Geschichtlichkeiten und Erinnerungen zu leben, sowohl ihre vorläufige Auflösung zu erleben als auch die darauffolgende Übersetzung in neue, umfassendere Modelle entlang entsprechender Routen." (Chambers 1996, 8) Die Biographien von MigrantInnen sind ein Medium dieser Übersetzung von „Geschichtlichkeiten und Erinnerungen" und zeichnen die neu entstehenden Routen nach, die in alle Richtungen und an kein Ziel führen. Dabei gilt es zu bedenken, dass sich MigrantInnenbiographien in Bezug auf die sozialen, wirtschaftlichen und politischen Bedingungen, unter denen sie sich vollziehen, erheblich voneinander unterscheiden und daher nicht der Irrtum entstehen soll, sie würden nach einem bestimmten Muster gestaltet werden können. Die Gründe für Migration und die Bedingungen, unter denen sie stattfindet, sind vielfältig und dementsprechend unterschiedlich ist auch der Verlauf der einzelnen Lebensgeschichten. Heterogen sind darüber hinaus die Auswirkungen des Migrationserlebnisses auf das Selbstverständnis von MigrantInnen, die ganz unterschiedlich auf die Erfahrung der Migration oder des Exils reagieren. Die Biographien von MigrantInnen sind zudem immer in nationale und kulturelle Diskurse eingeschrieben und lassen sich auch nicht von Debatten wie beispielsweise jenen über Leitkultur, den vermeintlichen Kampf der Kulturen oder über europäische Identität trennen.

Die Auslöschung von Lebensgeschichten

In dem eingangs zitierten Roman *Das Ministerium der Schmerzen* und in *Das Museum der bedingungslosen Kapitulation* von Dubravka Ugrešić sind die Lebensgeschichten der EmigrantInnen geprägt von der Flucht vor dem Krieg und seinen Folgen und vom Verlust der individuellen und der kollektiven Vergangenheit. Ugrešić führt die Fragmentarisierung der Biographien von Flüchtlingen und die Instabilität von Migrationsexistenzen vor. Kennzeichnend für alle EmigrantInnen im *Ministerium der Schmerzen*, seien sie bosnischer, kroatischer oder serbischer Herkunft, ist die Erfahrung des Verlusts der eigenen Lebensgeschichte(n) in der materialisierten Form von Fotos, Büchern und den persönlichen Dingen des Lebens. Durch Migration, vor allem durch Flucht, gehen die biographischen Archive verloren oder sie sind nicht mehr zugänglich. Die Auto/Biographin oder der Auto/Biograph sieht sich daher mit einer Vielzahl an Leerstellen konfrontiert, die sie oder er mit Hilfe von Fiktionen zu füllen versucht.

Die junge Literaturdozentin Tanja Lucić schlägt ihren Studierenden das „Projekt einer Katalogisierung des ex-jugoslawischen Alltags" vor, und so beginnen sie, gemeinsam ‚jugonostalgische' Exponate in ihre fiktive Tasche zu packen. (Ugrešić 2005, 59) Während im ehemaligen Jugoslawien selbst die Vergangenheit ausgelöscht wird, während „die Mächtigen" die *delete*-Taste drücken, drückt sie die *restore*-Taste. (Ebd., 63) Sie ist sich durchaus bewusst, dass dies möglicherweise ein problematisches Projekt ist und die Gefahr besteht, sich in den Dienst einer nostalgischen Erinnerungskultur zu stellen. Es ist eine Übung im kollektiven Erinnern, eine Gedächtnisübung, die zwischen den EmigrantInnen aus mittlerweile voneinander getrennten Ländern Gemeinsamkeit erzeugen soll. Lucić glaubt, dass dieses kollektive Erinnern Voraussetzung für eine Loslösung von der Vergangenheit ist: „Nur wenn wir uns mit der eigenen Vergangenheit versöhnten, konnten wir aus ihr entlassen werden, glaubte ich." (Ebd., 64) In der Auseinandersetzung mit einer vergangenen kollektiven Identität sollen sich die Studierenden auch mit ihrer individuellen Identität und den Folgen der Zerstörung ihrer Lebensgeschichten durch den Krieg bzw. die Flucht vor dem Krieg auseinander setzen.

Ugrešić schreibt über ihre eigene Situation als Emigrantin aus einem mittlerweile nicht mehr existierenden Land in *My American Fictionary*, einer Serie von Artikeln, die im Laufe ihres mehrmonatigen Aufenthalts in den USA entstanden waren, nachdem sie Zagreb im Herbst 1991 bei Ausbruch des Krieges verlassen hatte. *My American Fictionary* besteht, wie der Titel andeutet, aus Einträgen zu einzelnen Wörtern, die für ihr Leben im Exil bedeutsam geworden sind. Mit dem Wechsel in eine neue Sprache haben sich alle Wörter verkehrt und ihr *American Fictionary* ist ein Versuch, wieder Ordnung herzustellen im Chaos des Exils. (Vgl. Ugrešić 1994, 9) Als Kriegsflüchtling ist ihr die Verfügungsmacht über ihr eigenes Leben entrissen worden. Sie lebt mit dem Gefühl, dem Willen und den Handlungen der Kriegsherren ausgeliefert zu sein und ihr eigenes Leben nicht mehr in der Hand zu haben. „Bin ich nicht jetzt ein NIEMAND, nur eine Nummer ohne Identität und Persönlichkeit, bin ich nicht anonymes Menschenfleisch in den Händen der Herren des Krieges?" (Ebd., 126) Durch den Krieg zur Emigration gezwungen, wird sie ihrer bisherigen Identität beraubt, ihre einzige ID bleiben ihre Texte. Doch sie kann sie weder in den USA, wo sie vorübergehend lebt, noch in ihrer alten Heimat veröffentlichen. In den USA nicht, weil sie, mit dem Etikett ‚osteuropäische Schriftstellerin' versehen, keinen Verlag finden kann, der Bücher veröffentlichen würde, die thematisch nicht den Erwartungen des Lesepublikums an eine osteuropäische Schriftstellerin entsprechen. Erwartet wird, dass sie über das Leben in einer Diktatur (also im ehemaligen Jugoslawien) oder über Zensur, über Krieg oder den Eisernen Vorhang schreibt. Sie will sich den Erwartungen jedoch nicht beugen. In Kroatien wiederum wurde sie zur persona non grata, nachdem sie das Land verlassen und sich nicht als unkritische Patriotin gebärdet, sondern

Kritik am neuen Staat Kroatien geübt hatte. Auch dort werden ihre Bücher nicht veröffentlicht und verkauft. „Ich bin aus dem literarischen Leben Kroatiens vollkommen ausgelöscht", sagt sie in einem Interview. (Breitenfellner 1999, 67) Die MigrantInnenfiguren in ihren Romanen erleben, was für die Autorin selbst eine reale Erfahrung ist: die Auslöschung der bisherigen Existenz.

Leere Archive und weiße Fotos
EmigrantInnen sehen sich oft vor die Aufgabe gestellt, ihre Leben neu erfinden und neu konstruieren zu müssen – eine Herausforderung, die kaum zu bewältigen scheint. „Ich zerfalle in Stücke, habe das Gefühl, mich nie wieder zusammensetzen zu können. Es ist völlig egal, ob ich dort oder hier bin, die Angst ist die gleiche, das Entsetzen umfängt mich wie Spinnweben. Und ich frage mich, was Wirklichkeit ist: das Vorher oder das Jetzt?" (Ugrešić 1994, 27) Mit dem Verlust der materiellen Existenz durch die Flucht geht auch verloren, worin das bisherige Leben seinen Ausdruck gefunden hat, was dafür charakteristisch war, was als Beweis dafür dienen konnte. Unter den vielen Dingen des persönlichen Lebens, die Flüchtlinge zurücklassen müssen, sind auch Fotos. Für Alma Hadzibeganovic, die ebenfalls vor dem Krieg im ehemaligen Jugoslawien fliehen musste und seither in Österreich und den Niederlanden lebt, ist damit auch der Beweis des bisherigen Lebens verloren gegangen. „Nichts beweist, daß es dich gegeben hat." (Hadzibeganovic 1997, 31) Der Freund der Ich-Erzählerin im *Museum der bedingungslosen Kapitulation* meint: „Das Leben ist nichts anderes als ein Fotoalbum. Nur was im Album ist, existiert. Was im Album fehlt, hat nie existiert." (Ugrešić 1998, 39)

Fotos dienen als Erinnerungsstücke, sie halten Vergangenes fest und erwecken den Anschein des Dokumentarischen und Objektiven. Sie fangen Leben ein, bewahren es auf, sind Medien zur Speicherung von Erinnerung und damit von Vergangenheit. Im Roman von Ugrešić dienen der Emigrantin Fotos als Fenster in eine durch den Krieg und die Flucht ausgelöschte Vergangenheit. Aber das Foto, das das einzige Erinnerungsstück an eine Gruppe von Frauen ist, die sich vor ihrer Emigration regelmäßig in Zagreb trafen und zu der auch die Ich-Erzählerin gehörte, ist leer. Es handelt sich um ein überbelichtetes Foto, auf dem nichts zu sehen ist und das deshalb zur Projektionsfläche wird. Erinnerungen sind mit diesem Foto verbunden, aber die Grenzen zwischen Fakten und Fiktionen lösen sich völlig auf: „Durchaus möglich, daß [das Foto] nie aufgenommen wurde, daß ich alles erfunden habe, daß ich auf die weiße gleichgültige Fläche Personen projiziere, die nicht existieren, und etwas hinschreibe, was nie gewesen ist." (Ebd., 220) Die Biographien von Flüchtlingen sind Fotoalben, die zum Großteil aus leeren Fotos bestehen. Sie erfahren ihre frühere Existenz als etwas Fiktives, weil keine Beweise mehr vorhanden sind. Der Versuch einer Rekonstruktion der Vergangenheit muss scheitern, sie wird zur Fiktion.

Im *Museum der bedingungslosen Kapitulation* nimmt die Ich-Erzählerin große Anstrengungen auf sich, um die biographischen Lücken zu füllen und die ausgelöschte Vergangenheit zu rekonstruieren. „Mit Mühe zerre ich sie [die Frauen] auf das Foto, aber da, wo Nušas Gesicht sein müßte, erscheint nur ein undeutlicher Fleck, bei der zweiten zeigte sich eine bloße Geste, bei der dritten die Gesichtsform, bei der vierten das Lächeln, bei der fünften die ganze Figur, doch ganz anders, neu, nicht so, wie ich sie erinnere." (Ebd., 247) Der Versuch, das leere Foto zu füllen, scheitert. Es erscheinen trotz aller Anstrengungen nur Fragmente, Schemen, Ausschnitte, und wenn das Ergebnis ihrer Erinnerungsarbeit doch eine „ganze Figur" ist, dann handelt es sich um eine neue, eine veränderte Figur, eine, die im Zuge der Rekonstruktionsarbeit transformiert wurde. Das ‚wahre' Bild einer ausgelöschten Figur bleibt verloren.

Die Passage in Ugrešić' Roman macht aber zugleich deutlich, dass das vergangene Leben nicht völlig ausgelöscht werden kann. Es bleiben Reste und Fragmente, es bleibt Undeutliches und Angedeutetes. Es ist für MigrantInnen nicht möglich, die Vergangenheit hinter sich zu lassen und eine neue Identität nach Belieben zu wählen. „Unser bisheriges Wissen, unser Sprach- und Identitätsgefühl, unser individuelles Erbe kann nicht einfach aus der Geschichte gestrichen, gelöscht werden. Was wir ererbt haben – an Kultur, an Geschichte, an Sprache, an Tradition, an Identitätsgefühl –, wird nicht zerstört, sondern zerteilt, geöffnet für einen Prozeß des Befragens, des Neuschreibens und Neuausrichtens." (Chambers 1996, 30f.) Das Vergangene eines MigrantInnenlebens wird zum Objekt eines fortwährenden Prozesses der Fiktionalisierung. Darin besteht einerseits das Prekäre und Gefährdende einer MigrantInnenexistenz, andererseits steckt darin auch das Potential des Subversiven, das lineare und bruchlose Lebensentwürfe als reine Fiktion kenntlich macht. Unsere Identität ist ständig in Bewegung und unser Identitätsgefühl ist „eine Leistung der Imagination, eine Fiktion, eine besondere Geschichte, die Sinn ergibt" (ebd., 32).

Am Beginn des Romans von Ugrešić steht eine Liste der Gegenstände, die im Magen des See-Elefanten Roland gefunden wurden und die in einer Vitrine im Berliner Zoologischen Garten ausgestellt sind, darunter „ein rosa Feuerzeug, […] eine Metallbrosche in Gestalt eines Pudels, […] ein Kompaß, […] ein Schnuller,

[...] ein Plastiketui mit Nähzeug". (Ugrešić 1998, 7) Die 30 ausgestellten Gegenstände sind die Hinterlassenschaften des See-Elefanten Roland, sie formen das Archiv seines Lebens. Doch nach dieser Aufzählung wird davor gewarnt, sie als Rolands Biographie zu lesen, denn das wäre begrenzt und ungerecht. (Vgl. ebd., 8) Analog zum Mageninhalt Rolands ist auch der Roman von Ugrešić eine Ansammlung von Überresten, von Hinterlassenschaften einer Emigrantinnenexistenz, die nebeneinander stehen, ohne dass auf den ersten Blick Zusammenhänge hergestellt werden können. Es bestehen Zusammenhänge zwischen diesen Bruchstücken, aber sie formen ebenso wenig ein abgeschlossenes Ganzes, wie die Biographie Rolands sich in der Herstellung von Beziehungen zwischen den Gegenständen, die in seinem Magen gefunden wurden, erschöpft.

Die Grenzen der Fiktion

Die Erfahrung des Exils und der Fragmentarisierung der eigenen Lebensgeschichte löst eine existentielle Müdigkeit aus, die auch die Ich-Erzählerin im *Museum der bedingungslosen Kapitulation* verspürt: Sie ist „in Auflösung, ein müdes menschliches Exemplar" (ebd., 19). „Ich bin müde", ist auch der einzige deutsche Satz, den sie zu Beginn beherrscht. „In diesem Augenblick möchte ich auch nicht mehr lernen. Mehr lernen bedeutet sich öffnen. Und ich will noch eine Zeitlang verschlossen bleiben." (Ebd., 18) Auch der Migrant Iskren in Dimitré Dinevs Roman *Engelszungen* ist müde, nachdem die dritte seiner fiktiven und mit falschen Pässen ausgewiesenen Identitäten zerbrochen ist: „Sein Leben war in kleine Stücke zersplittert, er hatte keine Kraft sie zu sammeln. Müde war er. Die ganze Müdigkeit dreier Existenzen spürte er plötzlich in sich." (Dinev 2003, 506) Die Biographien von Iskren und Svetljo und deren Familien werden in *Engelszungen* vor dem Hintergrund der historischen Veränderungen Bulgariens im 20. Jahrhundert erzählt und immer wieder zueinander in Beziehung gesetzt. Ihre Lebensgeschichten überschreiten die Grenzen der Nationalstaaten und werden gleichzeitig von diesen begrenzt. Die Biographien von MigrantInnen werden von nationalen Gesetzen mitgeschrieben, die Grundlage der Entscheidung sind, wer aufgenommen und wer wieder über die Grenze abgeschoben wird.

Als die Ich-Erzählerin im *Museum der bedingungslosen Kapitulation* in einer Westberliner Behörde auf die Verlängerung ihres Visums wartet, entdeckt sie im Roman *Die Nacht von Lissabon* von Erich Maria Remarque den Satz, dass „der Mensch nichts bedeutete, aber ein gültiger Paß alles". (Ugrešić 1998, 182) Auch für Iskren und Svetljo ist bezeichnend, dass ihre Lebensgeschichten von der rein äußerlichen

Identität, die durch einen Pass bewiesen werden kann, abhängen: „Es ist egal, was für ein Herz du hast, aber nicht, was für einen Paß." (Dinev 2003, 488) Iskren macht sich dies zunutze, indem er mehrmals den Pass und damit auch seinen Namen und seine Identität wechselt. So kann er als italienischer Staatsbürger Vito Berti in das EU-Land Österreich völlig legal einreisen, während Svetljo seine Identität behält und die Grenze nach Österreich illegal passiert. Als Migrant, der seine Identität mehrmals wechselt, ist Iskren ständig in Gefahr zu scheitern und wieder vor dem Nichts und der Notwendigkeit einer Neuerfindung seiner selbst zu stehen, zu der auch der Namenswechsel gehört.

Die biographische Illusion eines Lebenslaufes, die auf der Annahme eines konstanten und einheitlichen, wenngleich nicht widerspruchsfreien Subjekts beruht, wird im Falle vieler MigrantInnenexistenzen auch nicht mehr durch den Eigennamen aufrechterhalten, der laut Pierre Bourdieu „über alle Veränderungen […] hinweg die *nominelle Konstanz*, die Identität im Sinne von Identität mit sich selbst, *constantia sibi*, welche die soziale Ordnung verlangt", sichert. (Bourdieu 1998, 79) Iskren wechselt seinen Namen mehrmals, weil er einerseits vor der Polizei flieht und andererseits einen möglichst einfachen Weg über die Grenzen der Nationalstaaten hinweg sucht. In dem Text „Mosaiksteinchen" von Sanja Abramovic wechselt die Schwester der Ich-Erzählerin in der Fremde den Namen, um weniger fremd zu sein: Da ihren ursprünglichen Namen Đurđica im österreichischen Kindergarten niemand aussprechen konnte, wird sie Judith genannt. „Sie musste ihre Identität umschalten wie einen Lichtschalter. Sie wurde eine andere. Heute nennen sie fast alle Judith – ich auch." (Abramovic 2004, 91) Der Namenswechsel ist das äußere Zeichen eines Einschnitts im Leben von MigrantInnen, das ihr früheres von ihrem gegenwärtigen Leben trennt. Wenn nicht einmal mehr der Name Konstanz und Kontinuität verheißt, ist der ‚biographischen Illusion' die Grundlage entzogen.

Auch wenn Iskren sich mit Hilfe von gefälschten Pässen neue Identitäten erkaufen kann, zelebrieren Dinevs Migrantengeschichten nicht das freie Spiel mit Identitäten, sondern machen deutlich, wie die Lebensläufe von MigrantInnen in ein Geflecht von sozialen, politischen, ökonomischen Beziehungen eingebunden sind. Identität erscheint zwar in seinen Texten als etwas Veränderbares, Manipulierbares, Performatives, aber nicht ohne den Preis einer Fragmentarisierung des Selbst. Und diese Manipulierbarkeit von Lebensgeschichten ist nicht beliebig, sondern sie wird von Gesetzen, von Machverhältnissen und von sozialen und politischen Grenzen beschränkt. Die Grenzüberschreitungen von MigrantInnen machen diese Grenzen sichtbar und stellen sie zugleich in Frage.

Die Infragestellung nationaler und kultureller Identitäten

In Dinevs *Engelszungen* treffen sich die beiden Hauptfiguren Iskren und Svetljo am Grab Miros, das sich „in einer der prominentesten Alleen des Wiener Zentralfriedhofs" befindet. Dort ruht Miro „[u]mgeben von Künstlern, Offizieren und hohen Beamten, von Leuten, die die österreichische Geschichte stumm, doch verläßlicher als jedes Lehrbuch widerspiegelten". Darüber sind die Einheimischen auch dementsprechend empört und fragen: „Was macht dieser Tschusch auf unserem Friedhof? [...] Eine Frechheit, einem Ausländer so einen Platz zu geben" (Dinev 2003, 10), inmitten dieser ‚ehrenwerten Gesellschaft' (vgl. ebd., 7), an einem Ort der kollektiven Erinnerung an wichtige Figuren der österreichischen Geschichte, an einem Ort, der nationale und kulturelle Identität konstituiert und deren Manifestation ist.

Miro ist ein Nomade. „Egal, wo ich hingehe, bin ich zuhaus. Egal, wo ich ankomme, bin ich ein Gast", singt er. (Ebd., 10) Als ewiger Gast, als Nomade hat er keinen Ort und ist doch an vielen Orten zugleich. Er lässt sich nicht reduzieren auf seine Herkunft und will sie deshalb nicht preisgeben. Er versteckt sie hinter der Fiktion einer jungfräulichen Geburt, deren Ergebnis er sei. (Vgl. ebd., 8) Als Ausländer dürfte er aus der Sicht der Einheimischen keinen Platz im kollektiven Gedächtnis ihres Landes haben. Dass er diesen Platz doch bekommen hat, ist Ausdruck der Subversivität von MigrantInnenbiographien, die nationale Identitätskonstruktionen fragwürdig erscheinen lassen und sie als kollektive Imaginationen bloßstellen, die nicht auf eine Essenz, ein Zentrum oder einen Ursprung rückführbar sind.

Die Brüchigkeit der Lebensläufe von MigrantInnen und die Fragmentarisierung ihrer Identität werfen Fragen hinsichtlich des Konzepts von nationaler und kultureller Identität auf, wie sie auch Gisela Brinker-Gabler und Sidonie Smith in der Einleitung zum Band *Writing New Identities* stellen: „Wie verändern multikulturelle Subjekte nationale Formen und Subjektivitäten? Wie reagieren sie auf die Unauflösbarkeit von Unterschieden zwischen Subjekten und Gemeinschaften, auf das Inkommensurable, von dem Bhabha spricht?" Und: „Welche Auswirkungen haben neue Formen der Subjektivität auf die Konstruktion und Dekonstruktion nationaler Identitäten in einem neuen Europa?" (Smith/Brinker-Gabler 1997, 17)

Vor allem in der sozialwissenschaftlichen Migrationsforschung findet eine intensive Auseinandersetzung mit den Auswirkungen von MigrantInnenbiographien auf nationale und kulturelle Konstruktionen statt. Sabine Strasser untersuchte die Lebensläufe von MigrantInnen im Hinblick darauf, welches Selbstverständnis sie als MigrantInnen haben, welche Positionierungen sie vornehmen und in welchen Netzwerken sie sich bewegen. Die Lebensläufe vollziehen sich in transnationalen Räumen, die aber nicht „Ersatznationen" sind, sondern „Netzwerke kreolisierter Identitäten [...], die bestehende Sicherheiten des etablierten Ganzen in Frage stellen und neue Forderungen an den Schnittstellen und Übergängen formulieren". (Strasser 2003, 12) Strasser betont die Prozesshaftigkeit kultureller oder nationaler Zugehörigkeiten, was allerdings nicht deren völlige Beliebigkeit bedeutet.

Sie rekurriert auf feministische, transnationale und postkoloniale Theorien, die deutlich machen, dass „kulturelle, geschlechtliche, ethnische und nationale (wie auch alle anderen kollektiven) Zuschreibungen und Aneignungen nicht abgrenzbar, nicht eindeutig und stets in Veränderung begriffen sind". Daher „müssen soziale Prozesse der Herstellung von Grenzziehungen, Zugehörigkeiten und Zuschreibungen selbst untersucht werden". (Ebd., 50) In Biographien von MigrantInnen manifestieren sich solche Prozesse, ihre Lebensläufe sind von ökonomischen, politischen und sozialen Grenzziehungen geprägt. Daher kommt dem Schreiben von MigrantInnenbiographien in der Diskussion über Globalisierung und Regionalisierung und über die Auswirkungen weltweiter Migrationsbewegungen auf das Verständnis von Nation und Kultur eine besondere Bedeutung zu. Nation erscheint gerade vor dem Hintergrund von Migrationsprozessen als Konstruktion, als „imagined community" – eine Konstruktion, die aber nach wie vor das Leben vieler Menschen prägt und der große politische und wirtschaftliche Bedeutung zukommt. Biographien von MigrantInnen stehen an den Schnittpunkten von Kulturen und Nationen. Sie eröffnen einen Dritten Raum im Sinne Homi Bhabhas, „[which] provide[s] the terrain for elaborating strategies of selfhood – singular or communal – that initiate new signs of identity" (Bhabha 1994, 1).

Was Iain Chambers über die postkoloniale Welt schreibt, trifft auf die von Migration und Globalisierung geprägte Gegenwart allgemein zu: Die „Achse der Zeit, Linearität, Nation und Identität sowie der ‚Fortschritt' der okzidentalen Geschichte [wird] umgebogen in verschiedene Räume, welche die einzige, geschlossene Narration aufbrechen, um vielfältigen Sprachen, Narrationen, Geschichten – *his-stories* und *her-stories* – und einer Heteronomie verschiedener Rhythmen Zugang zu gewähren." (Chambers 1996, 90) In Migrationsbiographien ist keine „Gleichsetzung von Identität und Ort" (Papastergiadis 2000, 212) möglich, sondern Identität und Ort sind einem fortwährenden Prozess der (Re-)Konstituierung ausgesetzt; daher ist weder Identität noch ein exklusiver Ort der Zugehörigkeit bestimmbar. (Vgl. ebd., 213) Wie schmerzhaft der Verlust von Ursprung, Heimat und dauerhafter Zugehörigkeit auch sein mag, eine Rückkehr in die Zeit vor der Migration ist nicht möglich und bleibt Fiktion. Der Spiegel, in den MigrantInnen blicken, bleibt zerbrochen und die biographischen Fragmente lassen sich nicht ohne Bruchstellen zusammensetzen.

Die Vervielfachung der biographischen Narrationen von MigrantInnen macht die Forderung nach Eindeutigkeit unerfüllbar, denn „alle transkulturellen Subjekte verhandeln die Gleichzeitigkeit von, wie Robert Young es nannte, heterogenen, widersprüchlichen und inkommensurablen Geschichten" (da Silva 2004, 54). MigrantInnen sehen sich aber immer wieder mit der Forderung konfrontiert, sich eindeutig zu positionieren und sich für eine Kultur zu entscheiden. So wird etwa Emine Sevgi Özdamar in einem Interview mit der *Welt* gefragt: „Welcher Gesellschaft fühlen Sie sich zugehörig?" Ihre Antwort: „Ich bin zwar in der Türkei geboren, aber ich würde das nie hervorheben. Ich reagiere allergisch auf Nationalisten. Im Zug fühle ich mich am meisten zuhause – zwischen den Ländern." (*Die Welt*, 20.11.2004) Sie hebt das Transitorische eines Lebens als Migrantin hervor, wie dies beispielsweise auch die Autorin und Übersetzerin Zsuzsanna Gahse tut, die sich als Transmigrantin definiert, die keinen festen Ort hat, sondern sich an jedem Ort nur vorübergehend aufhält und mit der Möglichkeit jederzeit weiterzuziehen lebt (Gahse 2005) – eine Nomadin des 21. Jahrhunderts, um diese viel beschworene Denkfigur zu bemühen, die in ihrer banalisierten Form nicht frei von Exotismus ist. „Die Identität einer Nomadin oder eines Nomaden ist eine Landkarte der Orte, an denen er oder sie sich aufgehalten hat. Sie kann immer *a posteriori* konstruiert werden als Abfolge von Stationen auf einer Reise. Aber es gibt kein triumphierendes *cogito*, das die Kontingenz des Selbst überwacht; NomadInnen stehen für bewegliche Diversität und die Identität von NomadInnen ist eine Ansammlung von Spuren", schreibt Rosi Braidotti. Ihr zufolge müsste die Biographie einer solchen nomadischen Existenz das Porträt einer „collectivity" sein. (Braidotti 1994, 14)

Wir leben mit der Fiktion eines ganzheitlichen Selbst, erst diese Fiktion ermöglicht Handeln und trägt uns durch den Alltag. Durch Migration wird diese Fiktion umso fragwürdiger und die Konstruiertheit der eigenen Lebensgeschichte wird sichtbarer. Identität wird in der Bewegung geformt und ist nichts Stabiles. „Eine solche Reise ist offen und unvollendet, sie bringt ein fortwährendes Fabulieren, Erfinden und Konstruieren mit sich, bei dem es weder eine feste Identität noch ein letztendliches Ziel gibt. Außerhalb der Sprache findet sich kein endgültiger Bezugspunkt." (Chambers 1996, 32) Die Vorstellung eines ganzheitlichen Selbst und der AutorInnenschaft des eigenen Lebens ist ‚ein imaginärer Abschluss' (vgl.

ebd.), der in den Biographien von MigrantInnen wieder aufgebrochen wird. Die Vervielfältigung biographischer Erzählungen durch Migration ist aber nicht gleichzusetzen mit der völligen Beliebigkeit von Identitätsentwürfen. Vielmehr ist das stets vorläufige Resultat der Re-konstruktionsarbeit an einer MigrantInnenbiographie begrenzt durch politische, soziale und ökonomische Kräfte. Migration „verlangt nach einem Wohnen in der Sprache, in Geschichtlichkeiten, in Identitäten, die ständiger Wandlung unterworfen sind. Immer auf der Durchreise, wird das Versprechen einer Heimkehr – die Vollendung der Geschichte, die Ausrichtung des Umwegs auf ein häusliches Ziel – zur Unmöglichkeit." (Ebd., 6) Diese Unmöglichkeit zur Sprache zu bringen, ist eine der Aufgaben von MigrantInnenbiographien.

Verwendete Literatur
Abramovic 2005 = Sanja Abramovic: Mosaiksteinchen. In: sprachsprünge. anthologie. Hg. von Christa Stippinger. Wien: edition exil 2005, S. 87–94.
Bhabha 1994 = Homi K. Bhabha: The Location of Culture. London: Routledge 1994.
Bourdieu 1998 = Pierre Bourdieu: Die biographische Illusion. In: Ders.: Praktische Vernunft. Zur Theorie des Handelns. Frankfurt am Main: Suhrkamp 1998, S. 75–83.
Braidotti 1994 = Rosi Braidotti: Nomadic Subjects. Embodiment and Sexual Difference in Contemporary Feminist Theory. New York: Columbia University Press 1994.
Breitenfellner 1999 = Kirstin Breitenfellner: Dubravka Ugrešić: Das Museum der bedingungslosen Kapitulation [Rezension]. In: Falter, 10.3.1999, S. 67.
Chambers 1996 = Iain Chambers: Migration, Kultur, Identität. Dt. Übers. von Gudrun Schmidt und Jürgen Freudl. Tübingen: Stauffenburg 1996 (= Stauffenburg Discussion 3).
da Silva 2004 = Tony Simoes da Silva: Rethinking marginality. In: Life Writing 1 (2004), H. 1, S. 45–68.
Dinev 2000 = Dimitré Dinev: Wenn ich deutsch schreibe, ist es, als ob ich einen Eiszapfen in der Hand halte [Interview]. In: fremdLand. das buch zum literaturpreis schreiben zwischen den kulturen 2000. Hg. von Christa Stippinger. Wien: edition exil 2000, S. 29–43.
Dinev 2003 = Dimitré Dinev: Engelszungen. Wien, München: Deuticke 2003.
Gahse 2005 = Zsuzsanna Gahse: Kleine instabile Ortskunde. In: Instabile Texte zu zweit. Mit 6 Textzeichnungen der Autorin. Wien: Edition Korespondenzen 2005, S. 34–40.
Hadzibeganovic 1997 = Alma Hadzibeganovic: ‚Schonungslose Rebellin des Wortes' oder ‚Grosses AlmaAlphabet' [Interview]. In: schreiben zwischen den kulturen. Eine Anthologie. Hg. von Christa Stippinger. Wien: edition exil 1997, S. 27–36.
Keller 1999 = Thomas Keller: Einleitung. Ein Leben in und zwischen verschiedenen Kulturen führen. In: Interkulturelle Lebensläufe. Hg. von Bernd Thum und Thomas Keller. Tübingen: Stauffenburg 1998, S.1–29 (= Stauffenburg Discussion 10).
Papastergiadis 2000 = Nikos Papastergiadis: The Turbulence of Migration. Cambridge: Polity 2000.
Rushdie 1992a = Salman Rushdie: Heimatländer der Phantasie. In: Ders.: Heimatländer der Phantasie. Essays und Kritiken 1981–1991. München: Kindler 1992, S. 21–35.

Rushdie 1992b = Salman Rushdie: John Berger. In: Ders.: Heimatländer der Phantasie. Essays und Kritiken 1981–1991. München: Kindler 1992, S. 247–250.

Smith/Brinker-Gabler 1997 = Sidonie Smith, Gisela Brinker-Gabler: Introduction. Gender, Nation, and Immigration in New Europe. In: Writing New Identities: Gender, Nation, and Immigration in Contemporary Europe. Hg. von Sidonie Smith und Gisela Brinker-Gabler. London, Minneapolis: University of Minnesota Press 1997, S. 1–27.

Strasser 2003 = Sabine Strasser: Beyond Belonging: Kulturelle Dynamiken und transnationale Praktiken in der Migrationspolitik ‚von unten'. Habilitationsschrift, Wien 2003.

Stuiber 2003 = Peter Stuiber: West-östlicher Dinev. In: Die Presse (Schaufenster), 19.9.2003, S. 11–13.

Trinh T. Minh-ha 1996 = Trinh T. Minh-ha: Über zulässige Grenzen: Die Politik der Identität und Differenz. In: Rassismen und Feminismen. Differenzen, Machtverhältnisse und Solidarität zwischen Frauen. Hg. von Brigitte Fuchs und Gabriele Habinger. Wien: Promedia 1996, S. 148–160.

Ugrešić 1994 = Dubravka Ugrešić: My American Fictionary. Frankfurt am Main: Suhrkamp 1994.

Ugrešić 1998 = Dubravka Ugrešić: Das Museum der bedingungslosen Kapitulation. Frankfurt am Main: Suhrkamp 1998.

Ugrešić 2005 = Dubravka Ugrešić: Das Ministerium der Schmerzen. Berlin: Berlin Verlag 2005.

Voigt 2006 = Claudia Voigt: Wörter wie Silberringe. In: Der Spiegel, 27.3.2006, S. 165f.

**Selbststilisierungen und
biographische Projektionen**

„Ich verstand ihn viel besser, als ich ihn nicht verstand"
Ioan Petru Culianu als Biograph Mircea Eliades

Von Wolfgang Kreutzer

Der Religionshistoriker und Schriftsteller Mircea Eliade hatte 1955 einen Wachtraum, der ihn so beschäftigte, dass er ihn noch zwei Jahre später in sein Tagebuch notierte. Der Rumäne, der während des Zweiten Weltkrieges seine Heimat verlassen hatte und zunächst an der Sorbonne und später an der Divinity School der Universität Chicago lehrte, erlebte darin seinen eigenen Tod und seine Himmelfahrt in einem Sarg, die ihn an das bulgarische Donau-Ufer, an die Grenze seiner rumänischen Heimat führte. Im Tagebuch deutete er diesen Traum als eine „initiatorische Auferstehung":

> Ich weiß nicht, welcher Teil meines Ich, meines bisherigen Lebens sterben mußte, damit ich weiterleben konnte. Von diesem Augenblick an fiel es mir immer schwerer, mich wieder zum Tagebuch zu setzen. Und in jenem Sommer [1955] habe ich es endgültig aufgegeben. Auf gewisse Weise mußte ich mich von allem lösen – von den letzten fünfzehn Jahren –, wie mich die Umstände gezwungen hatten, mich von allem zu lösen, was ich in meiner Jugend geliebt, wovon ich geträumt und woran ich gearbeitet hatte. (Tagebucheintragung Eliades von 1957; Eliade 1977, 140. Tatsächlich setzte er das Tagebuch erst nach zweijähriger Unterbrechung 1957 im „Sommerheft" fort.)

Diese Bemerkung Eliades verweist auf eine Problematik autobiographischen Schreibens, die mit dem inneren Tod, der intendierten Auflösung und vorsätzlichen Liquidation der eigenen Erinnerungen des Schreibenden einhergeht. Er war bereit, sich nicht nur „von den letzten fünfzehn Jahren" zu lösen, sondern – wie sich zum Zeitpunkt der Drucklegung dieser Tagebuchaufzeichnungen (Paris, 1973) bereits zeigen sollte – auch von den frühesten Schaffensjahren und von seiner Jugend. Die Studienjahre, die Zeit seiner Philosophie-Dozentur an der Bukarester Universität und die darauf folgende Tätigkeit als rumänischer Kulturattaché und Diplomat in London und Lissabon lagen nicht nur vor dem Krieg, sondern von nun an, von Chicago aus betrachtet, auch auf einem fernen Kontinent. In wissenschaftlichen Kreisen hatte sich der Religionshistoriker bereits mit Standardwerken zu Religionsgeschichte (Paris, 1949) und Schamanismus (Paris, 1951) und mit einer kulturwissenschaftlichen Arbeit zu Yoga (Paris, 1954) etabliert, als er im September 1956 die französische Hauptstadt in Richtung Vereinigte Staaten verließ. Zu seinem Œuvre, zu dem auch Erzählungen und Romane gehören, kamen später noch komparatistisch-religionswissenschaftliche Arbeiten, wie etwa eine viel beachtete vierbändige Religionsgeschichte (Paris, 1976–1983).

Konversion
Eliade, der sich aus Angst vor einer kommunistischen Machtübernahme in Rumänien schon 1946 aus Lissabon direkt nach Paris gerettet hatte, verstand es, die Exil-Situation geschickt für die Konstruktion seiner eigenen Biographie zu nutzen: Über Jahrzehnte gelang es ihm, beinahe uneingeschränkt selbst über die Konstruktion seiner biographischen Wahrheit zu verfügen. In regelmäßigen Abständen veröffentlichte er von 1966 an bis zu seinem Tod Tagebücher und Memoiren. In seinen *Erinnerungen* vermied der Rumäne jede Auseinandersetzung mit seiner eigenen Rolle als Propagandist der faschistischen Bewegung „Gardă de fier" („Eiserne Garde"). Als Dozent zählte er zu den Galionsfiguren jener jungen Bukarester Geisteselite, die unter starkem Einfluss des Philosophieprofessors Nae Ionescu stand. Zu ihr zählte auch der Philosoph Emil Cioran, der aber im Gegensatz zu Eliade bereits in den 1950er Jahren seine Schuld einbekannte. Später als viele seiner Kollegen driftete der junge Mircea Eliade 1936 ins rechtsextreme Lager ab und wurde 1938 aufgrund seiner politischen Haltung kurzzeitig inhaftiert. (Vgl. Volovici 1991, 90) Das allmähliche Abgleiten wurde in einer aufschlussreichen Forschungsarbeit zum jungen Eliade als „Konversion" bezeichnet, die parallel zum politischen Aufstieg der „Eisernen Garde" erfolgte und daher als Opportunismus zu deuten ist. (Vgl. Müller 2004, 103)

Eliades uneingeschränkte Verehrung Nae Ionescos, die er Mitte der 1980er Jahre noch als „felix culpa" bezeichnete (Manea 1998, 129f.) – auch dessen Grab wollte er noch kurz davor aufsuchen (vgl. BW 2004, 227) –, muss aber darüber hinaus ebenso als klares Indiz für seine notorische Uneinsichtigkeit gedeutet werden wie sein regelmäßiger Kontakt zu legionären Kreisen im amerikanischen Exil (vgl. Țurcanu 2003, 595 und Laignel-Lavastine 2002, 485). Ein öffentliches Schuldbekenntnis schloss er für sich ebenso aus wie für die Nazi-Schergen, für deren Schweigen er Verständnis zeigte, da es seiner Meinung nach in ein Dilemma führen musste: „Aus psychologischer Sicht haben [die Nazis] keine Wahl: Wenn sie sich den Fehler eingestehen würden, auf dem ihre ganze Existenz gründet, müssten sie sich umbringen, oder in einer mentalen Krankheit Zuflucht suchen." (Eliade, zit. nach Culianu 1995, 156)

Als Eliade 1972 vom Jerusalemer Religionshistoriker Gershom Scholem um eine Stellungnahme zu Antisemitismus- und Faschismus-Vorwürfen der israelischen Zeitschrift *Toladot* gebeten wurde, sah er sich schlagartig mit den politischen Implikationen seiner Bukarester Vergangenheit konfrontiert. In seiner Antwort an Scholem gab Eliade vor, dass es sich um „malentendus" handle und dass er zu keinem Zeitpunkt Antisemit gewesen sei, wie aus jenem Dokument hervorginge, auf das sich die Behauptungen stützten: aus dem Tagebuch seines jüdischen Jugendfreundes und Schriftstellers Mihail Sebastian. (Vgl. Scholem 1999, 277) Die Mitarbeit bei einer Zeitung (*Bună Vestire*), in der ein besonders harscher Artikel mit antisemitischen Aussagen unter Eliades Namen erschienen war, stellte er gegenüber dem israelischen Religionshistoriker schlichtweg in Abrede. In der Eliade-Forschung scheiden sich die Meinungen an der Autorschaft dieses Artikels. (Dass er bei der Zeitung *Bună Vestire* mitarbeitete, gilt hingegen als sicher; vgl. Călinescu 2003, 244; für eine deutsche Übersetzung der wichtigsten Eliade-Artikel siehe Müller 2004, A97–A103). Kryptisch fügte Eliade in der Gegendarstellung, die er an Scholem schickte, hinzu: „Ich weiß auch, dass die ganze Wahrheit erst nach der vollständigen Veröffentlichung meines Tagebuchs und meiner Autobiographie, das heißt also nach meinem Tod, bekannt wird." (Scholem 1999, 281).

Damit erhob Eliade nicht nur unmissverständlich einen solitären Anspruch auf die Geschichte seiner Person, sondern er spielte auch die autobiographische gegen die biographische Wirklichkeit aus. Den Vorschlag eines Gespräches mit Scholem nahm der Exilrumäne nicht an. Zwar blieb er vorerst aufgrund unzureichender Forschungsmöglichkeiten – die betreffenden Bestände waren im kommunistischen Rumänien gesperrt – vor einem Skandal verschont, kritische Stimmen aber konnte er spätestens von nun an nicht mehr völlig zum Schweigen bringen.

„An unusually well prepared scholar"

Aus demselben Sommer – Eliade hatte eben erst Scholem geantwortet – stammt das erste erhaltene Schreiben des Religionshistorikers an seinen späteren Biographen, den 22-jährigen rumänischen Doktoranden Ioan Petru Culianu, der kurz zuvor, im Juli 1972, als Stipendiat nach Italien gekommen war. (Der Briefwechsel – er umfasst mehr als 100 Schreiben – wurde erst im Jahr 2004 in der rumänischen Originalsprache veröffentlicht, Culianus Tagebuch aber blieb weiterhin unpubliziert.)

Der 1967 inskribierte Philologiestudent war bereits sehr früh ein begeisterter Leser und Anhänger Mircea Eliades. Als der junge Rumäne in Italien beschloss, nicht in sein Heimatland zurückzukehren, nahm er persönlichen Kontakt mit dem von ihm verehrten Wissenschaftler und Literaten auf. Von Anfang an legte er alle seine Hoffnungen auf Eliade, an den er sich zunächst mit der Bitte um Unterstützung für ein Stipendium wandte. (Vgl. BW 2004, 42) Dass er sich von diesem Moment an in ein Abhängigkeitsverhältnis begab, das seine wissenschaftliche Laufbahn ebenso prägen sollte wie sein privates Leben, war Culianu zu diesem Zeitpunkt wohl kaum bewusst. Mircea Eliade, der sich an seinen eigenen mühevollen Beginn in Paris erinnert fühlen musste (vgl. Eliade 1977, 33 u. 35), reagierte auf Culianus Bitten keineswegs abweisend, sondern war bereit, dem – wie er schon sehr früh feststellte – „unusually well prepared scholar" (BW 2004, 47) zu helfen: Er nannte nicht nur Kontaktpersonen in Italien, sondern griff Culianu auch mehrfach finanziell unter die Arme und riet ihm, sich vom Geld, das er ihm schickte, nach eigenem Gutdünken „Bücher oder Orangen" zu kaufen (BW 2004, 46).

Im Herbst 1973 – der Exilant musste einen Winter in Flüchtlingslagern zubringen – begann eine für den wissenschaftlichen Werdegang des jungen Gelehrten äußerst wichtige und fruchtbare Periode. Als Doktorats-Stipendiat der Universitá Cattolica di Milano nahm er nicht nur systematische Studien zu Religionsgeschichte, Theologie, Philosophie und Literaturwissenschaft auf, sondern er schrieb auch an seinem ersten Roman mit dem Titel *Hesperus*. Das Dissertationsstudium schloss er nach zwei Jahren mit der Arbeit *Gnosticismo e pensiero contemporaneo: Hans Jonas* in Mailand ab.

Nach ihrem ersten Treffen im September 1974 wechselte Eliade zu einer vertraulicheren Form der Briefanrede: „Lieber Culianu!" an Stelle von „Herr Culianu!" und ab Sommer 1977 „Lieber Ioan!" Auch wollte er ihn für die Mitarbeit an dem – erst posthum erschienenen – bedeutenden *Dictionnaire des Religions* gewinnen und er ermöglichte dem jungen Dissertanten ein Forschungsstipendium in den USA. Eine neue Facette bekam das einseitige Abhängigkeitsverhältnis, als der Chicagoer Professor dem nun promovierten Culianu im Herbst 1975 den Weg zu einer wissenschaftlichen Karriere ebnete. Er unterstützte ihn bei der Veröffentlichung von Artikeln (vgl. BW 2004, 76 u. 78), bei der Suche nach einem Verleger für seinen ersten Roman (vgl. BW 2004, 74) und verfasste mehrere Vorworte zu Culianus Schriften. Darüber hinaus suchte er nach einer geeigneten Assistentenstelle im unmittelbaren Umfeld seines Lehrstuhls. (Vgl. BW 2004, 76) Culianu aber nahm in der Zwischenzeit mit einer Stelle als Romanist in Groningen vorlieb, wo er bis 1986, dem Todesjahr Mircea Eliades, bleiben sollte.

„Unachtsamkeiten"

Im Sommer 1974 nahm Culianu intensiv seine Arbeit an einer monographischen Darstellung von Eliades Leben und Werk auf. Früheste Pläne für die vier Jahre später unter dem Titel *Mircea Eliade* in Italien erschienene Monographie gehen auf die Zeit seiner größten inneren und äußeren Abhängigkeit von seinem Mentor, also die ersten Jahre des Briefkontakts, zurück. In seiner synthetisierenden, werkorientierten Darstellung spürte Culianu „basic patterns" (Culianu 1995, 75) in Eliades Œuvre auf. Das Frühwerk nimmt dabei wohl auch aufgrund der rumänischen Herkunft des Verfassers breiten Raum ein. Die Werkanalyse belegt zwar Culianus genaue und profunde Kenntnis dieser Schriften, weist aber schwerwiegende Defizite im Umgang mit historischen Informationen auf und verzichtet beinahe vollständig auf eine Einbettung von Leben und Werk in den kulturellen und politischen Hintergrund der Bukarester Zeit. Mehrfach wurde exkulpierend darauf hingewiesen, dass Culianu aufgrund seiner politisch einseitigen Schulbildung unzureichende Kenntnisse der Zwischenkriegszeit gehabt haben musste. „Nur durch und für Eliade erfuhr ich etwas über Rumänien. In Rumänien lernte ich nichts über Rumänien" (ebd., 262), bekannte er selbst nach Abschluss seiner ersten Monographie. Die meisten Akten zur „Eisernen Garde", zum rumänischen Faschismus, also auch publizistische Schriften der Jahre 1927 bis 1940, lagerten in rumänischen Sonderarchiven unter Verschluss. Erst Eliades zweitem Biographen, dem Amerikaner Mac Linscott Ricketts, gelang es Mitte der 1980er Jahre unter abenteuerlich-grotesken Umständen, in gesperrtes Archivmaterial der rumänischen Akademie Einsicht zu nehmen. (Vgl. Călinescu 2003, 243)

Was das politische Engagement seines Meisters anbelangte, nahm Culianu kritisch auf eine von Eliade beargwöhnte Forschungsarbeit des italienischen Rumänisten Roberto Scagno Bezug. (Vgl. BW 2004, 129) Eine genaue Überprüfung der politischen Aktivitäten Eliades schien ihm zum Zeitpunkt der Niederschrift noch nicht erforderlich. So heißt es in seiner Darstellung ganz lapidar: „Jede direkte Verbindung zwischen Eliade und der Legionärs-Bewegung […] ist zurückzuweisen." (Culianu 1995, 33)

Dass er damit in keiner Weise Recht hatte, sollte sich schon bald zeigen. Culianu, gewohnt, seine eigenen Manuskripte zur Durchsicht nach Chicago zu senden, rechnete auch in diesem Fall mit Eliades Unterstützung. Wie aus mehreren Briefen, die er seinem Biographen schickte, abzulesen ist, wollte Eliade aber weiterhin seine Vergangenheit eigenmächtig ‚verwalten'. In einem Schreiben vom 10. Jänner 1977 machte er auf mehrere „inadverențe" („Unachtsamkeiten", „Versehen") aufmerksam (BW 2004, 89) und reklamierte einzelne Abschnitte der Kurzbiographie, darunter die Darstellung seines Bukarest-Besuches im Sommer 1942, wohin er in diplomatischer Mission gereist war. Dieser Besuch verband sich vor allem mit dem Namen seines jüdischen Freundes Mihail Sebastian, dessen Tagebuch – es war schon 1972 zum Auslöser der bereits erwähnten „*Toladot*-Affäre" geworden – Eliade schwer belastete. Die (bis 1996 unveröffentlichten) Aufzeichnungen Mihail Sebastians – sie entstanden vor dem Hintergrund eines seit Mitte der 1930er Jahre deutlich getrübten persönlichen Verhältnisses – lassen an der antisemitischen Haltung Eliades keinen Zweifel. (Vgl. Sebastian 2005, 180 u. 332f.)

Aus Angst, der Name Sebastian würde die Diskussionen um seine Vergangenheit neuerlich anheizen, warnte Eliade seinen Biographen davor, an den jüdischen Freund und an die Hintergründe des Bukarest-Aufenthaltes von 1942 zu erinnern. Mit roter Tinte vermerkte Mircea Eliade am Rand jenes Absatzes, in dem sich der Biograph auf den Bukarest-Besuch bezog: „Das alles sage ich nur dir; du darfst keinesfalls eine Anspielung darauf machen." (BW 2004, 90) Ähnliche Direktiven erhielt später auch Eliades zweiter Biograph Mac Linscott Ricketts, an den Eliade 1980 schrieb: „Kümmere dich jedenfalls nicht um das traurige politische Problem Rumäniens unter König Carol [II.]" (Zit. nach Țurcanu 2004, 629) Culianu hielt sich an die Anweisung, drei Monate später dankte es ihm sein Freund und würdigte mit Blick auf die problematischen frühen Jahre die Informationsfülle:

> Ich freue mich, dass du das Buch über mich bald abschließt. Es scheint mir – soweit ich es gelesen habe [...] – eine ausgewogene Darstellung zu sein, die für Nicht-Spezialisten nützlich und für ‚Spezialisten' spannend ist, weil du ausreichende Informationen zu den ‚Anfängen' gibst. (BW 2004, 94)

Im Mai schrieb ihm Eliade noch einmal anerkennend: „[Das Manuskript] hat mir gefallen, ich gratuliere dir und bin dir dankbar! Wenigstens werde ich in Italien von nun an weniger falsch verstanden als bisher." (BW 2004, 96)

Tatsächlich waren gerade in Italien kritische Töne zu Mircea Eliades Leben bereits unüberhörbar geworden und auch in den USA zerfiel die Eliade-Rezeption endgültig in zwei Lager, als Culianus Monographie im März 1978 erschien. (Vgl. Țurcanu 2004, 618) Erst nachdem er die Arbeit am Manuskript abgeschlossen hatte, setzte sich der junge Dozent – paradoxerweise auf Anregung seines Mentors – mit einem Schlüsseltext der „Eisernen Garde", C. Z. Codreanus *„Pentru legionari"* (1933), auseinander, den er mit einem Gemisch aus Verzweiflung und Wut über den „rasenden Antisemitismus" (BW 2004, 127) dieser Bewegung las. Das Tagebuch des Biographen belegt deutlich seine zunehmende Distanzierung von seinem Mentor und die Enttäuschung über ihn:

> Ich kann mit ihm [Eliade] nicht solidarisch sein. Die legionäre Ideologie ist mir genauso fremd wie die kommunistische. Sie sind sich ähnlich. […] Die Überraschung, dass M[ircea] E[liade] der Kämpfer einer totalitären Bewegung war und das ganze Leben lang seiner Mythologie treu geblieben ist, erfüllt mich mit Bitterkeit. (Zit. nach BW 2004, 127; Tagebuch-Eintragung vom 10.1.1978)

Der Biograph verlangte von Eliade umgehend eine Erklärung. Am 17. Jänner 1978 antwortete ihm der Befragte ausweichend:

> Die Sympathie für die Legion verlief indirekt, über Nae Ionescu, und hatte keinen Einfluss auf mein Denken oder Schreiben. […] Ich glaube nicht, dass man eine objektive Geschichte der Legionärsbewegung oder C[orneliu] Z[elea] C[odreanus] schreiben kann. Es gibt zu wenige Dokumente. Eine ‚objektive' Haltung könnte für den Autor fatal sein. Heute sind nur Apologien (für eine ungeheure Zahl von Fanatikern) oder Hinrichtungen (für die meisten europäischen und amerikanischen Leser) möglich. Nach Buchenwald und Auschwitz können es sich selbst ehrliche Menschen nicht erlauben, ‚objektiv' zu sein. (BW 2004, 125f.)

Welche Konsequenzen dabei Eliade aus dem historiographischen Problem der ‚Objektivität' zog, wie er der wachsenden Kritik begegnete und wie er es für sich und seine eigene Lebensgeschichte zu nutzen gedachte, erläuterte er 1981:

> Ich habe mich nie darum bemüht, auf diese Kritiken und Verleumdungen zu antworten. Aus dem einfachen Grund, weil ich verstehe, dass man momentan nichts machen kann; und ich habe nicht das Recht, mich zu ärgern: Nach den

> 6 Millionen Eingeäscherten kann ich von einem jüdischen Autor nicht verlangen, ‚objektiv' zu sein; das Trauma der Krematorien ist noch immer zu virulent, um sich von ‚Informationen' überzeugen zu lassen. Möglicherweise werden sich manche Sachen nach der Veröffentlichung der *Autobiographie* Teil II klären. (BW 2004, 229; Kursivsetzung Eliade)

Indem er sie für traumatisiert erklärte, sprach er seinen Opponenten ein ‚objektives' Urteilsvermögen ab. Den vermeintlich subjektiven Darstellungen setzte Eliade seine *Erinnerungen* (sie erschienen in den USA unter dem Titel *Autobiography*), also Ausführungen einer höchst subjektiven literarischen Gattung, entgegen. Die Beliebigkeit, mit der Eliade seine „Erinnerungen" aufzuzeichnen beabsichtigte, steht aber in deutlichem Gegensatz zum Anspruch einer ‚objektiven' Geschichtsschreibung:

> Da […] von *Erinnerungen* und nicht von einer objektiven und systematischen Biographie die Rede ist, gestehe ich mir eine gewisse Freiheit zu: Ich werde nur aufzeichnen, *was mir in Erinnerung geblieben ist*, was zu meiner Entwicklung beitrug und was mir *essentiell* erscheint. (Eliade 1993/1, 451; Kursivsetzung Eliade)

Den kritischen Schüler – als „discipol" bezeichnete sich Culianu noch zwei Jahre vor seinem Tod in einem Interview 1984 (Oişteanu 2003, 177) – erreichte im Februar 1978 neuerlich ein Brief, in dem Eliade seinen Ton verschärfte und nicht mehr ausweichend, sondern ablehnend, unwillig und verärgert reagierte:

> Wie ich dir bereits geschrieben habe, bin ich über die ‚Diskussion' meines politischen Verhaltens (oder Un-Verhaltens) nicht erfreut – denn, um diese Diskussion ehrlich und eingehend führen zu können, müssten dutzende, ja hunderte Seiten geschrieben werden – und ich habe weder Zeit dafür, noch Lust darauf. (BW 2004, 130)

Zeit und Lust brachte Eliade zu diesem Zeitpunkt lediglich für eine selektive Selbstdarstellung seines Lebens auf (vgl. Ţurcanu 2004, 634): Sein in Frankreich publiziertes Memoirenwerk *Les promesses de l'équinoxe* (Paris, 1980) umfasste mehr als 400 Seiten, schwieg sich aber zu den Faschismus-Vorwürfen gänzlich aus und nahm auf die politischen Verstrickungen des jungen Bukarester Universitäts-Assistenten keinen Bezug. In dem zitierten missbilligenden Brief sah Eliade der Veröffentlichung

Mircea Eliade zu Gast bei Ioan Petru Culianu in Groningen, August 1984

eines geplanten Nachtrages zur Biographie („Appendice II"), in dem Culianu mehrere Publikationen der Kriegszeit einer kritischen *relecture* unterziehen wollte, mit allergrößter Sorge entgegen. Culianu hatte festgestellt, dass sich diese Texte tatsächlich als Camouflage legionärer Ideen deuten ließen. Die 1943 entstandene Tragödie *Iphigenie* – sie war im Verlag eines emigrierten Legionärs 1953 in Argentinien wiederaufgelegt worden – musste nach Culianus Verständnis als politische Parabel gelesen werden, die auf die Ermordung der Ikonen der Rechtsbewegung Nae Ionescu und Corneliu Zelea Codreanu Bezug nahm.

Culianu begann also, Eliade neu zu verstehen. Seine zuvor affirmative, ja mythologisierende Lektüre wich rasch einer kritischen Haltung: *„Ich verstand Eliade viel besser, als ich ihn nicht verstand"*, lautet etwa eine paradoxe Fügung in seiner erst 1995 veröffentlichten Studie *Der unbekannte Mircea Eliade.* (Culianu 1995, 260; Kursivsetzung Culianu) Der porträtierte Autor selbst aber verneinte weiterhin vehement und beharrlich jeden politischen Bezug seines literarischen Werks (vgl. BW 2004, 131) und zeigte sich über die geplanten Ergänzungen der Biographie verärgert: „Du bist [im Haupttext] auf meine literarischen Schriften nicht eingegangen, um dich auf die anderen zu konzentrieren – warum musst du dann Anspielungen auf *Iphigenia* oder auf *Salazar* machen?" (BW 2004, 132)

Tatsächlich blieb der von Eliade beargwöhnte „Appendice II" unveröffentlicht. Übersetzungen ins Englische und Französische, wie sie von Eliade 1977 noch angeregt wurden, lehnte dieser nun ab. (Vgl. BW 2004, 121)

Die Abhängigkeit des Biographen von Eliade (Culianu zit. nach Romanato 2003, 134 u. 143f.) wie auch seine „Anhänglichkeit" (Culianu zit. nach ebd., 135) verhinderten letztlich die offene Kritik an seinem früheren Idol. Culianu aber war nicht nur von Eliade, sondern auch von sich selbst tief enttäuscht. Das Vorhaben der Biographie endete letztlich – so Culianu in einem Brief an seinen italienischen Freund Romanato – in einem „Desaster". (Zit. nach ebd., 134) Nachträglich stellt er fest, „naiv" gehandelt zu haben (zit. nach ebd., 135), und führte dies in einer lebensgeschichtlichen Hermeneutik auf seine eigene Sozialisierung zurück: „Ich war Teil einer totalitären Erziehung, die letztendlich auf die Gestaltung von Helden abzielte. Jetzt habe ich verstanden, wie viele Fehler sich darin verbergen." (Brief an Mario Lombardo, zit. nach ebd., 131)

Sprachrohr seines Meisters

Zwar nahm das Image seines Idols deutlich Schaden und erschütterte – wie er gegenüber Romanato zugab – sein Wertesystem zutiefst (vgl. ebd., 134f.), doch vom „Vatermord", den Eliade 1975 seinem euphorischen Adepten in einer Tagebucheintragung prophezeit hatte (Eliade 1993/2, 198), war Culianu auch Jahre später noch weit entfernt:

> Mir scheint, dass ihm [die Kritik] nicht genau in dem Moment gebührt, in dem ihn die ganze Welt mit Medaillen und Auszeichnung über Auszeichnung ehrt. Ich hatte natürlich die Rolle des dummen Schülers, der alles daransetzte, ihn zu treffen, und dem nicht der kleinste Raum gelassen wurde, ihn zu kritisieren. So ging das […] bis ich ihn wieder sah. Dann änderte sich die Lage und die frühere, herzliche Verbindung stellte sich wieder ein und, was mich betrifft, so habe ich erst verstanden, wie stark ich eigentlich von ihm (in jeder Hinsicht) abhängig bin. Deshalb bin ich vorsichtiger und respektvoller geworden. (Culianu, zit. nach Romanato 2003, 135)

Culianus Kritikbereitschaft wich allmählich einer pragmatischen Haltung, während sich der über siebzigjährige Wissenschaftler wiederholt Angriffen ausgesetzt sah (vgl. Alfonso di Nola 1977; Furio Jesi 1979), auf die er mit Verletzlichkeit und Larmoyanz reagierte. In seinen Augen handelte es sich um eine Verleumdungs-

Kampagne, deren Ursprung er in Israel vermutete. (Vgl. Eliade 1993/2, 386) Hierhin gehörte für ihn auch jene „perfide Attacke" (ebd., 383) des italienischen Literaturwissenschafters Furio Jesi, die – so sieht es Eliades letzter Biograph Florin Țurcanu – die Verleihung des Nobelpreises verhinderte, für den Eliade 1979, 1980 und 1984 nominiert worden war. (Vgl. Țurcanu 2004, 622) Jesi hatte in seinem Artikel „Die ‚geheime Botschaft' des Professors Eliade" (Jesi 1984) daran erinnert, dass Eliade Mythen und Religionen mit dem Rückzug Gottes aus der Welt begründete. Dieser Rückzug stellte jenen Raum bereit, in dem der Mythos des Opfers, der Mord an den Juden, vollzogen wurde. Der Antisemitismus der „Eisernen Garde" habe im Verständnis Eliades mit einem rituellen Opfer zu tun.

Als Sprachrohr seines Lehrers sprang der nunmehr in Groningen tätige Dozent, der sich über seinen Tod hinaus „durch sein ganzes Dasein mit Eliade verbunden" (Oișteanu 2003, 177) fühlte, noch einmal 1984 für sein Idol in die Bresche: In dem auf Deutsch erschienenen Aufsatz „Mircea Eliade und die blinde Schildkröte" (Culianu 1984) versuchte er, Jesis Vorwürfe gezielt zu entkräften (vgl. Călinescu 2003, 244f.). Resümierend hielt er fest, dass der junge Bukarester Dozent weder Mitglied der „Eisernen Garde" gewesen wäre, noch jemals antisemitische Gedanken geäußert hätte, sondern im Gegenteil, Juden den Faschisten gegenüber verteidigt hätte. (Vgl. Culianu 1984, 239) Abermals würdigte Eliade diese klare Position und erklärte brieflich: „Ich bin völlig damit einverstanden, was du meine ‚Kritiker' betreffend schreibst." (BW 2004, 246) Die Schlussfolgerungen des Verteidigers sind allerdings unhaltbar. (Vgl. auch Müller 2004)

Siegfried Unseld erwog, eine Eliade-Monographie bei Culianu in Auftrag zu geben, die auf Deutsch bei Suhrkamp erscheinen sollte. (Vgl. BW 2004, 234) Schlussendlich kam dieses Projekt nicht zustande. Culianu willigte stattdessen ein, einen auf Anregung Eliades mit „Dialogues interrompus" betitelten Band zu veröffentlichen. Darin sollten – so beteuerte Eliade – „neben meinen ‚Ansichten und Ideen' auch deine Ausdruck finden". (BW 2004, 236) Der um 43 Jahre jüngere Wissenschaftler – und, wie Eliade in einem Brief 1983 betonte, „einzige Freund, dem ich so vieles zu erzählen und den ich so viel zu fragen habe" (BW 2004, 241) – konnte den vereinnahmenden Tönen seines Mentors widerstehen und erarbeitete für das geplante Gemeinschaftsprojekt einen äußerst kritischen Fragebogen. Eliades „Konversion" in den 1930er Jahren nimmt darin einen breiten Raum ein. (Vgl. Culianu 1995, 269–276) Noch 1985 versicherte ihm der Emeritus, sich einem Gespräch über die Vergangenheit stellen zu wollen (vgl. BW 2004, 267), der kritische Fragenkatalog aber blieb unbeantwortet und das Projekt wurde nie realisiert. Ein zweites Mal wurde der von seinem Vorbild „aufrichtig und grenzenlos" (Eliade 1993/2, 468) bewunderte Schüler auf dem Weg seiner Wahrheitsfindung enttäuscht. In den erhaltenen Aufzeichnungen zu den „unterbrochenen Dialogen" gibt es deutliche Hinweise auf eine innere Ablösung Culianus vom fünfundsiebzigjährigen Meister: „Es gelang ihm letztendlich, mir zu verstehen zu geben, dass die Rolle eines Meisters darin besteht, den Schülern beizubringen, wie sie sich vom Meister lösen." (Culianu 1995, 155)

In den wenigen Kapiteln einer unvollendeten zweiten Eliade-Monographie – sie sollte zusammen mit den „Dialogen" erscheinen – verortete Culianu unter Einbindung in die rumänische Literatur- und Kulturgeschichte Eliade im Umfeld einer vom orthodoxen Christentum geprägten, antikapitalistischen Ethik, die teilweise ähnliche Ideale wie die westliche Rechte vertrete. Dabei hielt er aber Eliade keineswegs für einen Anhänger der extremen Rechten.

Solange seinem Mentor die rechtsextreme Parteinahme nicht nachgewiesen werden konnte, galt für Culianu die Unschuldsvermutung und er war nicht nur bereit, den Darstellungen Eliades Glauben zu schenken, sondern diese auch zu propagieren. So deutlich Culianu innerlich von Eliade Abstand nahm, so klar verteidigte er ihn nach außen. Der gealterte Professor sah ihn nicht nur als Hoffnungsträger seiner Disziplin an (vgl. BW 2004, 243), sondern stellte seinen Schüler auf einer Konferenz auch als Nachfolger seiner religionshistorischen Vorlesungen vor (vgl. Oișteanu 2003, 173).

Eine dritte Monographie, die ausschließlich auf das schriftstellerische Œuvre Eliades Bezug nehmen sollte (vgl. BW 2004, 257), sowie ein weiteres biographisches Projekt, das er nach dem Tod seines Freundes in Erwägung zog (vgl. Romanato 2003, 154), wurden nicht mehr realisiert. Culianu initiierte kurz vor Eliades Tod 1986 die Gründung einer „Mircea Eliade Association", deren Vorstand neben Claude Lévi-Strauss auch Eugène Ionesco und Emil Cioran – dieser war in ähnlicher Weise in die faschistische Vergangenheit Rumäniens verstrickt wie Eliade – bilden sollten.

Resümierend ist festzuhalten, dass eine besonders ungünstige Konstellation einer kritischen Aufarbeitung von Eliades Vergangenheit, der Jahre 1937 bis 1945, entgegenstand: Zum einen verstand es der Exilrumäne, (auto-)biographische Strategien der Maskierung und Verweigerung erfolgreich anzuwenden; zum anderen war Culianu, der nicht nur persönlich, sondern auch in Bezug auf biographische Informationen von Mircea Eliade abhängig war, bereit, seiner Version der Lebensgeschichte größeren Glauben zu schenken als Eliades Kritikern. Ob dies aus opportunistischen Gründen geschah, ist bei der gegebenen Quellenlage – Culianus Tagebücher sind gesperrt – nicht restlos zu klären. Mit Sicherheit markierte das Erscheinen der Biographie 1978 jenen Moment, in dem Culianu seinem Idol gegenüber größte Skepsis empfand. Danach aber intensivierte sich das Verhältnis zunehmend und das Lehrer-Schüler-Verhältnis ging in eine Freundschaft über. Jeder kritische Angriff von außen führte nun die beiden enger zusammen und Culianu wurde zunehmend Teil von Eliades eigener Biographie. Erst der Tod des eigenen Vaters, nicht aber der von Eliade prophezeite „Vatermord" (Eliade 1993/2, 198) trennte sie voneinander und gab Culianu die Möglichkeit, sich endgültig zu distanzieren.

Einen Monat nachdem sein Schüler eine Stelle als *visiting professor* in Chicago angetreten hatte, um sich endgültig in den Vereinigten Staaten niederzulassen, starb Mircea Eliade im April 1986 an einem Krebsleiden. Sein „Legatar" (BW 2004, 230 u. 239) und Biograph, der ihn am Sterbebett begleitete, hielt seine letzten Begegnungen in einem sehr persönlichen Text, *Mahaparinirvana*, fest. (Culianu 1995, 283–292) Neben Culianu lasen auch der Philosoph Paul Ricoeur und der Schriftsteller Saul Bellow Auszüge seiner Schriften am Sarg. Im Jahr 2000 setzte Bellow seinem ehemaligen Freund Eliade in dem Roman *Ravelstein* – dieser fokussiert übrigens auch die Möglichkeit ungeschminkten biographischen Schreibens – ein Denkmal: Die Nebenfigur Radu Grielescu, Eliades *Alter Ego*, hatte sich als Mitglied der „Eisernen Garde" „an der Gewalt gegen die Juden beteiligt" (Bellow 2000, 147f.) und „sich den Nazis angeschlossen" (ebd., 149).

Post mortem
Glaubt man der Darstellung des rumänisch-amerikanischen Literaturtheoretikers und Kritikers Matei Călinescu, so entfernte sich der Schüler „diskret vom Weg des Meisters, den er aber weiterhin verehrte" (Călinescu 2003, 253), nachdem dieser gestorben war. In einem Interview hatte Culianu schon 1984 daran erinnert, dass die Trennung von einem Meister und eine anhaltende Selbstidentifizierung mit ihm einander keineswegs widersprächen. (Er bezog sich dabei auf das Verhältnis Eliades zu dem von ihm lange verehrten Historiker Nicolae Iorga; vgl. Oişteanu 2003, 178.) Mehrere Hinweise belegen, dass der Biograph bereit war, nicht nur mit Eliade, sondern auch mit dem rumänischen *canon cultural* zu brechen, der jahrzehntelang nationalistischen Paradigmen folgte. Den prominentesten Platz im rumänischen Kultur-Pantheon nimmt unangefochten der Nationaldichter Mihai Eminescu ein, den Culianu in seinen letzten Lebensjahren in mehreren Aufsätzen für seine antisemitischen Ausritte heftig kritisierte und den er sogar mit dem faschis-

tischen Anführer Corneliu Zelea Codreanu gleichsetzte. Călinescu kann seine These, wonach der kritisierte Eminescu ein Substitut für den verstorbenen Meister gewesen sei, überzeugend belegen. (Vgl. Călinescu 2003, 256f.; ders. 2002, 88–101).

Culianus Anliegen, Eliades Zwischenkriegspublizistik *post mortem* zu veröffentlichen, kann – auch wenn er sie weiterhin nicht für „katastrophal" (Călinescu 2002, 27) hält – durchaus als Indiz für eine wesentlich differenziertere und offenere Haltung des Biographen gewertet werden. (Die Witwe, Christinel Eliade, sperrte sich allerdings erfolgreich gegen das Vorhaben.) Dem hält die französische Literaturwissenschaftlerin Alexandra Laignel-Lavastine in einer umstrittenen Studie zu Cioran, Eliade und Ionesco den Vorwurf eines „double jeu" entgegen, da Culianu von den legionären Kreisen in Chicago als einer der ihren betrachtet worden sei (Laignel-Lavastine 2002, 488).

Als im Dezember 1989 das kommunistische Regime in Rumänien gestürzt wurde, nahm Culianu aus den USA mehrfach zu den politischen Entwicklungen seines Landes Stellung. Mehr als 30 Beiträge sowie politisch mitunter hochbrisante Interviews, die die revolutionären Vorgänge seines Landes kritisch beleuchteten, erschienen in amerikanischen und europäischen Periodika. Dazu zählt jenes Aufsehen erregende Interview, das im April 1991 in der Zeitschrift *22* erschien, in dem er die These vertrat, dass es sich bei den osteuropäischen Umstürzen und Revolutionen letztlich um eine Inszenierung des KGB gehandelt habe. (Vgl. Culianu 1991) Als er darüber hinaus auch den rumänischen Geheimdienst mehrfach angriff und sich mit dem exilierten rumänischen Monarchen Mihai traf, mehrten sich bereits Drohungen gegen den 41-jährigen Forscher.

Am 21. Mai 1991 fiel Ioan Petru Culianu einem Attentat zum Opfer. Die Täter – der Wissenschaftler wurde auf der Toilettenanlage seiner Universität am helllichten Tag mit mehreren Schüssen hingestreckt – blieben trotz kriminalistischer Nachforschungen bis heute unbekannt. Matei Călinescu zog einen Zusammenhang zwischen Culianus idealisierender Haltung, der nachfolgenden Distanzierung von Eliade und seiner Ermordung in Erwägung. (Vgl. Călinescu 2002, 208) Die Figur des Religionswissenschaftlers, der einem Aufsehen erregenden Mord zum Opfer gefallen ist, wurde zu einer Ikone der jungen, westlich-orientierten Oppositionsbewegung Rumäniens. Sie kämpfte nach der Wende von 1989 gegen eine übermächtige, weiterhin aus alten Kadern zusammengesetzte Regierungspartei, die sich zwar einen demokratischen Anstrich verpasste, nach wie vor aber eng mit dem berüchtigten Geheimdienst Securitate kooperierte, von dem sich vermuten lässt, dass er hinter dem Anschlag stand.

Der Mord an Professor Culianu lautet der Titel einer 1996 erschienenen Biographie des amerikanischen Literaturwissenschaftlers Ted Anton, die – in Anlehnung an den *plot* analytischer Kriminalromane – vom Tod des Protagonisten ausgehend die Vorgeschichte und schließlich sein gesamtes Leben aufrollt. Wie Umberto Eco im Nachwort hierzu feststellte, handelt es sich um „ein Buch über einen Mythos, das selbst zur Verbreitung dieses Mythos beiträgt". (Eco 1999, 334) Die von Ted Anton entworfene Lebensgeschichte trägt deutlich die Merkmale einer fiktionalisierten Biographie, wenn Gespräche Culianus in direkter Rede ‚rekonstruiert', also fiktional nachgezeichnet werden. So wurde aus Ioan Petru Culianu 1996 das, was sein Meister zwanzig Jahre vorher durch ihn geworden war: das Objekt einer mythisierenden Biographie. Biographiewürdig wurde er jedoch ganz im Gegensatz zu Eliade nicht als hoch gerühmter Wissenschaftler, sondern lediglich als tragischer ‚Kriminalfall'.

Verwendete Literatur

Antohi 2003 = Ioan Petru Culianu. Omul şi opera. Hg. von Sorin Antohi. Iaşi: Polirom 2003.
Anton 1999 = Ted Anton: Der Mord an Professor Culianu. Frankfurt am Main: Insel 1999.
Bellow 2000 = Saul Bellow: Ravelstein. Köln: Kiepenheuer & Witsch 2000.
BW 2004 = Ioan Petru Culianu: Dialoguri intrerupte. Corespondenţă Mircea Eliade – Ioan Petru Culianu. Iaşi: Polirom 2004. [Briefwechsel Mircea Eliade – Ioan Petru Culianu]
Călinescu 2002 = Matei Călinescu: Despre Ioan Petru Culianu şi Mircea Eliade. Amintiri, lecturi, reflecţii. Iaşi: Polirom 2002.
Călinescu 2003 = Matei Călinescu: Culianu: Eliade: Culianu. In: Antohi 2003, S. 234–259.
Culianu 1984 = Ioan Petru Culianu: Mircea Eliade und die blinde Schildkröte. In: Die Mitte der Welt. Aufsätze zu Mircea Eliade. Hg. von Hans Peter Duerr. Frankfurt am Main: Suhrkamp 1984, S. 216–243.
Culianu 1991 = „Lumea est-europeană – o tragică pierdere de timp, de oameni, de energii". Interviu cu Ioan Petru Culianu, realizat de Gabriela Adameşteanu. In: 22, 5.4.1991, S. 8ff.
Culianu 1995 = Ioan Petru Culianu: Mircea Eliade. Bucureşti: Nemira 1995.
Di Nola 1977 = Alfonso Di Nola: Mircea Eliade e l'antisemitismo. In: La rassegna mensile de Israel 43 (1977), S. 12ff.
Eco 1999 = Umberto Eco: Mord in Chicago. In: Anton 1999, S. 333–346.
Eliade 1977 = Mircea Eliade: Im Mittelpunkt. Bruchstücke eines Tagebuches. Wien u. a.: Europa Verlag 1977.
Eliade 1987 = Mircea Eliade: Erinnerungen 1907–1937. Frankfurt am Main: Suhrkamp 1987.
Eliade 1993/1 = Mircea Eliade: Jurnal, vol I. Bukarest: Humanitas 1993.
Eliade 1993/2 = Mircea Eliade: Jurnal, vol II. Bukarest: Humanitas 1993.
Jesi 1979 = Furio Jesi: Cultura di destra. Mailand: Garzanti 1979.
Jesi 1984 = Furio Jesi: Die „geheime Botschaft" des Professors Eliade. In: Ders.: Kultur von rechts. Frankfurt am Main, Basel: Stroemfeld/Roter Stern 1984, S. 48–60.
Laignel-Lavastine 2002 = Alexandra Laignel-Lavastine: Cioran, Eliade, Ionesco. L'oubli du fascisme. Paris: Presses Universitaires de France 2002.

Manea 1998 = Norman Manea: Felix culpa. Erinnerungen und Schweigen bei Mircea Eliade. In: Ders.: Über Clowns. Essays. München, Wien: Hanser 1998, S. 124–147.

Müller 2004 = Hannelore Müller: Der frühe Mircea Eliade. Sein rumänischer Hintergrund und die Anfänge seiner universalistischen Religionsphilosophie. Münster: Lit-Verlag 2004 (= Marburger Religionsgeschichtliche Beiträge 3).

Oișteanu 2003 = Andrei Oișteanu: Despre gnosticism, bogomilism și nihilism. Ioan Petru Culianu in dialog cu Andrei Oișteanu. In: Antohi 2003, S. 177–187.

Petrescu 2003 = Dan Petrescu: Ioan Petru Culianu și Mircea Eliade: prin labirintul unei relații dinamice. In: Antohi 2003, S. 410–458.

Ricketts 1988 = Mac Linscott Ricketts: Mircea Eliade: The Romanian Roots, 1907–1945. New York: Columbia University Press 1988.

Romanato 2003 = Gianpaolo Romanato: Amintirea unui prieten: Ioan Petru Culianu. In: Antohi 2003, S. 101–161.

Scholem 1999 = Gershom Scholem: Briefe III. 1972–1982. Hg. von Itta Shedletzky. München: Beck 1999.

Sebastian 2005 = Mihail Sebastian: „Voller Entsetzen, aber nicht verzweifelt". Tagebücher 1935–44. Hg. von Edward Kanterian. Berlin: Ullstein 2005.

Țurcanu 2003 = Florin Țurcanu: Mircea Eliade. Prizonierul Istoriei. Bukarest: Humanitas 2003.

Volovici 1991 = Leon Volovici: Nationalist Ideology and Antisemitism: The Case of Romanian Intellectuals in the 1930s. New York: Pergamon Press 1991.

Die Übersetzungen der rumänischen Quellen stammen vom Verfasser.
Frau Tereza Culianu-Petrescu danke ich für das Foto.

„Ich möchte nur, daß unterbliebe, was zur Minderung meines Ansehens beitragen könnte"
Ernst Jünger und seine Biographen Karl O. Paetel und Armin Mohler

Von Esther Marian

Die Atmosphäre in Deutschland nach dem Ende des Zweiten Weltkriegs wird in Berichten alliierter Soldaten und zurückgekehrter Exilierter als gespenstisch beschrieben. „Alles schien unwirklich", schreibt Saul Padover, Nachrichtenoffizier der Abteilung für Psychologische Kriegsführung der US Army, über den Anblick, den die Stadt Frankfurt im April 1945 bot: weiße Fahnen, winkende Frauen, Jugendliche, die das Victory-Zeichen machten. (Padover 1999, 288) Der Eindruck ergab sich nicht aus den Vorgängen als solchen, sondern daraus, dass sie weder mit den von Goebbels noch kurz zuvor ausgegebenen Durchhalteparolen noch mit dem, was Padover in seinen zahlreichen Interviews mit Deutschen zu hören bekam, zusammenstimmten. Die Interviewten äußerten fast durchgängig nationalsozialistische Ansichten, wollten jedoch keine Nationalsozialisten gewesen sein, auch dann nicht, wenn sie der NSDAP angehört hatten. Nur wenige gaben zu, von den Massenverbrechen etwas gewusst zu haben. Die Entlastungslüge, die am häufigsten vorgebracht wurde, war die Behauptung, „unpolitisch" gewesen zu sein. Hitler wurde allgemein dafür verachtet, dass er den Krieg verloren hatte, während das Militär nach wie vor großen Respekt genoss.

Hannah Arendt, die fünf Jahre später ihre Eindrücke von einem Besuch in der Bundesrepublik Deutschland festhielt, spricht ganz ähnlich von einer „irrationalen Atmosphäre" (Arendt 1989, 46), die sie auf die Realitätsflucht der Deutschen zurückführt. Diese Realitätsflucht sei, so ihre Vermutung, vor allem eine Flucht vor der Verantwortung. Eine konsequente Sichtweise suche man vergeblich; üblich sei vielmehr das unbekümmerte Argumentieren mit einander widersprechenden Behauptungen. Die Realität werde nicht mehr als „eine Gesamtsumme harter, unausweichlicher Fakten" wahrgenommen, sondern, wie schon in der nationalsozialistischen Propaganda, als „Konglomerat ständig wechselnder Ereignisse und

Parolen, wobei heute wahr sein kann, was morgen schon falsch ist". Die Deutschen zeigten die Unfähigkeit und den Widerwillen, „überhaupt zwischen Tatsache und Meinung zu unterscheiden". (Ebd., 48) Verständigung suchten sie nur mit denjenigen, die sich ähnlich kompromittiert hätten wie sie selber. Sie bildeten, so Arendts Fazit, eine Interessengemeinschaft der kompromittierten Komplizen in der Lüge. (Vgl. ebd., 56)

Als eine Person von unzweifelhafter Integrität, die sich von dieser Interessengemeinschaft wohltuend abhebe, bezeichnet Arendt in demselben Bericht Ernst Jünger. Trotz des Einflusses, den seine früheren Arbeiten auf einige Mitglieder der nazistischen Intelligenz ausgeübt hätten, sei er, seinen moralischen Wertvorstellungen und seinem Wahrheitsbegriff folgend, bis zum Kriegsende ein „aktiver Nazigegner" gewesen. (Ebd., 58) Arendts Einschätzung gründet sich auf Jüngers Kriegstagebücher, die manches enthalten, das ihr Interesse fand. Ihre Intention war es offenbar zu zeigen, dass persönliche Integrität keiner großen theoretischen Überlegungen bedurfte: Jüngers „Ehrbegriff" habe für „individuellen Widerstand" völlig ausgereicht. (Ebd.)

Diese Würdigung ist schwer nachvollziehbar, wenn man einen genaueren Blick auf Jüngers von Distanz und Nähe gleichermaßen bestimmtes Verhältnis zum Nationalsozialismus wirft. In den Jahren vor 1933 hatte sich Jünger als Buchautor und Publizist an der faschistischen Bewegung beteiligt, die damals nicht nur die NSDAP, sondern auch zahlreiche konkurrierende Kampforganisationen und Verbände umfasste. Seiner Ansicht nach bestand der Sinn dieser Bewegung darin, einer historisch notwendigen, durch das Fehlen von Individualität gekennzeichneten, hierarchisch gegliederten Weltordnung zum Durchbruch zu verhelfen. (Vgl. etwa Jünger 2001a) Den Nationalsozialismus, durch den er sich nach dessen Sieg bald enttäuscht sah, betrachtete er nicht als Verwirklichung jener Ordnung, sondern als plebiszitäre Demokratie, die allenfalls als Übergangsstufe gelten konnte und zahlreiche Widrigkeiten mit sich brachte. Diese Skepsis änderte jedoch nichts an seinem grundsätzlichen Einverständnis mit der historischen Entwicklung – noch nach dem Zweiten Weltkrieg hielt er diesen für einen notwendigen Schritt hin zu einem Weltstaat und wandte sich dagegen, dass die Opfer sinnlos gewesen sein sollten. (Vgl. Jünger 1980) Das Lob der Opferbereitschaft und die Ästhetisierung der Vernichtung, die sich durch sein gesamtes Werk ziehen, begründeten seine Popularität als Schriftsteller, die im Nationalsozialismus mit seiner Kanonisierung einen vorläufigen Höhepunkt erreichte und auch nach der Veröffentlichung des heute oft als Widerstandsschrift interpretierten Romans *Auf den Marmorklippen* nicht abbrach. Als Besatzungsoffizier in Frankreich nahm er an der nationalsozialistischen Neuordnung Europas teil, ohne jemals Mitglied der NSDAP zu werden. Den Versuch, Hitler zu stürzen, lehnte er ebenso ab wie später den Sieg der Alliierten: „Ich war der Überzeugung, daß ohne einen Sulla jeder Angriff auf die plebiszitäre Demokratie notwendig zur weiteren Stärkung des Niederen führen mußte, wie es denn auch geschah und weiterhin geschieht". (Jünger 1950, 13)

Die Schwierigkeit, über Jünger zu reden, hängt zusammen mit jenem unwirklichen Zustand, den Arendt beschreibt, denn auch die Fakten sind nicht mehr offenkundig, wenn Parolen und Meinungen jederzeit an ihre Stelle treten können. Um Jüngers Leben und Werk haben sich Legenden entwickelt, die für die Wahrnehmung seiner Person bis heute bestimmend sind. Es ist charakteristisch für seine Lebensgeschichte, dass sie in einer ganzen Anzahl einander widersprechender Versionen vorliegt. Wie in jenem Witz, den Freud in der *Traumdeutung* erzählt, um die Verträglichkeit einander widersprechender Trauminhalte zu illustrieren – ein Mann, der von seinen Nachbarn beschuldigt wird, einen Kessel in schadhaftem Zustand zurückgegeben zu haben, antwortet hierauf, „erstens habe er ihn unversehrt zurückgebracht, zweitens war der Kessel schon durchlöchert, als er ihn entlehnte, drittens hat er nie einen Kessel vom Nachbarn entlehnt" (Freud 1942, 125) –, soll Jünger sich erstens während des Zweiten Weltkriegs vom Nationalrevolutionär zum sensiblen Ästheten gewandelt haben, zweitens soll er schon immer ein unpolitischer, als Einzelgänger über dem politischen Geschehen stehender Dichter gewesen sein, und drittens soll er heroisch Widerstand gegen den Nationalsozialismus geleistet haben.

Die Legendenbildung über Jünger wirkt, als sei sie der individuellen Schuldabwehr nachgebildet, der sie in ihrer Widersprüchlichkeit, die nach Adornos Erkenntnis der Ersetzung der Objektivität durch den apologetischen Zweck geschuldet ist, gleicht. (Vgl. Adorno 1975, 273) Vielleicht besteht die exemplarische Bedeutung von Jüngers Lebensgeschichte, die immer wieder hervorgehoben wurde, darin, dass an ihrem Beispiel demonstriert werden konnte, wie man es überhaupt mit der Erinnerung an den Nationalsozialismus hielt. Jünger eignete sich insofern als Identifikationsfigur, als nach dem Krieg die nationalsozialistische Ideologie zwar noch präsent, aber offiziell verpönt war, so dass sein zweideutiges Verhältnis zu ihr der allgemeinen Befindlichkeit entsprach. Wenn im Folgenden von den Retuschen die Rede ist, die Jünger in der Nachkriegszeit gemeinsam mit seinen Biographen an seiner Lebensgeschichte vornahm, dann ist davon auszugehen, dass es sich weniger um Betrug an einem unwissenden Publikum als um ein von diesem halb durchschautes Spiel handelt, das nur dadurch möglich war, dass die meisten Deutschen mit ihrer Vergangenheit ganz ähnlich verfuhren.

Noch mehr als durch Jüngers Tagebücher und autobiographische Schriften, in denen er sich zum Kriegshelden, Abenteurer und Ästheten stilisiert hat, ist sein Image beeinflusst von seinen Biographen Karl Otto Paetel und Armin Mohler, deren Arbeiten für einen Großteil der späteren Jünger-Biographik grundlegend sind. Es gibt wohl keine Biographie Ernst Jüngers, die nicht in irgendeiner Weise auf ihre Vorarbeiten zurückgreift, sei es dass ihre Bücher direkt als Quellen benutzt wurden, sei es dass ihre Versionen von Jüngers Lebensgeschichte durch die Vermittlung anderer in die eigene Darstellung eingeflossen sind. Paetel und Mohler gehörten zum Kreis der Freunde, Mitarbeiter und Verehrer Jüngers. Seit 1947 entstanden ihre biographischen Arbeiten in enger Kooperation mit Jünger selbst, der Material bereitstellte, Vorschläge zur Textgestaltung unterbreitete, ganze Passagen strich und zum Schluss die Druckfahnen durchsah.

Karl Otto Paetel war ein alter Bekannter Jüngers. Er kam aus dem Milieu der paramilitärischen Kampfverbände und nationalrevolutionären Zirkel, in dem sich Jünger vor 1933 bewegte, und hatte 1930 die Zeitschrift *Die Kommenden. Großdeutsche Wochenschrift aus dem Geiste volksbewußter Jugend* redigiert, die Jünger zusammen mit dem Anführer der „Schill-Jugend", Werner Laß, herausgab. Die Gründung der „Gruppe sozialrevolutionärer Nationalisten", einer eng mit dem Strasser-Flügel der NSDAP verbundenen Gruppierung, ging auf seine Initiative zurück. (Vgl. Paetel 1965, 156–162) Nach 1933 mit Publikationsverbot belegt, verließ er 1935 Deutschland und emigrierte über die Tschechoslowakei, Skandinavien, Belgien, Frankreich, Spanien und Portugal in die USA. In New York nahm er Kontakt zu Emigrantenkreisen auf, in denen er einigermaßen auffiel und, wie er Jünger später schrieb, eine Außenseiterrolle einnahm. (Vgl. PJ, 9.8.46)

Sein erstes Buch über Jünger, *Ernst Jünger. Die Wandlung eines deutschen Dichters und Patrioten*, 1946 in New York erschienen, wandte sich explizit an die deutschen Schriftstellerinnen und Schriftsteller im Exil. Paetel warf ihnen vor, Jünger bisher „in einer Art von Zerrspiegel" gesehen zu haben. (Paetel 1995, 11) Jünger sei keineswegs mehr derselbe, gegen dessen Hauptwerk *Der Arbeiter* er, Paetel, schon 1932 Bedenken formuliert habe. (Vgl. ebd., 7) Jünger habe sich zum Gegner des Nationalsozialismus gewandelt und, nur auf sich gestellt, mit *Auf den Marmorklippen* und *Gärten und Straßen* die beiden bedeutendsten anti-nationalsozialistischen Dokumente vorgelegt, die im Dritten Reich entstanden seien. (Vgl. ebd., 9ff.) Mit seiner Entscheidung stehe er „stellvertretend für viele" (ebd., 10), zugleich sei er mit seinem „Appell an die Wenigen" der Sprecher einer neuen „Aristokratie des Gewissens" (ebd., 15). Seine „unerschütterliche Integrität und geistige Unbestechlichkeit" (ebd., 7) seien unzweifelhaft. – So weit der erste Schritt von Paetels Argumentation, in dem es vor allem um Sympathiewerbung für Jünger und die Zurückweisung nahe liegender Bedenken gegen ihn geht. Auffällig ist die bis in die Wortwahl hineinreichende Übereinstimmung mit Arendt; tatsächlich kannten Arendt und Paetel einander, wie einige Briefe im Teilnachlass Paetels im M.E. Grenander Department of Special Collections and Archives, State University of New York, belegen, die sich allerdings nicht auf Jünger beziehen.

In einem zweiten Schritt gibt Paetel zu, dass Jünger keineswegs ein Liberaler geworden sei. (Vgl. ebd., 17) Seine früheren nationalistischen Schriften habe er nie widerrufen. Man könne von niemandem verlangen, dass er sich selbst dementiere (vgl. ebd., 41) und das „Feldzeichen der eigenen Haltung" einziehe (ebd., 44). Ein Abrücken von der Bejahung des Krieges als solchem lasse sich bei Jünger nicht feststellen, sondern nur eine Akzentverschiebung hin zum Geistigen, Künstlerischen. (Vgl. ebd., 45f.) Im Übrigen sei es ein „groteskes Missverständnis" zu meinen, dass Jünger überhaupt jemals für das Verschwinden der Individualität Partei ergriffen habe. (Ebd., 38) In *Der Arbeiter*, der Schrift also, gegen die Paetel schon früh Bedenken formuliert haben wollte, erscheint der Übergang zu einer Ordnung ohne Individuen als zu begrüßende, weil unausweichliche Notwendigkeit, und eben diesen Fatalismus spielt Paetel gegen den Vorwurf einer Parteinahme aus: Die Tendenz zur Desubjektivierung habe Jünger lediglich *festgestellt*; es handle sich schließlich um eine „zwangsläufige Entwicklung" und es mache keinen Sinn, dagegen „Zeter und Mordio zu schreien". (Ebd., 38f.) *Der Arbeiter* enthalte „tiefe und kluge Dinge über das technische Schicksal unserer Zeit", die vielleicht erst heute, mit der Erfindung der Atombombe, „richtig verstanden werden können." (Ebd., 30) – Man sieht, wie Paetel von der These der Wandlung dahin kommt, Jüngers frühere Schriften zur Lektüre zu empfehlen.

Eine Biographie ist Paetels Buch über Jünger insofern, als diese Empfehlung durch Betrachtungen über Jünger als Person vermittelt ist. Es enthält einen im engeren Sinne biographischen Teil, in dem auf konventionelle Weise die Lebensgeschichte Jüngers bis 1933 geschildert wird und der weitgehend mit Wulf-Dieter Müllers Jünger-Biographie von 1934 (Müller 1934) übereinstimmt. Details, die die Werbewirkung beeinträchtigen könnten, bleiben unerwähnt, wobei Paetel so geschickt vorgeht, dass er ohne allzu grobe Lügen auskommt. Jüngers politische Publizistik etwa wird durchaus erwähnt, aber nur in *zwei* Sätzen, denen nicht zu entnehmen ist, dass es sich um Mobilisierungsliteratur für paramilitärische Kampfverbände handelte (vgl. Paetel 1995, 33f.) – ein Kunstgriff, der so erfolgreich war, dass es bis heute einiger Recherche bedarf, um herauszufinden, dass Jünger seit 1926 unter der „Dauerägide des Sponsors Kapitän Ehrhardt" (Dietka 1994, 38) stand, dessen „Bund Wiking", die Auffangorganisation der verbotenen „Organisation Consul", eine der gefährlichsten Terrororganisationen und Putschtruppen der Weimarer Republik war. Dem geht eine Bemerkung voraus, die Paetel später wiederholt hat (vgl. Paetel 1949, 90): „Der zierliche, schmalgesichtige Dichter – völlig das Gegenteil des landläufigen Landsknechtstypus verkörpernd – ist stets ein Einzelgänger geblieben, der es verschmähte, sich zu organisieren, um einen Hintergrund zu bekommen." (Paetel 1995, 33) Scheinbar nur gegen eine Behauptung gerichtet, die niemand aufgestellt hat – nämlich dass Jünger sich organisiert habe, um Anhänger hinter sich zu scharen –, legt die Formulierung zugleich nahe, Jünger habe nichts mit faschistischen Sammlungs- und Umsturzbemühungen gegen die Weimarer Republik zu tun gehabt – was sehr wohl der Fall war. Paetels Auskunft, Jünger habe sich „um die Tagespolitik wirklich nie viel gekümmert" (ebd.), ist ähnlich irreführend. Jüngers damaliges Verhältnis zur NSDAP, der er noch 1929 den Sieg wünschte und die er lediglich dafür kritisierte, dass sie sich nicht konsequent demokratischer Mittel enthielt (vgl. Jünger 2001b), wird bei Paetel zu einer bewussten und prinzipiellen Ablehnung: Jüngers Versuch einer „Revolutionierung des nationalen Gedankens" habe sich „in offener Gegensätzlichkeit zum immer stärker werdenden Nationalsozialismus" vollzogen. (Paetel 1995, 33) Als Beispiel führt Paetel die von ihm selbst redigierte Zeitschrift *Die Kommenden* an, die, wie er wohlweislich verschweigt, dem Strasser-Flügel der NSDAP und ihm nahe stehenden Kreisen als Sprachrohr diente. Man könnte die Analyse des Buches auf ähnliche Weise weiterführen. Eine detaillierte Untersuchung hat Wolfgang Kreutzer in seiner erzähltheoretischen Studie *Ernst Jüngers ‚Wandlung'. Eine Studie zum biographischen Diskurs* vorgenommen. (Vgl. Kreutzer 2005) Hierbei bestätigt sich, dass Paetels gesamte Darstellung dem apologetischen Zweck folgt, wobei Widersprüche und zahlreiche kleine Unwahrheiten nicht stören.

Paetels erstes Buch entstand im Unterschied zu seinen späteren Arbeiten ohne Wissen und Zustimmung Jüngers. Glaubt man Paetel, wusste er bei der Niederschrift nicht einmal, ob Jünger noch lebte. (Vgl. Paetel 1995, 7) Wenig später nahm er jedoch Kontakt zu ihm auf: „Ob Sie sich meiner noch erinnern? ‚Die Kommenden' 1930?", war seine erste Frage (PJ, 10.5.46), die die These von der Wandlung schon dadurch relativiert, dass sie sich unmittelbar auf das gemeinsame nationalrevolutionäre Projekt bezog. Wie unsicher Paetel tatsächlich war, ob sein Buch

Jüngers Zustimmung finden würde, zeigt die zweite, bange Frage: „Ich bin sehr ungewiss, ob Sie damit einverstanden sein werden?" Er habe sein Bestes getan, um Jüngers Werk „dem deutschen Antinationalsozialismus im Exil und auch dem Ausland verstaendlich zu machen, selbst wenn es unzulaengliche Mittel waren!" (Ebd.) Jünger scheint das Buch erst eine ganze Weile später gelesen zu haben: Im Dezember 1947, über ein Jahr nach dem ersten Brief, bedankte sich Paetel „fuer Ihre freundlichen Worte ueber mein erstes Buechlein" (PJ, 7.12.47).

Hatte Paetel schon öffentlich bekannt, dass Jünger seine Entwicklung „tief beeinflusst" habe (Paetel 1995, 7), geht aus seinen Briefen hervor, wie sehr er Jünger verehrte. Nach der Lektüre von *Heliopolis* und *Strahlungen* gestand er schüchtern seine Bewunderung ein: „Ich bin leider ein recht toelpelhafter Geselle, wenn es sich darum handelt, jemandem zu sagen, dass ich von dem, was er sagt – und damit auch dem, was er ist – aufs tiefste beeindruckt bin." (PJ, 19.12.49) Noch feierlicher wurde er zu Jüngers 60. Geburtstag am 29. März 1955: „Nur zoegernd benutze ich das Wort Dankbarkeit […], um meiner Haltung Ihnen gegenüber eine Ueberschrift zu geben. Aber es trifft ein gut Teil dessen, was ich meine, wenn ich die Gelegenheit Ihres 60. Geburtstages dazu benutze, Ihnen zu sagen, dass manchmal die Zeit noch schwerer zu ueberstehen waere, wenn es Sie nicht gaebe." (PJ, 24.3.55) Paetels schwärmerische Verehrung spiegelt sich nicht zuletzt im Tonfall der Briefe wider, die er mit Grußformeln wie „Ihr Ihnen freundschaftlich naher Karl O. Paetel" oder „Ihr getreuer KOP" zeichnete, ohne sich daran zu stören, dass Jünger zwar freundlich, aber sehr viel distanzierter antwortete.

Paetels zweites Buch über Jünger, das 1949 im Klett-Verlag unter dem Titel *Ernst Jünger. Weg und Wirkung. Eine Einführung* erschien (Paetel 1949), entstand anders als das erste, auf dem es in weiten Teilen aufbaut, mit Unterstützung Jüngers, der den Kontakt zum Verlag vermittelte, Material bereitstellte und seine Freunde veranlasste, Paetel zu helfen. Vor der Fertigstellung bot Paetel Jünger mit vielen Demutsgesten an, so viel an dem Manuskript zu ändern, wie es ihm beliebe: „Wie ich Klett schrieb, bin ich mit allem einverstanden, was SIE an Aenderungen, Ergaenzungen, Streichungen fuer NOTWENDIG halten." (PJ, 15.6.48) Jünger brachte tatsächlich einige Änderungswünsche an, die sich auf Zitate aus Rezensionen bezogen, die er lieber nicht wiedergegeben haben wollte (vgl. JP, 21.8.48), woraufhin Paetel noch einmal bekräftigte:

[J]ede Korrektur, die Sie fuer noetig halten, ist auch von mir erbeten, jede Kuerzung und Ergaenzung, die Sie Herrn Dr. Klett vorschlagen, ist apriori von mir

> beim Verlag mit befuerwortet. [...] Die Entscheidung liegt absolut bei Ihnen. Doch gebe ich Ihnen meinen Gesichtspunkt zu bedenken, dass weiss heller erscheint, wenn es mit einem schwarz kopuliert ist. Seien Sie bitte jedenfalls von dem einen ueberzeugt, dass mir an nichts anderem liegt, als der durch Ihr Werk personifizierten Sache zu dienen. Unter keinen Umstaenden moechte ich Gegenwirkungen hervorrufen. Aber Sie haben mich dabei zu beraten, denn Sie leben in der Sphaere derer, die das Buch lesen sollen! (PJ, [2].9.48)

Die Absicht, zu werben und zu rehabilitieren, scheint in allen biographischen Arbeiten Paetels über Jünger durch. Neben die Neigung zu Retuschen trat immer mehr der entgegengesetzte Wunsch, den Glanz der alten Jahre wieder aufleben zu lassen. In seiner Monographie *Ernst Jünger in Selbstzeugnissen und Bilddokumenten*, seinem dritten, bei Rowohlt erschienenen Buch über Jünger (Paetel 1962), fand Paetel nicht nur die klassische Formulierung für ein bis heute immer wieder reproduziertes Klischee: Der „pöbelhafte Geist" des Nationalsozialismus habe Jünger abgestoßen, da sein „aristokratischer Instinkt" von „überzarter Feinheit" sei. (Ebd., 43) Er gab auch zu, dass Jünger „keineswegs immer ein kompromißloser Gegner der NSDAP gewesen" sei (ebd., 54), zitierte Jüngers Ansicht, *Auf den Marmorklippen* richte sich nicht gegen den Nationalsozialismus, sondern sei ein Exerzitium zum Problem der Tyrannis überhaupt (vgl. ebd., 65), und wies auf Gemeinsamkeiten zwischen dem nach dem Krieg erschienenen Aufruf „Der Friede" und den Frühschriften *Die Totale Mobilmachung* und *Der Arbeiter* hin (vgl. ebd., 103). Vor allem aber ging er erstmals ausführlicher auf Jüngers politische Vergangenheit ein und blendete nicht mehr alles, sondern nur noch besonders kompromittierende Details aus. Hier sei nur ein Beispiel genannt, das sich beliebig ergänzen ließe: „Der antidemokratische Ton des Blattes aber verschärfte sich" (ebd., 38), ist Paetels freundliche Umschreibung dafür, dass die *Standarte*, eine von Jünger mitherausgegebene Zeitschrift, die Rathenau-Mörder Hermann Fischer und Erwin Kern und den Erzberger-Mörder Carl Tillessen – beide Mitglieder der „Organisation Consul" – als „nationalistische Märtyrer" feierte (vgl. Hansen 1926). Dieselbe Tendenz zeigt sich in Paetels 1965 erschienener Schrift *Nationalbolschewismus. Versuchung oder Chance?* (Paetel 1965), dem Versuch einer Gesamtdarstellung des politischen Spektrums, dem er sich selbst und Jünger zurechnete.

Rechts und folgende Seite: Brief von Karl O. Paetel an Ernst Jünger vom [2.]9.1948.
Nachlass Ernst Jünger, Deutsches Literaturarchiv Marbach

DEUTSCHE GEGENWART

EIN INFORMATIONS BRIEF

Herausgegeben von KARL O. PAETEL

GESCHÄFTSSTELLE: HERMANN W. SCHMID, 92-46 52nd AVENUE, ELMHURST, N.Y. • Tel. NEwtown 9-3255

Schriftleitung: KARL O. PAETEL
68-43 Burns Street
Forest Hills, N.Y. U.S.A.
Tel. BOulevard 3-2855

Für Ernst Jünger, Kirchhorst bei Hannover.

September 1948

Lieber Herr Juenger :

Dass ich ' rot ' schreibe, hat keineswegs mit Ideologie zu tun; mein schwarzes Farbband ist zu abgebraucht.

Herzlichen Dank fuer Ihren Brief vom 26. 8. Ich bin sehr froh, dass Sie meinem Manuskript ein neues Bild und eine neue Schriftprobe einfuegen wollen. Solange ich allerdings den Text des 'Briefes an KOP', den Sie als leger bezeichnen, nicht kenne, wuerde ich es vorziehen, wenn das Faksimili aus einer Manuskriptseite Ihres Werkes genommen wuerde.

Da ich ein wenig den Eindruck habe, dass Sie zu zurueckhaltend und hoeflich sind, um mir schlank heraus zu sagen, dass Sie einige der Angriffe auf Sie lieber nicht noch einmal publiziert sehen wuerden, moechte ich ein fuer alle mal ~~noch einmal~~ wiederholen:

jede Korrektur, die Sie fuer noetig halten, ist auch von mir erbeten, jede Kuerzung und Ergaenzung, die Sie Herrn Dr. Klett vorschlagen, ist apriori von mir beim Verlag mit befuerwortet. Ich habe versucht, in dem Bericht ueber Ihr Werk dem Leser ein eigenes Urteil nahezulegen. Dazu schien mir notwendig, neben den positiven Materialien auch die negativen, unsachlichen Stellungnahmen zur Kenntnis zu geben. Wenn Sie aus einer zweifellos naeheren Kenntnis des typischen deutschen Lesers der Auffassung sind, dass er durch das zweite mehr als durch das erste beeinflusst werden koennte, bitte ich Sie, dem Verlag gegenueber diese Stellen kenntlich zu machen und sie mit meinem voelligen Einverstaendnis zu kuerzen oder auszumerzen. Die Entscheidung liegt absolut bei Ihnen. Doch gebe ich Ihnen meinen Gesichtspunkt zu bedenken, dass weiss heller erscheint, wenn es mit einem schwarz kopulliert ist. Seien Sie bitte jedenfalls von dem einen ueberzeugt, dass mir an nichts anderem liegt, als der durch Ihr Werk personifizierten Sache zu dienen. Unter keinen Umstaenden moechte ich Gegenwirkungen hervorrufen. Aber Sie haben mich dabei zu beraten, denn Sie leben in der Sphaere derer, die das Buch lesen sollen.

Ich bin sehr beeindruckt von der Rede von Dr. Nebel. Dennoch wuerde ich einer Einfuegung des vollstaendigen Textes in das Buch widersprechen. Stil und die ganze Art, die Fragestellungen anzufassen, sind so verschieden, dass wir uns gegenseitig nur um die Wirkung zweier auf verschiedener Ebene in gleicher Richtung wirkenden Stellungnahmen bringen wuerden. Selbstverstaendlich waere es sehr schoen, wenn Herr Baedeker inmitten seiner Verlagsarbeit Zeit finden wuerde, daraus und aus anderen inzwischen erschienenen positiven Stimmen in den allgemeinen Text passende Einfuegungen zu machen.

Bitte, Herr Juenger, lassen Sie uns nicht hoeflich gegeneinander sein, sondern einander behilflich, aus einer wohlgemeinten und mit viel Arbeit verbundenen Sache etwas Positives vor allen Dingen fuer das 'Objekt' der Betrachtung und vielleicht a fuer den Autor herauszuholen. Glauben Sie mir, dass rueckhaltlose Kritik von Ihnen das Wichtigste dazu waere. xxxxxxxx

Wie stets,

Ihr alter

PS. Ein Durchschlag dieses Briefes geht an den Verlag Klett.

Armin Mohler hat, anders als Paetel, nur ein einziges Buch über Jünger geschrieben, *Die Schleife. Dokumente zum Weg von Ernst Jünger*, das 1955 in Zürich erschien. (Mohler 1955) Es handelt sich nicht um eine Biographie im traditionellen Sinn, sondern um eine Sammlung von Briefen und autobiographischen Texten Jüngers, die mit ausführlichen Kommentaren des Herausgebers versehen sind. Mohler hat jedoch durch diese biographische Montage und durch Kurzbiographien, die er in Zeitschriften veröffentlichte und in Jüngers Freundeskreis verbreitete, das Jünger-Bild mindestens ebenso stark beeinflusst wie Paetel. Seit 1947 gehörte er zu den engsten Freunden und Mitarbeitern Jüngers. (Vgl. bes. Wimbauer 2001) Mohlers vertrautes, dabei ambivalentes Verhältnis zu Jünger hatte einiges von einer Sohn-Vater-Beziehung, worauf er selbst wiederholt anspielte, indem er den Versuch, sich vom Idol seiner Jugend zu emanzipieren, zwar falsch, aber doch sprechend als „Ödipus-Komplex" bezeichnete (MA, 29.3.75). 1949 bis 1953 arbeitete er als Privatsekretär für Jünger. Bevor er die Stelle antrat, fragte er Jünger im Scherz, ob seine Aufgabe die eines Ministers für „Volksaufklärung und Propaganda" sein werde (MJ, 28.7.49) – solcherart war sein Humor.

Schon vor dieser Zeit und über sie hinaus übernahm Mohler für Jünger die Aufgabe eines Public-Relations-Agenten. Dazu gehörte auch die Verteilung biographischer Informationen an einen immer größer werdenden Kreis von Jünger-Freunden, die ein Netzwerk bildeten und von denen viele, wie Erich Brock, Gerhard Nebel, Gerhard Loose, Banine (d. i. Umm el-Banine Assadoulaef) und auch Paetel, selbst Bücher über Jünger schrieben. (Vgl. MJ, 22.12.47; 13.1.47) Mohler, der Jünger verehrte, aber sich dabei immer um Distanz bemühte, bezeichnete diese Arbeits-, Freundes- und Interessengemeinschaft auch ein wenig spöttisch als „Jünger-Sekte" (MJ, 8.3.49). Sie bestand vorwiegend aus Männern. Mohler verachtete „hysterische Weiber und weiche Literaten" (MJ, 18.6.49) und war der Meinung, den Frauen unter den „Adoranten" gehe es ohnehin nicht um die Sache (MJ, 27.6.53). Natürlich gehörte zu diesem Kreis niemand, der Jünger kritisch gegenüberstand, was ein weiterer Grund dafür sein mag, dass die apologetischen Darstellungen die kritischen bei weitem überwiegen.

Mohler glaubte nicht an eine Wandlung Jüngers. Seine anfängliche Befürchtung, Jünger könnte von seinen früheren Überzeugungen abgerückt sein, verflüchtigte sich, als dieser versicherte, es bestehe kein Gegensatz zwischen seinen Schriften *Der Friede* und *Die Totale Mobilmachung* (vgl. JM, 11.2.47 und MJ, 29.3./31.3. 47). Dennoch blieb Mohler in Bezug auf die Friedensschrift skeptisch. (Vgl. MJ, 15.3.48). Seine Bewunderung galt vor allem dem *Arbeiter*, den er dem Verleger Vittorio Klostermann gegenüber als die „höchste Form" des „deutschen ‚Faschismus'" bezeichnete (MK, 6.5.57). Wie er zum Nationalsozialismus stand, wird aus einer Bemerkung seinem ehemaligen Chef gegenüber deutlich: Wenn Jünger konsequent gewesen wäre, hätte er – wie er ihm vorhielt – „um der Verwirklichung der Gestalt des ‚Arbeiters' willen" am Nationalsozialismus „teilnehmen" müssen. (MJ, 27.11.54) Solche Überlegungen lagen Jünger keineswegs fern, auch wenn er Mohler nicht unumwunden zustimmte: Er frage sich zuweilen, „ob ich mich einer für das deutsche Schicksal so bestimmenden Erscheinung wie der Hitlers gegenüber nicht a priori zu sehr verschlossen habe" (JM, 28.2.54). Mohler selbst war 1942 als Schweizer nach Deutschland gegangen, um der Waffen-SS beizutreten – eine Entscheidung, die unter dem Einfluss von Jüngers *Der Arbeiter* gefallen war. (Vgl. Mohler 1989, 43) Er blieb damals nur kurz in Deutschland und kehrte bald ernüchtert in die Schweiz zurück, fühlte sich aber noch 1954 durch die Bezeichnung „Der Schweizer SS-Freiwillige Mohler" geschmeichelt. (Vgl. MJ, 30.8.54)

Mohler verfolgte mit seinen Veröffentlichungen zu Jünger klar taktische Ziele: Paetels „einlinige" Interpretation der *Marmorklippen* habe, obwohl falsch, „ihren Dienst getan". (MJ, 29.3./31.3.47) Stets besorgt um Jüngers Ruf, achtete er auf die Wirkung jeder neu erschienenen Rezension. In Hinblick auf Jüngers Biographie bemühte er sich, „die richtige Mitte" zu treffen (MJ, 27.7.47; 11.1.55): Schwächen mussten seiner Meinung nach genannt werden, da zu viel Jubel kontraproduktiv sei. (Vgl. MJ, 14.2.55) Mit biographischem Material, das Jüngers Gegnern nützen könnte, ging er dennoch sehr vorsichtig um. In der Regel brauchte er keine Anweisungen, um zu wissen, welche Informationen er besser nicht weitergab. Paetel schärfte er beispielsweise ein, eine Liste mit Jüngers Veröffentlichungen aus der Weimarer Republik keinesfalls ohne Zustimmung des Autors in seine Bibliographie aufzunehmen. (Vgl. MJ, 13.10.47) Mohler kannte Jüngers Vergangenheit sehr genau, da er über das Milieu der „Konservativen Revolution" dissertiert hatte und mit zahlreichen ehemaligen Kampfgenossen Jüngers in Verbindung stand. Es ist so gut wie sicher, dass er auch über heikle Einzelheiten wie Jüngers jahrelange Zusammenarbeit mit Hermann Ehrhardt unterrichtet war; er wusste jedenfalls, wem der „Bund Wiking" unterstand. (Vgl. Mohler 1950, 56) In Hinblick auf das Verschweigen von Details war seine Loyalität zu Jünger unbedingt; im Zweifelsfall fragte er nach. (Vgl. MJ, 29.3./31.3.47; 22.11.48) Ganz selbstverständlich legte er Jünger das Manuskript von *Die Schleife* „zur Zensur vor", wie er kokett schrieb. (MJ, 26.8.54)

Die Schleife entstand in ständiger Absprache mit Jünger. Selbst Kleinigkeiten wie die Anordnung der Absätze und Zwischenüberschriften waren mit ihm abgeklärt. (Vgl. JM, 23.4.54) Jüngers Bedenken gegen einen Band wie diesen waren sehr groß, so dass Mohler ihn beruhigen musste: „Sie können sich ja sagen, dass ein solcher Band in absehbarer Zeit gekommen wäre, und bei mir haben Sie ihn unter Kontrolle. [...] Ich werde auf jeden Fall bei allem, was ich aufnehme, die Wirkung abwägen." (MJ, 27.4.54) Doch Jünger blieb skeptisch. Nach der ersten Lektüre des Manuskripts, das noch nicht die Kapitel über seine nationalrevolutionär-aktivistische Phase enthielt, schrieb er Mohler, es handle sich um „eine Art von Exekution, natürlich erster Klasse, aber immerhin" (JM, 26.1.55). Mohler wandte dagegen ein: „Eine ‚Exekution' stellt das Manuskript nur an ungefährlichem Orte dar – das ist die beste Methode, von denjenigen Stellen abzulenken, wo gefährliche Stiche versetzt werden könnten." (MJ, 28.1.55)

Mit der Rede von der „Exekution" an „ungefährlichem Orte" waren wohl Passagen wie diese gemeint: „Um den Reichswehrleutnant Jünger hat sich ein besonderes Legendenkränzchen gewunden. Wenn man diesen Geschichten glauben wollte, hat er damals das Licht grundsätzlich nur mit einem Pistolenschuß auf die Glühbirne gelöscht, und brave Bürger mußten froh sein, wenn sie ungeschoren an dem Landsknecht vorbeikamen." (Mohler 1955, 63) Die Erklärung der Absicht, Legenden zu zerstören, zieht sich durch das ganze Buch – Mohler fragt beispielsweise, ob Jüngers Tagebücher „wirklich noch Tagebücher oder nicht vielmehr Stilisierungen seien" (ebd., 9). Solche scheinbar kritischen Fragen eignen sich tatsächlich dazu, von Lücken und Retuschen an anderer Stelle abzulenken. Diese finden sich, wie bei Paetel, besonders in der Darstellung von Jüngers Leben in der Weimarer Republik. Im Gegensatz zum Versprechen des Vorworts, das Buch setze sich zum Ziel, „vor allem hier die Lücken etwas zu füllen" (ebd., 7), geht Mohler zwar in einem eigenen Kapitel auf einige der nationalistischen Zirkel ein, denen Jünger nahe stand, tut dies aber so geschickt, dass die Kampforganisationen, für die Jünger schrieb, bis auf den „Stahlhelm" ungenannt bleiben, die von Jünger herausgegebenen Zeitschriften nicht identifizierbar sind und besonders verfängliche Namen auf der Liste der politischen Freunde nicht erscheinen. (Vgl. ebd., 78f.) Auffälligerweise gibt Mohler einen Brief, den „einer der kennzeichnendsten Köpfe jener Zirkel" an Jünger schrieb, anonym wieder. (Ebd., 81) Selbst die kurze Mitglied-

Folgende Doppelseite: Brief von Ernst Jünger an Armin Mohler vom 28.2.1954.
Mit „Fahrplan" ist ein nur für den „persönlichen und internen Gebrauch" Mohlers bestimmter tabellarischer Lebenslauf gemeint, in dem Jünger vor allem auf sein Verhältnis zum Nationalsozialismus eingeht. Er fand bei der Arbeit an der *Schleife* Verwendung. Nachlass Ernst Jünger, Deutsches Literaturarchiv Marbach

W., 28. 2. 54.

Lieber Arminius,

Anbei der versprochene Fahrplan. Er enthält zwar nur einige der Hauptstationen, die mir in der Eile eingefallen sind. Aber es gilt ja noch andere Quellen, Speidel, Hattingen, Schramm, die Strahlungen, und dann Ihre Erinnerungen an manches gemeinsame Gespräch.

Sie sollten diesem innerpolitischen Kapitel einige Erwägungen zuwenden. Sicher fallen Ihnen passende Formulierungen ein. Es handelt sich dabei um Fragen, die viele Zeitgenossen beschäftigen, und möglicherweise um ihre Einrenkung. Es gibt ja zwei Hauptschemata, nach denen das Verhalten der Partei gegenüber heute beurteilt wird. Es wird beurteilt, ob man sich positiv im Sinne der Partei oder positiv im Sinne ihrer außen=und innenpolitischen Gegner verhalten hat. Aus beiden Schlüsseln sind aber nur Standortsangaben zu gewinnen, nicht Qualitätsnachweise. Jedes wirklich politische Verhalten in jenen Jahren hatte jedoch seine persönliche Note und ist nicht schematisch zu beurteilen. Ich z. B. frage mich bei Rückblicken zuweilen, ob ich mich einer für das deutsche Schicksal so bestimmenden Erscheinung wie der Hitlers gegenüber nicht a priori zu sehr verschlossen habe, aus moralischen, intellektuellen oder ästhetischen Rücksichten. Auf keinen Fall kann man Leute, die es für richtig hielten, mitzuarbeiten, verurteilen. Als ich nach der Niederlage mit den ersten Amerikanern sprach, hatte ich den Eindruck, daß sie mir eine Verhaltensweise wie die Ihre oder die eines Emigranten nachträglich zumuteten. Die gleiche Ansicht tritt in manchen ausländischen Besprechungen der "Strahlungen" hervor. Sie beruht natürlich auf einem Sehfehler. Die Ausländer können innerdeutsche oder innerrussische Vorgänge nicht beurteilen, weil sie ihnen gegenüber "im Rückstande" sind. Sie können aber jederzeit in eine ähnlich fatale Situation kommen. Deshalb ist es wichtig für sie, daß sie sich mit der Fragen beschäftigen. Ich halte es auch für günstig, daß Sie als Schweizer das Thema anschneiden.

Die restlichen Bilder gehen Ihnen in diesen Tagen zu. Vergessen Sie nicht die "Kuriosen Zuschriften".

Der große Broncefund aus einem keltischen Fürstengrabe in Frankreich wurde in einem "Mont Michel" gemacht. Das bringt mich, in Verbindung mit unserem "Hohenmichele" auf die Vermutung, daß "Michel" ein Prädikat oder Name keltischer Fürsten sei. Wenn man bedenkt, daß der Deutsche als Michel bezeichnet wird, ahnt man wieder verborgene keltische Ursprünge. Dieses Volk tritt auf merkwürdige Weise in den Schatten zurück, dafür aber vielleicht in den Träumen hervor. Von den Michaelskirchen heißt es, daß sie besonders in Süddeutschland auf den Höhen, und zuweilen an Stelle eines früheren Marstempels errichtet sind. "Man hat angenommen, daß auf Michael Züge Wodans, Zius und Donars übergegangen sind". Bächtold=Stäubli. (den ich jetzt unter meinen Büchern habe und der eine gute Fundgrube ist.) Der Michaelstag gehört auch zu den Lostagen.

Einen Brief von Baucken lege ich bei. Er geht gleich mit meiner Frau auf die närrische Sitzung des Reitervereins im Löwen. Ich gehe morgen zu Seemann nach Saulgau zu seinem alljährlichen Fest, dem er das Motto "Auf der Weide" gegeben hat.

Ist Ihr Bambino jetzt in Paris ?

Herzlich Ihr

schaft in der „Sturmabteilung Roßbach", die Jünger in seinem Tagebuch erwähnt (Jünger 1979, 607f.), wird verleugnet: Jünger sei, lässt Mohler wissen, nie Mitglied eines Freikorps gewesen. (Vgl. Mohler 1955, 57) Die Sätze, in denen er Jünger zum „Einzelgänger" stilisiert – ein Klischee, das auch Paetel bemüht –, klingen so geschwollen wie falsch: „Er läßt die Dinge an sich herankommen und weicht, nachdem er zuletzt auch die Reichswehr verlassen hat [1923], von nun an allen Bindungen aus, die sich ihm in der Form von Parteien, geheimen Organisationen oder Bewegungen anbieten. Vor allen Bindungen steht für den Schriftsteller die Bindung an das Wort." (Ebd.)

Mohler hatte anfangs geplant, sehr viel mehr von Jüngers nationalistischem Aktivismus zur Sprache zu bringen: „Ich hatte ursprünglich eine sehr umfangreiche Abteilung über jenen Abschnitt aufgebaut, brachte einen Aufsatz aus den ‚Kommenden' von Ihnen und Ihr Vorwort zum ‚Aufmarsch des Nationalismus' Ihres Bruders. Dann schied ich ein Stück nach dem anderen im Hinblick auf die Oeffentlichkeit wieder aus." Es blieb nur eine „Minimalauswahl", von der Mohler „gehofft hatte, dass sie auf jeden Fall durchgehen würde ...", darunter ein Brief, auf dessen Streichung Jünger bestand. (MJ, 18.2.55) Was dieses Thema angeht, war Jünger sehr ängstlich. Als er 1956, ein Jahr nach Erscheinen der *Schleife*, erfuhr, dass Gerhard Loose einen Aufsatz über seine politische Publizistik 1925–1933 geschrieben hatte, war er verärgert. (Vgl. Loose 1957) Er hoffte, Mohler werde Loose die Publikation ausreden (vgl. JM, 24.5.56), und schrieb ihm, es sei nicht die Aufgabe des Klostermann-Verlags, „Unziemliches oder auch sogar nur Kritisches über einen seiner Autoren zu veröffentlichen" (JM, 21.8.57). Ebenfalls in diesem Zusammenhang fiel die Bemerkung: „Ich möchte nur, daß unterbliebe, was zur Minderung meines Ansehens beitragen könnte." (JM, 14.5.57). Mohler stand dem gelassener gegenüber. Er hielt es für nicht für ratsam, „den aggressiv-antiliberalen Jünger" ganz zu verschweigen, denn „dieses Verschweigen lässt die Glaubwürdigkeit der gegnerischen Zusammenstellungen steigen". (MJ, 18.2.55) Mohler scheint Enthüllungen zuletzt nicht ungern gesehen zu haben, weil sie Jünger dazu zwangen, Farbe zu bekennen. Er störte sich an Jüngers Anpassungstendenzen und verabscheute die „Jünger-Saulus-Paulus-Literatur" (MJ, 22.11.48). Diese Auffassung brachte ihn früh in Gegensatz zu Paetel, dem er offenbar vorwarf, Jünger „als bekehrtes <u>liberales</u> Schaefchen geschildert" zu haben (PM, 5.2.47). Mit Jünger selbst geriet Mohler in Streit,

Brief von Armin Mohler an Ernst Jünger vom 11.1.1955, Ausschnitt.
Das „Schifferli-Buch" ist der Band *Die Schleife*, der im Arche-Verlag von Peter Schifferli erschienen ist. Nachlass Ernst Jünger, Deutsches Literaturarchiv Marbach

DR. ARMIN MOHLER

BOURG-LA-REINE (SEINE)
25 rue du Panorama

Lieber Chef,   11.1.55.

mit gleicher Post schick ich Ihnen als eingeschriebene Drucksache
das Manuskript des SCHIFFERLI-BUCHES. Es ist nicht ganz fertig: wie
Sie sehen werden, fehlt ein Mittelstück, zu dem alles bereitliegt,
wovon ich aber noch nicht weiss, wie breit oder wie kurz ich es an-
legen soll. Das hängt auch davon ab, was Schifferli sich vorstellt -
ich werde mit ihm diese Woche darüber sprechen, da er nach Paris zu
fahren im Begriffe ist. Mir kommt es jetzt nur darauf an, von Ihnen
zu wissen, ob Sie mit dem, was vorliegt, einverstanden sind. Die
kitzligen Stücke sind ja alle im Manuskript da, vor allem Teil III
"Ein Tag im Leben eines modernen Schriftstellers". Je nach dem, ob
ich Ihr Placet oder Ihr Non placet erhalte, kann ich dann noch das
fehlende Mittelglied erstellen, das Ihnen dann auch zuerst vorgelegt
wird.

Ich glaube, dass ich einigermassen die richtige Mitte getroffen habe
zwischen der Scylla der Hagiographie und der Charybdis à la Kardorff.
Wenn Sie sich an etwas stossen, so vergegenwärtigen Sie sich, dass
die Schrift nicht für einen engeren Freundeskreis bestimmt ist, sondern für den Buchhandel, die Oeffentlichkeit, ehe Sie den Daumen nach
unten halten.

Das Manuskript können Sie bei sich behalten - je ein Stück für Schiffe
li und für mich sind noch hier. Das Mittelstück send ich Ihnen dann
zum dazwischenklemmen.

§

Für den Sammelband mit Ihrem Text über die Sprache und für die
Kardorff-Schrift danke ich Ihnen herzlich. In beide konnte ich erst
flüchtig reinschauen. Auch wegen Rivarol und seiner Ausgabe konnte
ich mich noch nicht umtun. Die Festschrift, das Schifferli-Manuskript
und das FGJ-Reclambändchen hielten mich die letzten vierzehn Tage in
Atem. Da exkommuniziert wird, wer von Wiederkehr spricht, habe ich
im Nachwort zu Friedrich Georg Jünger das Wort nur im Zitat gebraucht;
Ihr Bruder ist ja vor Exkommunikation gefeit.

als er feststellte, dass bei der Herausgabe der Werkausgabe 1960–1975 wichtige Frühschriften wie *Die Totale Mobilmachung* in revidierter Fassung erscheinen sollten.

Wenn eine wissenschaftliche Biographie Jüngers geschrieben werden sollte – und es fragt sich, ob das wirklich wünschenswert wäre –, so müsste sie zugleich eine Kritik aller bisherigen Jünger-Biographien sein. Diesen wäre mit äußerstem Misstrauen zu begegnen und es dürfte nur übernommen werden, was in ihnen so eindeutig jeder Relativierungs- und Rehabilitationsabsicht entgegensteht, dass von seiner Richtigkeit ausgegangen werden kann. Klischees wie das vom immer schon „unpolitischen" Jünger, das selbst Sven Berggötz in seinem Nachwort zu der von ihm herausgegebenen *politischen* Publizistik reproduziert (Berggötz 2001, 868), gälte es sorgfältig zu vermeiden. Widersprüche und Lücken in den frühen Biographien müssten als ebenso viele Hinweise auf vielleicht bis heute unbekannte, bislang ausgeblendete Details genommen werden. Das Ideal der glatten Erzählung, die den Schein von Authentizität und unmittelbarer Einsicht erzeugt, wäre fallen zu lassen, und stattdessen wäre darauf zu achten, zu jeder Einzelheit, die sonst als unumstrittenes Faktum gilt, die oft fragwürdigen Primärquellen ausfindig zu machen und sorgfältig auszuweisen. Nur so wäre die biographische Konstruktion durchsichtig genug, dass ihre Abhängigkeit von mehr oder weniger zweifelhaften Darstellungen und damit ihre Fragilität kenntlich bliebe.

Verwendete Literatur
Adorno 1975 = Theodor W. Adorno: Schuld und Abwehr. Eine qualitative Analyse zum Gruppenexperiment. In: Ders.: Gesammelte Schriften. Hg. von Rolf Tiedemann u. a., Bd. 9.2. Frankfurt am Main: Suhrkamp 1975, S. 121–324.
Arendt 1989 = Hannah Arendt: Besuch in Deutschland 1950. Die Nachwirkungen des Naziregimes. In: Dies.: Zur Zeit. Politische Essays. Hg. und mit einem Nachwort versehen von Marie Luise Knott. Aus dem Amerikanischen von Eike Geisel. München: dtv 1989, S. 43–70.
Berggötz 2001 = Sven Olaf Berggötz: Nachwort: Ernst Jünger und die Politik. In: Ernst Jünger: Politische Publizistik 1919 bis 1933. Hg., kommentiert und mit einem Nachwort versehen von Sven Olaf Berggötz. Stuttgart: Klett 2001, S. 834–869.
Dietka 1994 = Norbert Dietka: Ernst Jünger – vom Weltkrieg zum Weltfrieden. Biographie und Werkübersicht 1895–1945. Bad Honnef, Zürich: Keimer/Hebsacker 1994.
Freud 1942 = Sigmund Freud: Die Traumdeutung. In: Ders.: Gesammelte Werke. Chronologisch geordnet. Hg. von Anna Freud u. a. Bd. 2/3. London: Imago 1942, S. V–642.
Hansen 1926 = Hans Hansen: Nationalistische Märtyrer. In: Standarte. Wochenschrift des neuen Nationalismus. Hg. von Ernst Jünger, Helmut Franke, Franz Schauwecker und Wilhelm Kleinau, 1 (12.8.1926), H. 20, S. 467.
JM = Briefe von Ernst Jünger an Armin Mohler. Nachlass Ernst Jünger, Deutsches Literaturarchiv Marbach.
JP = Briefe von Ernst Jünger an Karl O. Paetel. Nachlass Ernst Jünger, Deutsches Literaturarchiv Marbach.

Jünger 1950 = Ernst Jünger: Strahlungen. Linz, Regensburg, Wien: Schönleitner 1950.
Jünger 1979 = Ernst Jünger: Tagebücher. Strahlungen II. Sämtliche Werke. Bd. 3. Stuttgart: Klett 1979.
Jünger 1980 = Ernst Jünger: Der Friede. In: Ders.: Sämtliche Werke. Bd. 7. Stuttgart: Klett 1980, S. 193–236.
Jünger 2001a = Ernst Jünger: Untergang oder neue Ordnung? In: Ders.: Politische Publizistik 1919 bis 1933. Hg., kommentiert und mit einem Nachwort versehen von Sven Olaf Berggötz. Stuttgart: Klett 2001, S. 642–650.
Jünger 2001b = Ernst Jünger: Reinheit der Mittel. In: Ders.: Politische Publizistik 1919 bis 1933. Hg., kommentiert und mit einem Nachwort versehen von Sven Olaf Berggötz. Stuttgart: Klett 2001, S. 514–517.
Kreutzer 2005 = Wolfgang Kreutzer: Ernst Jüngers ‚Wandlung'. Eine Studie zum biographischen Diskurs. Dipl. Wien 2005.
Loose 1957 = Gerhard Loose: Anhang. Die Publizistik (1925–1933). In: Ders.: Ernst Jünger. Gestalt und Werk. Frankfurt am Main: Klostermann 1957, S. 351–370.
MA = Brief von Armin Mohler an Alfred Andersch, 29.3.75. Nachlass Ernst Jünger, Deutsches Literaturarchiv Marbach.
MJ = Briefe von Armin Mohler an Ernst Jünger. Nachlass Ernst Jünger, Deutsches Literaturarchiv Marbach.
MK = Brief von Armin Mohler an Vittorio Klostermann, 6.5.57. Nachlass Ernst Jünger, Deutsches Literaturarchiv Marbach.
Mohler 1950 = Armin Mohler: Die Konservative Revolution in Deutschland 1918–1932. Grundriß ihrer Weltanschauungen. Stuttgart: Vorwerk 1950.
Mohler 1955 = Die Schleife. Dokumente zum Weg von Ernst Jünger. Hg. von Armin Mohler. Zürich: Arche 1955.
Mohler 1989 = Armin Mohler: Der Nasenring. Im Dickicht der Vergangenheitsbewältigung. Essen: Heitz & Höffkes 1989.
Müller 1934 = Wulf Dieter Müller: Ernst Jünger. Ein Leben im Umbruch der Zeit. Berlin: Junker und Dünnhaupt 1934.
Padover 1999 = Saul Padover: Lügendetektor. Vernehmungen im besiegten Deutschland 1944/45. Aus dem Amerikanischen von Matthias Fienbork. Frankfurt am Main: Eichborn 1999.
Paetel 1949 = Karl O. Paetel: Ernst Jünger. Weg und Wirkung. Eine Einführung. Stuttgart: Klett 1949.
Paetel 1962 = Karl O. Paetel: Ernst Jünger in Selbstzeugnissen und Bilddokumenten. Reinbek: Rowohlt 1962.
Paetel 1965 = Karl O. Paetel: Versuchung oder Chance? Zur Geschichte des deutschen Nationalbolschewismus. Göttingen u. a.: Musterschmidt 1965.
Paetel 1995 = Karl O. Paetel: Ernst Jünger. Die Wandlung eines deutschen Dichters und Patrioten. Reprint der Originalausgabe New York 1946. Koblenz: Fölbach 1995.
PJ = Briefe von Karl O. Paetel an Ernst Jünger. Nachlass Ernst Jünger, Deutsches Literaturarchiv Marbach.
PM = Briefe von Karl O. Paetel an Armin Mohler. Nachlass Armin Mohler, Deutsches Literaturarchiv Marbach.
Wimbauer 2001 = Tobias Wimbauer: Kritische Verehrung. Armin Mohler und Ernst Jünger. In: Die Schleife. Dokumente zum Weg von Ernst Jünger. Hg. von Armin Mohler. Nachdruck der Ausgabe von 1955. Bad Vilbel: Edition Antaios 2001, S. 162–176.

„Es kam aber eine böse Zeit"
Lebensläufe aus dem Dritten Reich und ihre späteren Erzählungen: Marieluise Fleißer – Irmgard Keun – Wolfgang Koeppen.

Von Hiltrud Häntzschel

Als Auftakt zitiere ich drei Einträge aus der 17. Auflage des *Großen Brockhaus* in 20 Bänden von 1966ff.:

> Fleißer, Marieluise, Schriftstellerin, *Ingolstadt 23.11.1901, seit 1935 verheiratet mit Joseph Haindl, zeichnete in Erzählungen und Dramen, herb, humorvoll oder scharf sozialkritisch, bayerisches Volksleben. (Bd. 6, 340)

Der Eintrag wird komplettiert durch die Auflistung der Werke.

> Keun, Irmgard, Schriftstellerin, *Berlin 6.2.1910, lebt nach der Rückkehr aus der Emigration in Köln; schrieb erfolgreiche Unterhaltungsromane. (Bd. 10, 131)

Keuns exaktes Geburtsdatum 1905 kannte 1966 noch niemand. Irmgard Keun hatte sich ja vor Erscheinen ihres ersten Romans um fünf Jahre jünger und also zum Shootingstar gemacht. Die Auflistung ihrer selbständigen Publikationen ist lückenlos, mit einer gewichtigen Ausnahme: Der Exilroman *Nach Mitternacht* von 1937 ist nicht erwähnt.

> Koeppen, Wolfgang, *Greifswald 23.6.1906, war Schauspieler, Dramaturg, Feuilleton-Redakteur. K. zeichnet Menschen der Nachkriegszeit und kritisiert scharf Zeiterscheinungen mit den Stilmitteln moderner Romankunst (innerer Monolog, ‚filmische' Schnitt- und Rückblendetechnik), beeinflußt von J. Dos Passos und W. Faulkner. Seine Sprachkunst in der Wiedergabe von Eindrücken, im Erfassen des Schönen, in der Darstellung des Bewegten, Flüchtigen bezeugen auch seine Reisebücher. (Bd. 10, 487)

Es folgt die Liste der Publikationen; die Nennung des Romans *Das Treibhaus* wird in Klammern ergänzt durch den Kommentar („eine kritische Darstellung Bonns").

Es handelt sich um lexikalische Angaben zu zwei Autorinnen und einem Autor, in denen die zwölf Jahre der Diktatur spurlos verschwunden sind, mit der einen winzigen und unscharfen Ausnahme: Irmgard Keun „lebt nach der Rückkehr aus der Emigration in Köln". Das Konversationslexikon suggeriert in zahlreichen Bänden, gewichtig und in Goldschnitt, den Kernbestand des Wissens. Wie sehr allerdings Lexikoneinträge und die darin vorgenommenen Gewichtungen, mehr noch das Nichtverzeichnete, die Lücken also, dem Horizont ihrer Entstehungszeit und – entgegen der Erwartung der Benutzer – der Abhängigkeit von Ideologien geschuldet sind, zeigen einmal mehr diese drei Beispiele.

Die drei Schreibenden sind etwa gleich alt. Alle drei haben ihr literarisches Debüt in den späten 1920er bzw. in den 1930er Jahren. Alle drei verbringen die Jahre des Dritten Reiches ganz oder zeitweise im nationalsozialistischen Deutschland. Demnach kann keine dieser drei Biographien dem Schatten ausweichen, den die Ideologisierung des Alltags in diesen Jahren zwangsläufig auf jeden dieser Lebensläufe geworfen hat, mit welchen Konsequenzen auch immer. Es stellen sich folgende Fragen:
- Was gibt es an objektiven Daten über das Leben dieser drei Schriftsteller in den Jahren 1933 bis 1945?
- Welches Interesse hat die literarische Öffentlichkeit der deutschen Bundesrepublik und zu welchem Zeitpunkt an diesen Lebensabschnitten?
- Wie verändern sich die Lebenserzählungen im Kontext der gesellschaftlichen, mentalen und politischen Diskurse ihrer jeweiligen Entstehungszeit?
- Auf welche Weise spielen sich bei der Lebenslaufkonstruktion Autorenabsicht und öffentliches Interesse gegenseitig zu?
- Welches Interesse könnte die Biographin leiten?

Was gibt es also an objektiven Daten über das Leben dieser drei Schriftsteller in den Jahren 1933 bis 1945? Wie haben sie sich in der Diktatur, zur Diktatur verhalten? Die Antwort auf die Frage nach dem Verhalten im Nationalsozialismus ist bereits Interpretation. Sie ist – unter Zurückstellung der jeweiligen Selbstaussagen – aufzuspalten in Fragen nach Lebensentscheidungen und nach der Deutung dieser Entscheidungen, denn sie könnten Zustimmung und ebenso Camouflage sein.

Marieluise Fleißer

Im Herbst 1932 verlässt Marieluise Fleißer Berlin und wohnt seither dauerhaft in Ingolstadt. Mit ihrer Verlobung mit Hellmut Draws-Tychsen, dem rechtskonservativen Journalisten, Schriftsteller und Erzfeind von Brecht, im August 1929 hat Marieluise Fleißer das Lager ihrer Mentoren und Förderer Lion Feuchtwanger, Bert Brecht, Moriz Seeler, Kurt Pinthus, Alfred Kerr, Walter Benjamin endgültig verlassen und ist in die Nähe jener Kritiker und der Zeitungen gerückt, die die umstrittene Berliner Aufführung der *Pioniere in Ingolstadt* im März 1929 am unflätigsten geschmäht haben. Heftig wehrt sie sich gegen eine Zuordnung zum linken politischen Spektrum, sieht im Brief an Draws-Tychsen vom 5. November 1931 Brecht als den Intriganten gegen ihren Erfolg. (Vgl. Häntzschel 2002, 88) Am 11. Dezember 1933 beantragt sie die Aufnahme in den Reichsverband Deutscher Schriftsteller und erhält die Mitgliedsnummer 4008. Ende 1934 gelingt es ihr, sich aus ihrer – auch ökonomisch – zerstörerischen Verbindung mit Hellmut Draws-Tychsen zu lösen. Im September 1935 heiratet sie ihren ersten Verlobten, den Ingolstädter Tabakhändler Bepp Haindl. Bis zu ihrer letzten bislang bekannten Veröffentlichung während der NS-Jahre 1936 in der Zeitschrift *Die Dame* publiziert sie in der *Vossischen Zeitung*, im *Berliner Tageblatt*, auch in konservativen oder rechts stehenden Zeitungen wie der *Germania* und der *Deutschen Zeitung*. Auf den „Listen des schädlichen und unerwünschten Schrifttums" der Reichsschrifttumskammer sind vom 25. April 1935 an Fleißers *Pioniere in Ingolstadt* und der Roman *Mehlreisende Frieda Geier* aufgeführt. Am 11. Mai 1937 erhält sie den erneuerten Mitgliedsausweis der Reichsschrifttumskammer. Ein Jahr später wird sie aufgrund einer strengeren Handhabung der Bestimmungen über die tatsächlichen Berufsbilder der Mitglieder aus der Pflichtmitgliedschaft entlassen, weil ihre Hauptbeschäftigung nach ihrer Aussage in der Tätigkeit im Tabakgeschäft liege und ihre schriftstellerische Arbeit ruhe. Der zuständige Beamte sichert ihr gleichzeitig zu: „Soweit Sie sich fernerhin neben ihrem Hauptberuf schriftstellerisch betätigen, bin ich bereit, einen von Ihnen zu stellenden Antrag auf Erteilung eines Befreiungsscheines gemäss Ziffer 3 oder 4 meiner Bekanntmachung Nr. 88 zu prüfen." (RSK-Akte Marieluise Haindl) Noch im selben Jahr 1938 beantragt und erhält sie einen solchen Befreiungsschein, das heißt also die Publikationsgenehmigung, und zwar für das Stück *Karl Stuart*, ein weiteres Mal 1942 und 1944, nachdem der erste Schein abgelaufen ist, noch bevor sie mit der immer von neuem vorgenommenen Überarbeitung des Stücks zufrieden ist. Am 16. August 1944 bestätigt der Münchner Zinnen-Verlag die Rücksendung des unterschriebenen Vertrages über das Stück *Karl Stuart*. (Vgl. NL Fleißer)

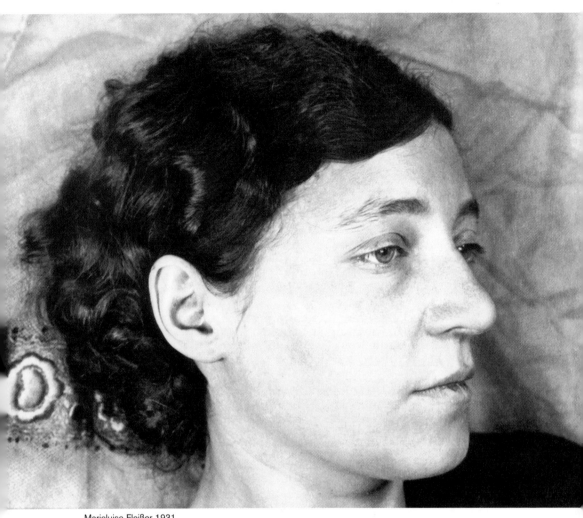
Marieluise Fleißer 1931

Der Präsident der Reichsschrifttumskammer
– Gruppe Schriftsteller –

IID – 06215 – D1.
21801

Berlin-Charlottenburg 2, den 22.5.1942
Hardenbergstraße 6 — Fernruf: 310017
Sprechstd.: Dienstag bis Freitag von 11 – 13 Uhr

Erledigt.

2. LL. 19
3. Kartei

27. Mai 194

Frau
Marieluise Haindl
Deckname: Marieluise Fleisser

Ingolstadt / Donau
Roseneckstraße 4/I

Betr.: Ihr Aufnahmeantrag – Gruppe Schriftsteller.
————————————————————

    Da den Antragsunterlagen zu entnehmen ist, daß Ihre schriftstellerische Tätigkeit nur gelegentlicher Art oder geringfügigen Umfanges ist, befreie ich Sie hiermit von dem Erfordernis der Mitgliedschaft. (Gemäß § 9 der Ersten Durchführungsverordnung zum Reichskulturkammergesetz vom 1.11.1933 – RGBl.I.S.797).

    Dieser Befreiungsschein wird während des Krieges anstelle der in meiner Amtlichen Bekanntmachung Nr. 88 (Ziffer 3 und 4) vorgesehenen Befreiungsscheine ausgestellt und gilt bis zum 31.12.1943.

    Innerhalb der Geltungsdauer dieses Befreiungsscheines dürfen Sie den Verwertern Ihre schriftstellerischen Arbeiten – ohne Rücksicht auf Zahl und Umfang – anbieten oder im sonstigen Sinne eine schriftstellerische Tätigkeit ausüben, z.B. als Herausgeber, Vortragender oder als Mitwirkender an der Auswertung eines literarischen Nachlasses.

    Ihre Personalien sind nicht näher geprüft worden. Die Erteilung dieses Befreiungsscheines erfolgt daher unter Vorbehalt.

    Die Ausstellungsgebühr in Höhe von RM 5.-- ist auf das Postscheckkonto der Reichsschrifttumskammer Berlin Nr. 40032 zu überweisen.

Im Auftrage:

gez. Loth

Rückseite beachten

Irmgard Keun

Sie ist Ende 1932 eine vom Erfolg verwöhnte Bestsellerautorin. Obwohl ihre Romane von vor 1933 bei weitem unpolitischer scheinen als etwa Fleißers *Pioniere in Ingolstadt*, hat die NS-Polizei sie ins Visier genommen. Das mag einerseits an ihren hohen Auflagen liegen und an der politischen Debatte um ihren Roman *Gilgi, eine von uns* vom Herbst 1932 im sozialdemokratischen *Vorwärts*, andererseits an ihrem Verlag Universitas, dem die neuen Machthaber vor allem wegen seiner prominenten Autoren, den Sexualwissenschaftlern Magnus Hirschfeld und Max Hodann, den erbitterten Kampf angesagt haben. Schon im Frühjahr 1933 werden bei einer so genannten Anti-Schmutz- und Schund-Aktion der Verlag durchsucht und die gesamten Buchbestände beschlagnahmt. Ihre Bücher finden sich auf den hektographierten Listen der so genannten „Aktion Herrmann", die als Anhaltspunkt zur „Säuberung der Volksbüchereien" und zur Orientierung des Buchhandels dienten. (Roloff 1977, 51) Das von der Bayerischen Politischen Polizei 1934 herausgegebene „Verzeichnis der polizeilich beschlagnahmten und eingezogenen, sowie der für Leihbüchereien verbotenen Druckschriften" markiert Keuns beide Bücher nicht nur mit dem verschärften Zeichen „+", sondern mit dem viel seltener vergebenen „P" für Pornographie: „Das Zeichen P hinter dem Titel bedeutet, dass die Druckschrift von der Reichsstelle zur Bekämpfung unzüchtiger Bilder und Schriften beschlagnahmt wurde. Die mit P bezeichneten Druckschriften sind an die Landesstelle bei der Polizeidirektion München einzuliefern." (Institut für Zeitgeschichte, München, DC 16.03, a) Ende des Jahres 1933 kommt sie den Umarbeitungsforderungen des Universitas Verlages und der Vorläuferorganisation der Reichsschrifttumskammer an ihrem neuen Roman *Der hungrige Ernährer* im Sinne „nationalsozialistischer Aufbautendenzen" *nicht* nach, das kostet sie ihre Aufnahme in den Reichsverband deutscher Schriftsteller. (RSK-Akte Irmgard Keun) Am 9. Januar 1936 beantragt sie erneut die Aufnahme in die Reichsschrifttumskammer, die am 1. April 1936 abgelehnt wird, mit der Begründung, dass „die aus ihrer Feder stammenden Bücher auf die Liste des schädlichen und unerwünschten Schrifttums gesetzt werden mußten". Ein Aktenvermerk, nicht für sie bestimmt, lautet: „Vorläufig abgelehnt, kann gemäß § 9 für einzelne Veröffentlichungen befreit werden." (RSK-Akte Irmgard Tralow; Häntzschel 2001, 58) Dies vorausahnend, hat sie in aller Heimlichkeit mit dem Exilverlag Allert de Lange in Amsterdam ver-

Erneuerter Befreiungsschein für Marieluise Haindl für die Fertigstellung des Stücks *Karl Stuart*, 22.5.1942. RSK-Akte Marieluise Haindl, Bundesarchiv Berlin

handelt und einen Vertrag über ihr nächstes Buch abgeschlossen. Im Mai 1936 emigriert Irmgard Keun nach Belgien und weiter in die Niederlande. (Vgl. Abb. S. 234f.) Im Herbst 1937 erscheint ihr zweites Exilbuch, der Roman *Nach Mitternacht*, der all ihre Erfahrungen mit dem nationalsozialistischen Alltag, mit dem Behördenneudeutsch, mit der Seuche Denunziation, mit dem Konflikt der Schriftsteller zwischen Anpassen und Verstummen zum Thema macht. Vorabgedruckt in der *Pariser Tageszeitung*, sorgt der Roman für beachtliches Aufsehen unter den deutschen Lesern und findet bald ein großes Echo von Amerika bis Russland.

Nach dem Einmarsch der Wehrmacht in die Niederlande taucht Irmgard Keun unter. Ihre Rückkehr ins Kölner Elternhaus 1940 hat sie in mehreren Varianten geschildert. Wie sie sich in Köln den Fängen der Nazis hat entziehen können, ließ sich bislang nicht rekonstruieren. Gänzlich inkognito kann sie dort nicht gelebt haben, standen 1941 doch auf den „Jahreslisten des schädlichen und unerwünschten Schrifttums" der Reichsschrifttumskammer „Sämtliche Werke" von Irmgard Tralow, ihrem amtlichen Namen. Veröffentlichungen aus den Jahren 1940 bis 1945 sind nicht bekannt.

Wolfgang Koeppen
Er schreibt bis Ende 1933 als fest angestellter Feuilleton-Redakteur für den *Berliner Börsen-Courier*. Mit dessen Übernahme durch die deutschnationale *Börsen-Zeitung* Ende 1933 wird auch ihm gekündigt. Im November 1934 übersiedelt er mit jüdischen Freunden, die für seinen Unterhalt aufkommen, in die Niederlande, bleibt aber in Deutschland polizeilich gemeldet und bekundet in Briefen stets seine Rückkehrabsicht. 1934 und 1935 erscheinen seine beiden ersten Romane im Verlag Bruno Cassirer in Berlin. Aus dessen Liquidationsmasse übernimmt 1938 der Universitas Verlag das Werk Wolfgang Koeppens. Im November 1938 kehrt Koeppen nach Berlin zurück, schreibt Filmexposés und Drehbücher für die Produktionsfirma Tobis-Sascha in Wien, gelegentlich Feuilletons in deutschen Zeitungen. Auf Bitten des Universitas Verlages an die Reichsschrifttumskammer vom 17. April 1940 wird Koeppen wegen der unmittelbar bevorstehenden Fertigstellung eines Romans mit dem geplanten Titel „Advent" von der Einberufung zur Wehrmacht freigestellt. (RSK-Akte Wolfgang Koeppen) Ende 1943 übersiedelt er nach München, lebt von gut dotierten Drehbuchaufträgen der Bavaria Filmgesellschaft und verbringt die Jahre bis 1945 überwiegend in Feldafing in einem Tennishotel. Von Januar bis Mai 1945 wird er zum Volkssturm eingezogen, ohne – nach eigener Darstellung – in Kriegshandlungen verwickelt zu werden.

Irmgard Keun, die Erfolgsautorin, um 1932

Folgende Doppelseite: Kurz nach Irmgard Keuns Emigration nach Holland gibt ihr Ehemann Johannes Tralow der Reichsschrifttumskammer bekannt, dass er sich aufgrund dieses Schrittes von seiner Ehefrau Irmgard Keun scheiden lassen wird. RSK-Akte Irmgard Tralow, Bundesarchiv Berlin

Johannes Tralow Frankfurt a.M. Liebigstraße 16 (I)   24/V/3

An den Herrn Präsidenten
der Reichsschrifttumskammer
BERLIN W 8 Haus Friedrichstadt
Friedrichstraße 194/9

Sehr geehrter Herr Präsident !

Für meine Personal – Akten erlaube ich mir folgende Ergänzung ganz ergeben zu überreichen :

    mit dem heutigen Tage habe ich beim Landgericht Frankfurt am Main die Scheidungsklage gegen meine bisherige Ehefrau Irmgard Charlotte, geb. Keun eingeleitet.

Um Mißdeutungen aus dem Wege zu gehen , erlaube ich mir , auszugsweise einen Brief von Frau Irmgard Keun an mich zu überreichen , der mir für keinen deutschem Mann etwas anderes übrig zu lassen scheint .

    Heil Hitler !

A B S C H R I F T

Amsterdam , grande poste restante
18 /Mai 1936

Mein lieber Johannes –

diesen Brief an Dich zu schreiben , fällt mir weiß Gott nicht leicht.

Ich will nicht mehr nach Deutschland zurückkommen .

Ich werde von jetzt an in Holland leben und mit einem führenden Verlag dort arbeiten.

Du fühlst Dich als deutscher Nationalsozialist. Gut. Aber dann wirst Du mich auch verstehen .

Ich gehorche endlich dem Wunsch der Reichsschrifttumskammer . Man wollte mich nicht, und man will mich nicht. Du weißst , daß ich mich Jahre und Monate verzweifelt bemühte, den Grund zu erfahren. Ich erfuhr lediglich unbegründete Ablehnungen , nachdem mir vorher Hoffnungen gemacht wurden.

(Jetzt folgen weitere Klagen . Dann heißt es weiter:)

Es ist sinnlos , Dir mehr zu schreiben , Du wirst mich ja doch nicht verstehen – kein Nationalsozialist wird mich verstehen.

(um dann/zu schließen :) mit der Aufzählung ihrer Übersetzungen

Ich darf ja atmen , ich darf ja arbeiten – in Holland , Dänemark , Schweden , Norwegen , Frankreich , England , Italien , Polen , Tschechei , Rumänien , Bulgarien – überall in Europa.

Schreibe mir , lieber Hannes – an obige Adresse , was Du nun denkst und tun willst.

(gez.) Irmgard

Für die Richtigkeit:

Hannes Tralow

J. H. Frankfurt a. M.

adr. Postamt IV poste.

Diesen so faktengerecht wie möglich gehaltenen Rekonstruktionen der Lebensverläufe für die Jahre 1933 bis 1945 sind die Selbstdarstellungen nachzutragen, die unter der Diktatur und in ihrer Folge den drei Berufsschriftstellern abverlangt wurden: Die Lebensläufe in den Fragebögen erstens für die NS-Behörden und zweitens für die Besatzungsbehörden. Beide Male stehen diese Selbstbeschreibungen unter einem Ideologiediktat. Von ihrer Beurteilung hängt das berufliche Fortkommen ab. Wie weit sie sich mit dem jeweiligen Selbstbild decken, lässt sich nicht entscheiden. Sie sind zu lesen als zweckgebundene Inszenierungen, möglicherweise Maskierungen.

Ohne Zweifel ist Marieluise Fleißer 1933 gefährdet. Bewusst politisch hatte sie nie geschrieben oder agiert, aber der literarischen Öffentlichkeit, vor allem der rechten, wird sie noch immer – entgegen der eigenen Beteuerungen seit 1929 – der progressiven Berliner Literaturszene zugerechnet. In ihrem Antrag zur Aufnahme in den Reichsverband Deutscher Schriftsteller vom 11.12.1933 muss sie sich von diesem Image deutlich distanzieren. In der Rubrik „Bemerkungen" heißt es: „Bin am 27.11.31 auf Grund der damaligen linksradikalen Umtriebe im S.d.S. [Schutzverband deutscher Schriftsteller] aus diesem ausgetreten." Dem neuerlich eingeforderten Fragebogen für die Mitgliedschaft in der nun obligatorischen Reichsschrifttumskammer von 1936 liegt ein ausführlicher Lebenslauf bei, der auf semantisch raffinierte Weise die Distanzierung zur Diffamierung umfärbt: „In München" heißt es da, „hatte ich flüchtig einen gewissen Bert Brecht kennengelernt" und „Brecht legte mir einige Wochen vor der Aufführung [der *Pioniere in Ingolstadt*] meinen Eintritt in die kommunistische Partei nahe, was von mir abgelehnt wurde." (RSK-Akte Marieluise Haindl) Im Lebenslauf für die Wiederaufnahme in den Schutzverband Deutscher Schriftsteller e.V. 1946 erklärt sie: „Ich war politisch links orientiert, ohne mich indessen in die extreme Linke einreihen zu wollen." (NL Fleißer)

Irmgard Keuns Lebenslauf zum Zwecke einer – dann abgelehnten – Aufnahme in die Reichsschrifttumskammer vom Dezember 1935 lässt eine Gesinnungsanbiederung nirgends erkennen. Die Beteuerung, ihr Ehemann Johannes Tralow sei „rein arisch" (RSK-Akte Irmgard Tralow), ist in der Sache notwendig. Die übereifrige Formulierung lässt aber eher eine subversive Ironie vermuten, wenn man an die raffinierten und zugleich dekuvrierenden Manipulationen mit der NS-Sprache in ihrem Roman *Nach Mitternacht* denkt. Dokumente der Entnazifizierung Irmgard Keuns oder Ähnliches sind nicht bekannt, sie sind vermutlich mit ihrem sonstigen Nachlass verloren gegangen.

Wolfgang Koeppen kann, soweit es seine literarischen Arbeiten angeht, den NS-

Zensoren nicht unliebsam aufgefallen sein, im Gegenteil. Sein engagiertes Porträt über Moeller van den Bruck im *Berliner Börsen-Courier* vom 30. April 1933, über jenen Schriftsteller, der dem zukünftigen Staat nach einer völkischen, nationalen Revolution schon 1923 den Namen gegeben hat, „Das Dritte Reich", erregt Aufsehen und wird sofort von drei Blättern nachgedruckt. Den vier Jahre währenden Aufenthalt in den Niederlanden kann er den NS-Behörden unbesorgt verschweigen, da er ja die ganzen Jahre in Deutschland polizeilich gemeldet war. Unter größeren Rechtfertigungsdruck gerät Koeppen freilich beim Ausfüllen des berühmten Fragebogens des „Military Government of Germany" 1945. Es geht nicht ohne einige Lebenslaufbegradigungen, muss Koeppen doch seine Publikationstätigkeit während der Jahre des Dritten Reiches rechtfertigen, mehr noch die Rückkehr nach Deutschland 1938; er muss die Arbeit beim Film und seine hohen Einnahmen in dieser Zeit verharmlosen, seine Freistellung vom Wehrdienst zur Wehrdienstverweigerung umstilisieren. Koeppen arbeitet sich in immer neuen Ansätzen an diesem Lebenslauf ab – und weicht bei der Zusatzfrage „Hat sich Ihr persönliches Leben nach 1933 entscheidend verändert?" ins Literarische aus. Mit gekonnter Rhetorik setzt der Schriftsteller zu einer Hassrede an: „HITLER hat mir einen guten Teil meines Lebens geraubt. Er hat mir das Leben verdunkelt. Er hat das Leben vergiftet. Vergiftet des Lebens Streben. Vergiftet des Lebens Werte. Vergiftet des Lebens Freuden. Vergiftet Speise und Trank. Vergiftet die Güte und vergiftet die Freundschaft. [...]" (WKA, Konvolut „Fragebogen", 20 941; vgl. Abb. S. 238)

Die drei Autoren in den ‚Adenauer-Jahren' der Bundesrepublik
Marieluise Fleißer fällt in Ingolstadt weitgehend dem Vergessen anheim. Keines ihrer Bücher ist mehr lieferbar. Die Älteren erinnern sich dunkel an einen Theaterskandal. Im öffentlichen Bewusstsein bleiben ihr die Zuschreibungen „sozialkritisch" und „bayerisch", siehe Brockhaus. 1963 erscheint ihre Erzählung *Avantgarde*, die eindringliche Geschichte einer jungen begabten Frau aus der Provinz, die in der Metropole in das Magnetfeld eines jungen Dichters gerät, der sie ebenso fördert wie ausbeutet und am Ende zerstört. Eine autobiographische Lesart dieser Erzählung war trotz zahlreicher Warnungen der Autorin an Briefpartner nicht aufzuhalten (z.B. an Hermann Kesten, 20. November 1964; Fleißer 2001, 407). Der junge Dichter, auf den das Verdammungsurteil fällt, sei Bertolt Brecht, sein Opfer, die Frau, die Autorin selbst. Der reale Bert Brecht wuchs Anfang der 1960er Jahre in der DDR zum übergroßen Denkmal heran, in Westdeutschland dagegen war er entsprechend suspekt, nicht selten boykottierten Bühnen seine Stücke.

Wolfgang KOEPPEN
Feldafing, Höhenberg 122
München, Ungererstr. 43

Lebenslauf: Geboren 23.Juni 1906 Greifswald in Pommern. Gymnasium in Ortelsburg in Ostpreussen. Philosophie, Literaturgeschichte, Theaterwissenschaft in Greifswald, Berlin und Würzburg.
1927 Dramaturg und Redakteur der Theaterzeitschrift in Würzburg. Mein Nachruf für Siegfried Jacobsohn, den Herausgeber der Weltbühne, und mein Kampf gegen das Schund- und Schmutzgesetz führen zur Einziehung einer Nummer des Blattes.
1928 bis 1930 freier Journalist in Berlin. U.a. Mitarbeit Weltbühne, Welt am Abend, Berlin am Morgen, Berlin am Montag, 12 Uhr Blatt.
1931 bis 33 Feuilletonredakteur, Theater-, Film-, Literaturkritiker am demokratischen Berliner Börsen Courier.
1934 verzichte ich freiwillig auf den Beruf eines Schriftleiters der gleichgeschalteten deutschen Presse und trete dem neuen Reichsverband nicht bei. Ein Angebot des Berliner Tageblatt, die Redaktion des Feuilleton zu übernehmen, lehne ich ab.
Von 1934 bis Ende 1938 lebe ich im Ausland. Erst in Agrigent, Palermo, Taormina, Venedig; dann ständig im Hause des deutschen Emigranten Dr. Carl Michaelis in Den Haag in Holland. Ich schreibe die Romane "Eine unglückliche Liebe" und "Die Mauer schwankt", die 1934 und 1935 bei Bruno Cassirer in Berlin erscheinen. Die "Unglückliche Liebe" erscheint 1935 auch in holländischer Uebersetzung im Verlag der Amsterdamschen Keurboekerij. Die Berliner Börsen Zeitung nennt in ihrer Besprechung das Buch einen Versuch, den Stil von Feuchtwanger und Mann in Deutschland fortzusetzen und wünscht mir einen Aufenthalt im Arbeitslager.
1938 zwingen mich persönliche Nöte zur Rückkehr nach Deutschland. Es geht mir bis zum Jahre 41 so schlecht, dass ich im wirklichen Sinn des Wortes Hunger leide. Hin und wieder erscheint ein gänzlich abseitig Feuilleton von mir in der Frankfurter und der Kölnischen Zeitung.
1941 gehe ich aus kriegsbedingten Gründen als Autor zum Film. Vom November 1943 ab lebe ich in Feldafing.

Politische Einstellung: Ich habe niemals der Partei noch einer ihrer Gliederungen angehört. Es gibt keine Äusserung von mir, die sich zu Hitler und seinem Tun bekannt. Ich habe diesen sogenannten Führer immer verabscheut. Er war mir ein Greuel. Ohne politisch gebunden zu sein, habe ich, seit ich denken kann, zur "Linken" gehört. Ich bin gegen Militarismus, Gewalt, Unterdrückung. Ich bin für Frieden, Freiheit und Toleranz.

Bürgen: Erich Kästner, Pension Dollmann, Thierschstr. 49, München.
Bürgermeister Dr. Carl, Gemeinde Feldafing.

Irmgard Keuns Exilroman *Nach Mitternacht,* jene raffiniert-doppelbödige Innenansicht des nationalsozialistischen Alltagsdeutschlands, wird 1946 in der *Neuen Berliner Illustrierten* in Fortsetzungen abgedruckt, findet aber weder hier noch in der westdeutschen Buchausgabe, die schließlich 1961 herauskommt, Beachtung. 1947 veröffentlicht Keun ihr erstes Nachkriegsbuch: *Bilder und Geschichten aus der Emigration.* Es ist Irmgard Keuns einziger autobiographischer Text, der einzige Text also, in welchem die Autorin von sich selbst spricht, wenn sie „ich" sagt. Er beginnt folgendermaßen: „Im April 1935 fuhr ich nach Ostende." (Keun 1947, 5) Mit dieser unrichtigen Datierung verfallen die Zeit 1935/36 in Deutschland und Keuns Anpassungsanstrengungen in diesen Jahren ihrer persönlichen Amnesie; dies entspricht der kollektiven Amnesie der Deutschen nach 1945. In den 1950er und 1960er Jahren verschwindet sie – auch eine Folge ihrer Suchtkrankheit, die sie jahrelang nötigt, in einer geschlossenen Klinik zu verbringen – aus der literarischen Szene. Im öffentlichen Bewusstsein bleibt die Unterhaltungsschriftstellerin, siehe Brockhaus von 1966ff. In dessen Werkverzeichnis fehlt, wie gesagt, als einziger Titel der heute als ihr bedeutendster eingeschätzte Roman *Nach Mitternacht.*

Wolfgang Koeppen dagegen erlebt in den 1950er Jahren seine produktivste Lebensspanne als Schriftsteller. Er ist der kühne Stilvirtuose, der Erneuerer des Romans, auch der Tabubrecher in Sachen des politisch und sexuell Anstößigen. In der Charakterisierung seines Werkes im Konversationslexikon von 1966 gibt es keinerlei Hinweis auf die Thematisierung des Postnazismus in *Der Tod in Rom,* jenes Romans, der vom konservativen Feuilleton am schärfsten verurteilt worden war.

Wie verändern sich die Lebenserzählungen im Kontext der gesellschaftlichen, intellektuellen und politischen Diskurse nach 1968?
Mit dem radikalen Bewusstseinswandel der kritischen Öffentlichkeit durch die Studentenbewegung verändert sich der Blick auf die Lebensgeschichten der Zeitgenossen. Die zentralen Fragen heißen nun: „Wie hast du im nationalsozialistischen

---

Einer der zahlreichen Versuche Koeppens, für das Military Government of Germany 1945 seinem Lebenslauf die gewünschte Richtung zu geben. Der tatsächliche Wortlaut der Rezension von *Eine unglückliche Liebe* in der *Berliner Börsen-Zeitung* von Herbert Georg Göpfert lautet: „Was soll man aber von einem jungen Dichter sagen, der uns ein Erstlingswerk beschert, das ganz und gar der Geist von jenem Ungeist ist, der nunmehr seit zwei Jahren auf eine recht deutliche Weise aus Deutschland vertrieben wurde. [...] Schriebe ein alter und emigrierter Mann Derartiges, dann würde man's begreifen, – aber ein junger Dichter, heute? Da kann man nur wünschen: Arbeitsdienst!" Wolfgang-Koeppen-Archiv, Greifswald

Deutschland gelebt, was hast du getan, was geschrieben, wie geschrieben?" Die Fragen stehen im Zeichen der Aufklärung und enden, zumindest in meinen Beispielen, in Lebenslaufmanipulationen. Offensichtlich konnte es nicht angehen, dass ein geschätzter, ein tonangebender, dem linken Spektrum zugerechneter Schriftsteller auch nur entfernt vom Ungeist kontaminiert gewesen war. Zur literarischen Elite konnten nur Gegner des NS-Geistes gehören. Diese Erwartungshaltung findet im Übrigen ihre Analogie in einem Umfrageergebnis aus dem Jahr 2002, wonach „56% der Befragten mit Abitur bzw. Universitätsabschluss ihren Angehörigen eine negative Haltung zum Nationalsozialismus zuschreiben" (Welzer 2002, 246).

Diesen nun einsetzenden Lebenslaufmaskierungen meines *samples* ist noch etwas gemeinsam: Sie nehmen offensichtlich ihren Ausgang nicht von den Autorinnen und Autoren selbst, sondern von ihren Interviewpartnern, die deren Einsprüche überhören – so lange, bis diese sich die Uminterpretation ihrer Lebensgeschichte zu Eigen machen. Die von den neuen politischen Impulsen bewegte Öffentlichkeit braucht positive Biographien, Gegenbilder zu den Leitfiguren der 1950er Jahre. Auch das ein biographischer Pakt!

Marieluise Fleißer kommt – längst nicht mehr erwartet – 1966 durch die jungen Dramatiker, zunächst Martin Sperr, dann Rainer Werner Faßbinder, schließlich Franz Xaver Kroetz, wieder ins Gespräch, allerdings in ein hochpolitisches. 1971, zu ihrem 70. Geburtstag, fordert Kroetz eine Gesamtausgabe von Fleißers Werk, der Suhrkamp Verlag nimmt die Anregung auf. Und es ist atemberaubend zu verfolgen, mit welcher Verve sie sich zunächst das von ihr seit dem Einfluss Draws-Tychsens bis etwa 1968 radikal abgelehnte eigene Werk wieder aneignet und in einem ungeheuren Kraftakt umschreibt und wie sie zeitgleich ihre Biographie umformt. Maßgeblich beteiligt daran ist ihr Editor Günther Rühle. Er bittet die Autorin zu jeder ihrer literarischen Arbeiten um Angaben darüber, welche Bedeutung der betreffende Text in ihrer Biographie hat. Es mag mit an der Suggestivkraft dieser Frage liegen, dass nun in den Kommentaren fast jede der Erzählungen eine autobiographische Folie bekommt. Trotz Fleißers Dementis direkt autobiographischer Lesarten nach Erscheinen der Kritiken zu *Avantgarde* bekommt nun jeder Leser oder jede Leserin den vermeintlichen „Schlüssel zu den Figuren" (Fleißer 1972, Bd. 3, 315) in den Anmerkungen ausgehändigt. Bevor Günther Rühles Formel „Ihr Lesebuch ist ihr Leben, ihr Leben ihr Auskunftsbuch" (Rühle 1973, 359) allerdings ganz aufgeht, verlängert sich diese Projektion nach rückwärts bis in die Zeit des Dritten Reiches. Was Marieluise Fleißer in diesem Jahr 1971/72 ihrem literarischen Werk an politischen Implikationen, an angeblich frühen Wahrnehmungen von Antisemitismus und Faschismus, was sie an Beweggründen für Handeln oder Behandeltwerden ihren literarischen Figuren hinzufügt, das fügt sie auch der eigenen Lebensgeschichte hinzu. Alle Barrieren gegen ihr Schreiben, auch die selbst aufgestellten, werden nun kurzerhand zum offiziellen Schreibverbot durch die NS-Zensur. Aus dem Opfer Brechts, der ihr Schreiben zerstört hat, wird die durch den Nationalsozialismus zerstörte Schriftstellerinnenkarriere. Es ist dieser Mythos, der ihren Tod 1974 nun dauerhaft überlebt und dazu beigetragen hat, dass Marieluise Fleißer zu einer Ikone der Neuen Frauenbewegung wurde, als Opfer von Männern in der intellektuellen Szene der 1920er Jahre und als Opfer ihrer politischen Integrität unter den Nationalsozialisten.

Gewiss, sie war unerwünscht im Dritten Reich und sie hat darunter gelitten, aber wir wissen, dass das Versiegen des Werks längst vorher eingesetzt hat und dass seine Ursache in der Draws-Tragödie liegt. Wir wissen, dass sie sich von den linken Freunden schon 1927 distanziert und 1929 mit ihnen gebrochen hat, dass sie 1932 in aussichtsloser materieller Lage vor Draws-Tychsen nach Ingolstadt geflohen ist, dass sie sich bei den Ingolstädtern durch ihre kühne und schonungslos dekuvrierende Schreibweise zur Außenseiterin gemacht hat.

In einem nachgelassenen Fragment, in dem sie ihre ausweglose Situation zwischen drei unpassenden Männern reflektiert, stellt sie sich auf eine fast obszöne Weise in eine Reihe mit den verfolgten Juden: „Sie trug nicht den bewußten Stern, geächtet war sie doch auch […]" (Fleißer 1989, 303)

Das Erscheinen der Werkausgabe ist der Höhepunkt eines Lebenslaufs, in dem Werk und Leben nun in eins zusammenfließen. Die biographischen Übereinkünfte über Fleißers Lebensgeschichte, ein Typoskript mit der Überschrift „Notizen", versieht der Herausgeber mit einem eigenen, aber nicht als solchen erkennbaren Titel: *Meine Biographie* (ebd., 523); diese Notizen mutieren zu ‚Fakten' und erhalten so die Deutungshoheit über Marieluise Fleißers Leben. Und wehe, wer sie anzweifelt. (Der *Donaukurier* z.B. untertitelte die Besprechung meines Buches *Brechts Frauen* vom 22. November 2002 so: „Hiltrud Häntzschel porträtiert *Brechts Frauen* und wirft Marieluise Fleißer manipulatives Erinnern vor".)

Der Brockhaus fokussiert Fleißers Leben und Schreiben nun überwiegend auf die Zerstörung durch den Nationalsozialismus:

Fleißer, Marieluise, verh. Haindl, [Geburts- und Todesdaten, Beruf]. Studierte Germanistik und Theaterwissenschaft, lebte bis 1933 in Berlin, danach als von den Nationalsozialisten wegen ihrer sozialkritischen Tendenz unerwünschte Autorin wieder in Ingolstadt; ihre Bücher wurden verbrannt, 1935 erhielt sie Schreibverbot. (Literatur-Brockhaus 1988, Bd. 1, 674)

Die erste Irmgard Keun nach dem langen Vergessen erfindet Jürgen Serke. Die Beschreibung von Irmgard Keuns Leben in Nazideutschland, Thema von Serkes erfolgreichem Reportagenband *Die verbrannten Dichter* (1977), gerät zur großartigen Manifestation des Guten, Tapferen, Unerschütterbaren gegen das Böse:

> Ihre Bücher wurden verboten. Dennoch hätte sie bleiben können. Anpassung wurde verlangt. Doch Irmgard Keun lehnte es ab, in die Reichsschrifttumskammer einzutreten. Sie blieb bis 1935 in Deutschland. Sie nahm kein Blatt vor den Mund in ihrer Ablehnung der Nationalsozialisten. Von der Gestapo wurde sie abgeholt. Sie wurde verwarnt, sie wurde bedroht und schließlich gefoltert. Sie hielt den Torturen stand. Sie gab sich nicht auf. Sie ließ sich das Genick nicht brechen. (Serke 1977, 163f.)

Unter den nun in rascher Folge publizierten Interviews gilt das immer wieder abgedruckte Gespräch mit Klaus Antes in *die horen* als das seriöseste. Bei eingehender Lektüre wird freilich deutlich, wie suggestiv auch er schon seine Fragen an eine Irmgard Keun-Projektion platziert: „Kannst du den Widerstand gegen die Nazis, den du geleistet hast, vielleicht deswegen nicht bewerten oder würdigen, weil du gar keine Möglichkeit hattest, anders zu handeln, also weil du dir sagst, das war ich, ich mußte so sein?" (Antes 1982, 70) Ihren Vorbehalt gegen die Rollenzuschreibung als Widerständlerin überhört der Interviewer. Von nun an bedient sie die Neugier ihrer Gesprächspartner nach Lust und Laune. Nun ist sie 1935 ins Exil gegangen, weil sie sich geweigert hatte, in die Reichsschrifttumskammer einzutreten. Die Schauspieler-Autorin liebt seit jeher das Rollenspiel, die Maskerade. Der Unterschied zwischen Fakten und Fiktionen interessiert sie herzlich wenig.

Zu Wolfgang Koeppen schreibt der Brockhaus von 1986ff. nach kurzen biographischen (und unrichtigen) Angaben:

> Seine Romantrilogie ‚Tauben im Gras‘ (1951), ‚Das Treibhaus‘ (1953) und ‚Der Tod in Rom‘ (1954) ist eine erste literarische Bestandsaufnahme der BR Deutschland und setzt sich mit dem Faschismus im Nachkriegsdeutschland auseinan-

der; indem K. das Überdauern jener Verhaltens- und Denkweisen aufzeigt und analysiert, die zum Nationalsozialismus geführt haben, warnt er vor einer möglichen nächsten Katastrophe. (Bd. 12, 138)

Koeppen hält sich zwar in den politisch bewegten Jahren nach 1968 von politischen Manifesten fern, aber seine Person gilt als unanfechtbar, was Haltung und Schreiben im Dritten Reich angeht. Christian Linder beginnt seinen Artikel über Wolfgang Koeppen in der *Frankfurter Rundschau* vom 15. Mai 1971 mit dem Absatz: „Schreiben ist für Wolfgang Koeppen immer ein politisches Geschäft gewesen, in dem aber auch das Schweigen eine Waffe des Schriftstellers sein kann: Als der Metzger Adolf Hitler an die Macht kam und die Leute, die nicht in der braunen Reihe mitmarschierten, wie Tiere im Pferch zusammengetrieben wurden, ging er nach Holland und veröffentlichte keine Zeile, um sich auf diese Weise gegen den pöbelhaften Geist des Faschismus zu wenden." (Linder 1971) Dass diese Aussage keineswegs der Wahrheit entspricht, weiß man auch damals, dennoch erwächst aus diesem starken Bild rasch ein Mythos, so anhaltend, dass Koeppen ihn wohl selbst internalisiert und gegenüber seinen Interviewpartnern nun an diesem Mythos fortschreibt. Vom Widerständler und Wehrdienstverweigerer ist nun die Rede, von politischer Emigration, von der Verweigerung des Eintritts in die Reichspressekammer, vom Untertauchen bis Kriegsende, von niemals ausgefüllten Fragebögen, weder für die NS- noch für die Besatzungsbehörden: „Sie fragten nach einer Biographie, fragten nach einem Lebenslauf in kritischen Zeiten, der in ihr Besatzungsschema nicht paßte. Ich antwortete ihnen nicht, und mein Leben wurde zu einem literarischen Stoff, den ich bis heute zu formen versuche." (Arnold 1995, 103)

Dann folgt der oft zitierte Passus von den möglicherweise zwei Koeppens, dem historischen Koeppen und dem surrealen, der literarischen Figur. Mit diesem Maskenspiel, das eine Unterscheidung zwischen Faktum und Fiktion untersagt, entzieht Koeppen seine Lebensdaten einem fixierbaren Curriculum. Eine Maskierung, die nun unablässig variiert wird: „Es kam aber eine böse Zeit. Der Börsen-Courier wurde verboten und ich wurde eine Romanfigur." (WKA, Mappe „Autobiographie") Mit dieser lutherdeutschen Sprachfigur (vgl. „Es begab sich aber zu der Zeit", Luk. 2,1) rücken die Jahre 1933 bis 1945 endgültig ins ferne Reich der Legende. Und Koeppens Biographen spiegeln sie ab: Im Internet findet man in Marcel Reich-Ranickis deutschem Lesekanon unter www.derkanon.de/romane/autor_koeppen.html folgende Angaben für den hier verhandelten Lebensabschnitt Wolfgang Koeppens:

1935
Der Roman *Die Mauer schwankt* erscheint ebenfalls bei Cassirer, wiederaufgelegt 1939 unter dem irreführenden Titel *Die Pflicht* und von den Nationalsozialisten vereinnahmt. Koeppen hält engen Kontakt zu Klaus und Erika Mann. [Im Verlagsvertrag Koeppens mit Cassirer von 1935 lautete der Titel bereits: „Die Pflicht und die Strenge". Von Kontakten mit den Emigranten Klaus und Erika Mann nach 1934 – und also mit dem anderen, dem besseren Deutschland – finden sich keinerlei Spuren, auch nicht in den unveröffentlichten Passagen der Tagebücher Klaus Manns.]

1938
Rückkehr nach Berlin. Es entstehen nicht realisierbare Drehbücher für die UFA und Bavaria-Film-Kunst.

1943
Zerstörung von Koeppens Berliner Wohnung bei einem Bombenangriff. Koeppen taucht bis zum Kriegsende in München und Feldafing am Starnberger See unter. [Dass Koeppen nach 1943 bei hohem Einkommen komfortabel und keineswegs inkognito im Tennishotel in Feldafing und in München gelebt hat, weiß auch Marcel Reich-Ranicki.]

Die Erzählung seiner Lebensgeschichte wird ihm zur Obsession – und er scheitert damit. Bis zu seinem Tod arbeitet Koeppen sich an seiner Autobiographie ab. Geblieben sind Fragmente, die in immer neuem Anlauf mit der Schilderung seines ahnungslosen Staunens über die Ereignisse des 30. Januar 1933 in Berlin beginnen und wenig darüber hinauskommen. Ein Titelblatt ist geschrieben. Es lautet „Nein. Wolfgang Koeppen. Mein Leben". (WKA, Mappe „Autobiographie") Gestus der Selbstverweigerung? Zurücknahme der Wahrheit der Lebensbeschreibung?

Alle drei Schriftsteller haben – mehr oder weniger – in einer Art Komplizenschaft mit der literarischen Öffentlichkeit an der Konstruktion ihrer Biographie mitgezimmert, haben ausgeschmückt, umgebaut, ausgebaut, renoviert. Und wie beim Bauen üblich, war der Geschmack der Zeit jeweils für die Änderungen maßgebend. Die Lebenslaufkorrekturen sind Spiegel ihrer Entstehungszeit.

*

Über alle drei behandelten Autorinnen und Autoren habe ich ausführlich biographisch publiziert. Während meines Germanistikstudiums in den Jahren 1961 bis 1967 waren Zeit und Geist des Nationalsozialismus ebenso kein Thema wie Exil-

Wolfgang Koeppen 1986

oder Holocaustliteratur. Die Studentenbewegung setzte nach meinem Studium ein, ich nahm deren Debatten und die einschlägigen Lektüren vielleicht ein wenig zeitverzögert auf. Ebenso verzögert musste ich mir darüber klar werden, dass ich mit meinen Eltern, eindeutigen Sympathisanten des Nationalsozialismus, keinen Staat machen konnte, wenn ich sie mit ihren Gleichaltrigen, meinen Hochschullehrern etwa oder meinen bevorzugten Schriftstellern, und ihrer resistenten Haltung während des Dritten Reiches verglich. Ich wandte mich mit Engagement den Desideraten meines Studiums zu, publizierte zu Exilautoren, jüdischen Wissenschaftlern und zu Literatur und Geschichte im Umkreis des Holocaust. Offensichtlich war ich es mir schuldig, mich am Opferdiskurs zu beteiligen. Aber je intensiver meine Recherchen wurden, umso mehr Zweifel und Fragen tauchten auf. Wenn so gut wie alle Autoren, die mein Interesse fanden, mit so lupenreinen Resistenzbiographien aufwarten konnten, warum sind dann meine durchaus gebildeten und belesenen Eltern auf den Ungeist hereingefallen? Meine Fragestellungen begannen sich zu verschieben, verlagerten sich von so etwas wie verehrender Anteilnahme hin zur kritischen Überprüfung dieser Biographien. Und so halte ich es nicht für ein Zeichen auffälligen wissenschaftlichen Scharfsinns, sondern für das Ergebnis einer veränderten Fragerichtung, dass ich sowohl zu Irmgard Keun als auch zu Marieluise Fleißer die in der Forschung beharrlich für verschollen gehaltenen, entscheidenden Akten gefunden habe, indem mir die banale Überlegung in den Sinn kam, auf der Suche nach den Reichsschrifttumskammer-Akten der Autorinnen unter dem Namen der Ehemänner zu suchen. Alles in allem gab diese Arbeit Anlass zu Ernüchterung.

Verwendete Literatur
Antes 1982 = „Woanders hin! Mich hält nichts fest". Irmgard Keun im Gespräch mit Klaus Antes. In: die horen 27 (1982), S. 61–73.
Arnold 1995 = Der Weltgeist ist Literat. Wolfgang Koeppen im Gespräch mit Heinz Ludwig Arnold. In: Wolfgang Koeppen. „Einer der schreibt". Gespräche und Interviews. Hg. von Hans Ulrich Treichel. Frankfurt am Main: Suhrkamp 1995, S. 84–115.
Brockhaus 1966ff. = Brockhaus Enzyklopädie in 20 Bänden. 17., völlig neu bearb. Aufl. des Großen Brockhaus. Wiesbaden: F. A. Brockhaus 1966ff.
Brockhaus 1986ff. = Brockhaus Enzyklopädie in 24 Bänden. 19., völlig neu bearb. Aufl. Mannheim: F.A. Brockhaus 1986ff.
Fleißer 1972 = Marieluise Fleißer: Avantgarde [Anmerkungen]. In: Dies.: Gesammelte Werke. Bd. 3. Frankfurt am Main: Suhrkamp 1972, S. 314f.
Fleißer 1989 = Marieluise Fleißer: Gesammelte Werke. Bd. 4. Aus dem Nachlaß. Frankfurt am Main: Suhrkamp 1989.
Fleißer 2001 = Marieluise Fleißer: Briefwechsel 1925–1974. Frankfurt am Main: Suhrkamp 2001.

Häntzschel 2001 = Hiltrud Häntzschel: Irmgard Keun. Reinbek: Rowohlt 2001 (= rororo monographien 50452).
Häntzschel 2002 = Hiltrud Häntzschel: Brechts Frauen. Reinbek: Rowohlt 2002.
Keun 1947 = Irmgard Keun: Bilder und Gedichte aus der Emigration. Köln: Epoche-Verlag 1947.
Linder 1971 = Christian Linder: Schweigen als Akt der Selbstverweigerung. Der ‚Fall' Koeppen: Notizen zu einer Legende. In: Frankfurter Rundschau, 15.5.1971.
Literatur-Brockhaus. Hg. und bearb. von Werner Habicht, Wolf-Dieter Lange und der Brockhaus-Redaktion. Mannheim: F.A. Brockhaus 1988.
NL Fleißer = Nachlass Marieluise Fleißer, Stadtarchiv Ingolstadt.
Roloff 1977 = Gerd Roloff: Irmgard Keun – Vorläufiges zu Leben und Werk. In: Zur deutschen Exilliteratur in den Niederlanden. Hg. von Hans Würzner. Amsterdam: Rodopi 1977, S. 45–68.
RSK = Bundesarchiv Berlin, Akten der Reichsschrifttumskammer zu Marieluise Haindl, Irmgard Keun, Irmgard Tralow, Wolfgang Koeppen.
Rühle 1973 = Materialien zum Leben und Schreiben der Marieluise Fleißer. Hg. von Günther Rühle. Frankfurt am Main: Suhrkamp 1973.
Serke 1977 = Jürgen Serke: Die verbrannten Dichter. 2. Aufl. Weinheim und Basel: Beltz Verlag 1977.
Welzer 2002 = Harald Welzer, Sabine Moller, Karoline Tschuggnall: „Opa war kein Nazi". Nationalsozialismus und Holocaust im Familiengedächtnis. 2. Aufl. Frankfurt: Fischer Taschenbuch Verlag 2002.
WKA = Wolfgang-Koeppen-Archiv, Ernst-Moritz-Arndt-Universität Greifswald.

Der Fall Silone
Biographische Duelle in den Massenmedien

Von Deborah Holmes

In Ignazio Silones erstem Roman *Fontamara* erzählen drei Tagelöhner aus Süditalien, wie ihr Dorf bei einer Strafexpedition, die den Widerstand gegen Mussolinis Landwirtschaftspolitik brechen sollte, von Faschisten zerstört wurde. Die drei zerlumpten Gestalten erscheinen an der Wohnungstür des Erzählers im Exil, um die Geschichte weiterzugeben und um eine lebenswichtige Frage zu stellen: „Nach soviel Leiden und soviel Kämpfen, nach soviel Ungerechtigkeiten, soviel Tränen und soviel Verzweiflung: Was tun?" (Silone 2000, 215) Dieses „Che fare?", „Was tun?", hallt in Silones ganzem Werk nach, das unaufhörlich – und manche würden wohl sagen, ermüdend und simplizistisch – um die unlösbare Aufgabe kreist, wie es möglich ist, in einer kompromittierenden Welt zu leben, ohne sich zu kompromittieren. Nicht die Wahrheit selbst, sondern das Problem einander widerstreitender Wahrheiten und Loyalitäten ist das grundlegende Organisationsprinzip, „life's fundamental organizing principle", in Silones Schriften. (Paynter 2000, 168) Seine Devise „socialista senza partito, cristiano senza chiesa", „Sozialist ohne Partei, Christ ohne Kirche", hat sich durch endlose Wiederholung, durch Vereinnahmung, Lob, Missbrauch und Spott abgenutzt.

Das Problem einander widerstreitender Wahrheiten war auch für die Rezeption Silones und für verschiedene Versionen seiner Lebensgeschichte das grundlegende Organisationsprinzip, vor allem in den letzten zehn Jahren. Das ist nicht besonders überraschend – Silone lebte seit seiner Geburt mit einer Vielzahl möglicher Identitäten: Sein ‚wirklicher' Name war Secondino Tranquilli: Es heißt, sein Vater habe beabsichtigt, ihn nach einem Revolutionshelden von 1848 Cairoli zu nennen, doch das Standesamt habe dies missbilligt und ihm den Namen Secondino, „Zweitgeborener", aufgezwungen. Seine Geburt wurde am 1. Mai 1900 amtlich verzeichnet – ein Datum, dessen Symbolkraft er linken Bewunderern gegenüber herausstrich, obwohl sein tatsächliches Geburtsdatum etwas prosaischer der 30. April war. (Giardini 1999, 13; ReS I, LXVII) Durch ein verheerendes Erdbeben zur Waise geworden, begann er mit 17 Jahren eine steile politische Karriere – zuerst in der Sozialistischen, dann in der Kommunistischen Partei, an deren Gründung in Italien er beteiligt war. Dadurch vervielfältigten sich seine möglichen Identitäten rasch, sie verkomplizierten sich aber auch durch den Aufstieg des Faschismus und dadurch, dass die Kommunistische Partei im Laufe der 1920er Jahre in den Untergrund und ins Ausland ging. Im Schweizer Exil begann der frühere Berufsrevolutionär, nun unter dem Namen Silone, eine Karriere als Schriftsteller und seine Romane wurden bald populär, wenn auch zunächst nicht in seiner Muttersprache, sondern in deutschen, französischen und englischen Übersetzungen. Seine Pseudonyme als Kommunist im Untergrund und dann als Schriftsteller und Journalist sind zahlreich: Secondino Tranquilli war Bibo, Gregorio, Sereno, Ismera, Romano Simone, Olivetti, Pasquini, Sormani, Marsus, Silone, Andrea, Fritz Nickel oder Nickel Fritz. Als er im Zweiten Weltkrieg mit den Geheimdiensten der Alliierten zusammenarbeitete, war er Frost, Len, Tulio und Mr Behr. (Vgl. Franzinelli 2000, 338) Er schrieb 1943, dass sich für jemanden wie ihn die Rückkehr zu seinem ursprünglichen Namen anfühlen müsse, als ob er sich ein weiteres Pseudonym zulege. (Vgl. ReS II, 865) 1946 nahm er offiziell den Namen „Ignazio Silone" an. Ohne sich dem reduktiven biographischen Ansatz zu verpflichten, der die Forschung zu Silone oft gehemmt hat, kann man doch davon ausgehen, dass die multiplen Identitäten, die Verstellungen und bedrohlichen Geheimnisse, die in Silones Schriften eine so große Rolle spielen, oft durch das wirkliche Leben inspiriert und damit keine rein literarischen Schöpfungen sind.

Der ursprüngliche „caso Silone" oder „Fall Silone" wurde beinahe sofort eröffnet, als der Autor 1944 nach 15 Jahren im Schweizer Exil nach Italien zurückkehrte. Dieser erste „caso" hing damit zusammen, dass Silone im Ausland populär, in seinem Heimatland aber literarisch kaum anerkannt war. Seit er 1931 seinen Ausschluss aus der Kommunistischen Partei provoziert hatte, erfuhr er immer wieder Attacken von Seiten seiner früheren Genossen, die von den späten 1950er bis zu den frühen 1980er Jahren die kulturelle Szene Italiens dominierten. Sie nannten ihn „Renegat", „verweichlichter Intellektueller" oder ganz einfach „Laus". (Holmes 2005, 2, Fußnote 9) Heute steht die Bezeichnung „caso Silone" für eine dem Anschein nach völlig verfahrene Debatte darüber, ob Silone für die Faschisten spioniert haben könnte oder nicht, und wenn ja, wie und wann. Der Ton dieser Debatte ist noch erhitzter, persönlicher und schriller als derjenige der „Fälle Silone", die ihr vorausgingen und aus denen sie sich speist. Trotz größter Anstrengungen einiger Beteiligter haben sich zwei klar voneinander geschiedene Seiten oder Lager herausgebildet und in den Medien und an den Universitäten gehen Beschuldigungen und Beleidigungen hin und her. „Nach soviel Leiden und soviel Kämpfen, nach soviel Ungerechtigkeiten, soviel Tränen und soviel Verzweiflung: Was tun?"

Angesichts dessen, wie polarisiert und oft extrem subjektiv die neueste Debatte ist, ist es nicht einfach, ihr etwas zu entnehmen, das helfen kann, Silone oder auch die Biographie als Gattung besser zu verstehen. Die Behauptungen von Dario Biocca und Mauro Canali, den beiden Hauptproponenten der Spionagethese, sind im Wesentlichen relativiert worden – zuletzt im März 2006 auf einer Konferenz in Silones Heimat, den Abruzzen, die den allerdings wenig einladenden Titel „Silone aveva ragione" („Silone hatte Recht") trug. Nichtsdestotrotz stellt der Prozess des ‚Aufdeckens' in ihren Arbeiten eine faszinierende Fallstudie dafür dar, wie eine Biographie recherchiert werden sollte und wie nicht. Mehr noch, aufgrund des außergewöhnlich starken Medieninteresses, das die letzten zehn Jahre angehalten hat, ist jede Phase der Schlammschlacht aufgezeichnet und kommentiert worden, so dass sich ein erstaunlich detaillierter Einblick in die biographische Werkstatt bietet. Es lohnt sich, die Hauptlinien der Berichterstattung in den Massenmedien darzustellen und zu analysieren, da die zeitliche Platzierung und die Tendenz der Artikel beträchtlichen Einfluss auf die im engeren Sinne akademische Debatte hatten. Diese zeitweise problematische Wechselwirkung zwischen akademischem und massenmedialem Interesse hatte nicht nur Auswirkungen auf die „Spionage"-Affäre, sondern war meines Erachtens eine ihrer Ursachen. Aus Platzgründen werde ich mich hier auf italienische Medien beschränken, obwohl auch die internationale Berichterstattung eine Untersuchung wert wäre.

Eine ganze Reihe von Gedenkveranstaltungen schuf Mitte der 1990er Jahre die Voraussetzungen für die Affäre. Silone wurde posthum durch die italienische Kommunistische Partei rehabilitiert, sein Nachlass wurde teilweise öffentlich zugänglich gemacht, Silone-Preise wurden ausgeschrieben, 1998 wurde sein dreißigster Todestag begangen und am 1. Mai 2000 sein hundertster Geburtstag gefeiert. (Vgl. ebd., 3) Der Historiker Dario Biocca, der mehrere Jahre an einer Biographie zu Silone gearbeitet hatte, brachte am 7. März 1996 den Ball ins Rollen, als er dem Journalisten Giovanni Belardelli ein Interview gab, das einen später auf einer Konferenz gehaltenen Vortrag vorwegnahm: „Silone bei der OVRA [der faschistischen Geheimpolizei] aus Liebe zu seinem Bruder". In seinem darauf basierenden Artikel im *Corriere della Sera* erzählt Belardelli die harmloseste Version der Geschichte, die einige nach wie vor für die wahrscheinlichste halten. Biocca hatte im Archivio Centrale dello Stato in Rom geheime Memoranden der Polizei gefunden, die darauf hindeuteten, dass Silone von 1928 bis in die frühen 1930er Jahre Kontakt zur OVRA gehabt hatte. In dieser Zeit war Silone bereits im Exil und sein einziger überlebender Bruder Romolo, den die Faschisten eines Bombenanschlags in Mailand beschuldigten, saß in Italien im Gefängnis. Belardelli verwendet nicht das Wort „Spion", sondern spricht lediglich von einem „Angebot zur Zusammenarbeit" und „allgemeinen Informationen". Er stellt Silones emotionale Anspannung wegen der sich verschlechternden Beziehungen zur Kommunistischen Partei und wegen seines inhaftierten Bruders in den Vordergrund – Romolo, vier Jahre jünger als Silone, starb 1932 im Gefängnis. Diese grundsätzlich von Sympathie getragene und zurückhaltende Darstellung löste eine entrüstete Antwort aus. Luce d'Eramo, eine Freundin Silones, die er seinerzeit zu seiner Biographin bestimmt hatte, schlug vor, die Dokumente zu ignorieren: Schließlich habe er niemanden denunziert, und sie könnten daher dem bereits verfügbaren, in sich abgeschlossenen Bild des Schriftstellers nichts Wesentliches hinzufügen. (Vgl. *Corriere della Sera*, 7. März 1996) Am 8. März 1996 stellte sich Leo Valiani, der große alte antifaschistische Widerstandskämpfer, im *Corriere della Sera* hinter Silone. Valiani schloss jede Möglichkeit aus, dass Silone jemals die OVRA kontaktiert haben könnte, und behauptete, es könne sich bei den Dokumenten nur um Fälschungen der Geheimpolizei handeln, die fabriziert wurden, um Silone zu diskreditieren, dann aber nie Verwendung fanden. Er bestand darauf, dass die OVRA „unendlich viele ‚autentici falsi' (authentische Fälschungen)" produzierte – das erste einer ganzen Reihe von Oxymora, die den neuen „Fall Silone" charakterisieren. Es müsse sich um gefälschte Dokumente handeln, argumentiert Valiani, weil er sicher sei, dass Silone niemals die OVRA kontaktierte, aber sie seien zugleich authentisch, weil die Fälschung eine genuine Repressionsmethode der faschistischen Polizei gewesen sei. Damit wurde erstmals in der Debatte darauf verwiesen, dass die Verdrehung der Wahrheit zum Wesen des Totalitarismus gehört.

Wie eine Bombe schlug ein Brief ein, den Aldo Ricci, ein Mitarbeiter des Archivio Centrale dello Stato, Ende April 1996 veröffentlichte. Er war handgeschrieben, datiert auf den 13. April 1930 und ging von „Silvestri" an einen unidentifizierten Empfänger. (Vgl. Ricci 1996) Mittlerweile bezweifelt niemand mehr, dass zumindest dieser Brief tatsächlich von Silone stammt; die Handschrift wurde von forensischen Experten untersucht und der Stil ist unverkennbar derjenige Silones. „Silvestri" schreibt, dass er eine allzu lange Beziehung beenden möchte, die mit seinen politischen Aktivitäten zu tun hat und die durch eine „doppiezza" (Doppelung oder Doppelzüngigkeit) gekennzeichnet sei, die er nun unerträglich finde.

Weder im Brief selbst noch in Riccis knappen Erläuterungen erfährt man Genaueres über diese Beziehung oder über die so genannte Doppelzüngigkeit. Gleich am nächsten Tag erschien die erste von vielen ähnlich lautenden Schlagzeilen in der *Gazzetta del Mezzogiorno*: „Silone: una spia" („Silone: ein Spion"). Bis Ende Mai war das Interesse der Medien derart angewachsen, dass die Illustrierte *L'Espresso* die Geschichte auf vier Seiten ausbreitete; *L'Espresso* hatte herausgefunden, dass der Empfänger des Briefes Guido Bellone sein musste, Funktionär der OVRA und möglicherweise ein Bekannter Silones seit dessen Jugend. Dieser Artikel ist ein ausgezeichnetes Beispiel für die widerspruchsvolle Dynamik der Debatte in den Massenmedien, in der sich entgegengesetzte Argumentationslinien kreuzen. Die Titelzeile legt Silone Worte in den Mund, die in keinem der Dokumente vorkommen: „Silone: confesso che ho spiato" („Silone: Ich bekenne, ich habe spioniert"). Illustriert ist der Artikel mit einer Photomontage, in der Silones Kopf auf einen mit einer faschistischen Uniform bekleideten Körper gesetzt wurde und die besonders grotesk wirkt durch den Kontrast zwischen der prahlerischen Pose des Körpers und Silones herabhängendem Schnurrbart und betrübtem Gesichtsausdruck. Die reißerische Aufmachung kontrastiert grell mit dem Inhalt des Artikels, der differenziert argumentiert und interessante Überlegungen zum vergänglichen und trügerischen Wesen von Dokumenten enthält. (Siehe Abb. S. 254f.)

Die Antwort auf diese neue Runde von Enthüllungen und Beschuldigungen ließ nicht lange auf sich warten. Die Empörung kam nun, da die Komplexität des Falles deutlich wurde, aus beiden Lagern. Der Brief war in den 1980er Jahren aus Silones Ordnern im Archivio Centrale entfernt worden, weil er als zu persönlich und heikel galt, um ihn der Allgemeinheit zu überlassen. Ricci hatte ihn jedoch vorsichtshalber kopiert und sich, als er erkannte, dass Biocca auf der gleichen Spur war, dafür entschieden, seine Beute hervorzuholen. (Vgl. Biocca 2005, 10) Der Boden hatte zu wanken begonnen, nicht allein unter den Füßen derer, die Silone als antifaschistischen Heiligen verehrten, sondern auch unter denen Bioccas und seines Mitstreiters Mauro Canali. Die Methoden und öffentlichen Stellungnahmen dieser beiden Historiker lassen einen Dokumentenfetischismus erkennen, der unterschiedlich stark ausgeprägt ist. Insbesondere Canali misst der Kontextualisierung keine besonders große Bedeutung bei. Er behauptet, dass Wahrheit allein „nelle carte" („auf Papier") gefunden werden könne, und meint nicht nur, ohne zusätzliches erhärtendes Beweismaterial auszukommen (vgl. Fiori 2004, 45), sondern ignoriert auch Zeugnisse, die seinen Thesen entgegenstehen (vgl. Salvadori 2005, 44f.). Die Entdeckung, dass das Archiv ihnen mit Absicht Dokumente vorenthalten konnte, nur um sie dann in der Öffentlichkeit damit zu überraschen, scheint unmittelbare Auswirkungen auf das Forschungsziel und den Tonfall der Arbeiten Bioccas und Canalis gehabt zu haben. Angespornt von dem Bedürfnis, sich selbst den Vorrang der „carte" zu beweisen, und natürlich auch angesichts dessen, dass ihre Sensationsnachricht übertrumpft worden war, warfen sie sich in die archivalische Jagd auf „Silvestri" und seine „doppiezza". Dies resultierte in der „Entdeckung" einer Papierspur aus Briefen und Berichten von 1919 bis 1930, die Biocca und Canali Silone zuschrieben und die sie benutzten, um den Fall zu konstruieren, den sie 2000 in *L'informatore. Silone, i comunisti e la polizia* präsentierten. Hier behaupten sie „in einem Ton, der keinen Widerspruch duldet" (Soave 2005a, 149), dass Silone einer der übelsten und effektivsten Doppelagenten des Faschismus gewesen sei, der unmittelbar verantwortlich für die Festnahme und den Tod kommunistischer Genossen war. Das Buch ist unangenehm zu lesen, nicht nur wegen seines Gegenstandes, sondern auch, weil die Autoren keine Gelegenheit auslassen, dem Leser oder der Leserin einzuschärfen, dass ihre Interpretation die einzig überzeugende sei. Seitdem ist die Authentizität, Autorschaft und Interpretation der Dokumente, die sie zitieren, von verschiedenen Historikerinnen und Historikern in Frage gestellt worden. Nicht nur ist unklar, ob alle Dokumente auf „Silvestri" zurückgehen, es ist auch zweifelhaft, ob Silone immer mit „Silvestri" gleichgesetzt werden kann. Was jedoch vielleicht am wichtigsten ist, es gibt bisher keinen unangefochtenen Beleg dafür, dass die weitergegebenen Informationen tatsächlich irgendwem Schaden zufügten. (Vgl. Franzinelli 2000, 334–341; Tamburrano 2001; Soave 2005a, 145–150)

Auch diesmal wurden die neuen Vorwürfe zunächst in den Medien lanciert, bevor sie in einem wissenschaftlichen Kontext präsentiert wurden. Ein längerer Vorbericht über zwei Artikel Bioccas zu Silone, die später in *Nuova Storia Contemporanea* publiziert wurden, erschien im *Corriere della Serra* (Fertilio, 1998) unter einem Titel, der selbst ein Musterfall von „doppiezza" ist: „Silone spia sopra ogni sospetto" („Silone, der über jeden Verdacht erhabene Spion" oder auch „Silone, zweifelsohne Spion"). Obwohl der verantwortliche Journalist zugab, dass die Details über Silones Aktivitäten, seine Motivation, seine seelische Verfassung und seinen Gesundheitszustand allesamt noch immer strittig waren, beharrte er darauf, dass sein Status als von der Sache überzeugter Informant durch „unanfechtbare" Dokumente bestätigt worden sei. Daraufhin eskalierte die Debatte in der Presse von Tag zu Tag. Manche sahen in den neuen Spionagevorwürfen eine logische Erklärung für Silones Melancholie und Marginalisierung; andere, beispielsweise der tonan-

CULTURA

STORIA / LA VERITÀ SUI RAPPORTI FRA L'AUTORE DI "FONTAMARA" E L'OVRA

SILONE
confesso che ho spiato

di Primo Di Nicola

IGNAZIO SILONE INFORMATORE DELLA POLIZIA fascista. Possibile? Il senatore Leo Valiani e la scrittrice Luce D'Eramo, come tutti i suoi amici più intimi, non nascondono il loro stupore e confessano di faticare a crederci. Possibile che l'autore di "Fontamara", "Pane e vino", "Il segreto di Luca" e "L'avventura di un povero cristiano", uno degli scrittori italiani più letti e amati all'estero, abbia intrattenuto rapporti comprometenti con il regime senza che nulla trapelasse per 70 anni? Possibile che mentre dall'Italia e dall'estero, dopo averlo fondato a Livorno con Antonio Gramsci e Palmiro Togliatti, guidava alla fine degli anni Venti il partito comunista nella lotta clandestina al fascismo e lo rappresentava a Mosca ai vertici della Terza internazionale colloquiando con Lev Trotckij e Iosif Stalin, lo stesso Silone abbia potuto svendere se stesso e i compagni facendo il doppio gioco con Mussolini?

I dubbi si sono accavallati, soprattutto dopo la pubblicazione di alcuni documenti del fascicolo di Silone allestito dalla polizia politica fascista a partire dal 1927, documenti che se alimentavano sospetti sulla sua condotta non avevano tuttavia sinora fornito prove risolutive sulla liaison dangereuse di Silone. Tutto destinato a restare nell'incertezza e nell'equivoco? Così sembrava. Ma ecco che da questi stessi fascicoli spuntano ora inaspettatamente (vedi scheda) altri documenti inediti di cui "L'Espresso" ha potuto prendere visione. Sono documenti importanti che oltre a fornire ragguagli preziosi sulla

> Lo confermano due lettere emerse dagli archivi fascisti. Qui "L'Espresso" rivela il nome dell'interlocutore: Guido Bellone, capo della polizia politica del ministero degli Interni. Storia di un rapporto decennale la cui fine lasciò lo scrittore in miseria

condotta di Silone consentono per la prima volta di risalire all'identità dell'alto funzionario della divisione della polizia politica del ministero degli Interni con il quale lo scrittore intrattenne, tra il 1929 e il 1930, i suoi imbarazzanti rapporti.

I documenti inediti sono costituiti da una lettera datata 5 luglio 1929, scritta d Silone con lo pseudonimo "Silvestri apparentemente indirizzata a una donn visto che inizia con le parole «egregi signorina»; e da una busta spedita da Sil ne dalla Svizzera, timbrata Locarno datata 13 aprile 1930, anch'essa inviat all'indirizzo di una "signorina", tale «Em lia Bellone, via Nomentana, 191 (302 Roma». Questa busta contiene un'alt lettera autografa, anch'essa firmata Silv stri, di cui era noto il contenuto ma no destinatario, e nella quale Silone, ormai rottura con il Pci, annuncia al funzionar fascista di voler interrompere il compr mettente rapporto. Ma ecco il contes politico e personale di Silone nel quale documenti vanno collocati.

Nel 1929 Silone, il suo vero nome era Secondino Tranquilli, non era una figura di secondo piano del Pci. Nato nel 1900 a Pescina, in provincia dell'Aquila, a 15 anni aveva perso la famiglia nel terremoto che distrusse la Marsica. Gli restò il fratello Romolo, più giovane di 4 anni, insieme al quale studiò in vari collegi. Nel 1917, Silone inizia la sua attività politica inviando all'"Avanti!" tre articoli sulle malversazioni della ricostruzione avviata dopo il terremoto; diventa quindi segretario regionale della federazione dei lavoratori

104 L'Espresso 30 MAGGIO 199

Nel fotomontaggio: lo scrittore Ignazio Silone

ella terra e nel '19, dopo essere stato imprigionato per aver guidato una manifestazione contro la guerra, è segretario della gioventù socialista.

Ma non basta: nel '21 Silone è a Livorno tra i fondatori del Pci, per il quale compie missioni in Germania, Francia e Spagna. Nel 1925 si occupa con Gramsci dell'ufficio stampa del partito, divenendone segretario del centro interno (Togliatti è responsabile del centro estero). Tra il 27 e il 28 partecipa a Mosca ai lavori del Comintern, prima di essere costretto, colpito dalla tubercolosi, a farsi ricoverare in una clinica Svizzera, a Davos. Qui matura la crisi politica causata dalle degenerazioni staliniane, crisi che esplose nel 1930 e che causò la sua espulsione (4 luglio '31) dal Pci; e qui vive l'altro dramma, legato all'arresto e alla morte nel carcere di Procida del fratello Romolo.

Temperamento ribelle, attaccatissimo a Secondo, Romoletto gran-

quilli viene arrestato a Como il 18 aprile del 1928 mentre sta per incontrarsi con Luigi Longo per tentare di raggiungere il fratello in Svizzera. La polizia lo accusa di essere uno degli autori dell'attentato del 12 aprile alla fiera di Milano che aveva l'obiettivo di uccidere il re. E lui, sebbene non avesse mai partecipato a una riunione di partito, contro tutte le regole si dichiarò militante del Pci. In carcere, Romolo venne torturato e si ammalò di tubercolosi. Con ogni mezzo, direttamente o attraverso i parenti, Silone si prodigò per aiutarlo. Come? Anzitutto, inviando denaro in Italia per Romoletto in carcere e per l'avvocato che lo difese davanti al tribunale speciale (venne condannato a 12 anni). Poi, come risulta dai documenti dell'archivio di Stato, intrattenendo rapporti con i vertici ministeriali della polizia politica.

Le prime rivelazioni su questi rapporti sono arrivate nel marzo scorso dallo storico Dario Biocca. Nel fascicolo di Silone, Biocca ha rintracciato due documenti compilati dalla polizia politica fascista, il più importante dei quali, steso nel 1933, rivela come ci fu un periodo in cui Silone «diede a ➤

gebende Intellektuelle und Faschismusexperte Indro Montanelli, weigerten sich, sie überhaupt zu lesen, und beriefen sich auf ihren „Instinkt" und ihre Kenntnis der Schriften Silones. Obwohl Montanelli selbst ein früher Verfechter der These war, dass nicht eindeutige Trennlinien zwischen Schwarz und Weiß, sondern Grauzonen für den Faschismus kennzeichnend waren, weigerte er sich in diesem Fall, Vieldeutigkeit als Prinzip historischer Recherche zuzulassen. Er verglich Biocca und Canali mit Stalinisten, die einen Schauprozess inszenierten. Montanelli gelangte zum Schluss, dass er ihnen auch dann nicht glauben würde, wenn Silone selbst von den Toten auferstünde, um ihre Behauptungen zu bestätigen. (Vgl. Montanelli 1998) Starke Worte als Antwort auf starke Worte – immerhin warfen Biocca und Canali Silone letztlich vor, Genossen, über die er Informationen weitergegeben haben soll, ans Messer geliefert zu haben. Die Literaturhistorikerin Elizabeth Leake, die die erste Neubewertung von Silones Werk im Licht der Spionagevorwürfe vornahm, schloss sich den Rechercheergebnissen Bioccas und Canalis vollständig an. Es sei nicht mehr möglich, Silone wie bisher zu lesen, so ihre These, denn „however powerful the positive effects of his novels may be, they cannot bring back the dead". (Leake 2003, 16)

Handelt es sich noch um eine Debatte über biographische Interpretation und historiographische Methoden, oder hat sich diese in einen retrospektiven Mordprozess verwandelt? Jede der beiden Seiten im „caso Silone" bediente sich der Sprache des Gerichtssaals ebenso großzügig wie jener der Hermeneutik. Obwohl Biocca zu Beginn seiner Silone-Biographie beteuert, kein Urteil fällen zu wollen, bezeichnet er ihn unmittelbar darauf als „Verräter" und spricht, als wolle er Geschworene auf seine Seite ziehen, wiederholt von der „bestürzenden Kälte" dieses „geschicktesten und effizientesten Spions der faschistischen Polizei". (Biocca 2005, 10ff.) Auch Leake behauptet, es gehe ihr nicht darum, Silone zu verdammen, doch lässt sie keinen Zweifel über ihr Urteil – Silones Verhalten war „Betrug", „selbstsüchtig", er war eine „Schlange an der Brust" des Antifaschismus und sein Schreiben diente ihm vor allem als Mittel dafür, seine Schuld zu bemänteln. (Vgl. Leake 2003, 11–46) Biocca und Canali erscheinen durch ihre Weigerung, alternative Interpretationen in Betracht zu ziehen oder, in Bioccas Fall, sie überhaupt zu nennen, als Exekutive, Legislative und Jurisdiktion in einem. Teile der Presse waren schnell bereit, sie als unbestechliche, objektive Enthüller darzustellen oder vielmehr als zwei Polizisten, die, hart aber fair, „vor ihrer unangenehmen Aufgabe nicht zurückweichen, sondern sie weiterverfolgen" (Sofri 2000). Als sie in den Archiven in die Dokumente „hineinstolperten", wie der altgediente Historiker Ernesto Galli della

Loggia es ausdrückte (Galli della Loggia 2000), habe man von ihnen nicht erwarten können, wegzusehen. Dieses Bild von den beiden Historikern als arglose, aber effiziente Sheriffs, die keinen Ärger wollen, aber dann, wenn er auftaucht, mit ihm zurechtkommen, passt schlecht zusammen mit der investigativen und interpretativen Last, die jeder von ihnen als „Hilfsstaatsanwalt" (Craveri 2004) auf sich geladen hat. Im anderen Lager ist die Sehnsucht nach einem klaren Urteilspruch ebenso ausgeprägt. Bioccas und Canalis lautester, wenn auch nicht immer zuverlässigster Gegner, der sozialistische Historiker Giuseppe Tamburrano, publizierte 2001 seine Zurückweisung ihrer Funde unter dem sprechenden Titel *Processo a Silone* (*Prozess gegen Silone*). Er präsentierte Silone immer wieder als einen modernen Dreyfus und ging im Frühjahr 2005 so weit, die Einrichtung eines „Giurì d'onore" (Ehrengerichts) zu fordern, das Silones Ansehen wiederherstellen sollte. Wie jenes Gremium, das bei Duellen als Kampfrichter fungierte, sollen nach Tamburranos Vorschlag internationale Experten „ein klares, gebieterisches und endgültiges Wort" über den Fall sprechen. (Tamburrano 2005)

So unentschieden wie der „Fall Silone" bleibt, ist er natürlich attraktiv für postmoderne Sichtweisen auf die Biographie. Cesare De Michelis schrieb als Antwort auf Tamburrano, es sei sinnlos, irgendeine Art von Gericht einzuberufen, da die ganze Affäre endgültig und notwendig unbegreiflich sei: Silone verkörpere die Vieldeutigkeit – in moralischer und anderer Hinsicht – des zwanzigsten Jahrhunderts. (Vgl. De Michelis 2005) Wie sie selbst schreibt, nahm Leake die Thesen mit solchem Eifer auf, weil sie so „squarely" (ihr Lieblingsadverb) zu den literaturtheoretischen Entwicklungen passten, denen ihr Interesse galt. (Leake 2003, 6; 9; Leake 2005, 135) Silone wegen der Spionagevorwürfe reizvoll zu finden, heiße nicht, ihn zu verdammen, auch wenn dies ein unbestreitbarer Nebeneffekt sei, sondern ihn interessanter zu machen, unter dem „Zwang" zu stehen, seine Texte gegen den Strich zu lesen, und seinem Werk den Geruch des übermäßig Ideologischen und Altmodischen zu nehmen. Doch die Texte sind, wie jeder Text, vieldeutig; es bedarf keines Spionagefalls, um sie anders zu lesen. Beunruhigend ist Leakes Unwille, die Vieldeutigkeit der Lebensdokumente selbst zu erwägen. Auch aus dekonstruktivistischer Sicht erscheint es einseitig, Silones autobiographische und fiktionale Texte zu dekonstruieren, aber darauf zu beharren, dass nur eine einzige Interpretation der Ereignisse seines Lebens möglich sei. (Vgl. Leake 2003, 22–27) Die Arbeiten Bioccas, Canalis und Leakes werden auch vom Schatten des alten, unbestechlichen Silone heimgesucht – hier tauchen die Oxymora, die die Presse so liebt, wieder auf. Biocca beschrieb Silone in einem Interview mit *La Repubblica* als „eine

Figur, die rätselhafterweise mehr als einem Wertesystem folgt: Er ist ein authentischer Kommunist und ein gewissenhafter Informant" (Nirenstein 2000). In dieser Kombination unvereinbarer Gegensätze gibt es keinen Raum für Nuancen oder Zweifel. Bizarrerweise überdauert Silones früheres Image als Inkarnation der Kompromisslosigkeit im neuen Bild als Verräter, so dass er wie ein Schulbeispiel der multiplen Persönlichkeit erscheint.

Was bewegte Biocca, Canali und ihre Unterstützerinnen und Unterstützer dazu, mit solcher Leidenschaft diese Geschichte von Verrat und beunruhigenden Widersprüchen zu konstruieren, und warum war die italienische Presse so erpicht darauf, sie zu kolportieren? Die Antwort liegt natürlich nicht allein in Silones individueller Vergangenheit, sondern auch in der Auseinandersetzung Italiens mit den Hinterlassenschaften des Faschismus und den gegenwärtigen politischen Schwierigkeiten des Landes. Das öffentliche Leben Italiens in den 1990er Jahren war bestimmt von Manifestationen des politischen Opportunismus, beispielsweise im „Tangentopoli"-Skandal, der durch die Ankündigung ausgelöst worden war, dass jeder, der gegen korrupte Kollegen im Mailänder Stadtrat aussage, Immunität genießen werde. Es gab Leute, die tagelang Schlange standen, um sich als Informanten registrieren zu lassen. Die Affäre nahm schließlich solche Ausmaße an, dass sie die Autorität der etablierten Verwaltungsstrukturen und sämtlicher Parteien erschütterte und 1994 der ersten Regierung Berlusconi den Weg ebnete. (Vgl. Scheu/Pillera 2003, 7–17) In einer Rezension seines voluminösen Handbuchs der OVRA-Informanten, *Le spie del regime*, in dem natürlich auch Silone vorkommt, wird Canali als „l'inquisitore della Spiopoli antifascista", als „Inquisitor des antifaschistischen Spionopolis" bezeichnet (Craveri 2004). Eine weitere Rezension war betitelt mit „Der Fall Silone in einem Italien der Informanten" (Sofri 2000). In Italien entwickelte sich die Beschäftigung mit dem moralischen Status dieser „pentiti" – so die leicht ironische Bezeichnung für Politiker und Verwaltungsbeamte, die ihre angebliche Bußfertigkeit zur Schau stellen, gern auch für Mafia-Kronzeugen verwendet – zur Obsession. Einige sahen den „Fall Silone" in diesem Kontext nur als einen weiteren Beleg dafür, dass „così fan tutti" – in Italien habe jeder Dreck am Stecken, und deshalb dürfe man über nichts schockiert sein, das italienische Politiker tun, sondern müsse stets damit rechnen, dass sich Prominente wie Jekyll und Hyde verhalten. (Vgl. Biagi 2000) Andere, darunter Silone-Anhänger wie Adriano Sofri, gaben zu, dass ihr Idol auf tönernen Füßen zu stehen scheine, hielten Silone aber trotzdem als Beispiel dafür hoch, wie Italien von vergangenen Fehlern lernen und sich von der Korruption erholen könne: Der Autor von *Fontamara* und *Pane e Vino* habe vielleicht Verfehlungen begangen, doch habe er seine Schwäche überwunden und Erlösung gefunden, indem er die antifaschistischen Klassiker schrieb, die später die Generation der Befreiung inspirierten. Sofri schrieb, dass Italien auf Silone angewiesen sei wie das Christentum auf Judas, und zog den Schluss: „Wir müssen in der Lage sein zu begreifen, dass ein Menschenleben (wie das Leben einer Nation) beginnen oder neu beginnen kann, nachdem es gescheitert ist." (Sofri 2000)

Der Ausbruch alter Ressentiments während der problematischen Gedenkfeiern zum 60. Jahrestag der Befreiung Italiens im Jahr 2005 spielte ebenfalls eine wichtige Rolle im „Fall Silone". Silone hatte die antifaschistische Widerstandsbewegung zunächst von der Schweiz und ab 1944 von Italien aus ermutigt und unterstützt. Er arbeitete mit den Alliierten zusammen, deren Armeen in Italien standen, und rief während des Zweiten Weltkriegs zum zivilen Ungehorsam gegen die Faschisten auf. (Vgl. ReS I, XCff.) Noch bis vor kurzem wurden die antifaschistischen Partisanen in Italien offiziell als nationale Heroen geehrt, doch im Vorfeld der Gedenkfeiern von 2005 gewannen revisionistische Interpretationen an Boden, denen zufolge es sich weniger um Helden als um brudermordende Banditen gehandelt haben soll. (Vgl. Mammone 2006) Der April 1945 war besonders in Norditalien nicht nur durch Massenerschießungen charakterisiert, die von den sich zurückziehenden faschistischen und nationalsozialistischen Truppen begangen wurden, sondern auch vom Sieg der Partisanen, die an faschistischen Landsleuten Vergeltung übten. Diese einander entgegengesetzten Versionen der Befreiung sind auch deshalb von so großer Bedeutung, weil die Ereignisse des Frühjahrs 1945 bisher zu den Gründungsmythen der Republik Italien gehört hatten. Sich gegen die antifaschistischen Partisanen auszusprechen, war tabu gewesen. (Vgl. Galli della Loggia 1996; 1999) Dieses Tabu ist, auch angesichts des schwindenden kulturellen Einflusses der italienischen Kommunistischen Partei, gebrochen worden. Die Möglichkeit einer Kritik an den Partisanen wurde einigen dadurch beinahe wichtiger als die Kritik selbst. Ähnlich verhält es sich mit Versuchen, Silone von seinem antifaschistischen Sockel zu stoßen. Die Verteidiger Bioccas und Canalis haben sich in die Bresche geworfen, als ob die Meinungsfreiheit selbst auf dem Spiel stünde. (Vgl. Craveri 2004) Einer der Gründe dafür, dass Tamburrano so schrill auftrat und so hartnäckig blieb, liegt sicher im mangelnden Interesse der italienischen Presse an seiner Argumentation – Heroen der Linken zu verteidigen, war in Italien in den 1990er Jahren nicht unbedingt en vogue, zumal der Anschein erweckt wurde, ihre Verehrung sei ungebrochen möglich und sie seien „ohne Makel" (Tamburrano 2005).

In seinem Essay „Rivoluzione Liberale" von 1924 nannte Piero Gobetti den Faschismus Italiens „Autobiographie" (Gobetti 1995, 165). Silones (Auto)biographie ist untrennbar verbunden mit Machtkämpfen um die Frage, wie das Wesen des Totalitarismus und seiner Nachwirkungen zu bestimmen sei. Allgemeine Entwicklungen in der Faschismusanalyse haben anscheinend extreme und verzerrende Auswirkungen auf die Analyse seiner Lebensgeschichte gehabt. Es ist für das Verständnis dieser Biographie von entscheidender Bedeutung, sich die Diskontinuitäten in Silones persönlicher Entwicklung und die banalen Alltäglichkeiten seines Lebens ebenso bewusst zu machen wie die Komplexität des Zeitgeschehens. Ein schwerwiegender Faktor im neuesten „caso Silone" ist die große Menge an Archivmaterial, das herangezogen und überprüft werden muss, um jenseits des schnellen und oberflächlichen Blicks der Tagespresse Klarheit über das System der faschistischen Geheimpolizei zu gewinnen. Die mühsam zusammengetragenen Dokumente, die es erlauben, den unumstrittenen Kontakt Silones zu dem *einen* faschistischen Funktionär Bellone zu kontextualisieren, sind widersprüchlich, schlecht erhalten und als Quellen unzuverlässig. Das Phänomen des Doppelagenten oder desjenigen, der als Doppelagent einen Doppelagenten spielt, eine Rolle, die oft im Auftrag der Kommunistischen Partei selbst übernommen wurde, ist so schwer nachzuweisen oder zu analysieren, dass es unrealistisch ist, dass eine Biographie über Silone ihrem Gegenstand gerecht wird: Das potentiell verfügbare Material zu diesem einen Aspekt seines Lebens ist immens und erfordert sehr spezifische Kenntnisse. Aufschlussreicher wäre eine Kollektivstudie über einzelne Gruppen innerhalb der Kommunistischen Partei im Untergrund. Gleichzeitig sollte Silone aber auch in einen individuelleren Kontext gestellt werden. Statt ihn zum exemplarischen Verräter oder zur Inkarnation eines Jahrhunderts zu erklären, sollten Silone-Forscher durch die Darstellung des Geflechts von Freunden, Genossen, Gefährtinnen und so weiter, in dem er sich bewegte, dieser Figur mehr Bodenhaftung geben. Silone selbst neigte dazu, sich als einsame, isolierte Figur zu porträtieren, als einen Ecce Homo. In seinen autobiographischen Schriften ging es ihm in erster Linie darum, seine politische Laufbahn und seinen Bruch mit dem Kommunismus darzustellen. Er beschränkte sich deshalb fast ausschließlich auf die öffentliche Sphäre und auf die Entwicklung seines politischen Denkens; es gibt so gut wie keine Bemerkungen über Familie, Freunde oder über sein ‚Innenleben' – was kaum verwundert, wurde Untergrundkämpfern der Kommunistischen Partei in den 1920er und 1930er Jahren doch aus Sicherheitsgründen kaum zugestanden, Gefühle, Freunde oder ein Privatleben zu haben. Dennoch gibt es keinen

Grund, Silone beim Wort zu nehmen. (Vgl. Holmes 2005) Seine oft beschworene „Isolation" war weder pathologisch noch unheimlich (vgl. Biocca 2005, 50), sondern gehörte zu einer Selbststilisierung, die notwendig war, um aus dem Kämpfer einen Schriftsteller, aus dem loyalen Parteimitglied den unabhängigen antifaschistischen „Heckenschützen", wie er sich auch nannte, zu machen. (Vgl. Holmes 2005, 1–3; 185–87)

Der „caso Silone" bestätigt, dass auch oder vielleicht gerade dann, wenn wir ganz allgemeine Aussagen über die Lebensgeschichte eines anderen treffen, detaillierte Informationen über jeden ihrer Aspekte notwendig sind. Biocca und Canali konnten ihre Version von Silones Leben großen Zeitungen, Verlagen und der allgemeinen Öffentlichkeit dadurch plausibel machen, dass sie Dokumente nebeneinander stellten, die, zumindest Tamburrano zufolge, „ohne Ausnahme völlig anonym sind, unidentifizierbar, sie könnten von jedem verfasst sein" (Tamburrano 2005). Es fragt sich deshalb, ob diese Biographie nicht jedem hätte zugeschrieben werden können. Je sorgfältiger die Eigenheiten der dargestellten Person herausgearbeitet werden, desto weniger wird es gelingen, sie in vorfabrizierte narrative Muster hineinzupressen oder den eigenen Zielvorstellungen anzupassen. Die ausführliche Berichterstattung der Presse über den „Fall Silone" begünstigte schematische Zugänge zu seiner Biographie – viele der Zeitungsartikel enthielten Zusammenfassungen der Lebensgeschichte Silones in einem oder zwei Absätzen, die der Orientierung der Leserinnen und Leser dienen sollten, oder, schlimmer, Zusammenfassungen der Ereignisse in nur einem Absatz, die zum Verständnis der Spionagevorwürfe als notwendig erachtet wurden. Gerade im Zusammenhang mit den Spionagevorwürfen werden jedoch detaillierte Informationen darüber, was Silone an jedem einzelnen Tag tat und wo er sich aufhielt, seine genauen Adressen, Pseudonyme, scheinbar harmlose Kommentare in allen seinen Briefen vielleicht wichtiger als je zuvor.

Silones Drang, seine Schriften zu überarbeiten, war zwanghaft. Er meinte einmal, dass er, wenn die Regeln des literarischen Marktes es ihm erlaubt hätten, am liebsten sein ganzes Leben lang denselben Roman geschrieben und immer wieder neu geschrieben hätte – wie ein mittelalterlicher Maler, der das Gesicht ein- und desselben Heiligen immer wieder übermalt und Details ändert, dabei aber immer dieselbe Wahrheit zu fassen versucht. (Vgl. ReS I, 1469) Bioccas und Canalis Jagd nach aufsehenerregenden Archivfunden, die das Bild Silones von Grund auf revidieren sollten, hat gezeigt, dass sie genau wussten, wie der literarische Markt funktioniert und aus welcher Richtung der Wind in Italien weht. Wie Sergio Soave anmerkte, ist in Italien selten eine Biographie mit so großer Spannung erwartet worden wie Bioccas Silone-Studie von 2005. (Vgl. Soave 2005b) Anders als manche der Gegner Bioccas und Canalis will ich jedoch nicht unterstellen, dass ihre Motivation eine finanzielle war. Notwendigerweise wandelt sich die Interpretation der faschistischen Vergangenheit Italiens im Laufe der Zeit und jede Generation wird ihren eigenen „Fall Silone" haben. Dennoch – der neueste „caso" scheint mehr über den gegenwärtig in der italienischen Historiographie vorherrschenden Revisionismus auszusagen als über Silone selbst. Bioccas und Canalis Revisionismus gilt dem Antifaschismus und damit den historischen Alternativen zu einer faschistischen italienischen Identität in den Jahren 1922–1945, Alternativen, die durch ihre Art und Weise, eine Biographie zu recherchieren, unweigerlich eingeschränkt werden. Canali hat diesbezügliche Vorwürfe stets zurückgewiesen; in einem Interview zu seinem Buch *Le Spie del regime* beteuerte er, es gehe ihm darum, den „Faschismus zu refaschisieren", und deshalb lege er so viel Gewicht darauf zu zeigen, wie verbreitet die Zusammenarbeit mit der OVRA war. Das Bild, das Canali und bis zu einem gewissen Grad auch Biocca vom Faschismus zeichnen, wenn sie darauf bestehen, jede Form des Kontakts mit der faschistischen Geheimpolizei auf die Formel „una spia del regime" zu bringen, ist jedoch nicht schwarz-weiß, sondern nur noch schwarz; mit den Worten eines Journalisten und um mit einem weiteren Oxymoron zu schließen: sie werfen „ein dunkles Licht auf die dunkelste Zeit der italienischen Geschichte" (Calcagno 1996).

Aus dem Englischen von Esther Marian

Verwendete Literatur
Biagi 2000 = Enzo Biagi: Caso Silone, i tormenti di un grande scrittore. In: Corriere della Sera, 20.4.2000.
Biocca 2005 = Dario Biocca: Silone. La doppia vita di un italiano. Mailand: Rizzoli 2005.
Calcagno 1996 = Giorgio Calcagno: Anche Silone soffrì il fattore umano. In: La Stampa, 3.5.1996.
Craveri 2004 = Piero Craveri: Revisionismi. In: Il Sole 24 Ore, 14.11.2004.
De Michelis 2005 = Cesare De Michelis: Silone, una doppia vita e una polemica senza fine. In: Corriere della Sera, 8.6.2005.
Fertilio 1998 = Dario Fertilio: Silone spia sopra ogni sospetto. In: Corriere della Sera, 1.5.1998.
Fiori 2004 = Simonetta Fiori: „Interview with Canali". In: La Repubblica, 23.10.2004.
Franzinelli 2000 = Mimmo Franzinelli: I tentacoli dell' Ovra. Turin: Bollati Boringhieri 2000.
Galli della Loggia 1996 = Ernesto Galli della Loggia: La morte della patria. Rom: Laterza 1996.

Galli della Loggia 1999 = Ernesto Galli della Loggia: Anche l'Italia ha vinto la guerra (149–156) und La resistenza tradita (157–165). In: Miti e storia dell'Italia unita. Hg. von Giovanni Belardelli et al. Bologna: Il Mulino 1999.

Galli della Loggia 2000 = Ernesto Galli della Loggia: Lo Storico? Che indaghi su tutto. In: Corriere della Sera, 5.4.2000.

Giardini 2000 = Diocleziano Giardini: Ignazio Silone. Cronologia della vita e delle opera. Cerchio: Polla 2000.

Gobetti 1995 = Piero Gobetti: La rivoluzione liberale. Turin: Einaudi 1995.

Holmes 2005 = Deborah Holmes: Ignazio Silone in exile. Writing and antifascism in Switzerland 1929–1944. Aldershot: Ashgate 2005.

Leake 2003 = Elizabeth Leake: The Reinvention of Ignazio Silone. Toronto: Toronto University Press 2003.

Leake 2005 = Elizabeth Leake: Ignazio Silone and the politics of „Archive Malice". In: Culture, Censorship and the State in Twentieth-Century Italy. Hg. von Guido Bonsaver und Robert Gordon. London: Legenda 2005, S. 134–141.

Mammone 2006 = Andrea Mammone: A Daily Revision of the Past: Fascism, Anti-Fascism, and Memory in Contemporary Italy. In: Modern Italy 11 (Juni 2006), S. 211–226.

Montanelli 1998 = Indro Montanelli: Ignazio Silone a doppia faccia? Non ci credo. In: Corriere della Sera, 5.5.1998.

Nirenstein 2000 = Susanna Nirenstein: Silone la spia schiacciata dalle prove. In: La Repubblica, 29.3.2000.

Paynter 2000 = Maria Nicolai Paynter: Ignazio Silone. Beyond the Tragic Vision. Toronto: University of Toronto Press 2000.

ReS I & II = Ignazio Silone. Romanzi e Saggi. 2 Bde. Hg. von Bruno Falcetto. Milano: Mondadori I (1998), II (1999).

Ricci 1996 = Aldo Ricci: Silone. All'Ovra non collaboro più. In: La Repubblica, 20.4.1996.

Salvadori 2005 = Massimo Salvadori: Max Salvadori. Un antifascista che non fu mai spia. In: La Repubblica, 28.5.2005.

Scheu/Pillera 2003 = René Scheu und Massimo Pillera: Über Berlusconi. Wien: Turia & Kant 2003.

Silone 2000 = Ignazio Silone: Fontamara. Übersetzt von Hanna Dehio. Köln: Kiepenheuer & Witsch 2000.

Soave 2005a = Sergio Soave: Senza tradirsi. Senza tradire. Silone e Tasca dal comunismo al socialismo cristiano (1900–1940). Turin: Aragno 2005.

Soave 2005b = Sergio Soave: Dario Biocca. Silone. Doppia vita di un italiano. In: L'Indice (Juli/August 2005).

Sofri 2000 = Adriano Sofri: Il caso Silone nell'Italia dei delatori. In: La Repubblica, 15.4.2000.

Tamburrano 2001 = Giuseppe Tamburrano: Processo a Silone. La disavventura di un povero cristiano. Manduria: Piero Lacaita Editore 2001.

Tamburrano 2005 = Guiseppe Tamburrano: I nemici di Silone. In: L'Unità, 11.5.2005.

AutorInnenverzeichnis

Bernhard Fetz, stv. Direktor des Ludwig Boltzmann Instituts für Geschichte und Theorie der Biographie. Arbeitet an einer Biographie zu Ernst Jandl. Wissenschaftlicher Mitarbeiter am Österreichischen Literaturarchiv der ÖNB; Privatdozent am Institut für Germanistik der Universität Wien. Literaturkritik unter anderem für die *Neue Zürcher Zeitung.* Zahlreiche Arbeiten v. a. zur Literatur und Kulturgeschichte des 20. Jahrhunderts. Mitherausgeber der Albert Drach-Werkausgabe. Zuletzt: *Ernst Jandl. Musik Rhythmus Radikale Dichtung* (Hg., 2005).

László F. Földényi, Dozent für Komparatistik an der Eötvös Universität, Budapest. 2005 Visiting Fellow am IFK, Wien. Essaybücher über Kultur- und Kunstgeschichte. Herausgeber der gesammelten Werke von Heinrich von Kleist in ungarischer Sprache. Friedrich-Gundolf-Preis der Deutschen Akademie für Sprache und Dichtung (2005). Zuletzt: *Heinrich von Kleist: Im Netz der Wörter* (1999); *Das Schweißtuch der Veronika. Museumsspaziergänge* (2001); *Newtons Traum. Blakes Newton* (2005).

Richard Freadman, Professor für englischsprachige Literatur; Gründer und Direktor der Unit for Studies in Biography and Autobiography an der La Trobe University, Melbourne. Studierte an der Brandeis University und der University of Oxford. Demnächst erscheint „Crazy Things a Life: Australian Jewish Autobiography". Zuletzt: *Threads of Life: Autobiography and the Will* (2001); *Shadow of Doubt: My Father and Myself* (2003).

Hiltrud Häntzschel, Studium der Germanistik und Philosophie in Heidelberg. Lebt und arbeitet als freiberufliche Wissenschaftlerin und Publizistin in München. Publikationen zur Exilforschung, zur Wissenschaftsgeschichte und zur Literatur der Weimarer Republik. Zuletzt: *Irmgard Keun* (2001), *Brechts Frauen* (2003); gemeinsam mit Günter Häntzschel: *„Ich wurde eine Romanfigur". Wolfgang Koeppen 1906–1996* (2006) und *Wolfgang Koeppen* (2006). Demnächst erscheint eine Biographie zu Marieluise Fleißer.

Wilhelm W. Hemecker, Direktor des Ludwig Boltzmann Instituts für Geschichte und Theorie der Biographie. Arbeitet an einer Biographie zu Hugo von Hofmannsthal. Lektor für Neuere Deutsche Literatur an der Universität Wien; Gründungsmitglied der Christine Lavant-Gesellschaft; Mitglied des wissenschaftlichen Beirats und des Vorstands der Rilke-Gesellschaft; Mitherausgeber der *Blätter der Rilke-Gesellschaft* und Vizepräsident der Manès Sperber-Gesellschaft. Zuletzt: *Manès Sperber. Zur Analyse der Tyrannis* (Hg., 2006).

Deborah Holmes, wissenschaftliche Mitarbeiterin am Ludwig Boltzmann Institut für Geschichte und Theorie der Biographie. Arbeitet an einer Biographie zu Eugenie Schwarzwald. Studierte Germanistik und Romanistik an den Universitäten Oxford, Pavia und Salzburg. Postdoc-Stellen in Oxford und München. Universitätsdozentin am New College der Universität Oxford. Zuletzt: *Ignazio Silone in Exile. Writing and Antifascism in Switzerland 1929–1944* (2005).

Ann Jefferson, University Lecturer in French und Fellow am New College, Oxford. Forschungsschwerpunkte: Prosa des 19. und 20. Jahrhunderts, Autobiographie, Literaturtheorie. Arbeitet derzeit zum Verhältnis von Biographie und Literatur: „Writing Lives and Making Literature in France: 1750–present". Zuletzt: *Nathalie Sarraute, Fiction and Theory: Questions of Difference* (2000).

Wolfgang Kreutzer, wissenschaftlicher Mitarbeiter am Ludwig Boltzmann Institut für Geschichte und Theorie der Biographie. Schwerpunkte: Hugo von Hofmannsthal, Geschichte der Biographie. Studierte Germanistik, Rumänisch, Deutsch als Fremdsprache und Russisch an den Universitäten Wien und Bukarest. Fremdsprachenassistent an der Universität Woronesch in Zentralrussland. Diplomarbeit: *Ernst Jüngers ‚Wandlung'. Eine Studie zum biographischen Diskurs* (2005).

Hermione Lee, seit 1998 Goldsmiths' Chair of English Literature und Fellow of New College, Oxford; Fellow der Royal Society of Literature, der British Academy und der American Academy of Arts and Sciences. Literaturkritikerin u.a. für *Times Literary Supplement*. Herausgeberin von Elizabeth Bowen, Rudyard Kipling, Edith Wharton, Anthony Trollope, Virginia Woolf. *Virginia Woolf. A Biography* (1996). Demnächst erscheint eine Biographie zu Edith Wharton. Zuletzt: *Body Parts: Essays on Life-Writing* (2005).

Esther Marian, wissenschaftliche Mitarbeiterin am Ludwig Boltzmann Institut für Geschichte und Theorie der Biographie. Schwerpunkt: Theorie der Biographie. Studium der Politikwissenschaft, Philosophie, Geschichte an der Universität Marburg. Magisterarbeit: *Ernst Jüngers ‚Der Arbeiter'. Ideologiekritische Studien* (2004). Der Beitrag für diesen Band entstand mit Unterstützung eines sechswöchigen Graduiertenstipendiums der Deutschen Schillergesellschaft für Forschungen zu Ernst Jünger im Deutschen Literaturarchiv Marbach.

Manfred Mittermayer, Key Researcher am Ludwig Boltzmann Institut für Geschichte und Theorie der Biographie. Arbeitet an einer Biographie zu Thomas Bernhard. Lehrtätigkeit an der Universität Salzburg. Vorstandsmitglied der Internationalen Thomas Bernhard Gesellschaft. Aufsätze zur Literatur des 19. und 20. Jahrhunderts, Gestaltung mehrerer Ausstellungen zu Thomas Bernhard. Mitherausgeber der Thomas Bernhard-Werkausgabe. Zuletzt: *Thomas Bernhard und seine Lebensmenschen. Der Nachlaß* (2002, Mitherausgeber), *Thomas Bernhard* (2006).

Caitríona Ní Dhúill, wissenschaftliche Mitarbeiterin am Ludwig Boltzmann Institut für Geschichte und Theorie der Biographie. Schwerpunkte: Geschichte der englischsprachigen Biographik, Hugo von Hofmannsthal. Studium der Germanistik und Musikwissenschaft am Trinity College, Dublin. Postgraduales Studium an den Universitäten Dublin und München. Lehrtätigkeit an den Universitäten Durham und St Andrews. Dissertation: *Modern intersections of utopian imagination and gender discourse* (2005). Weitere Forschungsinteressen: (Gender-)Identitätsfragen in der Literatur des 19. und 20. Jahrhunderts.

Annette Runte, Professorin für Allgemeine und Neuere Deutsche Literaturwissenschaft an der Universität Siegen. Derzeit tätig am Centre de Recherches sur l'Autriche et l'Allemagne der Universität Rouen. Schwerpunkte: Literatur des 18. bis 21. Jahrhunderts, Autobiographie, Psychoanalyse, Intermedialität (Malerei, Tanz) und Geschlechterforschung. Zuletzt: *Lesarten der Geschlechterdifferenz. Studien zur Literatur der Moderne* (2005); *Über die Grenze. Zur Kulturpoetik der Geschlechter in Literatur und Kunst* (2006).

Hannes Schweiger, wissenschaftlicher Mitarbeiter am Ludwig Boltzmann Institut für Geschichte und Theorie der Biographie. Schwerpunkte: Ernst Jandl, Theorie der Biographie. Studium der Germanistik, Anglistik und von Deutsch als Fremdsprache in Wien, Dublin und Cambridge. LehrerInnenfortbildung im In- und Ausland. Derzeit Arbeit an einer Dissertation zur „Rezeption Bernard Shaws im deutschsprachigen Raum". *Failing better. Samuel Beckett in Österreich* (2005).

Karl Wagner, Professor für Neuere Deutsche Literatur an der Universität Zürich. Studium der Germanistik und Anglistik in Wien. Schwerpunkte: Literatur des 19. und 20. Jahrhunderts, Gegenwartsliteratur, Literaturtheorie, komparatistische und interdisziplinäre Interessen, Literatur und Wissen(schaft), Wissenschaftsgeschichte. Zuletzt: *Transkulturelle Beziehungen. Spanien und Österreich im 19. und 20. Jahrhundert* (Mithg. 2004); *Schaulust* (Mithg., 2005). Der hier abgedruckte Beitrag basiert auf einer Rede, die anlässlich der Eröffnung des Ludwig Boltzmann Instituts für Geschichte und Theorie der Biographie im Oktober 2005 in Wien gehalten wurde.

Sigrid Weigel, Direktorin des Zentrums für Literaturforschung in Berlin und Professorin an der TU Berlin; Professuren an den Universitäten Hamburg und Zürich; Vorstandsmitglied des KWI Essen; Direktorin des Einstein Forums Potsdam. Zuletzt: *Ingeborg Bachmann. Hinterlassenschaften unter Wahrung des Briefgeheimnisses* (1999, Tb 2003); *Literatur als Voraussetzung der Kulturgeschichte. Schauplätze von Shakespeare bis Benjamin* (2004); *Genea-Logik* (2006).